STUDIENKURS SOZIOLOGIE

Lehrbuchreihe für Studierende der Soziologie
an Universitäten und Hochschulen

Wissenschaftlich fundiert und in verständlicher Sprache führen die Bände der Reihe in die zentralen Forschungsgebiete, Theorien und Methoden der Soziologie ein und vermitteln die für angehende Soziolog:innen grundlegenden Studieninhalte. Die konsequente Problemorientierung und die didaktische Aufbereitung der einzelnen Kapitel erleichtern den Zugriff auf die fachlichen Inhalte. Bestens geeignet zur Prüfungsvorbereitung u.a. durch Zusammenfassungen, Wissens- und Verständnisfragen sowie Schaubilder und thematische Querweise.

Marina Liakova

Migrationssoziologie

Onlineversion
Nomos eLibrary

Die Deutsche Nationalbibliothek verzeichnet diese Publikation in
der Deutschen Nationalbibliografie; detaillierte bibliografische
Daten sind im Internet über http://dnb.d-nb.de abrufbar.

ISBN 978-3-8487-7997-0 (Print)
ISBN 978-3-7489-2389-3 (ePDF)

1. Auflage 2025
© Nomos Verlagsgesellschaft, Baden-Baden 2025. Gesamtverantwortung für Druck
und Herstellung bei der Nomos Verlagsgesellschaft mbH & Co. KG. Alle Rechte, auch
die des Nachdrucks von Auszügen, der fotomechanischen Wiedergabe und der Übersetzung, vorbehalten. Gedruckt auf alterungsbeständigem Papier.

Inhalt

Einleitung: Zur Bedeutung der Migrationssoziologie ... 9

Lektion 1: Migration national, transnational und global ... 17
1. Warum nimmt das Thema Migration an Bedeutung zu? ... 17
2. Was ist Migration? ... 19
3. Warum migrieren die Menschen? ... 24
4. Typen der Migration ... 27
5. Rückkehrwanderungen ... 28

Lektion 2: Soziologische Migrationsforschung ... 31
1. Sozialwissenschaftliche Forschung ... 31
2. Methoden der Migrationsforschung ... 32
   2.1 Quantitative Methoden ... 32
      2.1.1 Quantitative Methoden in der Migrationsforschung: Einschränkungen bei der Anwendung ... 33
      2.1.2. Die Kategorie „Migrationshintergrund" ... 34
   2.2. Qualitative Methoden in der Migrationsforschung ... 36
3. Planung und Durchführung einer Studie in der soziologischen Migrationsforschung ... 40

Lektion 3: Migration und soziale Ungleichheiten ... 45
1. Was sind „soziale Ungleichheiten"? ... 45
2. Migration und soziale Ungleichheiten ... 47
   2.1. Der Nationalstaat als Bezugsrahmen: Faktoren für soziale Ungleichheiten ... 48
   2.2. Neuere Vorgehensweisen der Migrationsforschung: Wanderungsbewegungen und soziale Ungleichheiten in transnationaler Perspektive ... 51
3. Ausblick ... 56

Lektion 4: Arbeitsmigration ... 59
1. Arbeit und Arbeitsmigration ... 59
2. Was ist Arbeitsmigration? ... 61
3. Historischer Überblick zur Arbeitsmigration nach Deutschland ... 61
   3.1. Besonderheiten der Gastarbeitermigration ... 64
   3.2. Vertragsarbeiter*innen in der DDR ... 66
4. Arbeitsmigration in der Europäischen Wirtschaftsgemeinschaft (EWG) ... 66
5. Arbeitsmigration im 21. Jahrhundert ... 67
6. Weitere Besonderheiten der Arbeitsmigration ... 69
7. Arbeitsmigration hochqualifizierter Personen ... 71
   7.1. Der Begriff „hochqualifizierte Migrant*innen" ... 71
   7.2. Ursachen der Arbeitsmigration von Hochqualifizierten ... 73
   7.3. Bewertung der Migration Hochqualifizierter ... 74

Lektion 5: Fluchtmigration ... 79
1. Definition des Begriffs „Asyl" ... 79

Inhalt

2.	Schutz und Asyl in historischer Perspektive	80
3.	Ursachen der Fluchtmigration	81
4.	Internationale Regulierung der Fluchtbewegungen und Schutzoptionen	82
	4.1. United Nations High Commissioner for Refugees (UNHCR)	83
	4.2. Schengener Abkommen und Dublin-Verfahren	83
5.	Nationale Regelungen in Deutschland	86
	5.1. Der deutsche „Asylkompromiss" aus dem Jahr 1993	86
	5.2. Asylaufnahmeverfahren in Deutschland	87
6.	Sozialwissenschaftliche Asyl- und Fluchtforschung	89
7.	Zusammenfassung	92

Lektion 6: Irreguläre Migration 95

1. Der Begriff „irreguläre Migration" 95
   1.1. Rechtliche Rahmenbedingungen 95
   1.2. Migrationsregime 96
   1.3. Typologie der irregulären Wanderungsbewegungen 97
2. Motive und Ursachen irregulärer Wanderungsbewegungen 98
3. Statistische Erfassung der irregulären Migration 99
4. Strategien zur Minderung der irregulären Migration 100
5. Der Alltag der irregulären Migrant*innen 102
6. Menschenschmuggel und Menschenhandel 103

Lektion 7: Bildungsmigration 107

1. Bildung und soziale Ungleichheiten 107
2. Migration und Bildungschancen 108
3. Migrant*innen in Ausbildung 115
4. Migration und Hochschulbildung: die internationalen Studierenden in Deutschland 116

Lektion 8: Migration und Gender 123

1. Der Begriff Gender 123
2. Gender und Migration: Öffnung der soziologischen Migrationsforschung für weibliche Migration 124
3. Aktuelle Bereiche im Themenfeld Gender und Migration 127
   3.1. Migration und Männlichkeit 127
   3.2. Transidentitäten, queere Identitäten und Migration 128
   3.3. Migration und Emanzipation 129
   3.4. Globale Versorgungsketten 130
   3.5. Transnationale Familien 132

Lektion 9: Migration und Medien 135

1. Medien und mediale Öffentlichkeit 135
2. Mediennutzung der Migrant*innen 137
3. Darstellung der Migrant*innen in den Medien 142

Lektion 10: Migration, Gewalt und Kriminalität 147

1. Definition der Begriffe 147
2. Wie entstehen Gewalt und Kriminalität? 148

3.	Was sagt die Statistik?	149
	3.1. Ursachen für die Kriminalität	150
	3.2. Gewaltkriminalität	151
	3.3. Gewalt und Religiosität	153
	3.4. Gewalt und Kriminalität bei den Geflüchteten	155
4.	Prävention	155

Lektion 11: Migration, Gesundheit und Alter 159

1.	Was ist Gesundheit? Soziale Dimensionen von Gesundheit und Krankheit	159
2.	Migration und Gesundheit	160
3.	Migration und die Covid-19-Pandemie	166
4.	Gesundheitsprävention in einer Migrationsgesellschaft	168
5.	Alt werden in der Migration	169

Lektion 12: Migration, Nationalstaat und Staatsangehörigkeit 175

1.	Was ist die Nation?	175
2.	Grenzen und Migrationsregime	178
3.	Aufenthaltsberechtigungen und Aufenthaltstitel	179
4.	Staatsangehörigkeit	181
	4.1. Die deutsche Staatsangehörigkeit	182
	4.2. Abstammungsprinzip, Territorialprinzip, Einbürgerung	184
5.	Die Staatsangehörigkeit als Kapital	186

Lektion 13: „Wir" und „die Anderen". Formen der Ausgrenzung und ihre Überwindung in der Migrationsgesellschaft 189

1.	Formen der Ausgrenzung: Ausländerfeindlichkeit, „gruppenbezogene Menschenfeindlichkeit", Rechtspopulismus und Rechtsextremismus	189
2.	Rassismus und kritische Rassismus-Forschung	191
3.	Diskriminierung	193
4.	„Multikulturalismus" vs. „Leitkultur"	195
5.	Strategien zur Überwindung der Ausgrenzung: Diversity Management und interkulturelle Trainings	198

Literaturverzeichnis 201

Sachregister 225

Bereits erschienen in der Reihe STUDIENKURS SOZIOLOGIE 229

Einleitung: Zur Bedeutung der Migrationssoziologie

Was ist Soziologie?

Soziologie ist die Wissenschaft von der Gesellschaft. Sie analysiert, wie „das menschliche Leben sozial organisiert wird" (Joas 2003, S. 14). Wie jede Wissenschaft besteht sie aus unterschiedlichen Theorien und Paradigmen. Es gibt nicht die eine allumfassende Theorie der Gesellschaft, die die Welt in ihrer Gesamtkomplexität erklärt. In dieser theoretischen Pluralität bilden sich die Vielfalt der modernen Gesellschaften sowie die unterschiedlichen Perspektiven der theorieschaffenden Wissenschaftler*innen und die zahlreichen sozialen Kontexte, in denen die Theorien kreiert wurden, ab. Gesellschaftliche Veränderungen beeinflussen die Sicht der Theoretiker*innen auf die Probleme, Themen und Aspekte der sozialen Welt. Dementsprechend wandeln sich die Theorien und die methodischen Vorgehensweisen.

Die Soziologie ist allerdings nicht nur ein deskriptives Arbeitsfeld, d. h., ihre Aufgabe beschränkt sich nicht darauf, die soziale Welt zu beschreiben. Sie versucht, die sozialen Prozesse zu erklären, Zusammenhänge und Wechselwirkungen ausfindig zu machen. Diese Erklärungen werden immer aus einer bestimmten Position angeboten. Sie zu reflektieren, gehört zu den wichtigsten Herausforderungen der Sozialwissenschaftler*innen. Reflexion bedeutet, die eigenen Selbstverständlichkeiten zu hinterfragen und die eigene Sichtweise zu definieren.

Für die soziologische Perspektive ist der soziale Kontext, in dem die Menschen leben, entscheidend. Es geht darum zu prüfen, wie dieser Kontext das Zusammenleben von Individuen in einer Gesellschaft beeinflusst. Eine der zentralen Fragen der Soziologie ist, wie die Gesellschaft durch ihre Strukturen, Gesetze, Normen und Institutionen die Handlungen und Vorstellungen der sozialen Akteure formt. Wiederum wird analysiert, wie Menschen ihrerseits das soziale Gebilde beeinflussen und verändern. Um eine Antwort auf diese Fragen zu geben, berücksichtigen die Soziolog*innen wichtige Faktoren. Sie recherchieren, wie Gruppen, Institutionen und Organisationen funktionieren, wie die Staaten und die supranationalen Einrichtungen ihre Arbeit entfalten oder wie ganze gesellschaftliche Systeme in Bewegung sind. Die soziologische Analyse erstreckt sich von der mikrosoziologischen Ebene des Individuums und des „sinnhafte[n] Aufbau[s] der sozialen Welt" (vgl. Schütz 1993) bis hin zu den makrosoziologischen Studien der sozialen Systeme (vgl. Luhmann 2021). Die unterschiedlichen soziologischen Theorien nutzen unterschiedliche Ebenen der Analyse. Die Mikrotheorien, z. B. der symbolische Interaktionismus oder die Phänomenologie, befassen sich mit den Interaktionen und Interpretationen der Menschen in ihrem Alltagsleben. Die Wissenschaftler*innen studieren genau diese Vorstellungen und treffen dadurch Aussagen über die Entwicklung der Gesellschaft. Die Makrotheorien, z. B. die Systemtheorie oder der Funktionalismus, platzieren ihre Analyse auf einer Ebene der sozialen Systeme, Strukturen und Akteure wie Korporationen oder Staaten. Auf der Mesoebene befassen sich die Konflikttheorie oder die Netzwerktheorie mit den sozialen Gruppen, Netzwerken oder Organisationen.

In ihrer Forschung erarbeiten die Soziolog*innen Indikatoren, durch welche sie die sozialen Prozesse erfassen können. Solche Indikatoren sind z. B. Alter, Einkommen, Wohnort, Bildung, Beruf, Geschlecht, Religion, sexuelle Orientierung oder aber die Migrationserfahrung der sozialen Akteure. Diese Indikatoren geben Auskunft über die soziale Positionierung der Individuen in der mehr oder weniger sichtbaren gesellschaftlichen Hierarchie, die in jeder Gesellschaftsform existiert. Die Migrationserfahrung gehört zu den wichtigsten Statusdeterminanten einer Person. Durch die Migration ändert sich die soziale Positionierung der Individuen, da sie nicht mehr (ausschließlich) zu der Hierarchie der Herkunftsgesellschaft gehören, sondern ihren Platz in der Rangordnung einer Aufnahmegesellschaft zu finden versuchen.

Die Soziologie erforscht auch, wie die Menschen die Welt wahrnehmen, sehen und interpretieren. Diese subjektiven Vorstellungen der sozialen Akteure sind Ergebnis der Sozialisation – der Bildung und der Erziehung – sowie der Interaktion in sozialen Gruppen und Milieus, in denen sich die Menschen bewegen. Eine wichtige Frage der soziologischen Theorien ist, was die Gesellschaften trotz aller Konflikte und Spannungen zusammenhält. Die Entwicklung der Gesellschaft aus Makroperspektive befasst sich mit der Frage, wie die Gesellschaft in einer Einheit bleibt, auch wenn eine Gruppe sie reformieren und eine andere Gruppe an ihren Funktionsweisen festhalten möchte. Wie entstehen die Normen und Werte, die die Gesellschaften zusammenhalten? Wie werden diese reproduziert?

Wie jede Wissenschaft, so arbeitet auch die Soziologie mit Daten. Allerdings sind die sozialen Gegebenheiten nicht selbsterklärend und objektiv gegeben; vielmehr sind die Wissenschaftler*innen diejenigen, die die Fakten sammeln, interpretieren, ihnen Gewicht und Bedeutung verleihen. Alle soziologischen Theorien sind bestimmte Perspektiven, mit denen die Wissenschaftler*innen die soziale Welt beobachten und interpretieren.

Die Soziologie wendet bestimmte wissenschaftliche Methoden an. In empirischen Arbeiten werden qualitative oder quantitative Methoden eingesetzt. In manchen Studien werden die beiden Methodengruppen kombiniert – dann spricht man von „mixed methods". Die Auswahl der Methode, mit denen die Soziolog*innen arbeiten, ergibt sich aus der konkreten Fragestellung und aus den Hypothesen der Studie, die man bearbeitet. Wie in jeder Wissenschaft, so wird auch in der Soziologie angestrebt, die Existenz von Gesetzmäßigkeiten bei der Funktion der Gesellschaft zu beweisen, Hypothesen durch Wiederholbarkeit der Ergebnisse zu überprüfen und eine klare Trennung zwischen Forscher*in und Forschungsobjekt zu ermöglichen. Allerdings ist die Trennung zwischen Forscher*in und Objekt nicht so einfach möglich wie z. B. in den Naturwissenschaften, denn im Unterschied zu ihnen ist in den Sozialwissenschaften der/die Forscher*in ein Teil des Objekts – ein Teil der Gesellschaft, die er/sie erforschen möchte. Die Wiederholbarkeit der Ergebnisse wäre nur dann möglich, wenn keine Ereignisse vorkommen, die die öffentliche Meinung stark beeinflussen. Das ist aber in einer Gesellschaft kaum möglich. Man mag sich nur vor Augen halten, welche Prozesse und Entwicklungen die öffentliche Meinung in den letzten Jahren beeinflusst haben können – die Covid-19-Pandemie, der Krieg in der Ukraine, die militärischen Auseinandersetzungen im Nahen Osten, das markante Wetter und die Klimaänderungen, die Migrationsbewegungen in und nach Europa u. v. m. Die soziologische Forschung findet nicht in einem isolierten Raum oder in einem Labor statt, sondern unterliegt den permanenten gesellschaftlichen Einflüssen.

Die soziologische Perspektive befasst sich mit der Frage, wie die Gesellschaft die Vorstellungen der sozialen Akteure beeinflusst und inwieweit die gesellschaftlichen Normen und Werte ihre Gültigkeit behalten oder verlieren. Die Soziologie analysiert die Mechanismen, wie die gesellschaftlichen Werte und Normen von den Individuen zu eigen gemacht – internalisiert – werden. Durch die Sozialisation, Sprache, Erziehung, Schule, Peer-Groups werden die gesellschaftlichen Werte und Normen für die Neugeborenen eine Selbstverständlichkeit, sie werden zu einer Brille, durch die die Mitglieder einer Gesellschaft die Welt sehen. Eine wichtige Folge der Sozialisation ist, dass wir unsere Welt als „fraglos gegeben" betrachten. Dadurch werden wir ethnozentristisch, d. h., die Art und Weise, wie die Dinge in unserer Gruppe oder Gesellschaft gehandhabt werden, werden als „richtig" angesehen. Wir nutzen „unsere" Art, die Welt zu sehen und zu handeln, als eine Messlatte, durch die wir „die anderen" bewerten.

Nach dem französischen Soziologen Pierre Bourdieu (vgl. Bourdieu 1992) sind die sozialen Akteure nicht lediglich in den gesellschaftlichen Strukturen und Denkweisen gefangen. Viel mehr können sie diese ändern. Die modernen Individuen können das fraglos gegebene infrage stellen, die Normen und Gesetze neu definieren. Als Beispiel: Die Stellung von Frauen in Europa ist vor 150 Jahren eine andere gewesen – die Frauen verfügten über kein Wahlrecht oder durften nicht studieren. Durch die Frauenbewegung wurden die gesellschaftlichen Strukturen – Gesetze, Normen, Vorstellungen – geändert. Heutzutage sind Frauen in den europäischen Ländern in vielen Aspekten gleichberechtigt, auch wenn es immer noch Geschlechterungleichheiten gibt und Gewalt gegenüber Frauen fortbesteht. Vorstellungen, Werte, Normen können modifiziert werden. Allerdings benötigen diese Änderungen viel Zeit und können Widerstände hervorrufen.

Warum Migrationssoziologie?

Migration ist ein Schlüsselthema der heutigen Gesellschaftswissenschaften. Grund dafür ist nicht ausschließlich, dass immer mehr Menschen auf der Welt migrieren. Die Anzahl der weltweiten Migrant*innen ist relativ niedrig, gemessen an der Weltbevölkerung. Die Bedeutung der Migrationsproblematik in den politischen und öffentlichen Diskursen nimmt aber kontinuierlich zu, da durch die Migration Menschen, die in unterschiedlichen Gesellschaften sozialisiert wurden, in einen engeren räumlichen Kontakt kommen. Ihre Vorstellungen und ihr fraglos Gegebenes werden bei diesem Kontakt hinterfragt. Unter Umständen kann es zu Spannungen kommen, die die gesellschaftliche Kohäsion beeinflussen und die Gesellschaften in ihren Strukturen, Werten und Normen verändern können.

Doch die Migration bringt nicht nur Spannungen mit sich, sondern auch Chancen und Möglichkeiten für die Migrierenden und für die Aufnahme- und Herkunftsgesellschaften. Stereotype können abgebaut werden, Kunst, Kultur, Musik, Essgewohnheiten werden vielfältiger. Hinzu kommt, dass die meisten Migrant*innen im aktiven erwerbsfähigen Alter sind. In der Regel können sie einen Beitrag für die wirtschaftliche Entwicklung der Aufnahme-, aber auch der Herkunftsgesellschaften leisten und dabei ihre persönliche Lebenssituation verbessern.

Der Migrationssoziologie hinterfragt auch die in der Öffentlichkeit dominierenden Narrative über die Wanderung von Menschen, nach denen Europa das primäre Migrationsziel der meisten Individuen sei. Allerdings ist davon auszugehen, dass die Mehrheit der Migrant*innen in Asien und Afrika migrieren – dabei handelt es sich um Wanderungsbewegungen, die schwierig zu quantifizieren sind, da die Migration in einigen Ländern nicht präzise oder kaum statistisch erfasst wird. Die Vorstellung, dass Europa das begehrteste Wanderungsziel sei, ist jedoch nur teilweise empirisch nachweisbar.

Die Soziologie erfasst auch die Veränderungen in der Art der Migrationsbewegungen. In der heutigen Zeit migrieren neben den Menschen, die dauerhaft ihren Lebensmittelpunkt verlagern, Personen, die zwischen verschiedenen Gesellschaften pendeln. Das sind keine Migrant*innen im klassischen Sinne, sondern Mobile – sie bleiben nicht für immer an einem neuen Ort, sondern ziehen weiter. Die Mobilität ist eine relativ neue Form der Wanderung, die sich von der klassischen Migration unterscheidet. Unter den Migrant*innen sind welche, die zirkulär wandern, z. B. die Saisonarbeitnehmer*innen oder aber auch Expert*innen. In der Regel stehen die meisten Migrant*innen weiterhin in Kontakt mit ihren Verwandten und Familien, die in den Herkunftsgesellschaften geblieben sind. Wie diese Kontakte funktionieren, wie intensiv sie sind – das ist eine der Forschungsfragen der transnationalen Migrationsforschung (vgl. Pries 2010; Faist et al. 2014).

Die Migrationssoziologie befasst sich mit der Frage, wie Migrationsprozesse die gesellschaftliche Kohäsion und die Konflikte auf Makro- und Mikroebene beeinflussen. Ein Schlüsselthema ist die Wechselwirkung zwischen Wanderungsbewegungen und sozialer Ungleichheiten. Es werden die verschiedenen Typen der Wanderungsbewegungen analysiert: Arbeitsmigration, Fluchtmigration, Bildungsmigration oder Familienmigration. Im Mittelpunkt vieler Analysen stehen die Mechanismen der Regulierung der Migrationsbewegungen, der selektiven Durchlässigkeit der Grenzen sowie der Konstruktion von Narrativen über die Wanderung. Von besonderer Bedeutung ist die Problematik nach der Intersektionalität: Dabei geht es um die Frage, inwieweit ein Benachteiligungsmerkmal (z. B. die Zugehörigkeit zu einer marginalisierten ethnischen oder religiösen Gruppe) mit einem anderen Benachteiligungsmerkmal (Migrationserfahrung, Hautfarbe, Alter, Behinderung, Gender oder sexuelle Orientierung) verbunden ist und wie sich dies auf die soziale Positionierung der Individuen auswirkt. Für die Untersuchung von Migrationsprozessen ist aber vor allem eine neue soziologische Vorgehensweise und eine genaue Bestimmung des Forschungsobjekts erforderlich. Nicht nur die Migrant*innen, sondern auch die Forschung überwindet die nationalstaatlichen Grenzen auf der Suche nach Erklärungen für die Motive und Praktiken der migrierenden Personen.

Die Migrationsforschung ist als ein transdisziplinäres Feld zu verstehen. Die Wanderungsbewegungen von Menschen sind Objekt mehrerer Wissenschaften – neben der Soziologie sind dies die Politikwissenschaften, Sprachwissenschaften, Rechtswissenschaften, Medizin, Geografie, Geschichte, Demografie, Psychologie, Wirtschaftswissenschaften, Religionswissenschaften und Kulturwissenschaften. Die Transdisziplinarität der Migrationsforschung erlaubt, dass essenzielle Fragestellungen aus neuen, fachübergreifenden Perspektiven abgehandelt werden können. Das Studium der Migrationssoziologie soll deshalb offen für Transdisziplinarität sein. Das ist einerseits aus wissenschaftlicher Perspektive wichtig, andererseits ist aus der Sichtweise der Studierenden von Bedeutung, die Migrationsforschung in ihrer Komplexität wahrzunehmen.

Im Rahmen meiner Seminare werde ich von Studierenden häufig nach Berufsperspektiven für Migrationssoziolog*innen gefragt. Diese sind zahlreich: Es bieten sich Möglichkeiten, in der Wissenschaft und Forschung zu bleiben, aber auch in der Praxis, z. B. in der Migrationsberatung, bei den kommunalen Integrations- oder Inklusionsdiensten tätig zu sein. Ein weiteres Beschäftigungsfeld ist die Arbeit als Berater*in bei den sozialen Diensten und Trägern wie Caritas, Diakonie, AWO etc. Möglichkeiten bieten sich in Ministerien, in Schulen und Bildungs- und Weiterbildungseinrichtungen, bei politischen Parteien, Stiftungen, in den Medien oder auch in Werbe- und PR-Agenturen an. Gerade bei solch einem breiten Spektrum der potenziellen Beschäftigungsmöglichkeiten ist eine Ausweitung der Perspektive im Sinne der Transdisziplinarität wichtig.

Ziel dieses Lehrbuchs ist, die pluralen soziologischen Perspektiven zum Thema Migration aufzuzeigen, aber auch die Transdisziplinarität der sozialwissenschaftlichen Migrationsforschung abzubilden. In diesem Sinne werden im Lehrbuch nicht ausschließlich Ergebnisse der soziologischen, sondern vielmehr der sozialwissenschaftlichen Migrationsforschung dargestellt.

Das Lehrbuch

Dieses Buch basiert auf Erkenntnissen, die primär in der Migrationssoziologie, aber auch in den angrenzenden Disziplinen gewonnen wurden. Es werden zahlreiche Studien ausgewertet und Begriffe kritisch interpretiert. Ältere Studien werden dann herangezogen, wenn sie zu den sog. Klassikern der soziologischen (Migrations-)Forschung gehören, oder dann, wenn es sich um Studien handelt, die einzigartig und die (noch) nicht wiederholt worden sind.

Im deutschsprachigen Raum sind bereits Einführungen zum Thema Migrationssoziologie erschienen. Diese setzen sich kritisch mit den einzelnen soziologischen Theorien auseinander (vgl. Aigner 2017), behandeln das Thema in einer theoretisch-historischen Perspektive (vgl. Treibel 2011), geben einen Überblick über die thematischen Schwerpunkte der Migrationsforschung (vgl. Han 2016; Oswald 2007) oder fokussieren auf wichtige Aspekte der Migration wie den Transnationalismus (vgl. Nowicka 2024).

Der Aufbau dieses Lehrbuchs ist so konzipiert, dass die Inhalte in einem Semester bearbeitet werden können. Die einzelnen Kapitel sind als Lektionen aufgebaut, in denen Schlüsselbegriffe definiert und wichtige empirische Studien sowie theoretische Konzepte dargestellt werden. Die Lektionen enden mit Fragen, die ggf. in den Seminaren mit den Teilnehmenden diskutiert werden können. Nach jedem Kapitel wird eine kurze Liste mit Literaturtipps angeboten, die ggf. zur Vertiefung dienen können. Selbstverständlich ist im Rahmen eines Lehrbuchs, in dem eine Auswahl getroffen werden muss, Vollständigkeit nicht möglich. Das Lehrbuch verfolgt das Ziel, komplexe soziologische Inhalte für Studierende unterschiedlicher Fächer zugänglich zu machen. Adressat*innen sind insbesondere diejenigen, die sich zum ersten Mal wissenschaftlich mit dem Thema Migration befassen. Das Buch ist eine Einladung an die Studierenden, sich mit den hier dargestellten Themen auseinanderzusetzen, Fragen zu stellen und wissenschaftliche Antworten zu suchen. Es soll ein Türöffner zur weiten Welt der soziologischen Migrationsforschung sein. Die Sprache des Lehrbuchs ist dem Ziel angemessen, nämlich komplexe soziologische Inhalte begreiflich für angehende Studierende und für Nichtsoziolog*innen darzustellen. Dadurch mögen an manchen Stellen die Komplexität und der Umfang der Ausführungen reduziert worden sein, hoffentlich gewinnt aber die Verständlichkeit. Ziel des Lehrbuchs ist es, eine allgemeine Perspektive zu den Themen und Problemen der Migrationssoziologie anzubieten.

Die Auswahl der Themen, der Fragestellungen und der Akzente in den einzelnen Lektionen, die behandelt werden, sowie die Entscheidung, manche Themen nicht aufzunehmen, z. B. die transnationale Migration und die Integration, erfolgt bewusst. Sie beruht auf der Lehr- und Forschungserfahrung, die ich als Hochschuldozentin mitbringe, sowie auf der Abwägung der Intensität, mit der diese Themen in der Fachwissenschaft und in der Öffentlichkeit bereits behandelt worden sind. Hingegen habe ich Themen wie Migration, Alter und Gesundheit oder Migration und Medien aufgenommen, die meines Erachtens bislang zu wenig Beachtung gefunden haben.

Beim Verfassen des Lehrbuchs ist auch meine eigene Migrationserfahrung miteingeflossen. Ich gehöre zur Generation, die Anfang der 1990er-Jahre erlebt hat, dass die Durchlässigkeit der nationalstaatlichen Grenzen in Europa bei Weitem nicht so groß gewesen ist, insbesondere für Menschen, die aus Osteuropa stammen. Eine ganze Generation Osteuropäer*innen hat vor der Zeit der EU-Mitgliedschaft ihrer Länder die Erfahrung der selektiven Ausgrenzung gemacht. Viele sind in die USA oder nach Kanada ausgewandert, die damals eine moderne und offenere Einwanderungsstrategie hatten. 25 Jahre später, in der Zeit, in der in Europa und insbesondere in Deutschland international Fachkräfte händeringend gesucht werden, stellt sich die Frage, ob die damalige Politik der Schließung und Ausgrenzung die richtige war. Diese Frage ist auch im Hinblick auf die Diskussionen über die zukünftige Gestaltung der Migration nach Europa und im Kontext der aufkommenden Populismen von besonderer Bedeutung. Während der Covid-19-Pandemie ist deutlich geworden, welche Folgen die Schließung der Grenzen für Menschen, Wirtschaft und Gesellschaft haben kann und wie wertvoll die offenen Grenzen unserer Gesellschaften sind. Im Hinblick darauf ist eine wissenschaftsbasierte Gestaltung der Migrationsprozesse, die auf den Erkenntnissen der Migrationssoziologie fußt, notwendig.

Das Lehrbuch steht im engen Zusammenhang mit meiner bislang 16-jährigen Lehrtätigkeit an der Pädagogischen Hochschule in Karlsruhe. Dem Institut für Transdisziplinäre Sozialwissenschaft an der Pädagogischen Hochschule habe ich die transdisziplinäre Perspektive meiner Forschungsarbeiten und auch dieses Lehrbuchs zu verdanken. An dieser Stelle möchte ich den Kolleg*innen und Tutor*innen der Soziologie für ihre Unterstützung danken. Besonders den Studierenden, die in meinen Seminaren mit mir über die Inhalte dieses Lehrbuchs diskutiert haben, Fragen und Hinweise gegeben haben, danke ich. Dem Nomos-Verlag danke ich für die Geduld und für die gute Zusammenarbeit. Mein besonderer Dank gilt Annette Treibel, die wertvolle Anregungen für den Aufbau des Lehrbuchs gegeben hat. Für etwaige Fehler bin ich allein verantwortlich.

Lektion 1: Migration national, transnational und global

Überblick

Diese Lektion widmet sich dem Thema „Migration" in seinen nationalen, transnationalen und globalen Dimensionen. Es werden die Ursachen für die Migrationsbewegungen thematisiert und die älteren und neueren theoretischen Sichtweisen auf die Migrationsproblematik erläutert. Im Fokus steht die Erfassung der Migrationsbewegungen.

1. Warum nimmt das Thema Migration an Bedeutung zu?

Nach Angaben der Internationalen Organisation für Migration werden im Jahr 2022 281 Millionen Menschen auf der Welt als „Migrant*innen" statistisch erfasst (vgl. International Organization for Migration 2022). Diese Anzahl der Migrant*innen umfasst allerdings nur die Personen, die sich mindestens seit einem Jahr in einem anderen als ihrem Geburtsland aufhalten und dort offiziell behördlich angemeldet sind. Offensichtlich ist diese Zahl nicht vollständig. Sie bezieht sich zwar auf die Menschen, die dauerhaft außerhalb der Staatsgrenzen leben, in denen sie geboren wurden. Davon ausgenommen sind allerdings die Berufspendler*innen, die tagtäglich Staatsgrenzen überqueren, die irregulären undokumentierten und dementsprechend nicht angemeldeten Migrant*innen, die Asylsuchenden, die noch keinen festen Aufenthaltsstatus besitzen. Die faktische Dunkelziffer der weltweiten Migrant*innen mag deutlich höher sein. Diese Zahl der offiziell registrierten Migrant*innen erscheint zunächst bemerkenswert, de facto ist sie aber nicht groß – lediglich 3,6 % der Weltbevölkerung sind statistisch als Migrant*innen erfasst worden (ebenda). Die Tendenz ist zwar steigend, aber die Entwicklung in diese Richtung ist eher verhalten. Dennoch gehören die Themen Migration und Mobilität, neben Klima und Kriegen, zu den zentralen Aspekten öffentlicher Debatten und symbolischer Auseinandersetzungen in den modernen Gesellschaften. „Wie kann man Migration steuern?", ist eine Frage, die genauso häufig bei Talkshows, Podiumsdiskussionen oder in politischen Wahlkampfarenen thematisiert wird wie Fragen zu Klima, Krieg und Armut. Diese Themen, die so unterschiedlich scheinen, sind stark miteinander verwoben, denn sie werden von der Wissenschaft und von der Politik als „soziale Probleme" definiert – als etwas Steuerbares und Planbares, als eine Aufgabe, die gelöst werden kann und sogar muss. Durch die Steuerung der Migration verspricht sich die Politik, eine Lösung für die stagnierende demografische Entwicklung der europäischen Gesellschaften und für die damit verbundene Herausforderung vor den Rentensystemen gefunden zu haben. Zugleich wird die Migration von Vertreter*innen eines Teils des politischen Spektrums in Europa und Amerika als etwas potenziell Bedrohliches angesehen, was Krisen verursacht. Beispielsweise werden hier kulturelle Widersprüche der Gesellschaften und deutlich sichtbarere soziale Ungleichheiten genannt. Unterschiedlich ist auch die politische Bewertung der Migration – im rechten politischen Spektrum wird sie als Gefahr oder im besten Fall als notwendiges Übel angesehen, vor allem wenn es darum geht, Arbeitskräfte zu gewinnen. Linkspolitisch wird die humanitäre Verantwortung betont, geflüchtete und bedürftige Menschen in unseren Gesellschaften aufzunehmen, die sich aus der kolonialen Vergangenheit vieler europäischer Länder sowie aus den Weltkriegen ergibt. Für wirtschaftsliberale Politiker wird die Migration als eine Strategie zur Förderung der wirtschaftlichen Entwicklung durch Anwerbung qualifizierter Fachkräfte angesehen, im ökologisch-politischen Spektrum werden neben den humanitären auch die umweltbezogenen Aspekte der globalen Wanderungsbewegungen berücksichtigt.

Warum nimmt allerdings die Bedeutung der Migration zu? Die Antworten auf diese Fragen sind vielfältig. Zum einen werden durch die Migration die Krisen, die Spannungen und Widersprüche der modernen Gesellschaften sichtbar. Wir werden durch die Migration mit Fragen konfrontiert, z. B.: Worauf beruht unser Wohlstand? Ist er ohne Migration denkbar? Können wir unseren Ansprüchen genügen, humanitär verantwortlich zu handeln, ohne dabei den europäischen Sozialstaat herauszufordern? Werden kulturelle, ethnische, religiöse Konflikte durch die Migration verstärkt oder trägt die Migration zu einer potenziellen Konfliktlösung bei? Usw.

Zum anderen verschärft die Migration das Bewusstsein der sozialen Akteure über die globalen sozialen Ungleichheiten. Seit der Französischen Revolution (1789) entwickelten die westlichen Gesellschaften den Anspruch, sich für die Universalität der Menschenrechte einzusetzen. Diese stehen allen Menschen aufgrund ihres Menschendaseins zu – allen Menschen soll die gleiche Würde zugesprochen werden. Allerdings wird spätestens durch die Zunahme der globalen Migrationsbewegungen seit den späten 1980er-Jahren sichtbar, dass die Würde vieler Individuen auf der Welt sehr unterschiedlich gewertet wird. So verfügen die meisten Menschen nicht über das Recht auf Freizügigkeit, d. h. das Recht, persönlich entscheiden zu dürfen, wo, in welcher Gesellschaft, in welchem Land oder in welcher Stadt man sein Leben verbringt. Migration und Mobilität werden objektiv, einerseits durch Kontrollen bei der Ausreise vonseiten totalitärer oder diktatorischer Regime, andererseits bei der Einreise von Regierungen beliebter Einwanderungsdestinationen eingeschränkt. Die Freizügigkeit steht z. B. in Deutschland nur den deutschen Staatsbürger*innen und den Staatsbürger*innen der Europäischen Union zu. Deutsche Staatsbürger*innen oder Staatsbürger*innen der EU können allerdings ihren Wohnort nicht ohne Einschränkung in die Schweiz oder in die USA verlegen. Das Recht, sich frei zu bewegen, ist nicht allen Menschen uneingeschränkt gegeben. Die Restriktionen zu migrieren stehen in der Regel mit dem ökonomischen, mit dem kulturellen und mit dem sozialen Kapital einer Person in Zusammenhang (zur Bedeutung dieser Begriffe vgl. Bourdieu 1992). Die Möglichkeit, zu migrieren oder mobil zu sein, variiert sehr stark in Abhängigkeit von der Staatsangehörigkeit einer Person. Manuela Boatca bezeichnet die Staatsangehörigkeit als „Kapital" (vgl. Boatca 2017). Menschen, die über eine „starke" Staatsangehörigkeit verfügen, können viel freier migrieren als Menschen, die Staatsbürger*innen eines Landes sind, das einer Visumspflicht unterliegt. Und das unabhängig von der individuellen sozialen Lage in der Gesellschaft, deren Staatsbürger*in man ist. Andererseits können Personen, die über ein erhebliches ökonomisches Kapital verfügen, durch eine Investition finanzieller

Mittel in einer bestimmten Höhe oder durch den Erwerb von Eigentum eine Genehmigung bekommen, sich in einem bestimmten Land aufzuhalten. In konkreten Fällen ist sogar der Erwerb der Staatsangehörigkeit dieses Landes möglich. Aufgrund der Form der Anschaffung werden die Aufenthaltstitel dieser Personen als „goldene Visa" bezeichnet. Umstritten sind sie allemal. Die Staaten „verkaufen" Aufenthaltsrecht gegen Investitionen. Oft werden aber diese „Investitionen" nur auf Papier getätigt. Tatsache ist, dass die globalen sozialen Ungleichheiten den individuellen Zugang zur Migration und Mobilität erheblich beeinflussen; dadurch werden die sozialen Ungleichheiten sichtbarer. Die Migration verstärkt die sozialen Ungleichheiten, unter anderem auch, da sie diese erkennbar macht. Durch eine Analyse der unterschiedlichen Einwanderungsberechtigungen gelingt es der Firma Henley & Partners, eine Rangliste, früher „Visa Restriction Index" und aktuell „The Henley Passport Index" genannt, zu erstellen (vgl. Henley & Partners 2024). Auf dieser Rangliste werden die einzelnen Staaten danach klassifiziert, inwieweit ihre Staatsangehörigen visumsfrei einreisen dürfen. Laut dieser Rangliste dürfen sich im Jahr 2024 die Staatsbürger*innen von Singapur in 195 Ländern und diejenigen von Deutschland, Frankreich, Italien, Japan und Spanien in 192 Ländern bis zu drei Monate lang visumsfrei aufhalten. Hingegen haben die Staatsbürger*innen Afghanistans das Recht, lediglich in 26 Ländern der Welt visumsfrei einzureisen. Durch diese Rangliste wird die deutliche Abhängigkeit zwischen Reisefreiheit und der Staatsangehörigkeit der Individuen sichtbar.

Eine weitere Rolle für die zunehmende Bedeutung der Migration spielt die Mediatisierung der sozialen Welt. Durch die Allgegenwärtigkeit der sozialen Medien werden die oben genannten Widersprüche vielen Menschen bewusster. Bilder der Geflüchteten, die versuchen, in Spanien am Grenzübergang in Melilla einen Zaun zu überwinden und sich auf diese Art und Weise den Zugang zur Europäischen Union zu verschaffen, werden zum Symbol der Spannung zwischen moralischen Ansprüchen und Realität, zwischen Reisefreiheit und Einschränkung. Diese Widersprüche, die immer existiert haben, werden durch die schnelle und kaum eingeschränkte Verbreitung in den sozialen Medien deutlicher. Das Thema Migration, die Ursachen und die Folgen rücken in den Fokus der gesellschaftlichen Debatten. Ihre gesellschaftliche Bedeutung ist zwar immer groß gewesen, durch die Medien gewinnen sie an noch mehr Aufmerksamkeit.

2. Was ist Migration?

Das Wort Migration kommt aus dem Lateinischen und bedeutet „den Ort wechseln" beziehungsweise „wegziehen". Die Migrant*innen sind Personen, die den Ort wechseln, wegziehen oder wandern. Historisch gesehen sind die Wanderungen von Menschen kein neues Phänomen: Sie existierten seit sehr langer Zeit in der Geschichte der Menschheit (vgl. Düvell 2006). Vor der Gründung der modernen Nationalstaaten ist die Wanderung und nicht die Sesshaftigkeit der Normalfall gewesen. Die Wanderungsbewegungen haben unterschiedliche Dimensionen angenommen, wie diese Beispiele verdeutlichen: die spanische Kolonialmigration, der transatlantische Sklavenhandel, die Auswanderung aus Europa in die USA im 19. Jahrhundert, die Fluchtmigration während und infolge des Ersten und Zweiten

Lektion 1: Migration national, transnational und global

Weltkriegs, die Arbeitsmigration, die im Zuge der Industrialisierung von Westeuropa erfolgt ist, die Rückwanderungen nach den Kriegen u. a.

Allerdings ist die wissenschaftliche Auseinandersetzung mit der Migrationsproblematik eine neue. Vor dem 19. Jahrhundert, in der Zeit vor der Etablierung der modernen Sozialwissenschaft, der modernen Soziologie, Politikwissenschaft und Geografie, haben die wissenschaftliche Reflexion der Migrationsthematik sowie die nationalstaatlichen Regulierungen der Grenzen und der Zugänge praktisch nicht existiert. Aus diesem Grund betonen Wissenschaftler wie Castells/Miller (1993), Castells et al. (2014), dass die Migration ein Phänomen der Moderne sei. Warum haben die Sozialwissenschaftler*innen erst so spät mit der Verarbeitung des Migrationsphänomens angesetzt? Die Sozialwissenschaften sind ein Ergebnis der modernen Welt. Die Sozialwissenschaften – auch die Soziologie – haben ihren Anfang in einem sozialen Kontext, in dem die gesellschaftlichen Prozesse hinterfragt und die existierenden Normen und Werte begründet werden müssten; in dem die Entwicklungsrichtung der Gesellschaft thematisiert und nicht wie in vielen vormodernen Gesellschaftsformen als fraglos gegeben angesehen wird.

Eine weitere Voraussetzung, dass wir Migration wissenschaftlich begreifen und diese auch erforschen, ist die Existenz moderner Staaten, die ihre Staatsgrenzen im politischen Sinne festlegen und die Staatsbürgerschaft als Institution einführen. Denn der Begriff der Migration umfasst nicht bloß eine Bewegung von Menschen, sondern *von Bürger*innen eines Staates über Staatsgrenzen hinweg*. In diesem Sinne können die Völkerwanderungen in den prähistorischen und vormodernen Zeiten zwar als Wanderungen, aber nicht als Migration im modernen wissenschaftlichen und politischen Sinne festgehalten werden.

In der Fachliteratur existieren unterschiedliche Definitionen des Migrationsbegriffs. Jede Definition in den Sozialwissenschaften ist zeitgebunden, d. h., sie ist ein Ausdruck eines bestimmten historischen und sozialen Kontexts und ist mit den gesellschaftlichen Bedingungen ihres Entstehens verbunden. Sie trägt auch die Perspektive der Sozialwissenschaftler*innen, die sie erarbeitet haben. Das heißt, Wissenschaftler*innen, die z. B. den Begriff „Migration" zu Beginn des 20. Jahrhunderts definiert haben, haben gesellschaftliche, wirtschaftliche und politische Phänomene vor ihren Augen gehabt, die vielleicht heutzutage nicht mehr existieren oder nicht mehr in diesem Ausmaß präsent sind. Die klassischen Definitionen des Migrationsbegriffs sind viel statischer, wenn wir sie mit den neueren vergleichen würden, die Themen wie Mobilität und Transnationalität umfassen. Die klassischen Definitionen berücksichtigen den Migrationsbegriff als einen „Wohnortwechsel von relativer Dauer" (Nauck 1989, S. 362). Ohne physischen Wohnortwechsel kann demzufolge keine Migration existieren. Heutzutage steht die Soziologie vor Herausforderungen, die globalen Bewegungen von Wissen, Ideen, Arbeit, Dienstleistungen u. v. m. ohne die physische Bewegung des menschlichen Körpers „über Staatsgrenzen hinweg" zu bezeichnen. Handelt es sich dabei um eine neue Form der Migration?

Nach den klassischen Definitionen soll dieser Wohnortwechsel auch von einer bestimmten Dauer sein: Die Migration ist, so Annette Treibel, ein „auf Dauer angelegter beziehungsweise dauerhaft werdender Wechsel in eine andere Gesellschaft beziehungsweise in eine andere Region von einzelnen oder mehreren Menschen" (Treibel 2011, S. 21). Die Migrant*innen sind „Personen, die mindestens seit einem Jahr ihren Wohnsitz von ihrem Herkunftsland in ein anderes Land verlagert haben" (ebenda). Nach Jochen Oltmer wird die Migration als „auf einen längerfristigen Aufenthalt angelegte räumliche Verlagerung des Lebensmittelpunkts von Individuen, Familien, Gruppen oder auch ganzen Bevölkerungen" (Oltmer 2017, S. 57) definiert.

Wenn wir diese exemplarischen Definitionen analytisch betrachten, können wir feststellen, dass die Migration im klassischen Sinne

- die Bewegung von Individuen oder Gruppen von A nach B über Staatsgrenzen hinweg ist,
- diese Bewegung freiwillig oder erzwungen sein kann,
- sie mit der Verlagerung des Wohnorts endet,
- der/die Migrant*in dauerhaft im neuen Ort bleibt und danach strebt, dort sesshaft zu werden,
- die Verlagerung des Lebensmittelpunkts mindestens ein Jahr dauert und kurzfristige Aufenthalte nicht als Migration definiert werden und
- die Existenz einer Rückkehrabsicht oder -möglichkeit nicht relevant für die Begriffsbestimmung ist.

Die Migrationsdefinitionen beinhalten in ihren klassischen Versionen nicht nur eine räumliche Veränderung als Voraussetzung. In ihrem Buch „Etablierte und Außenseiter" aus dem Jahr 1965 – ein Klassiker der soziologischen Theorien – schreiben Norbert Elias und John Scotson, dass die Migration auch ein „Wechsel der Gruppenzugehörigkeit" (Elias Scotson 1990, S. 229) ist: „Was geschieht, scheint nur zu sein, dass Menschen sich physisch von einem Ort zum anderen bewegen. In Wirklichkeit wechseln sie immer von einer Gesellschaftsgruppe in eine andere über" (Elias/Scotson 1990, S. 248). Die Migration ist also nicht nur eine geografische oder eine räumliche Veränderung, sondern auch ein sozialer Neuanfang, eine Neupositionierung in einer anderen Gesellschaft. In ihrem Buch „Soziologie der Migration" betont die Soziologin Ingrid Oswald, dass die „Migration […] als ein Prozess der räumlichen Versetzung des Lebensmittelpunkts, also einiger bis aller relevanten Lebensbereiche, an einen anderen Ort, der mit der Erfahrung sozialer, politischer und/oder kultureller Grenzziehung einhergeht" (Oswald 2007, S. 13), verstanden werden kann.

Was ist aber der „Lebensmittelpunkt"? Ingrid Oswald erklärt diesen Begriff, indem sie die folgenden Indikatoren heranzieht: Der Lebensmittelpunkt ist demzufolge der Ort, an dem eine eigene Wohnung, eine meldebehördliche Registrierung, Kontakt mit den Nachbarn, Familie, Arbeitsplatz sowie Einbettung im sozialen und kulturellen Netzwerk vorhanden sind. Auch die politische Zugehörigkeit und das bürgerschaftliche Engagement sind Indikatoren, durch die ein Lebensmittelpunkt an einem Ort bestimmt werden kann.

Lektion 1: Migration national, transnational und global

Nach den klassischen Definitionen des Migrationsbegriffs ist die Migration mit einer klaren Bewegung von A nach B verbunden. Allerdings treffen heutzutage diese Indikatoren der Lebensmittelpunktverlagerung in ihrer Gesamtheit nicht immer zu. Nach dem Ende des Kalten Kriegs in Europa (1989) werden die Staatsgrenzen auf dem Alten Kontinent immer offener. Die Prozesse der europäischen Integration und des Zusammenwachsens der EU förderten Bewegungs- und Lebensformen, die vorher nicht oder nicht in diesem Ausmaß existiert haben. Diese Prozesse trugen zur Zunahme der transnationalen Mobilität bei. Innereuropäische Grenzkontrollen wurden durchlässiger oder wurden zwischen den Staaten des Schengener Raums komplett abgeschafft (zum Begriff „Schengener Raum" vgl. Siegl 2020 und European Commission, Directorate-General for Migration and Home Affairs 2015). In diesem europäischen Raum offener Staatsgrenzen kommt es häufig vor, dass man in einem Nationalstaat, z. B. in Straßburg, wohnt und an einem anderen Ort, z. B. in Karlsruhe, arbeitet. Man kann die politische und kulturelle Zugehörigkeit, z. B. bei Mehrstaatsangehörigkeiten, in zwei oder sogar in mehreren Staaten haben. Durch die Prozesse der Globalisierung werden transnationale Mobilitätsformen und Mehrfachzugehörigkeiten zahlreicher und werden nicht lediglich auf den europäischen Raum beschränkt. Zahlreiche Menschen in Asien oder Lateinamerika arbeiten in einem Land und haben ihre Familie in einem anderen Land oder auf einem anderen Kontinent, was zu einer Trennung von Tausenden von Kilometern führt. Bessere Transportmöglichkeiten, aber auch die Verbreitung der Internetkommunikation ermöglichen dies inzwischen und machen die wirtschaftlichen Belastungen erträglicher. Diese Prozesse der globalen wirtschaftlichen Vernetzung umfassen viele Schichten der sowohl europäischen als auch der nichteuropäischen Gesellschaften. Sie verändern das Leben sowohl der Maschinenbauingenieurin, die in Singapur in eine neue Filiale ihrer Firma versetzt wird, als auch das Leben des Bauarbeiters, der in Qatar Stadien für die Fußballweltmeisterschaft 2022 baute. Sie verändern aber auch den Charakter vieler Migrationsbewegungen und rufen die Notwendigkeit hervor, den Begriff Migration wissenschaftlich zu präzisieren und auf neue Art zu bestimmen.

Die neueren Definitionen der Migration charakterisieren sich dadurch, dass sie die komplette Verlagerung des Lebensmittelpunkts nicht als maßgebend für die Bestimmung des Begriffs verwenden. In der Zeit der zunehmenden Globalisierung, die seit Mitte der 1980er-Jahre im Gange ist, ist diese Verlagerung des Lebensmittelpunkts nicht immer gegeben. Viele Migrant*innen versetzen ihren Lebensmittelpunkt nicht, sondern sie bauen mehrere Lebensmittelpunkte in verschiedenen Ländern auf. Dabei ist nicht ausschließlich an die hochqualifizierten Expert*innen, sondern auch an die Diplomat*innen, die in mehreren Ländern arbeiten und Wohnungen besitzen, zu denken. Zu berücksichtigen sind aber auch die Pflegefachfrau oder der Saisonarbeitnehmer, die zwischen ihrem Herkunftsland und dem Arbeitsort in einem anderen Land pendeln. Zu nennen ist auch die Computerfachperson, welche z. B. in einem Land lebt und über das Internet in einem anderen Land für einen ausländischen Arbeitgeber arbeitet. Diese Beispiele sind nur ein geringer Teil der Gesamtpalette an Biografien, die verdeutlichen, wie sich die Migration, aber auch unser Verständnis von Migration in der neueren Zeit geändert haben. Die klassischen Dimensionen der Migrationsbewegungen bleiben zwar weiterhin bestehen, denn es sind immer noch sehr viele Menschen, die sich dauerhaft an einem neuen Ort niederlassen, ohne dabei Kontakte zu ihrer Herkunftsgesellschaft zu pflegen. Zu denken ist in diesem Fall an Menschen, die geflüchtet sind oder die irregulär migriert sind, obwohl auch in diesen Fällen der Kontakt zum alten Lebensmittelpunkt beibehalten werden kann. Wichtig ist aber zu vermerken, dass die transnationalen Migrations- und Mobilitätsformen die klassischen nicht ersetzen, sondern diese ergänzen. Genau diese neuen Aspekte der Migrationsbewegungen werden von der sog. transnationalen Migrationsforschung (vgl. Faist 2013; Faist et al. 2014; Mau 2007) analysiert.

Der Begriff der transnationalen Migration erweitert die Perspektive der Wissenschaftler*innen und ermöglicht es, Prozesse zu analysieren, die parallel in zwei Gesellschaften verlaufen. Sie fokussieren sich auf die Tatsache, dass „… immigrants live their lives across national borders and respond to the constraints and demands of two or more states" (Glick Schiller et al. 1995, S. 48). Im Mittelpunkt dieser Definition von Nina Glick Schiller und ihren Kolleginnen aus dem Jahr 1995 stehen die Lebenspraktiken von Menschen, die gleichzeitig in mehreren Gesellschaften aktiv sind und keinen einzelnen Lebensmittelpunkt haben – „simultaneous embeddedness in more than one society" (ebenda). Eine wichtige Voraussetzung für die Existenz transnationaler Migrationsbewegungen sind die transnationalen Räume (vgl. Pries 1997). Transnationale Migrant*innen sind nach Ludger Pries Menschen, die „ihre Lebensstrategien nicht mehr nur auf eine nationale Gesellschaft ausrichten, sondern auf eine Makroregion (wie z. B. die Europäische Union) oder auf mehrere Länder (wie z. B. Deutschland, die Türkei und die USA)" (Pries 2008, S. 41).

Wann ist ein/e Migrant*in ein/e „klassische[r] Migrant*in" und wann ein/e „transnationale[r] Migrant*in"? Diese Frage ist nur in den wenigsten Fällen eindeutig zu beantworten. Grund dafür ist, dass in vielen Migrationsfällen Kontakte oder Formen des Engagements zur Herkunftsgesellschaft existieren. Ein wichtiger Unterscheidungspunkt ist der Grad der Verbundenheit und der Verpflichtungen, die gleichzeitig in zwei Gesellschaften vorhanden sind, z. B. Arbeitsplatz in einem Land, Familie in einem anderen Land. Bei der transnationalen Migration handelt es sich um das Vorhandensein einer regelmäßigen, konstanten Interaktion und Verbundenheit mit zwei Gesellschaften. Dabei kommt es auf den privaten, gesellschaftlichen, politischen und wirtschaftlichen Einfluss, den man in zwei Gesellschaften ausüben kann, an. Die transnationale Migrationsforschung befasst sich allerdings weniger intensiv mit der Frage, ob ein/e Migrant*in ein klassischer oder ein/e transnationale/r Migrant*in ist, sondern fokussiert auf die Form, Intensität und Hindernisse beim Aufbau transnationaler Beziehungen auf Mikroebene. Die transnationale Migrationsforschung ist ein Versuch, die Prozesse der Globalisierung in ihrer Wechselwirkung mit den Lebensstrategien einzelner Menschen zu analysieren.

Durch die transnationale Migrationsforschung gewann ein Begriff, der früher oft in der Humangeografie verwendet wurde, an soziologischer Bedeutung. Es geht um den Begriff Mobilität (vgl. Urry 2007). Gemeint ist die horizontale Mobilität bzw. die Bewegung von Personen, Gruppen oder Gegenständen im Raum. Bei diesem Begriff steht die Bewegung und nicht die Sesshaftigkeit im Fokus. Mobil sind die Menschen, die über Staatsgrenzen hinauswandern, aber nicht dauerhaft in einem bestimmten Land bleiben und sesshaft werden. Gedacht wird dabei an Saisonarbeitnehmer*innen, an Expert*innen oder an Studierende. Im Unterschied zu der geografischen Vorgehensweise befasst sich die Soziologie mit den gesellschaftlichen Folgen der Mobilitätsbewegungen, mit ihren Wirkungen auf die sozialen Gruppen wie Familien, Peer-Groups, auf den Einfluss sozialer Probleme wie Arbeitslosigkeit, Einkommen, Wohnsituation, Ungleichheiten. Die Mobilität, gedacht als eine kurzfristige Bewegung im Raum zum Erreichen eines konkreten Ziels, kann soziale Probleme zumindest teilweise lösen: Mobile Arbeitnehmer*innen in der EU erhöhen ihre Einkünfte. Zugleich kann sie aber andere Probleme schaffen: die Erziehung ihrer Kinder wird allerdings in der Zeit der Mobilität von anderen Personen, z. B. Großeltern, übernommen. Zwei Begriffe aus der Forschung beschreiben diese neue soziale Lage: „transnationale Mutterschaft" (vgl. Hondagneu-Sotelo/Avila 1997; Parrenas 2001) bzw. „Skype-Mutterschaft" (vgl. Szinosaki et al. 2021) und „Euro-Waisen" (vgl. Magier et al. 2016). Gemeint sind die Formen der Erziehung und der Gestaltung des Familienlebens, die infolge der grenzüberschreitenden Mobilität entstanden sind und gelebt werden.

Die zunehmende Mobilität hat auch eine Wirkung auf die Umweltproblematik. Die steigende Anzahl der internationalen Flüge, der weltweit angemeldeten Autos, der touristischen und dienstlichen Reisen mögen eine positive Wirkung auf die globale Wirtschaft haben, ihre Folgen für die Klimaproblematik dürften eher negativ zu bewerten sein.

3. Warum migrieren die Menschen?

Die Migrationsforschung ist interdisziplinär und umfasst sowohl die Sozialwissenschaften als auch die Human- und Sprachwissenschaften – diese Tatsache führt dazu, dass verschiedene Disziplinen, die diese Forschung betreiben, unterschiedliche Akzente setzen und Erklärungsmuster etablieren.

Wissenschaftler*innen vieler Fachrichtungen haben sich mit der Frage auseinandergesetzt, weshalb Menschen migrieren. Dabei ist die Bereitschaft zu auszuwandern nicht nur auf der Grundlage der individuellen Dispositionen von Einzelpersonen zu erklären; sie ist kein Ergebnis einer spontanen individuellen Entscheidung. Sowohl die Migration als auch die Mobilität eines Individuums oder einer Gruppe haben systemische Ursachen. Beim Versuch, die beiden Faktoren, sowohl die individuellen als auch die systemischen, zu berücksichtigen, erarbeiten die Migrationsforscher*innen multikausale Erklärungen der Wanderungsentscheidungen.

Mehrere Antworten auf die Frage, warum Menschen migrieren, geben die *Theorien der Migration*. Sie versuchen die Motive der Migration zu systematisieren, daraus theoretische Modelle abzuleiten und Erklärungsmuster anzubieten. *Die klassischen Theorien der Migration* stellen die geografischen und ökonomischen Faktoren in den Vordergrund, die das Verhalten von Menschen und Gruppen beeinflussen.

3. Warum migrieren die Menschen?

Aus der Perspektive der Humangeografie erarbeitete Ernest G. Ravenstein 1885 einige Gesetzmäßigkeiten, die zum Meilenstein des *bevölkerungsgeografischen Ansatzes* wurden (vgl. Ravenstein 1972). In seinem Vortrag mit dem Titel „Gesetze der Wanderung" analysierte er die Ergebnisse der britischen Volkszählungen aus den Jahren 1871 und 1881 und stellte einen Zusammenhang zwischen dem Wanderungsvolumen und der geografischen Entfernung fest. Ravenstein nahm an, dass die geografische Entfernung eine wichtige Rolle für die örtliche Verteilung der Migration hat. Zudem wies er nach, dass urbane Zentren mehr Menschen anziehen als rurale Gegenden. Eine wichtige These in seiner Theorie ist, dass jeder Einwanderungsstrom auch Auswanderungsströme („Gegenströme") produziert.

Eine weitere Theorie, durch die die Migrationsbewegungen erklärt werden, ist der *makroökonomische Ansatz*. Er fokussiert auf die Ungleichheiten zwischen den Arbeitsmärkten in den einzelnen Ländern und interpretiert diese als Ursache der Migration (vgl. Hicks 1963; Massey et al. 1993). Von Bedeutung sind dabei Variablen wie die Arbeitslosenquote und das Bruttoinlandsprodukt. Diese Theorie nimmt an, dass Menschen zu Gebieten migrieren, in denen sie einen leichteren Zugang zu einem Arbeitsplatz und zu besseren Verdienstmöglichkeiten haben. Eine Weiterentwicklung dieser Theorie ist beim *Push-Pull-Modell* von Everett S. Lee zu beobachten (vgl. Lee 1972). Der Autor betont die Bedeutung von Faktoren, die Migrant*innen abstoßen bzw. anziehen. Solche Sogfaktoren sind z. B. offene Stellen, gut bezahlte Arbeitsplätze, soziale Sicherheit, Wohnungsangebot usw. Als Druckfaktoren gelten mangelnde Arbeitsplätze, soziale Unruhen, Wohnungsmangel, Unsicherheit u. a. (vgl. Todaro 1976).

Zu den klassischen Migrationstheorien gehört die *Segmentationstheorie* bzw. *Theorie des dualen Arbeitsmarktes*. In dieser Theorie wird die Unmöglichkeit eines Gleichgewichts postuliert. Der Arbeitsmarkt einer Gesellschaft wird in Segmente geteilt. Das sichere primäre Segment beinhaltet Arbeitsplätze, die gut bezahlt, stabil und langfristig sind. Das sekundäre Segment besteht hingegen aus Arbeitsplätzen, die schlecht vergütet sind und eine nicht oder gering qualifizierte Arbeitskraft erfordern. Ein Grund für die Migrationsbewegungen ist nach dieser Theorie der ständige Bedarf an Arbeitsplätzen im sekundären Segment, der sich durch hohe Fluktuation auszeichnet. Diese weniger attraktiven Arbeitsplätze werden von neu zugewanderten Personen angenommen (vgl. Pirore 1979).

Die *neoklassischen mikroökonomischen Modelle* fokussieren sich beim Versuch, die Migrationsprozesse zu erklären, auf die individuellen Entscheidungen der sozialen Akteure (vgl. Sjaastad 1962). Diese theoretischen Ausarbeitungen erklären, warum nicht alle Staatsbürger*innen eines Landes, das sich in einer wirtschaftlichen oder politischen Krise befindet, migrieren. Die *Humankapitaltheorie* begründet die Wanderungsbewegungen durch die Entscheidungen, die von den migrierenden Personen getroffen werden, um ihr Einkommen und ihre Arbeitssituation zu verbessern (vgl. Speare 1971). Die Individuen wandern dieser Theorie zufolge in Regionen, in denen es besser dotierte Arbeitsplätze gibt. Dabei wird die Wahrscheinlichkeit, einen solchen Arbeitsplatz zu finden, kalkuliert und bei der Planung der Wanderung berücksichtigt. Diese „Kosten-Nutzen-Analyse", die individuell von den Akteuren durchgeführt wird, ist eine zentrale Annahme dieser Theorie.

Die *neue Migrationsökonomie* stellt nicht das individuelle Interesse, sondern die Entscheidungen der gesamten Haushalte in den Mittelpunkt (vgl. Sandell 1977). Nicht das persönliche Einkommen und seine mögliche Verbesserung, sondern die Steigerung des Einkommens des gesamten Haushalts kann eine Wanderungsentscheidung erklären. Dabei ist das Interesse des Gesamthaushalts nicht immer deckungsgleich mit dem Interesse der einzelnen Haushaltsmitglieder. So kann ein Haushaltsmitglied eine Stelle aufgeben müssen, damit der Gesamthaushalt zu einem anderen Ort migrieren kann, an welchem die meisten Haushaltsmitglieder und damit der Gesamthaushalt bessere Verdienstmöglichkeiten hätten. Diese Theorie hat Erklärungspotenzial, insbesondere in nicht individualistischen Gesellschaften, in denen die Gemeinschaft eine wichtige Bedeutung hat.

Die *neueren Theorien* stellen andere Faktoren in den Vordergrund, durch die sie die Migrationsbewegungen erklären, z. B. die Bildung von Netzwerken und ihre Bedeutung für die Migration (Hugo 1981; Zlotnik 1992). Die Menschen migrieren in eine Gesellschaft, in der sie über Kontakte verfügen. Die neueren Theorien der Migration betonen die Bedeutung von mehrfachen Wanderungsbewegungen, die in verschiedene Richtungen verlaufen können. Phänomene wie die zirkuläre Migration oder die Rückkehrmigration sowie die Veränderungen in der individuellen Lebensplanung werden stärker berücksichtigt.

Einer der bedeutendsten neueren Ansätze ist das *Konzept der transnationalen Migration* (vgl. Pries 2013; Faist 2013). Es beansprucht, die Dichotomie „Herkunftsgesellschaft versus Aufnahmegesellschaft" zu überwinden. Die Grundannahme dieser Theorie ist, dass die Personen, die in einer neuen Aufnahmegesellschaft leben, die Verbindungen zu ihrer Herkunftsgesellschaft nicht abbrechen. Diese „Transmigrant*innen" pflegen Kontakte und haben Wohnorte in verschiedenen Gesellschaften, zwischen denen sie pendeln. Die Räume, die im Rahmen dieser Pendelbewegungen entstehen, werden als „transnationale Räume" bezeichnet. Durch die transnationale Migration entstehen Netzwerke zwischen den Transmigrant*innen sowie institutionalisierte Verbindungen zwischen den Herkunfts- und Aufnahmegesellschaften.

Die *kritische Migrationsforschung* grenzt sich von den dominierenden ökonomischen Paradigmen im Feld ab und stellt die Wirtschaftslogik der Migrationsbewegungen infrage (vgl. Hess/Kasparek 2010). Die starke Ökonomisierung der klassischen Migrationsforschung führt zu zwei Verengungen der Perspektive. Zum einen werden durch die Ökonomisierung der Sichtweise die Migrant*innen in „gute, nützliche" und „schlechte, nicht nützliche" aufgeteilt. Zu der ersten Gruppe gehören die jungen und qualifizierten Zuwander*innen mit einer guten Perspektive auf dem Arbeitsmarkt und zur zweiten die Asylsuchenden, die keine Sprachkenntnisse oder Qualifikationen haben und diese erst mal erwerben müssten, damit sie „von Nutzen" für die Gesellschaft sind. Zum anderen blendet die ökonomische Perspektive die nicht ökonomischen Motive für die Migration. Die Menschen migrieren nicht ausschließlich aufgrund des Strebens nach einem besseren Einkommen, sondern unter anderem auch aus verschiedenen humanitären Notlagen: Naturkatastrophen, Unterdrückung, patriarchale Dominanz oder aufgrund von politischer Verfolgung und Kriegen. Migration gehört zur menschlichen Existenz. Sie ist keine Ausnahme, vielmehr wird sie als Normalfall bezeichnet. Die deutsche Gesellschaft und die meisten westeuropäischen Gesellschaften können aufgrund ihrer Geschichte als „postmigrantische Gesellschaften", also als Gesellschaften, die durch die Erfahrung der Migration bestimmt worden sind, bezeichnet werden (vgl. Foroutan 2019). Hingegen ist der Versuch, die Migration als einen Sonderfall zu betrachten und sie als Gegensatz der Sesshaftigkeit darzustellen, ein Ergebnis der Etablierung des Nationalismus als Ideologie und der Verfestigung der Nationalstaaten als Akteure im Feld der internationalen Politik.

Eine weitere Kritik wird aus der Perspektive der *postkolonialen Kritik und Critical Whiteness* zum Ausdruck gebracht (vgl. Delgado/Stefancic 1997). Sie bezieht sich auf den europäischen Fokus der klassischen Migrationsforschung: Diese sei europazentriert und betrachtet die Migration, ihre Ursachen und Folgen in anderen Regionen der Welt nicht. Migrationsbewegungen und Ergebnisse der Migrationsstudien aus Asien, Afrika oder Südamerika werden kaum antizipiert. In diesem Kontext werden die Themen Auswanderung und Rückkehr neu problematisiert.Die kritische Migrationsforschung stellt die Intersektionalität in den Mittelpunkt und berücksichtigt die Verflechtungen zwischen Migration, Gender, Alter, Ethnizität und Behinderung. Diese Themen werden im Licht der Kapitalismus- und Rassismuskritik analysiert. Die Kritik an der klassischen Migrationsforschung geht mit der Vertretung einer feministischen Position der Sichtbarmachung von Reproduktionsarbeit, des Sexismus und der patriarchalen Strukturen einher. Im Fokus stehen die Prozesse der Feminisierung der Migration, die den Zusammenhang von Care, Gender und Migration analysieren.

4. Typen der Migration

In ihrem Versuch, die Migrationsprozesse zu systematisieren, erarbeiten unterschiedliche Sozialwissenschaftler*innen Typologien der Wanderungsbewegungen. An erster Stelle unterscheidet man zwischen Binnenmigration und internationaler Migration: Die Binnenmigration findet in den Grenzen eines Nationalstaates statt, hingegen umfasst die Außenmigration die Bewegungen, die über Staatsgrenzen hinweg stattfinden. Ein weiterer Unterschied bezieht sich auf die Abgrenzung zwischen individueller und Gruppenmigration bzw. der sog. Kettenmigration. Bei einer individuellen Migration wandert eine Einzelperson, hingegen bezieht sich die Wanderung bei einer Gruppenmigration auf eine ganze Gruppe von Menschen (eine Familie oder sogar eine ganze Dorfgemeinschaf). Diese Wanderung kann gleichzeitig erfolgen oder wie eine Kette aufgebaut werden, d. h., zunächst wandern einige, dann im Anschluss andere Familien- oder Gruppenmitglieder. Daher kommt auch die Bezeichnung Kettenmigration. Ein weiteres Unterscheidungsmerkmal berücksichtigt die (Un-)Freiwilligkeit der Migrationsbewegung. In der Praxis ist es allerdings sehr schwirig festzustellen, welche Migrationsbewegung freiwillig und welche erzwungen ist. Im Fall eines Kriegs handelt es sich mit großer Wahrscheinlichkeit um eine erzwungene Migration. Bei einer Bildungs- oder

Heiratsmigration ist davon auszugehen, dass die Personen freiwillig wandern, obwohl auch in diesen Fällen Zwang vonseiten der Eltern ausgeübt werden könnte. Die reguläre Migration ist von der irregulären (illegalisierten), undokumentierten und unangemeldeten zu unterscheiden. Die singuläre, d. h. die einmalige Migration ist von der Pendelmigration, wie z. B. der saisonalen Migration, zu trennen.

Nach der primären Motivation der wandernden Personen können wir die Migrationsbewegungen als Bildungsmigration, Arbeitsmigration, Expert*innenmigration, Heiratsmigration, Fluchtmigration und Rückwanderung typologisieren. Dabei ist der Unterschied zwischen Migration und Mobilität zu beachten: Gerade im Kontext der Experten- oder der Bildungswanderung handelt es sich oft um kurzzeitige und sich wiederholende Aufenthalte (Gastforscher*innen, Dienstreisen, Expert*innenaufenthalte, Erasmus-Austauschprogramme, die weniger als ein Jahr dauern und nicht der klassischen Definition der Migration entsprechen). Es ist aber auch festzustellen, dass die Motive der wandernden Personen sich ändern können – eine Person, die primär als Bildungsmigrant*in eingewandert ist, kann mit der Zeit zu einer Arbeitsmigrant*in werden; ein/e irreguläre/r Migrant*in kann seinen Aufenthaltsstatus regulieren etc. Die Motivationen und die Ziele des Aufenthalts können sich auch verändern. Oder in manchen Fällen erfolgt die Migration einer Person aus einer Kombination unterschiedlicher Motive, z. B. aufgrund einer Heirats- und Arbeitsmigration. Daher ist die statistische Erfassung der Migration nach diesen Typen praktisch unmöglich. Sie wird lediglich verwendet, um die unterschiedliche primäre Motivation und Vielfalt der Migrationsbewegungen zu verdeutlichen.

5. Rückkehrwanderungen

Lange Zeit stand das Thema „Rückkehr" nicht im Fokus der Sozialwissenschaften. Grund dafür war, dass die soziologische Forschung primär in den Grenzen eines konkreten Nationalstaates verhaftet war und Probleme als relevant und „forschungswürdig" definierte, die aus der Perspektive des Nationalstaates als solche gesehen wurden. Diese Problematik wird im Begriff „methodologischer Nationalismus" deutlich. Die Rückkehr der Menschen in ihre Herkunftsländer war zum einen eine statistische Ausnahme und zum anderen nicht relevant für die nationalstaatlich und eurozentristisch dominierte Forschung. Erst nachdem sich die Perspektive der transnationalen Migration etabliert hat, wandte sich die Soziologie den Herkunftsgesellschaften zu. Transnationale Studien wurden durchgeführt, Themen wie Rückkehr, Mehrfachwanderungen und Mobilität gewannen an Bedeutung.

Die Rückkehr einer/in Migrant*in ins Herkunftsland kann verschiedene Gründe haben: Die Person kann das vor der Migration bestimmte Ziel, z. B. den Erwerb eines bestimmten Studienabschlusses, erreicht haben. Die Person kann das Ruhestandsalter erreicht haben und möchte ggf. die darauffolgenden Jahre im Herkunftsland verbringen. Eine andere Ursache kann das Gefühl sein, im Einwanderungsland nicht am richtigen Platz zu sein und damit verbundene Sehnsucht in die „alte Heimat" zu verspüren, auch als Heimweh bekannt. Mangel an Erfolg im

Beruf oder ein niedrigeres Einkommen kann dieses Gefühl verstärken. Familiare Gründe, z. B. die Notwendigkeit, Sorgearbeit zu leisten, können diese Entscheidung verstärken. Auch juristische Gründe, wie die ausbleibende Verlängerung der Aufenthaltsberechtigung, können eine Rolle spielen (vgl. Wickramasekara 2019). Der Wunsch, im Herkunftsland etwas zu bewegen, motiviert viele Hochschulabsolvent*innen zurückzuwandern. Auch die Herkunftsländer kümmern sich um die Gewinnung ihrer Staatsangehörigen. Potenzielle Rückkehrende kennen sich mit der Umgebung aus, sprechen die Sprache und können schnell Fuß fassen. Im Ausland erworbene Fähigkeiten können der heimischen Wirtschaft nutzen, indem das erworbene Know-how umgesetzt und weitergegeben werden kann.

Diskussionsfragen

1. Was verstehen Sie unter Migration? Wie würden Sie diesen Begriff definieren? Beantworten Sie diese Frage, bevor Sie sich mit der wissenschaftlichen Interpretation des Begriffs auseinandergesetzt haben.
2. Wie und warum hat sich die Begriffsbestimmung der Migration verändert?
3. Welche Definitionen spiegeln Ihrer Meinung nach die aktuellen gesellschaftlichen Herausforderungen wider?
4. Was sind die wesentlichen Unterschiede zwischen den klassischen und den neueren Theorien der Migration?
5. Inwieweit beeinflussen die verschiedenen Kapitalformen die Möglichkeiten einer Person zu migrieren?
6. Warum nimmt die Mobilität in der Zeit der Globalisierung zu?

Literaturtipps

Faist, Thomas (2000): The Volume and Dynamics of International Migration and Transnational Social Spaces, Oxford: Oxford University Press.
Faist, Thomas/Kivisto, Peter (2009): Beyond a Border: The Causes and Consequences of Contemporary Immigration, London: Pine Forge Press.
Faist, Thomas (2010): Diaspora and Transnationalism: Concepts, Theories and Methods, mit Rainer Bauböck, Amsterdam: Amsterdam University Press.
Keane, John (2003): Global Civil Society, Cambridge: Cambridge University Press.
Levitt, Peggy/Jaworsky, B. Nadya (2007): Transnational Migration Studies: Past Developments and Future Trends. Annual Review of Sociology, 33, S. 129–156.
Portes, Alejandro/Guarnizo, Luis E./Landolt, Patricia (1999): The Study of Transnationalism: Pitfalls and Promise of an Emergent Research Field. Ethnic and Racial Studies, 22, 2, S. 217–237.
Portes, Aljeandro (2003): Conclusion: Theoretical Convergences and Empirical Evidence in the Study of Immigrant Transnationalism. International Migration Review, 37, 3, S. 874–892.
Pries, Ludger (2010): Erwerbsregulierung in einer globalisierten Welt, Wiesbaden: VS Verlag.
Pries, Ludger (2008): Die Transnationalisierung der sozialen Welt. Sozialräume jenseits von Nationalgesellschaften, Frankfurt/M.: Suhrkamp.
Pries, Ludger (2007): Migration und transnationale Inkorporation in Europa. In: Nowicka, Magdalena (Hrsg.): Von Polen nach Deutschland und zurück. Die Arbeitsmigration und ihre Herausforderungen für Europa, S. 109–132.

Lektion 2: Soziologische Migrationsforschung

Überblick

Jede Wissenschaft wendet Methoden an, damit sie Forschungsergebnisse erzielen kann. Dieses Kapitel gibt einen Überblick über die Forschungsmethoden der Soziologie und im Besonderen der Migrationssoziologie. Wie werden diese Methoden eingesetzt? Welche sind ihre Besonderheiten? Wie formuliert man Forschungshypothesen, und wie gestaltet man eine Forschungsarbeit?

1. Sozialwissenschaftliche Forschung

Zu den Schlüsselaufgaben von Wissenschaft gehört es, Wissen herzustellen und die Existenz von Gesetzmäßigkeiten nachzuweisen. Dies erfolgt in der Regel durch die Anwendung empirischer Forschungsmethoden. Dabei ist eine wichtige Differenz zwischen den Natur- und den Sozialwissenschaften festzustellen: In den Naturwissenschaften besteht eine klare Trennung zwischen dem/der Forscher*in und dem Forschungsobjekt: Wenn ein/e Naturwissenschaftler*in ein Objekt im Labor erforscht, beeinflusst seine/ihre Tätigkeit weder die Zusammensetzung noch die Eigenschaften dieses Objekts. Eine ganz andere Perspektive hat der/die Sozialwissenschaftler*in. Auch wenn er/sie versuchen würde, die Gesellschaft lediglich zu betrachten, kann er/sie keine passive Beobachterposition außerhalb der Gesellschaft einnehmen. Durch sein/ihr Monitoring und die Schlüsse, die er/sie daraus zieht, kann er/sie durchaus die Gesellschaft beeinflussen. Wiederum nimmt die Gesellschaft Wirkung – durch die Sozialisation, durch ihre Normen, Werte, Erwartungen und Konventionen, die Einschätzung und Bewertung, die Fragestellung und die Problemdefinitionen der Sozialwissenschaftler*innen. Diese Einwirkung kann zwar kontrolliert und reflektiert werden; sie kann aber so gut wie nie komplett ausgeschlossen werden. Ob der/die Sozialwissenschaftler*in „wertfrei" sein kann, diskutierte der deutsche Soziologe Max Weber in seinem Essay, das zu den klassischen Werken der Soziologie gehört (vgl. Weber 1918/2018). Die Sozialwissenschaftler*innen stehen vor einer größeren Herausforderung, nämlich, ständig zu versuchen, den Einfluss solcher Faktoren zu minimieren oder zumindest klar zu benennen. Diese Problemlage ist sehr stark in der Migrationsforschung gegeben. In dieser spielt die Positionierung des Forschers/der Forscherin zu seinem/ihrem Objekt dadurch eine noch wichtigere Rolle, dass der/die Forschende möglicherweise selbst Migrationserfahrung hat, die zu reflektieren ist.

Zudem muss eine weitere Besonderheit der migrationsgesellschaftlichen Forschung erwähnt werden – sie ist transdisziplinär. Migrationsprozesse können Gegenstand verschiedener Wissenschaften wie z. B. Geografie, Ökonomie, Sozialwissenschaften, Sprachwissenschaften, Psychologie, Politik, Bildungswissenschaften, Demografie oder Rechtswissenschaften sein. Die soziologische Perspektive mit ihren Besonderheiten und verschiedenen Paradigmen ist ein Teil der Wissenschaften, die sich den Themen Migration und Mobilität widmen. Häufig arbeiten Vertreter*innen dieser Fachrichtungen in Forschungsverbünden und beantworten komplexe Fragen, die nicht in der Kompetenz einer einzelnen Fachrichtung liegen.

2. Methoden der Migrationsforschung

In der sozialwissenschaftlichen Migrationsforschung werden zwei Gruppen von Methoden verwendet: qualitativ und quantitativ. Im Grunde dieser Unterscheidung liegt die wissenschaftliche Diskussion über die Art und Weise, wie die soziale Welt aufgebaut ist bzw. wie sie daraus folgend zu erforschen und zu erkennen ist. Die Vertreter*innen der positivistischen Denkrichtung in den Sozialwissenschaften gehen davon aus, dass die soziale Welt objektiv und unabhängig von unseren Vorstellungen existiert, hingegen postulieren die Vertreter*innen der konstruktivistischen Denkrichtung, dass die Vorstellungen der sozialen Akteure die soziale Welt wesentlich mitbeeinflussen. Dementsprechend analysieren die Positivisten die objektiven Strukturen der Gesellschaft wie z. B. Gesetze, Einkommensunterschiede sowie die soziale Positionierung der Individuen. Hingegen befassen sich die Konstruktivisten mit den subjektiven Erlebnissen und Interpretationen der Individuen und analysieren diese.

2.1 Quantitative Methoden

Die Nutzung quantitativer Methoden ermöglicht, tendenziell die objektiv existierenden Strukturen der sozialen Welt zu „messen", hingegen orientieren sich die qualitativen Methoden danach, die subjektiven Motive der handelnden Personen zu rekonstruieren. Bei der Anwendung quantitativer Methoden handelt es sich um eine Vorgehensweise, die den Forschenden ermöglicht, große Datensätze zu gewinnen und statistisch nach vorher vorbestimmten Kategorien auszuwerten. Die Gewinnung erfolgt durch die Anwendung schriftlicher, telefonischer oder computergestützter Befragungen, die standardisiert sind: Die Interviewer*innen bekommen feste Vorgaben, welche Personen sie erreichen und nach einem fest formulierten Fragebogen befragen müssen. Dabei müssen die einzelnen Fragen in der vorgeschriebenen Reihenfolge gestellt und beantwortet werden. Die Antwortoptionen sind vorgegeben, und die befragte Person kann sich zwischen ihnen entscheiden. Die quantitativen Methoden bemessen die Eigenschaften der Forschungsobjekte. Man wendet statistische Verfahren an, um die gewonnenen Daten zu analysieren. Die durchgeführten quantitativen Befragungen unterscheiden sich nach dem Grad der Repräsentativität (vgl. Kempf 1984; von der Lippe/Kladroba 2002; Schnell et al. 2023). Damit eine Befragung repräsentativ ist, müsste sie die Grundgesamtheit abbilden. Das trifft zu, wenn lediglich ein Teil der Gesamtheit befragt wird; dieser Teil wird aber so ausgewählt, dass die Ergebnisse für die Gesamtheit als gültig gewertet werden können. Bei der Auswahl werden verschiedene Vorgehensweisen angewendet. So wird bei einem repräsentativen Sample darauf geachtet, dass der Anteil des Geschlechts, der Altersgruppen, Wohnorte, Bildungsgruppen genau die Verhältnisse der Grundgesamtheit abbildet. Schon aus diesem Grund ist die Anwendung quantitativer Methoden für die Erforschung von Migrant*innencommunitys schwierig, denn es ist äußerst mühsam und in manchen Fällen nicht möglich, Auskunft über die demografischen Eigenschaften der Grundgesamtheit der einzelnen Migrant*innengemeinschaften zu bekommen.

2.1.1 Quantitative Methoden in der Migrationsforschung: Einschränkungen bei der Anwendung

Wenn man eine quantitative Studie über die Migrant*innen in Deutschland durchführen möchte, müsste man zunächst einmal definieren, wer als Migrant*in zu definieren ist. Das Merkmal „Migrationserfahrung" wird aber von keiner Behörde erhoben. Die meisten Studien greifen bei der Auswahl von Respondent*innen auf ein Merkmal zurück, das nur zum Teil deckungsgleich mit der individuellen Einwanderungserfahrung ist – nämlich die Staatsangehörigkeit. Auf Grundlage der Daten, die im Ausländerzentralregister (AZR) vorhanden sind, werden ausländische Staatsbürger*innen herangezogen, die an einer Befragung teilnehmen sollen. Das AZR ist eine Datenbank mit Sitz in Köln, in der Daten über alle ausländischen Staatsbürger*innen, die sich in Deutschland regulär aufhalten und behördlich angemeldet wurden, gesammelt werden. Die Daten werden dem AZR von den einzelnen Ausländerbehörden zur Verfügung gestellt. Mit der Zunahme der durchschnittlichen Aufenthaltsdauer und der daraus resultierenden Tendenz zu Einbürgerungen vieler ausländischer Staatsbürger*innen wird die Möglichkeit, über das AZR eine Auskunft über die Menschen mit Migrationserfahrung zu bekommen, die sich in Deutschland aufhalten, geringer. Die Daten des AZR werden zunehmend unvollständiger und unpräziser, sobald ein Land der Europäischen Union (EU) beitritt. Wenn die allgemeine Visapflicht für die Staatsbürger eines Landes abgeschafft wird, können sie sich bis zu 90 Tage ohne Visum in Deutschland aufhalten. In der Praxis melden sich die ausländischen Staatsbürger*innen, die keiner Visumspflicht unterliegen, nicht immer bei den Behörden an, obwohl eine Anmeldung verpflichtend ist. Dadurch wird es schwieriger, präzise zu erfassen, wie viele Staatsbürger*innen dieses Landes tatsächlich nach Deutschland einreisen und im Land bleiben. Es kann lediglich die Anzahl der bei den Ausländerbehörden angemeldeten Personen ermittelt werden, die allerdings nicht unbedingt deckungsgleich mit der Anzahl der Staatsbürger*innen ist, die sich tatsächlich in Deutschland aufhalten. Aufgrund der EU-Freizügigkeit[1] benötigen die EU-Bürger*innen keine Genehmigung, sich in einem EU-Land aufzuhalten. Nach dem EU-Beitritt werden weiterhin Passkontrollen bei der Einreise in den sog. Schengener Raum[2] durchgeführt. Reist diese Person allerdings zuvor durch ein anderes EU-Land ein, wird sie als Einreisende/r erfasst, und es kann im Nachhinein nicht mehr ermittelt werden, wie lange und in welchem Land sich diese Person im Schengener Raum bisher aufgehalten hat.

Noch schwieriger zu erfassen ist das Phänomen der Rückkehrmigration.[3] Ein Teil der ausländischen Staatsbürger*innen, die behördlich angemeldet wurden und

---
1 Die EU-Freizügigkeit beinhaltet die freie Wahl des Wohnortes in den Grenzen der EU für alle EU-Bürger*innen. Nähere Erläuterung des Begriffs und der damit verbundenen ökonomischen und sozialen Rechte und Pflichten der EU-Bürger*innen in: EU-Kommission (o. J.).
2 Zur Definition des Begriffs „Schengener Raum" vgl. Schengener Abkommen – Übereinkommen zwischen den Regierungen der Staaten der Benelux-Wirtschaftsunion, der Bundesrepublik Deutschland und der Französischen Republik betreffend den schrittweisen Abbau der Kontrollen an den gemeinsamen Grenzen vom 14. Juni 1985.
3 Der Begriff „Rückkehrmigration"/„Remigration" ist ein klassischer und neutraler Begriff der Migrationsforschung. Die politische Vereinnahmung als Propaganda-Instrument durch die extremen Rechten ist davon zu unterscheiden.

Deutschland verlassen, melden sich bei der Abreise nicht ab. Die Motive sind unterschiedlich: Unwissenheit der Bedeutung der Abmeldung oder Zeitmangel bei der Abreise. In einzelnen Fällen kann auch ein laufender Kredit in Deutschland eine Rolle spielen. Die Datenlage verkompliziert sich zusätzlich, wenn die sog. zyklischen Wanderungen die „saisonale Migration"[4] berücksichtigt. Das Phänomen der Transnationalisierung der Migration nimmt generell an Bedeutung zu (vgl. Pries 2011; Pries 2010). Das erschwert die statistische Erfassung, die oft im sog. methodologischen Nationalismus[5] gefangen bleibt.

Es kommt hinzu, dass die Forschenden im AZR Daten über die Verteilung der Bevölkerung nach Staatsangehörigkeiten finden können, allerdings bekommen sie nach der Sichtung dieser Daten keine Information über die Menschen, die zwar eigene Migrationserfahrung haben, aber in Deutschland eingebürgert sind. In einem Land wie Deutschland, in dem man die Einbürgerung ermöglicht und sogar fördert, ist die direkte und gezielte Ziehung einer Stichprobe der Menschen mit eigener Migrationserfahrung und demzufolge die Erforschung der Problemlagen dieser Gruppe in der sozialwissenschaftlichen Praxis nicht möglich. Um die Belange dieser Menschengruppe sowie die Integration der Vertreter*innen der sog. zweiten Generation, der Kinder von Zugewanderten, besser erforschen zu können, wurde 2005 die Kategorie „Menschen mit Migrationshintergrund" eingeführt.

2.1.2. Die Kategorie „Migrationshintergrund"

Zum ersten Mal wurden im Mikrozensus 2005 mehrere Fragen zur individuellen Migrationserfahrung gestellt. Der Begriff Migrationshintergrund wurde auch vor 2005, z. B. im 10. Kinder- und Jugendbericht sowie in der zweiten PISA-Studie eingeführt, allerdings wurde er erst 2005 in der deutschen amtlichen Statistik verwendet. Nach der amtlichen Definition wird einer Person „Migrationshintergrund" von der Statistik zugeschrieben, wenn sie „selbst oder mindestens ein Elternteil die deutsche Staatsangehörigkeit nicht durch Geburt besitzt" (vgl. BAMF o. J.). Der Mikrozensus ist eine repräsentative Befragung, die jedes Jahr durchgeführt wird und ein Teil der Haushalte in Deutschland umfasst. Im Jahr 2005 wurden zum ersten Mal im Rahmen dieser Befragung Daten über Menschen mit Migrationshintergrund erhoben (vgl. Destatis o. J.). In dieser Befragung können nicht nur statistische Messwerte, sondern Informationen über die Einstellungen der befragten Personen erhoben werden. Allerdings können in dieser Erhebung lediglich die Daten für größere Migrant*innengruppen gesammelt und ausgewertet werden. Kleinere Migrant*innengruppen haben aufgrund ihrer geringeren Anzahl keine Chance, an der Umfrage teilzunehmen – somit können keine Daten des Mikrozensus Auskunft über ihre Lebenssituation geben. Deshalb ist die Anwen-

---

4 Die saisonale Migration ist eine Wanderungsbewegung, die in einer bestimmten Jahreszeit stattfindet. Die Auswahl der Jahreszeit steht im Zusammenhang mit der Beschäftigung in einer Branche, die typisch für eine Jahreszeit ist, z. B. im Sommer können unter Umständen Bauarbeiter*innen und Erntehelfer*innen und im Winter Skilehrer*innen gesucht werden.

5 Unter diesem Begriff wird die Praxis der statistischen Erfassung verstanden, die in nationalstaatlichen Kategorien erfolgt. Bei zunehmender Transnationalisierung benötigen die moderne Statistik und Demografie, aber auch die moderne Verwaltung neue Erfassungsinstrumente, die die neuen Identitäten erfassen können. Weitere Ausführungen und Definition dieses Begriffs in Weiß/Berger 2008.

dung quantitativer Forschungsmethoden lediglich für die Befragung der größeren Migrant*innengruppen geeignet. In Deutschland wären das z. B. die Türkeistämmigen oder die Menschen aus der ehemaligen UdSSR.

Eine andere Vorgehensweise, die lange Zeit bis in die Epoche der mobilen Kommunikation verwendet wurde, beruht auf der Nutzung veröffentlicher Adressen oder Telefonnummern in den deutschen Telefonbüchern. Diese werden nach „typisch migrantisch" klingenden Namen durchsucht (sog. onomastisches Verfahren). Diese Vorgehensweise ist aus mehreren Gründen problematisch. Der Name einer Person sagt nicht zwangsläufig etwas über einen „Migrationshintergrund" aus. So könnte ein ausländisch klingender Name von einem Menschen der dritten, vierten oder fünften Einwanderungsgeneration getragen werden. Dies kann am Beispiel der sog. Ruhrpolen[6] aufgezeigt werden. Diese Personen wären nach den Kriterien des Statistischen Bundesamtes keine „Menschen mit Migrationshintergrund". Dieses definiert den Migrationshintergrund lediglich bis zur zweiten Generation. Bei verheirateten Personen kann der Name des Partners/der Partnerin übernommen werden – so kann ein ausländisch klingender Name nicht über die eigene Migrationserfahrung Auskunft geben. Es kommt hinzu, dass die Telefonbücher nicht vollständig sind und auf der freiwilligen Eintragung der Telefonnummer und Adresse beruhen. In Zeiten mobiler Kommunikation haben sie an Relevanz deutlich verloren.

Die Verwendung des Begriffs „Menschen mit Migrationshintergrund" ist allerdings umstritten. Zum einen ist der Migrationshintergrund kein Bestandteil einer Person, sondern er wird einer Gruppe von Menschen von außen zugeschrieben. Zum anderen ignoriert der auf diese Art definierte Begriff die Erfahrungen der Kinder von Eltern deutscher ethnischer Herkunft, die im Ausland geboren wurden und mit ihren Eltern nach Deutschland zugewandert oder zurückgekehrt sind – sie werden nämlich nicht als „Menschen mit Migrationshintergrund" definiert, obwohl ihre Eltern durch die Wanderung nach Deutschland Migrationserfahrung haben.[7] Eine ethnisch deutsche Person, die nach Deutschland zu- oder zurückgewandert ist, kann laut dieser Definition kein „Mensch mit Migrationshintergrund" sein. Dadurch fokussiert die Definition auf die nichtdeutschen ethnischen Herkünfte und hebt die ethnische Zugehörigkeit als entscheidendes Kriterium für den „Migrationshintergrund" hervor.

Die unreflektierte Anwendung des Begriffs in den Massenmedien führt dazu, dass deutsche Staatsangehörige, die in Deutschland geboren wurden und aufgewachsen sind, aufgrund der Tatsache, dass sie Kinder von zugewanderten Eltern nichtdeutscher ethnischer Herkunft sind, durch die Bezeichnung „Menschen mit Migrationshintergrund" in der öffentlichen Wahrnehmung zu einer „besonderen" Gruppe und gar zu „Fremden" gemacht werden.

Befürworter der Anwendung des Begriffs vermerken hingegen, dass durch die statistische Erfassung des „Migrationshintergrunds" die Migrationsgeschichte

---

6 Zum Begriff Ruhrpolen vgl. Dahlman et al. 2005.
7 Davon ausgenommen sind die sog. „Aussiedler*innen" und „Spätaussiedler*innen", die trotz ihrer deutschen Herkunft als Menschen mit Migrationshintergrund statistisch erfasst werden.

Lektion 2: Soziologische Migrationsforschung

Deutschlands sichtbarer wird. Es wird deutlicher, dass in vielen Familien Migrationserfahrungen vorhanden sind. Auch können spezifische Probleme dieser Gruppe durch die Anwendung des Begriffs deutlicher definiert und ggf. adressiert werden.

Zusammenfassend lässt sich festhalten, dass die Komplexität der Erforschung von migrantischen Zielgruppen dazu führt, dass in der migrationsgesellschaftlichen Forschung vermehrt qualitative Methoden eingesetzt werden.

2.2. Qualitative Methoden in der Migrationsforschung

Welche Besonderheiten haben qualitative Methoden, die in der soziologischen Migrationsforschung vielen als geeigneter gelten? Grundsätzlich geht die qualitative Sozialforschung induktiv vor – von einem konkreten Fall, der untersucht wird, soll auf die Grundgesamtheit geschlossen werden. Bei den qualitativen Methoden werden die Aussagen einer Person als Datengrundlage verwendet. Besondere Bedeutung wird dabei dem Kontext dieser Aussagen beigemessen. Durch die qualitativen Methoden werden die nichtmetrischen Eigenschaften von Personen und Prozessen erfasst. Durch sie können die gesellschaftlichen Prozesse nicht quantifiziert und einer statistischen Analyse unterzogen werden. Bei den qualitativen Studien stellt sich die Frage der Repräsentativität nicht, denn es geht nicht darum, die Intensität der Prozesse zu messen, sondern den *subjektiven Sinn einer Handlung* aus der Perspektive der teilnehmenden Akteure zu rekonstruieren. Es wird analysiert, welche Motive die handelnde Person hat und welche Determinanten ihr Verhalten bestimmen. Diese Ziele der quantitativen Datenerhebung können auch erreicht werden, wenn kleinere Personengruppen interviewt werden – eine qualitative Studie kann unter Umständen sogar nur fünf Teilnehmende umfassen. Die interviewten Personen werden in der Regel nicht per Zufall ausgewählt, sondern weil sie Träger*innen bestimmter Eigenschaften sind (z. B. Alter, Geschlecht, eine bestimmte Migrationserfahrung oder eine konkrete Expertise; vgl. Flick 2008; Flick 2016; Lamnek/Krell 2016).

Die am häufigsten eingesetzten qualitativen Methoden im Bereich der migrationsgesellschaftlichen Forschung sind das Leitfadeninterview, die Inhaltsanalyse und die Gruppendiskussion.

Das Leitfadeninterview beruht, wie der Name sagt, auf einem Leitfaden, der von den Forschenden entwickelt wurde. In der Praxis existieren unterschiedliche Typen eines Leitfadeninterviews: das narrative, das episodische, das problemzentrierte, das biografische oder das Experteninterview (vgl. Flick 2008; Flick 2016). Beim narrativen Interview werden „Geschichten" zu einem Thema, z. B. zur eigenen Migrationserfahrung der interviewten Person, erwartet. Diese Geschichten sollen aus eigener Erfahrung stammen. Sie beinhalten eine retrospektive Interpretation der Ereignisse aus der Perspektive der erzählenden Individuen. Das episodische Interview hingegen fokussiert auf ein bestimmtes Ereignis, z. B. auf die Episode der Ankunft im Einwanderungsland oder auf die Aufnahme einer geflüchteten Person in einer Erstaufnahmeeinrichtung. Das problemzentrierte Interview bezieht sich auf ein bestimmtes Problem, z. B. die Bildung der Migrant*innen. Das Ziel eines solchen Interviews ist es, Meinungen zu sammeln, um das Problem klarer zu definieren und Lösungsstrategien vorzuschlagen. Im biografischen Interview soll die interviewte Person über den Verlauf ihres Lebens erzählen. Im Fokus stehen die Lebensphasen, die Erfahrungen sowie der Werdegang eines bestimmten Individuums. Im Experteninterview werden Personen als Gesprächspartner*innen herangezogen, die in einem bestimmten Bereich Expertise besitzen, z. B. Migrationsbeauftragte, Vertreter*innen der Kommunalverwaltung oder der Migrant*innenselbstorganisationen etc.

In welcher Sprache sollen die Interviews geführt werden? Je nachdem, welche Interviewpartner*innen man gewinnt, kann das Interview entweder in der offiziellen Sprache des Aufnahmelandes oder auf Wunsch der interviewten Person in ihrer Herkunftssprache durchgeführt werden. Gerade bei Migrant*innen, die neu zugewandert sind, spielt die Möglichkeit, die Sprache zu wählen, um sich besser artikulieren zu können, eine wichtige Rolle. Um diese Zielgruppe zu erreichen, ist es dementsprechend von Bedeutung, muttersprachliche Interviewer*innen zu gewinnen und für die Anwendung der Interviewmethode auszubilden. Hingegen spielt bei Migrant*innen mit längerer Aufenthaltsdauer in einem Land, die in diesem Land schulisch sozialisiert wurden, die Wahl der Sprache keine große Rolle. Es ist wahrscheinlich, dass sie die Präferenz äußern würden, die offizielle Sprache des Landes zu verwenden. Von besonderer Bedeutung bei der Durchführung eines Interviews ist es, auf die Verwendung komplexer sozialwissenschaftlicher Terminologie zu verzichten. Die Interviewpartner*innen sollen nur in Ausnahmefällen, z. B. wenn sie von der Frage zu sehr abschweifen, unterbrochen werden. Die interviewende Person soll nicht nur Fragen stellen, sondern vor allem aktiv zuhören. Damit sich die befragten Personen öffnen, sollen sie sicher sein, dass sie keine Verurteilung und keine negativen sozialen Konsequenzen befürchten müssen. Das ist besonders wichtig, denn die Interviewsituation ist grundsätzlich durch Machtasymmetrie geprägt – die interviewte Person kann das Gefühl vermittelt bekommen, dass sie ausgefragt wird. Dieses Gefühl könnte bewirken, dass die Person im Interview wichtige Tatsachen und Informationen zurückhält.

Bei einem Interview sind Organisation und Planung besonders wichtig. Die Gesprächspartner*innen können über bereits bestehende Kontakte gewonnen werden. Dabei können Migrant*innenvereine, Verbände oder Einzelpersonen eine wichtige Rolle für die Wahl der Interviewperson spielen. Alternativ kann das sog. Schneeballsystem angewendet werden: Die Interviewenden fragen die interviewte Person nach Empfehlungen für weitere potenzielle Gesprächspartner*innen.

Bei der Transkription der durchgeführten Interviews können Softwareprogramme, z. B. f4 verwendet werden. Dadurch entfällt die mühsame manuelle Eingabe der Gespräche. Allerdings ist dabei die verwendete Sprache zu beachten. Die gängigen Softwareprogramme können jedoch Interviews nicht in alle beliebigen Sprachen transkribieren. Unter Umständen kann eine Übersetzung der transkribierten Interviewprotokolle notwendig sein, falls die Zielsprache des Endberichts nicht identisch mit der Sprache des durchgeführten Interviews ist.

Eine weitere Methode, die in der soziologischen Migrationsforschung verwendet wird, ist die *Inhaltsanalyse*. Sie beruht auf der Annahme, dass Menschen ihre

Absichten und Gedanken schriftlich zum Ausdruck bringen. Wenn man diese schriftlichen „Spuren" analysiert, bekommt man Zugang zu den Einstellungen und Situationsdeutungen der sozialen Akteure, die möglicherweise weit in der Vergangenheit liegen. Auf diese Art können Motive der handelnden Personen rekonstruiert werden und Ereignisse erklärt werden, die nicht in der aktuellen Zeit stattgefunden haben. Ziel der Methode der Inhaltsanalyse ist es, die sprachlichen Eigenschaften eines Textes systematisch zu identifizieren und zu beschreiben (vgl. Flick 2008; Flick 2016; Mayring 2002). Welche Artefakte können analysiert werden?

- Briefe
- Spielfilme, Dokumentarfilme, Fernsehsendungen, YouTube-Videos
- Magazine, Zeitschriften, Zeitungen
- Protokolle aus politischen Debatten, Parlamentsdebatten oder Parteiprogramme
- historische Dokumente wie Verträge, Abkommen, Verhandlungen
- Werbespots
- Kommentare in Internetforen und -blogs u. v. m.
- Beiträge in sozialen Netzwerken wie Facebook, Instagram, X etc.

Die Inhaltsanalyse ist keine „universelle" Forschungsmethode, d. h., sie ist dann sinnvoll einzusetzen, wenn die Forschungsfrage dies erlaubt. Geeignete Forschungsthemen im Rahmen der soziologischen Migrationsforschung, die durch Inhaltsanalyse untersucht werden können, sind z. B.:

- Bilder, Stereotypen, Darstellungen in der Öffentlichkeit von bestimmten sozialen Gruppen, z. B. Migrant*innen, Geflüchtete, Muslime etc.
- Veränderungen dieser Bilder und Stereotypen im Lauf der Zeit
- Bilder und Darstellungen bestimmter Länder in der Öffentlichkeit

Diese Themen können in den oben erwähnten Medien untersucht werden. Durch diese Methoden kann aufgezeigt werden, wie Stereotype entstehen und wie diese medial verbreitet werden. Außerdem kann dokumentiert werden, welche Bilder von bestimmten sozialen Gruppen verbreitet werden.

Wie wird diese Forschungsmethode eingesetzt? An erster Stelle soll das Medium (Briefe, Zeitungen, Onlinemedien, Träger politischer Diskurse etc.) ausgewählt werden, das inhaltsanalytisch bearbeitet wird. Dabei ist es wichtig, die Auswahl des konkreten Mediums sowie die Zeitfenster, die in der Analyse herangezogen werden, zu begründen. Nach einem zuvor festgelegten Muster sollen die relevanten Einheiten (Items) selektiert werden. Das können Zeitungsartikel, Medienbeiträge, Protokolle etc. sein, die die vorab definierten Suchbegriffe beinhalten. Wenn wir z. B. eine Studie zum Bild der Migrant*innen in den deutschen Medien durchführen, wäre das Suchwort „Migrant*in" ein relevanter Suchbegriff. Durch die Digitalisierung und durch die Nutzung der automatischen Suchfunktion sind die Möglichkeiten einer schnelleren Findung der einzelnen Items, die relevant für die Studie sind, gegeben.

Die Methode der Inhaltsanalyse ist komplex. Es existieren unterschiedliche Techniken der Anwendung. Bei der quantitativen Inhaltsanalyse werden die Veränderungen der Häufigkeit bei der Nutzung eines Begriffs gemessen. Dadurch kann gezeigt werden, inwieweit eine Tendenz der medialen Fokussierung auf ein Thema existiert oder in welchen gesellschaftlichen und politischen Kontexten über welche Aspekte der Migration öffentlich debattiert wird. Die quantitative Analyse erfolgt durch die Zählung bestimmter Schlagwörter oder Redewendungen, die in einem konkreten Zeitfenster auftreten. Sie kann manuell oder computergestützt, durch Software wie Atlas.ti, MaxQDA oder Ähnliches, erfolgen.

Diese Vorgehensweise verdeutlicht allerdings nicht, wie über das analysierte Thema öffentlich gesprochen wird. Die qualitative Inhaltsanalyse schließt diese Lücke. Sie beruht darauf, dass vor der Analyse Kategorien („Rahmen"/„Frames") gebildet werden, in denen die einzelnen Beiträge kontextualisiert werden. Diese Kategorien können verbal oder visuell sein. Sie können vor (deduktiv) oder während der Feldphase (induktiv) gebildet werden. Beispiele solcher Kategorien, die in verschiedenen soziologischen Migrationsstudien vorkommen, sind:

- Belastungs- und Überforderungsframe – Bilder oder Redewendungen, die suggerieren, dass „das Boot voll ist", dass „wir nicht alle aufnehmen können"
- Bedrohungsframe – die Migration wird als „Gefahr" dargestellt – Migrant*innen werden im Kontext von Gewalt und Terror dargestellt, z. B. als „Gewalttäter*innen", „Islamisten", „Vergewaltiger" etc.
- Opferframe – Migrant*innen werden als Opfer von Gewalt und ausländerfeindlichen Anfeindungen dargestellt
- Kriminalität – Migrant*innen werden als Kriminaltäter*innen abgebildet, dabei wird gezielt auf ihre Herkunft hingewiesen
- Willkommensframe – die Gesellschaft heißt die Migrant*innen willkommen, schafft Projekte und Möglichkeiten zur Gestaltung der Vielfalt
- Frame des ökonomischen Nutzens – „wir brauchen mehr Fachkräfte", „Migrant*innen nützen uns"

Die qualitativen Inhaltsanalysen sind mit einer intensiveren Beteiligung der/des Forscher*in im Vergleich zu den anderen Methoden verbunden. Die Migrationssoziologen *interpretieren* das Geschriebene, deuten und klassifizieren es. Dabei ist es wichtig, dass die forschende Person den konkreten gesellschaftlichen und politischen Kontext gut kennt, auch Ironie und wiedergegebene Worte klar unterscheiden kann und ihre Positionierung zum Forschungsfeld reflektiert.

Eine weitere qualitative Methode, die in der Migrationssoziologie verwendet wird, ist die *Gruppendiskussion*, die auch noch als „Kollektivinterview", „Gruppengespräch" oder „Fokusgruppendiskussion" bezeichnet wird. Im Wesentlichen ist die Gruppendiskussion ein „Gespräch mehrerer Teilnehmer zu einem Thema, das der Diskussionsleiter benennt, und dient dazu, Informationen zu sammeln" (Lamnek/Krell 2016, S. 384). Die Anwendung dieser Methode macht dann Sinn, wenn man unterschiedliche Meinungen aufeinandertreffen lässt und die Entstehung von Argumentationskonflikten zu einem bestimmten Thema nachstellen möchte. Eine wesentliche Stärke dieser Methode besteht in der Möglichkeit, die einzelnen Meinungen im Kontrast zueinander zu sehen, die Konsens- sowie die Spannungspunkte nachzuvollziehen (vgl. Kühn/Koschel 2011). In der Forschung wird zwischen der vermittelnden und der ermittelnden Gruppendiskussion unterschieden (vgl. Flick 2016). Bei der vermittelnden Gruppendiskussion wird eine konkrete Problemlage diagnostiziert, im Rahmen dieser Diskussion wird in einem Konflikt interveniert, und ggf. werden die Effekte dieser Intervention gemessen. Diese Vorgehensweise ist in Fachrichtungen wie der Psychologie oder Sozialpsychologie üblich. In der Soziologie wird häufiger die ermittelnde Gruppendiskussion angewendet. Diese verfolgt das Ziel, die Meinungen und Einstellungen der Teilnehmenden zu erkunden sowie die Entstehung von bestimmten Konflikten und Diskrepanzen zu ermitteln. Eine wesentliche Aufgabe ist die Ermittlung kollektiver Orientierungsmuster (vgl. Zwengel 2023).

Die Durchführung der soziologischen Gruppendiskussion ist mit erheblichem Aufwand verbunden – die Teilnehmenden müssen zur selben Zeit am gleichen Ort erscheinen. Sie müssten aber auch die gleiche Sprache sprechen können, damit die Diskussion zustande kommt. Die Moderation einer Diskussion ist eine Herausforderung, denn die moderierende Person muss die einzelnen Teilnehmenden ausreden lassen, ohne sie zu unterbrechen, allerdings auch die Zeit und das primäre Forschungsziel im Blick behalten. Eine Gruppendiskussion soll aufgezeichnet werden. Die Aufzeichnung kann unter Umständen von einzelnen Teilnehmenden abgelehnt werden. Die Transkription erfolgt entweder manuell oder computergestützt. Bei der Auswertung, die wie bei den Interviews qualitativ oder quantitativ sein kann, geht es nicht darum, die einzelnen Meinungen, sondern die Punkte der Zustimmung bzw. Ablehnung zu erfassen.

Die qualitativen Methoden haben auch Grenzen: Die Forschenden können zwar einzelne Meinungen in Details festhalten und Motivationen nachvollziehen, aber diese nicht gewichten und nicht belegen, mit welcher Häufigkeit sie in der Gesellschaft vorkommen. Aus diesem Grund ist die Tendenz entstanden, in der soziologischen Migrationsforschung qualitative und quantitative Methoden zu kombinieren und den sog. Methodenmix zu verwenden. So kann man Experteninterviews oder Inhaltsanalysen mit einer repräsentativen Befragung kombinieren und hiermit eine deutlich größere Reichweite der Forschungsarbeit erreichen. Die Anwendung der Methoden ist allerdings kein Selbstzweck. Dies erfolgt in der Regel im Rahmen von Studien und soll vor allem mit der Fragestellung und mit der Thematik kompatibel sein und ihrer Bearbeitung dienen.

3. Planung und Durchführung einer Studie in der soziologischen Migrationsforschung

Der erste Schritt bei der Planung und Durchführung einer Studie ist es, ein Thema zu finden, das aktuell und forschungsrelevant ist. Wenn zu einem Thema bereits sehr viel geforscht und veröffentlicht wurde, ist es weniger sinnvoll eine neue Studie in diesem Bereich durchzuführen. Es ist zu erwarten, dass dort wenig neue Erkenntnisse zu gewinnen sind. Ein solches Thema wäre z. B. „die Geschichte der

Migration nach Deutschland", insbesondere in Bezug auf die Gastarbeitermigration. Allerdings gibt es immer neue Migrant*innengruppen, die nach Deutschland einwandern. Erkenntnisse zu ihrer Einwanderungsgeschichte zu sammeln und zu bearbeiten, ist eine wichtige Forschungsaufgabe. Aber auch zu länger ansässigen Migrant*innengruppen könnten neue Erkenntnisse gewonnen werden, wenn eine neue Vorgehensweise gewählt wird, wenn z. B. die Migrationsgeschichte nicht aus der Perspektive der Aufnahmegesellschaft, sondern durch Migrant*innen, die über ihre eigenen Lebenserfahrungen berichten, erzählt wird.

Um eine Studie durchzuführen, benötigt man allerdings ein konkretes Problem im Rahmen des breiteren Themas. So könnte man im Bereich der Migration von Frauen unterschiedliche spezifische Themen formulieren. Die Lage der Sorgearbeiterinnen oder der hochqualifizierten Migrantinnen wären nur zwei, die zu nennen sind.

Nach dem ersten Entwurf eines Themas sind ein Kosten- und ein Zeitplan zu erstellen, in denen deutlich markiert wird, wie lange die Durchführung der Studie dauern würde und mit welchen Ressourcen diese verbunden ist.

Zu Beginn einer Studie ist eine umfangreiche Literaturrecherche einzuplanen und durchzuführen. In dieser soll geklärt werden, welche Studien, Bücher oder Artikel zum jeweiligen Forschungsproblem bereits durchgeführt und veröffentlicht wurden. Die Recherche kann klassisch in einer Bibliothek stattfinden oder aber über die gängigen Suchplattformen für die Onlineausleihe von Büchern (Onleihe) durchgeführt werden. Nach der Sichtung und Bearbeitung der Literatur sind im nächsten Schritt die Forschungsfragen und -hypothesen zu formulieren. Daraus ergibt sich die Präferenz zur Anwendung einer konkreten Forschungsmethode, die auf jeden Fall begründet werden muss. Es soll plausibel erklärt werden, warum ausgerechnet diese Methode oder dieser Methodenmix geeignet ist, um die konkrete Forschungsfrage zu beantworten und die Hypothesen zu prüfen. Die Operationalisierung der Begriffe, d. h. ihre Konkretisierung durch messbare Einheiten, die eine Schlüsselbedeutung für die Studie haben, kommt als Nächstes. Wenn in einer Studie die Teilhabe der Migrant*innen analysiert werden soll, soll zunächst ausgearbeitet werden, durch welche Indikatoren die Teilhabe empirisch zu erfassen wäre, z. B. rechtliche Situation, Bildung, Beschäftigung, Wohnsituation, Gesundheit, Freizeitkontakte etc. Dadurch wird einem Begriff empirische Schärfe verliehen.

Der nächste Schritt bezieht sich auf die Erstellung der Fragebögen bzw. der Leitfäden. In der Zwischenzeit sind die Anwerbung und Schulung von Interviewer*innen einzuplanen.

Danach beginnt die wesentliche Anwendung der Methode: Es werden die Gesprächspartner*innen gesucht, Termine vereinbart und Daten gesammelt. Diese werden im Anschluss ausgewertet; die Hypothesen werden überprüft. Nach der Veröffentlichung erfolgt die Kritik des Fachpublikums und der breiteren Öffentlichkeit. Diese Fragen und Kritik sollen im Idealfall neue Forschungsfragen generieren.

Lektion 2: Soziologische Migrationsforschung

Wann kann eine Forschungsarbeit als „gut" bewertet werden? Die fachlichen Kriterien einer guten Arbeit, insbesondere im Bereich der quantitativen Forschung, beinhalten diese drei Aspekte:

- Validität – mit diesem Begriff wird gemeint, dass die angewandte Methode das misst, was sie zu messen hat.
- Reliabilität – mit diesem Begriff ist die Wiederholbarkeit der Ergebnisse gemeint – wenn ein anderes Forschungsteam die gleiche Menschengruppe befragt, müsste es die gleichen Ergebnisse erzielen.
- Objektivität – mit diesem Begriff ist gemeint, dass die Forschung keinen subjektiven Einflüssen unterliegt oder sie zumindest reflektiert.

Eine gute Studie beachtet aber auch die *Ethik der Sozialforschung*. An erster Stelle beinhaltet sie die Verpflichtung, keine bewusste Fälschung der Ergebnisse vorzunehmen, die eigene Forschungsposition zu reflektieren und keine Plagiate zuzulassen. Die Personen, die befragt oder interviewt werden, sollen durch die Studie keine Konsequenzen zu befürchten haben, sie müssen informiert werden, dass ihre Meinungen oder Handlungen analysiert werden, und sie müssten dem idealerweise schriftlich zustimmen. Die an der Studie teilnehmenden Personen dürfen nicht psychisch oder physisch verletzt werden. Im Kontext der Migration ist insbesondere auf die Besonderheiten der interviewten Personen zu achten, bei der Planung sind religiöse Feiertage zu respektieren. Bei Bedarf sind muttersprachliche Interviewer*innen einzusetzen.

Diskussionsfragen

1. Welche Forschungsmethoden sind für die Migrationsforschung besonders geeignet und weshalb?
2. Welche Schwierigkeiten birgt die Migrationsforschung?
3. Wie können diese Schwierigkeiten umgangen werden? Welche Lösungen gibt es hierfür?
4. Wann kann eine Forschungsarbeit als gelungen bewertet werden, und wie wird dies festgelegt?
5. Was unterscheidet qualitative und quantitative Forschungsmethoden?
6. In welchen Bereichen scheinen quantitative und in welchen Bereichen qualitative Forschungen von Vorteil zu sein? Finden Sie passende Beispiele.

Literaturtipps

Flick, Uwe (2016): Qualitative Sozialforschung. Eine Einführung, 7. Aufl., Hamburg: Rowohlt-Taschenbuch-Verlag.
Reuter, Julia/Mecheril, Paul (2015): Schlüsselwerke der Migrationsforschung. Pionierstudien und Referenztheorien, Wiesbaden: Springer.
Schmitz-Vadar, Merve/Rumpel, Andrea/Graevskaia, Alexandra/Dinnebier, Laura (Hrsg.): Migrationsforschung (inter)disziplinär. Eine anwendungsorientierte Einführung, Bielefeld: transcript.
Schnell, Rainer/Hill, Paul B./Esser, Elke (2023): Methoden der empirischen Sozialforschung. 12. Aufl., Berlin, Boston: De Gruyter.

Weber, Max (1918/2018): Der Sinn der „Wertfreiheit" der soziologischen und ökonomischen Wissenschaften. In: Weiß, Johannes/Frommer, Sabine (Hrsg.): Max Weber. Verstehende Soziologie und Werturteilsfreiheit. Schriften und Reden 1908–1917, Tübingen: J. C. B. Mohr (Paul Siebeck), S. 441-512.

Zwengel, Almut (2023): Mikrosoziologie, interpretatives Paradigma und qualitative Sozialforschung. Eine soziologische Einführung, Weinheim, Basel: Beltz Juventa.

Lektion 3: Migration und soziale Ungleichheiten

Überblick

Die These, dass die globalen und lokalen sozialen Ungleichheiten zur Intensivierung der Migrationsbewegungen beitragen, ist in der Migrationsforschung und dabei insbesondere in den wirtschaftswissenschaftlichen Denkrichtungen weit verbreitet. Aus dieser Perspektive migrieren die meisten Menschen auf der Suche nach besseren Lebens- und Arbeitsbedingungen und vor allem nach besseren Verdienst- und Karrieremöglichkeiten. Neben dieser ökonomischen Sichtweise ist auch die soziale Betrachtung der Problematik wichtig: Inwieweit tragen die Migrationsbewegungen zur Überwindung der sozialen Ungleichheiten bei? Wie wirken sich die verschiedenen Migrationsprozesse und Mobilitätsformen auf die lokale und globale soziale Ungleichheit aus? Die Verwobenheit und das Zusammenwirken zwischen Migration und sozialer Ungleichheit steht im Fokus dieser Lektion.

1. Was sind „soziale Ungleichheiten"?

Der Begriff der „sozialen Ungleichheiten" gehört zu den meistdefinierten in der Soziologie und zu den zentralen Themen der Sozialwissenschaften im Allgemeinen. Nach der Definition des britischen Soziologen Anthony Giddens werden die sozialen Ungleichheiten durch sozial strukturierte Unterschiede zwischen einzelnen Gruppierungen von Menschen, die wahrgenommen werden und die die sozialen Handlungen determinieren (Giddens et al. 1995, S. 229 ff), gekennzeichnet. Nach dem deutschen Soziologen Stefan Hradil liegen soziale Ungleichheiten dann vor, „wenn Menschen aufgrund ihrer Stellung in sozialen Beziehungsgefügen von den ‚wertvollen Gütern' einer Gesellschaft regelmäßig mehr als andere erhalten" (Hradil 2005, S. 30).

In Anlehnung an diese zwei exemplarischen Definitionen des Begriffs sind die folgenden Dimensionen der sozialen Ungleichheiten hervorzuheben:

- Die sozialen Ungleichheiten setzen die Existenz bestimmter gesellschaftlich konstruierter Vorstellungen von Wünschenswertem, z. B. Wohlstand, Sicherheit, Gesundheit, voraus, die in einer oder mehreren Gesellschaften gültig sind.
- Sie implizieren das Vorhandensein einer Vorstellung, wie diese (un-)gleich verteilten Güter verteilt sein müssen, um als „gleich" bzw. „ungleich" zu wirken.
- In modernen Gesellschaften werden die Ungleichheiten als ein soziales Problem wahrgenommen. Als Folge dessen besteht in diesen die Erwartung, dass die Ungleichheiten steuerbar und änderbar sind und dass Wirtschaft und Politik, in Anlehnung an die wissenschaftliche Forschung, dazu ihren Beitrag leisten sollen, um jene Ungleichheiten zu verringern, die von der Mehrheit der Bürger*innen als „ungerecht" und als „nicht verhältnismäßig" empfunden werden
- Zu diesem Zweck erarbeiten Forscher*innen messbare und objektiv existierende Kriterien, nach denen sie die Ungleichheiten erfassen und ihre Ursachen analysieren können. Solche Indikatoren sind z. B. Bildung, Beruf, Einkommen, sozialer Aufstieg bzw. Abstieg der sozialen Akteure und Gruppen etc.

- Neben diesen objektiv messbaren und wirkenden Kriterien spielt auch die subjektive Dimension, z. B. Mentalitäten, die als vorteilhaft oder weniger vorteilhaft angesehen werden, für die Beurteilung der Position eines Individuums in der existierenden sozialen Hierarchie eine wichtige Rolle. Diese subjektive Dimension steht auch im Fokus der soziologischen Ungleichheitsforschung des französischen Soziologen Pierre Bourdieu, der den Zusammenhang zwischen den objektiven und den subjektiven Dimensionen der sozialen Ungleichheiten herausgearbeitet und den soziologischen Begriff „Habitus" (vgl. Bourdieu 1992) geprägt hat.
- Soziale Ungleichheiten beziehen sich nicht nur auf die ökonomischen Aspekte (Geld, Besitz von Eigentum), sondern auch auf die ungleiche Verteilung von Ressourcen wie Macht (Einfluss), Prestige (Anerkennung), kulturelles Kapital (Bildung, Familientradition) und soziales Kapital (Netzwerke, Beziehungen).
- Soziale Ungleichheiten haben eine historische Dimension: In verschiedenen Gesellschaften, Epochen und Kulturen werden sie unterschiedlich wahrgenommen. In traditionellen Gesellschaften waren sie eine Selbstverständlichkeit, die durch Schicksal, Tradition und Vererbung (Herkunft) begründet wurde. In der Zeit der Moderne, in der die Selbstverständlichkeit der Reproduktion von Hierarchien per Geburt nicht mehr fraglos gegeben ist, entsteht der Bedarf, die Ungleichheiten öffentlich durch die „erbrachte Leistung" zu begründen. Die Meritokratie wird zu einer Ideologie der Stratifikation in den modernen Gesellschaften. Durch sie wird der Versuch unternommen, die sich ständig reproduzierenden sozialen Ungleichheiten zu legitimieren.

In der Zeit der Moderne entstehen die ersten theoretischen Auseinandersetzungen mit dem Gegenstand der sozialen Ungleichheiten. Unter den zahlreichen Ansätzen sind zwei besonders hervorzuheben, da sie die Ungleichheiten aus ganz unterschiedlichen Perspektiven interpretieren und bewerten. Die beiden Theorien lieferten eine ideologische Untermauerung der sozialistischen und kapitalistischen Systeme und waren auch im wissenschaftlichen Diskurs dominant.

A) Die klassentheoretische Sichtweise von Karl Marx

Im Zentrum der Ungleichheitstheorie von Marx steht die Annahme, dass die sozialen Ungleichheiten aus den ungleichen Eigentumsverhältnissen hinsichtlich der Produktionsmittel resultieren. Nach Marx ist sie schädlich, hindert die gesellschaftliche Entwicklung und muss durch den Klassenkampf abgeschafft werden. „Die Geschichte aller bisherigen Gesellschaften ist die Geschichte von Klassenkämpfen. [...] kurz, Unterdrücker und Unterdrückte standen in stetem Gegensatz zueinander, führten einen ununterbrochenen, bald versteckten, bald offenen Kampf, einen Kampf, der jedes Mal mit einer revolutionären Umgestaltung der ganzen Gesellschaft endete oder mit dem gemeinsamen Untergang der kämpfenden Klasse" (Marx 1848).

B) Die funktionalistische Sichtweise von Talcott Parsons

Nach dieser Interpretation ist Gesellschaft ein komplex funktionierendes System, in dem manche Subsysteme eine Schlüsselrolle übernehmen und somit „wichtiger" als andere sind. Die in diesen Systemen beschäftigten Individuen haben eine hervorgehobene soziale Stellung. Der Zugang zu den bedeutenden Systemen wird aufgrund von Leistung bzw. Bildung gewährleistet. Die Ungleichheit ist nach der Systemtheorie Parsons' der Motor der sozialen Entwicklung und hat infolgedessen eine positive Wirkung auf die Gesellschaft erzielt. Die Stratifizierung des Soziums ist legitim, und die sozialen Unterschiede sind wichtig für die Funktion des Gesellschaftssystems. Nach Parsons ist die soziale Ungleichheit „die differentielle Rangordnung [...], nach der die Individuen in einem gegebenen sozialen System eingestuft werden und die es bedingt, dass sie in bestimmten, sozial bedeutsamen Zusammenhängen als einander über- und untergeordnet behandelt werden" (Parsons 1964, S. 180).

Die Interpretationen der Bedeutung, der Ursachen und der Wirkung der sozialen Ungleichheiten sind also unterschiedlich. Noch komplexer ist die Bewertung ihrer Rolle bezüglich der Migrationsbewegungen.

2. Migration und soziale Ungleichheiten

Die klassischen Makrotheorien der Migration (der bevölkerungsgeografische Ansatz, die makroökonomischen Ansätze, die neoklassischen Ansätze, die Push-Pull-Theorie) definieren die globalen sozialen Ungleichheiten als die wichtigste Ursache für die Migrationsbewegungen. Die Wanderungen von Menschen sind aus der Perspektive dieser Theorien wirtschaftlich determiniert – die Unterschiede im Lohnniveau, im Einkommen, im Eigentum und in der wirtschaftlichen Entwicklung unterschiedlicher Gesellschaften werden als primäre und wichtigste Ursachen der Migration genannt. Die Mikrotheorien der Migration unterscheiden sich im Wesentlichen von den Makrotheorien nur dadurch, dass sie die Rolle der individuellen Entscheidung für oder gegen die Migration und die Kosten-Nutzen-Kalkulation hervorheben. Migration wird diesen theoretischen Paradigmen zufolge als eine einmalige Bewegung von der Herkunftsgesellschaft in die Aufnahmegesellschaft definiert, die der Verbesserung der individuellen oder familiären wirtschaftlichen Situation dient und idealerweise mit der Integration der Migrierenden in der neuen Gesellschaft enden soll.

Die Maßstäbe der erfolgreichen Integration liegen in der möglichst vollen Angleichung der Ungleichheitsindikatoren der Migrant*innen an die Ungleichheitsindikatoren der Einheimischen in den einzelnen Bereichen (z. B. Bildung, Beschäftigung, Einkommen, Arbeitslosigkeit, Kriminalität, Medienkonsum, politische Beteiligung etc.). Nach Hartmut Esser ist eine erfolgreiche „Assimilation" dann gegeben, wenn „Einheimische und Migranten [...] in gleicher Weise an den Rechten und Ressourcen einer Gesellschaft" partizipieren (Esser 2001, S. 22).

In der klassischen Migrationsforschung werden die sozialen Ungleichheiten in einzelnen „nationalstaatlichen Containern" gemessen (vgl. Sklair 2001; Mau 2007;

Weiß/Berger 2008; Beck/Grande 2010), d. h., der Nationalstaat ist der Bezugsrahmen, in dem die Ungleichheiten analysiert werden.

2.1. Der Nationalstaat als Bezugsrahmen: Faktoren für soziale Ungleichheiten

Die meisten klassischen Studien, die die Verflechtung zwischen Migration und sozialen Ungleichheiten thematisieren (vgl. Diefenbach 2007; Ditton 2007; Gomolla/Radke 2009), nennen fünf wichtige Determinanten der ungleichen Verteilung von Ressourcen:

- kulturelles Kapital (Bildung)
- ökonomisches Kapital (Einkommen, Eigentum)
- soziales Kapital (Netzwerke)
- räumliche Verteilung (Wohnumgebung)
- zugeschriebene Merkmale (Geschlecht, Religionszugehörigkeit, Behinderung, ethnische und nationale Zugehörigkeit)

Diese Verflechtung wird im Folgenden am Beispiel der Migration verdeutlicht. Zum einen können Migrationsbewegungen dazu beitragen, das kulturelle Kapital der Migrant*innen zu erhöhen. Der Begriff „kulturelles Kapital" wird vom französischen Soziologen Pierre Bourdieu eingeführt und umfasst das erworbene Wissen einer Person („inkorporiertes kulturelles Kapital"), kulturell wertvolle Gegenstände wie Bilder, Schriften oder Musikinstrumente („objektiviertes kulturelles Kapital") sowie die staatliche Anerkennung des Wissens einer Person in Form von Diplomen, Zeugnissen, Titeln („institutionalisiertes kulturelles Kapital") (vgl. Bourdieu 1992).

Migration öffnet den Zugang in eine neue Kultur und in eine neue Sprache und macht Bücher und Medien zugänglich, die vor der Migration möglicherweise nicht verfügbar waren. Im Falle einer Bildungsmigration könnte man ggf. einen neuen Ausbildungs-, Studienabschluss oder eine andere Qualifikation erwerben, was zu einer zusätzlichen Erhöhung des kulturellen Kapitals führt. Diese Möglichkeiten beziehen sich allerdings nur auf diejenigen Migrant*innen, die bereits einen Schulabschluss erzielt haben und das Ziel verfolgen, sich zu bilden und zu qualifizieren. Bei den sog. Arbeitsmigrant*innen, d. h. bei den Menschen, die zum Zweck der Berufsausübung migrieren, erhöht sich das kulturelle Kapital nicht zwangsläufig. Gerade Menschen, die aus weniger gebildeten Schichten stammen und nicht zum Zweck der Ausbildung oder des Studiums einwandern, ist der Erwerb von kulturellem Kapital schwierig. Zum einen ist das Ausüben einer Erwerbstätigkeit eine zeit- und energieintensive Tätigkeit, zum anderen migriert ein Teil der neu Zugewanderten ohne ausreichende Sprachkenntnisse, was das Erlernen neuer Fähigkeiten durch Fort- und Weiterbildung noch komplizierter macht. Das begünstigt vielmehr die Prozesse der Selbstschließung – man hält sich primär in segmentierten Stadtteilen und in ethnisch und sozial homogenen Milieus auf, da man keinen sprachlichen Zugang zu anderen sprachlichen Milieus hat und keine oder unzureichende kulturelle oder sprachliche Angebote vonseiten der Aufnahmegesellschaft bestehen, die die Kommunikation ermöglichen oder erleichtern.

In der Regel konsumieren Migrant*innen dieser sozialen Schicht Bücher oder Medien der Herkunftsgesellschaft. Eine wichtige Bedeutung hierfür hat vor allem die Migrationspolitik. So wurden in den 1960er- und 1970er-Jahre in Deutschland keine Sprachkurse für die sog. Gastarbeiter*innen angeboten. Selbst wenn sich die Migration in den 1980er- und 1990er-Jahren verstetigt hat, wurden keine Maßnahmen getroffen, um diese kulturelle und sprachliche Schließung zu verhindern. Erst in der Mitte der 1990er-Jahre gewinnt das Thema an Bedeutung, denn kulturelle Ungleichheiten werden tendenziell vererbt. Zahlreiche Studien zeigen die sprachlichen und bildungsbezogenen Defizite der Kinder von Eingewanderten. Nach dem Jahr 2000 begannen die PISA-Diskussionen (vgl. Stanat et al. 2010). In diesen wurden verschiedene Faktorengruppen für die Bildungsschwierigkeiten von Jugendlichen mit Zuwanderungsgeschichte ausfindig gemacht. An erster Stelle sind die Versäumnisse der deutschen Politik zu nennen, die davon ausgegangen ist, dass Deutschland „kein Einwanderungsland" sei und die Migrant*innen nur „auf Zeit" nach Deutschland zuwandern, um dann wieder in ihre Herkunftsländer zurückzukehren. Dementsprechend wurden den damals neu Zugewanderten keine Integrationsangebote wie Sprachkurse oder Orientierungsseminare gemacht. Auch das Bildungssystem hat Defizite im Hinblick auf die Arbeit mit Schüler*innen mit Migrationshintergrund: Die deutschen Bildungsstrukturen begünstigen Schüler*innen, die von ihren Eltern unterstützt werden können und die den bürgerlichen Habitus ihrer Familien „erben". Allerdings kennen sich die Eltern, die migriert sind, im Bildungssystem des Aufnahmelandes nicht (gut) aus und können ihre Kinder nicht optimal unterstützen. Diese Defizite könnten unter Umständen von den Lehrenden aufgefangen werden, Voraussetzung ist aber, dass die Lehrkräfte eine spezialisierte Bildung bekommen, die auf interkulturelle Kompetenz baut. Studien belegen aber auch, dass Defizite im Hinblick auf die interkulturellen und sprachlichen Kompetenzen der Lehrenden existieren (vgl. SVR 2016). Die Sprachkenntnisse vieler Migrant*innen werden in den Schulen gar nicht wahrgenommen und gewürdigt; die Lehrkräfte verfügen oft nicht über die Fremdsprachenkenntnisse, die ihnen die Kommunikation mit den Eltern ermöglichen. Dabei können Lehrer*innen mit Migrationshintergrund eine wichtige Rolle spielen, um ein Vertrauensverhältnis zu diesen Eltern aufzubauen. Diese sind im deutschen Bildungssystem jedoch weiterhin unterrepräsentiert (vgl. Rotter 2012; Stiller/Zeoli 2010; Bräu et al. 2013). All diese Faktoren begünstigen die schlechten Bildungschancen und verringern die Aufstiegsmöglichkeiten der Kinder. Die negativen Bildungsergebnisse führen zu einem niedrigeren Bildungsabschluss, hindern den beruflichen Aufstieg und wirken sich auf das individuelle Einkommen der migrierten Personen aus. Gerade das Einkommen hat eine herausragende Bedeutung für die Festigung der sozialen Ungleichheiten in den modernen Gesellschaften.

Tendenziell verbessern viele Migrant*innen ihre ökonomische Situation durch die Migration: Sie erzielen in der Regel ein höheres Einkommen, bezogen auf ihre finanzielle Lage in der Herkunftsgesellschaft. Allerdings kann die Migration in manchen Fällen mit Verlust an sozialem Ansehen verbunden sein. Dadurch, dass Bildungsabschlüsse, die im Ausland erworben wurden, im Aufnahmeland nicht automatisch anerkannt werden, müssen Migrant*innen während der in der Regel lang andauernden Phase der Anerkennung in weniger gut bezahlten Berufen arbeiten: Eine Ärztin arbeitet als Pflegehelferin, ein Ingenieur als Taxifahrer. Wird diese Anerkennung nicht erreicht, ist ein weiteres Studium oder auch eine weitere Ausbildung notwendig. Manchmal verdienen die Migrant*innen, die überqualifiziert in diesen Berufen arbeiten, besser als in ihren Herkunftsgesellschaften. In der Aufnahmegesellschaft verlieren sie an Anerkennung, was zu einem Verlust der Qualifikation (genannt auch „Brain Waste") und zu psychischen Belastungen führen kann. Wenn der Bezugshorizont der soziologischen Interpretation die Aufnahmegesellschaft ist, wie die klassische Migrations- und Ungleichheitsforschung das praktiziert hat, ist ein Statusverlust trotz Verbesserung der individuellen ökonomischen Lage festzustellen.

Die Schwierigkeiten bei der Anerkennung von Zeugnissen und Diplomen, die im Ausland erworben wurden, führen dazu, dass auch hochqualifizierte Migrant*innen zumindest vorübergehend ein geringeres Einkommen erzielen. Das hat eine entsprechende Wahl des Wohnorts bzw. des Quartiers zur Folge. Neu zugewanderte Personen finden häufig bezahlbaren Wohnraum in weniger privilegierten Stadtteilen, in denen Menschen mit einem ähnlichen sozialen und wirtschaftlichen Status wohnen. Eine solche Konstellation nennt man „residentielle" oder „räumliche Segregation" (zur Definition des Begriffs vgl. Alisch 2018). Von räumlicher Segregation wird dann gesprochen, wenn soziale Ungleichheit ihren Ausdruck im geografischen Raum findet und sich soziale Verhältnisse also auch räumlich abbilden. Die Segregation resultiert aus dem Angebot und der Nachfrage auf dem Wohnungsmarkt und ergibt sich aus den objektiven Ressourcen des Quartiers: die Qualität der Wohnung und des Wohnumfelds, die Infrastrukturausstattung, das Vorhandensein von Institutionen und Bildungseinrichtungen wie z. B. Schulen und Betreuungseinrichtungen für Kinder und Jugendliche. Eine wichtige Rolle spielt auch die Symbolik, das Image eines Wohnortes. Manche Wohnorte haben das Stigma, residentielle Brennpunkte und durch Armut und Kriminalität gekennzeichnet zu sein (ebenda).

Die Wahl des Wohnorts beeinflusst wiederum das kulturelle und das ökonomische Kapital eines Individuums – die Einschulung soll dort erfolgen, wo die Familie wohnt. Infolgedessen pflegen die Kinder soziale Kontakte im Quartier mit den Jugendlichen, die unter ähnlichen Bedingungen aufwachsen. Das beeinflusst den Bildungserfolg und den Aufbau sozialer Netzwerke („soziales Kapital"). Die Gestaltung dieser Prozesse ist unter dem Begriff „Nachbarschaftseffekte" bekannt (vgl. Horr 2016). Sowohl die ungünstigen familiären Lernvoraussetzungen vieler Schüler*innen mit Zuwanderungsgeschichte als auch ihre oft leistungsschwachen Mitschüler*innen an segregierten Schulen hemmen den Lernerfolg. Diese „doppelte Benachteiligung" ist primär durch drei Faktoren bedingt: die wohnräumliche Segregation in deutschen Städten, die Schulzuweisung und die ungleichen Chancen beim Übergang in die nächsthöhere Schulform, die durch die Verbindlichkeit der Empfehlung der Lehrkräfte[8] erfolgt. Dabei sind Prozesse bewusster oder unbewusster Diskriminierung nicht auszuschließen.

---

8 In den einzelnen Bundesländern bestehen diesbezüglich Unterschiede.

Diese Verwobenheit von wirtschaftlichen, kulturellen, sozialen und räumlichen Faktoren sowie von institutionellen Diskriminierungsprozessen ist in zahlreichen Studien der Migrations- und Ungleichheitsforschung sehr gut analysiert. Trotz aller paradigmatischen Unterschiede haben diese Abhandlungen ein gemeinsames Merkmal: Der Bezugsrahmen der Ungleichheiten ist der Nationalstaat, in der Regel die sog. Aufnahmegesellschaft, das Zielland der Wanderungsbewegung. Mit den in diesem Land etablierten Maßstäben und Hierarchien wird operiert, um die soziale Ungleichheit der Zugewanderten zu messen und zu analysieren.

2.2. Neuere Vorgehensweisen der Migrationsforschung: Wanderungsbewegungen und soziale Ungleichheiten in transnationaler Perspektive

Seit den 1990er-Jahren wird diese Fixierung der Migrations- und Ungleichheitsforschung auf die nationalstaatlichen Gesellschaften schrittweise aufgehoben. Ursachen dafür sind die Intensivierung der Globalisierungsprozesse, die Verlagerung vieler Firmenvertretungen in das außereuropäische Ausland, die Zunahme der Geschäftsreisen bzw. der Expertenmobilität. In Europa spielen die Prozesse der europäischen Integration nach dem Ende des Kalten Kriegs hierfür eine wichtige Rolle. Diese Entwicklungen begünstigen die Entstehung transnationaler Räume und verändern den Fokus der Ungleichheits- und Migrationsforschung – ihr Bezugsrahmen ist nicht mehr ausschließlich der Nationalstaat.

Gegenstand der aktuellen Studien wird die Tatsache, dass die sozialen Ungleichheiten nicht nur durch den sozioökonomischen Status (Stellung in der nationalen Ungleichheitshierarchie), sondern auch durch den politischen Status (Staatsangehörigkeit) beeinflusst werden (vgl. Beck/Poferl 2010; Boatcă 2017). Die Migrationsforschung und die Ungleichheitsforschung beeinflussen sich wechselseitig. Wie erfolgt das?

Die Prozesse der Globalisierung beschleunigen den individuellen Zugang zu einer scheinbar ‚grenzenlosen Welt'. Sie machen diesen Zugang nicht nur für die ökonomischen Eliten, sondern auch für größere Gruppen von Menschen einfacher. Wanderungsbewegungen, gemeint ist nicht nur die dauerhafte klassische Migration, sondern auch kurze Arbeitsaufenthalte, unterschiedliche Mobilitätsformen wie Studien, Dienstreisen, Tourismusbesuche etc. nehmen seit Beginn der 1990er-Jahre weltweit erheblich zu. Der britische Soziologe Anthony Giddens erklärt dieses Phänomen als Folge der globalen Moderne und beschreibt es als "intensification of worldwide social relations which link distant localities" (Giddens 1990, S. 64). Die beschleunigte Zunahme der Wanderungsbewegungen hat viele Ursachen. Unter anderem wirken sich die verbesserten Transportmöglichkeiten, die Etablierung des Internets und die wirtschaftliche Expansion des globalen Kapitalismus aus. Außerdem beeinflusst die Suche nach neuen Märkten diese Entwicklung, die mit den Prozessen der Deregulierung der lokalen und globalen Wirtschaft von den Seiten der einzelnen Nationalstaaten einhergehen. Diese Entwicklung erzeugt den Anschein, dass diese Zunahme der Wanderungsbewegungen zu einer Art ‚freier Mobilität' für alle Menschen führe. Allerdings haben längst nicht alle Menschen den gleichen Zugang zu dieser globalen Entwicklung. Die Nicht-Mobilen sind deutlich in der Überzahl gegenüber denjenigen, die die beschriebene Freizügigkeit genießen. Die von der Mobilität ausgeschlossenen Personen können ihren Wohnort nicht frei wählen, sie sind gezwungen nah an ihrem Geburtsort zu bleiben, da sie keine finanziellen Mittel, keine Sprachkenntnisse, keine Netzwerke oder nicht die passende Staatsangehörigkeit haben, um auszuwandern und ihren Wohnort zu wechseln.

Auf der anderen Seite führt die zunehmende Mobilität aber auch dazu, dass immer mehr Menschen auf der Welt gezwungen sind, mobil zu sein und zu wandern, damit sie ihr tägliches Leben arrangieren, ihr Auskommen haben oder ihre Karriere verfolgen können. Gemeint sind sowohl die Saisonarbeitnehmerinnen als auch die Manager, die jedes Jahr ihren Wohnsitz wechseln müssen, damit sie ihren Beruf ausüben können.

Als Ursache für die zunehmende Mobilität führt der Soziologe John Urry (vgl. Urry 2007) die Prozesse der Globalisierung sowie der Entwicklung der Infrastruktur wie Straßen, Zuggleise, Satelliten, Glasfaserkabel und weitere Mobilitätssysteme an. Wichtige Rolle spielt hierfür der Bedeutungsverlust der Nationalstaaten und die daraus folgende (selektive) Durchlässigkeit der nationalstaatlichen Grenzen. Urry unterscheidet in seiner Studie fünf Formen der Mobilität, die miteinander verwoben sind: die körperliche Mobilität der Menschen, die physische Mobilität der Objekte, die imaginäre Mobilität der Bilder und Videos, die die Beobachter*innen in ihren Vorstellungen reisen lassen, die virtuelle Mobilität, durch die Informationen, Daten, Ideen oder Konzepte über das Internet transferiert werden, und die kommunikative Mobilität, durch die Nachrichten ausgetauscht werden. All diese Formen der Mobilität wurden in den letzten Jahrzehnten intensiviert. In den verschiedenen Mobilitätsformen spiegeln sich die sozialen Ungleichheiten wider – es werden verschiedene Kategorien von Passgieren gebildet, die in verschiedenen Klassen verreisen können; die sozialen Akteure beteiligen sich unterschiedlich am Datentransfer im Internet, da sie über unterschiedliche – ökonomische, aber auch kulturelle – Ressourcen verfügen.

Der eingeschränkte Zugang zu Mobilität liegt daran, dass die globalen sozialen Ungleichheiten sehr groß sind. Die Nationalstaaten schränken die Migrationsbewegungen von ausländischen Staatsbürger*innen aus Kalkül ein: Die Wanderung von sozial schwächeren Gruppen soll verhindert werden, damit sie, so heißt es in manchen Programmen unterschiedlicher europäischer Parteien, „unsere Sozialsysteme nicht belasten". Die Staatsgrenzen sind im höchsten Maß selektiv. Es werden Kriterien erarbeitet, wie z. B. im kanadischen Punktesystem oder im Rahmen der europäischen Blue Card, um die Einwanderungswilligen zu „klassifizieren" und nach ihrer wirtschaftlichen Passung zu selektieren. Die globale Mobilität ist ein ungleich verteiltes Gut. Grund dafür ist, dass die Vergütung der Arbeit und die soziale Absicherung nicht nur im Hinblick auf die unterschiedlichen Berufe, sondern vor allem im Hinblick auf den Ort variieren, an dem sie geleistet werden. Ein/e Ingenieur*in eines osteuropäischen Landes verdiente in den 1990er- und in den 2000er-Jahren deutlich weniger als ein/e Verkäufer*in in einem Lebensmittelgeschäft einer westeuropäischen Gesellschaft. Auch dieser Faktor hat die Migration gut gebildeter Osteuropäer in den Westen begründet (vgl. Liakova 2020). Oft bekam aber der/die osteuropäische Ingenieur*in, der/die nach Westeuropa gewandert ist, keinen regulären Zugang zum westeuropäischen Arbeitsmarkt. Aufgrund der restriktiven Migrationspolitik und der Bürokratie wurden keine Aufenthaltsgenehmigungen erteilt, Zeugnisse nicht anerkannt und der freie Zugang zum Arbeitsmarkt eingeschränkt. Das führte zu einer Entwertung des Kulturkapitals (vgl. Morokvasic 2003; Weiß et al. 2010). Die Aufnahme nichtselbstständiger Erwerbstätigkeit ausländischer Staatsbürger*innen in der EU war lediglich in begründeten Ausnahmefällen möglich. Diese Politik der selektiven Öffnung und Schließung der Grenzen und der de facto Abschottung, die seit dem Ende des 19. Jahrhunderts durch die Verfahren der Ausstellung von Aufenthalts- und Arbeitsgenehmigungen außerhalb der Grenzen des jeweiligen Nationalstaates verlagert wird, bezeichnet Aristide Zolberg als „remote border control" (vgl. Zolberg 1997). So musste ein/e gut gebildete/r Ingenieur*in entweder im Ausland auf das Visum warten oder sich im Zielland seiner/ihrer Migration als Taxifahrer*in oder Lagermitarbeiter*in über Wasser halten, solange er an Anerkennungsstudiengängen teilgenommen hat und sich um seine/ihre Arbeits- und Aufenthaltsgenehmigung bemühte. Gemessen an der Hierarchie des Aufnahmelandes wäre der/die Ingenieur*in damit sozial abgestiegen. Da er/sie aber im Einwanderungsland viel besser verdient als vor seiner/ihrer Migration, ggf. Geld sparen konnte und in der Form von „Remittances" dieses Geld an seine/ihre im Herkunftsland verbliebenen Verwandten überweisen konnte, bekam er/sie eine hohe Anerkennung von seiner/ihrer Familie und von der Herkunftsgesellschaft. Dadurch ist dieser soziale Abstieg zu relativieren.

Nach den klassischen Migrationstheorien werden diese sozialen Lagen als ‚Schieflagen' interpretiert, als eine ‚soziale Deklassierung', als ‚Abstieg'. Allerdings entspricht laut Forschung (ähnliche Befunde bei Pries 2010, Nieswand 2011, Goldring 2010, Liakova 2020) diese Interpretation nicht immer den Wahrnehmungen der sozialen Akteure. Die Personen werden, trotz des objektiv feststellbaren sozialen Abstiegs in den Aufnahmegesellschaften, in den Herkunftsgesellschaften als erfolgreich angesehen. Der Aufenthalt im Einwanderungsland ermöglicht ihnen den Erwerb verschiedener Güter, den Bau eines Hauses, die Verbesserung der Wohnverhältnisse sowie Investitionen im Herkunftsland. Außerdem gewinnen sie durch diese Investitionen an Entscheidungsmacht und werden zu quasi-politischen Akteur*innen. Sie können den lokalen Wahlkampf in ihrem Herkunftsland finanzieren, einen Sportverein unterstützen oder die lokale Schule sanieren lassen. Die Transmigration (die Pendelmigration, die regelmäßige Rückkehr) ermöglicht auch den symbolischen Konsum der akkumulierten Mittel in der Herkunftsgesellschaft. Dadurch gewinnen diese Migrant*innen auch eine symbolische Anerkennung. Sie werden als positive Rollenmodelle in der Herkunftsgesellschaft wahrgenommen, oft auch als Mittler, die den Weg für die jüngere Generationen ebnen. Sie haben auch einen politischen Einfluss – sie helfen das Image des Herkunftsortes zu erhöhen (vgl. Goldring 2010). Allerdings sind auch Einschränkungen dieser transnationalen Anerkennung feststellbar: Adrian Favell verdeutlicht in seiner Studie, dass mit der Öffnung einer Gesellschaft bei gleichzeitiger Zunahme der Intensität der Migration, das Ansehen der Migration und der Mobilität in dieser Gesellschaft abnimmt: „The value of mobility capital decreases as it becomes more of a mass phenomenon" (Favell 2008, S. 96).

Dieses „Statusparadox" (vgl. Nieswand 2011) – unter dem eigenen Bildungsgrad im Einwanderungsland beschäftigt, aber in der Herkunftsgesellschaft anerkannt zu sein – würde unsichtbar bleiben, wenn wir die zwei Forschungssphären der Migrationsforschung und der Ungleichheitsforschung nicht gemeinsam in ihrer Wechselwirkung betrachten. Das analytische Verlassen der Nationalcontainer ermöglicht eine neue Dimension der Auseinandersetzung mit der Migration und mit der sozialen Ungleichheit. Die Fokussierung auf die globalen und transnationalen Ungleichheiten ändert die Art und Weise, wie wir über die Migration und ihre Folgen denken.

Dieses Beispiel verdeutlicht, dass die soziale Ungleichheit und die gesellschaftlichen Hierarchiesysteme, die allein nationalgesellschaftlich betrachtet werden und mit denen die klassische Ungleichheitsforschung arbeitete, in der Zeit der Globalisierung ergänzt werden mussten. Eine transnationale Forschung war notwendig, denn nur durch die Transnationalisierung der Migrations- und der Ungleichheitsstudien können diese neuen Ungleichheitsformen analysiert werden.

Ein wichtiger Schritt in diese Richtung ist in der kritischen Perspektive von Manuela Boatca zu sehen (vgl. Boatca 2017, S. 137 ff.). Sie verdeutlicht, dass in modernen Gesellschaften nicht nur die klassische meritokratische Triade „Bildung, Einkommen und Beruf" eine Bedeutung für die soziale Positionierung des Individuums hat, sondern auch die individuelle Staatsangehörigkeit eine wichtige Rolle spielt. Das „Kapital aus Staatsbürgerschaft" kann als eine Kapitalform nach Bourdieu angesehen werden. Die Erteilung einer Erlaubnis zur Einreise (Visa) steht im Zusammenhang mit dem Herkunftsland, Vermögen und Ausbildungsstand der Reisewilligen. Während den „westlichen", „weißen", „gebildeten", „vermögenden" und „gesunden" „männlichen" Personen beinahe die ganze Welt offensteht, ist die Mobilität von „nicht-westlichen", „farbigen", „ungebildeten", „armen", „nicht-gesunden" „weiblichen" Personen eingeschränkt. Mobilität und Migration stehen also im Zusammenhang mit einer Reihe von Differenzkategorien, welche die Grundlage dafür bilden. Diese wiederum entscheiden darüber, wie mobil jemand sein kann bzw. ob er zur Immobilität gezwungen ist. Je wohlhabender eine Gesellschaft ist, desto geringer ist die Visapflicht. Jedes Jahr führt die Schweizer Privatfirma Henley & Partners eine Studie durch, in der der Wert der Reisepässe von 170 Staaten verglichen und in einer Rangliste geordnet wird (vgl. Henley & Partners 2024). In dieser Studie wird die visumfreie Zugangsberechtigung, die aus den einzelnen Staatsbürgerschaften resultiert, gemessen. Eine weitere Sichtbarkeit ergibt sich durch das ökonomische Kapital – wohlhabende Menschen können sich den Zugang zu Mobilität und Migration ‚kaufen': Sowohl Einbürgerungsurkunden als auch Visa werden ‚verkauft' bzw. gegen Investition einer bestimmten Summe in einem Land verliehen. Menschen mit besonderer Begabung, die als wichtig für das öffentliche Interesse erachtet werden, z. B. Künstler*innen oder Sportler*innen, können bevorzugt eingebürgert werden und dadurch Zugang zur Migration und Mobilität erhalten.

Die Staatsbürgerschaft wird auch von Harald Bauder als „Kapital" bezeichnet (vgl. Bauder 2008, S. 315 ff.). Die ungleiche Verteilung der Ressource „Migration" ist auch durch den unterschiedlichen Wert der nationalstaatlichen Reisepässe sichtbar.[9] Joachim Schroeder bezeichnet diese ungleiche Verteilung der staatsbürgerschaftlichen oder aufenthaltsrechtlichen Ressourcen als „juridisches Kapital" oder „Rechtskapital", das „staatsbürgerschaftliche, aufenthalts- und arbeitsrechtliche" Zugänge, z. B. Aufenthaltstitel, Arbeitserlaubnis etc., beinhaltet (Schroeder 2003, S. 261).

Der Zugang zu Migration und Mobilität ist in allen Gesellschaften und Epochen ein Privileg gewesen. Die Möglichkeit, zu migrieren oder mobil zu sein, sind wichtige Ressourcen, die nicht allen sozialen Akteuren im gleichen Maße zur Verfügung stehen. Das bestätigen Vincent Kaufmann, Manfred Max Bergmann und Dominique Joye in ihrer Forschung: Sie begreifen Mobilität nicht als eine soziale oder geografische Fortbewegung in der gesellschaftlichen Hierarchie bzw. im geografischen Raum, sondern als eine Ressource, als ein Kapital auf individueller Ebene. Sie bezeichnen dieses Kapital als „Motility": „Motility can be defined as the capacity of entities (e. g. goods, information or persons) to be mobile in social and geographic space" (Kaufmann et al. 2004, S. 750). Die Fortbewegungsfähigkeit ist eine Ressource, die sowohl weltweit als auch innerhalb einer Gesellschaft ungleich verteilt ist – manche erhalten sie per Geburt, andere müssen sie sich erarbeiten oder erkämpfen. Migration und Mobilität spiegeln sowohl die nationale als auch die globale soziale Ungleichheit wieder und verstärken sie.

Selbst in den modernen europäischen Gesellschaften, in denen der Massentourismus, die Student*innenpraktika im Ausland und die weltweiten Karrieren selbstverständlich erscheinen, sind sie nicht allen Mitgliedern der Gesellschaft gegeben. Global gesehen können, in Anlehnung an Kaufmann et al. 2004, vier Typen der Einschränkung der Mobilität und der Migration festgestellt werden:

- eine ökonomische (bezogen auf das individuelle Einkommen),
- eine staatsbürgerschaftliche (bezogen auf die individuelle Staatsangehörigkeit),
- eine kulturelle (bezogen auf die Sprachkenntnisse und auf das Wissen, das Reisen ermöglicht)
- und schließlich eine soziale Einschränkung (bezogen auf die sozialen Ressourcen, Bekanntschaften, Verwandtschaften, Freundschaften im Ausland, die als Türöffner dienen).

Die Fortbewegungsfähigkeit steht ebenso im Zusammenhang mit dem sog. Netzwerkkapital. Der Begriff wurde von John Urry (2007) eingeführt. Nach ihm ist das Netzwerkkapital „capacity to engender and sustain social relations to those people who are not necessarily proximate and which generates emotional, financial and practical benefit" (Urry 2007, S. 197). Die Elemente des Netzwerkkapitals nach Urry sind: Dokumente, Visa, Geld, Qualifikationen, Arbeitskolleg*innen, Freund*innen, Familie, Fortbewegungsmöglichkeiten, nicht ortsgebundener Informationszugriff, Kommunikationsmittel, angemessene Treffpunkte, Zugang zu Mobilität sowie Zeit und Ressourcen, um die genannten Aspekte zu koordinieren (ebenda).

---

9 Unter „Wert der nationalstaatlichen Reisepässe" werden hier die Rechte und die Zugänge, die aus dem Besitz einer bestimmten Staatsangehörigkeit resultieren, verstanden.

3. Ausblick

- Soziale Ungleichheiten bedingen zum einen die Migrationsbewegungen, zum anderen die Art und Weise, wie wir Migration denken.
- Soziale Ungleichheiten in einer globalisierten Welt können nicht nur in nationalstaatlichen Containern gemessen werden. Transnationalisierung, Globalisierung und Migration verlangen einen neuen Blick auf die Formen sozialer Ungleichheiten.
- Soziale Ungleichheiten haben nicht nur eine wirtschaftliche Dimension – sie umfassen eine kulturelle, politische, soziale und vor allem eine transnationale Dimension. Die Überwindung des „methodologischen Nationalismus" – der methodologische Vorgehensweise, bei welcher die Nationalstaaten „als abgegrenzte, unabhängige und relativ homogene Einheiten" (Beck/Grande 2010, S. 189) angesehen werden und als Grundlage der soziologischen Forschung verwendet werden – spielt eine wichtige Rolle. Das Reflektieren des „methodologischen Nationalismus" durch die neue Migrationsforschung und die Entdeckung des Themas „transnationale Migration" führen zu einer Veränderung der Auffassung von sozialer Ungleichheit.
- Die Verbindung von neuer Migrations- und Ungleichheitsforschung lenkt die Aufmerksamkeit auf die globale Sichtbarkeit der Ungleichheiten. Durch die Migration werden die globalen Ungleichheiten sichtbar und die „Gleichheitsnormen" und die „Gleichheitserwartungen" ausgeweitet (Beck/Poferl 2010, S. 12).

Der Zugang zur Mobilität bzw. die Einschränkung des Zugangs zur Mobilität ist der essenzielle Ausdruck der globalen sozialen Ungleichheiten. Es bedarf einer neuen Begründung und Legitimierung, eine neue Antwort auf zwei grundlegende Fragen: Wer hat das Recht, wohin zu migrieren? Und wer ist berechtigt, über die Einschränkung dieses Rechts zu entscheiden?

> **Diskussionsfragen**
>
> 1. Was sind soziale Ungleichheiten, und mit welchen Indikatoren können diese gemessen werden?
> 2. Wie können soziale Ungleichheiten und Migration in eine Verbindung gebracht werden?
> 3. Wie kommt es, dass Migrant*innen zugleich sozial aufsteigen und absteigen können?
> 4. Woran kann festgemacht werden, dass Mobilität manchen Menschen leichter gemacht wird als anderen?
> 5. Warum ist die Verbindung der neuen Migrations- und Ungleichheitsforschung sinnvoll?

Literaturtipps

Beck, Ulrich/Grande, Edgar (2010): Jenseits des methodologischen Nationalismus. Außereuropäische und europäische Variationen der Zweiten Moderne. In: Soziale Welt 61 (3–4), S. 187–216.

Beck, Ulrich/Poferl, Angelika (Hrsg.) (2010): Große Armut, großer Reichtum. Zur Transnationalisierung sozialer Ungleichheit, Berlin: Suhrkamp.

Faist, Thomas (2021): Die transnationalisierte soziale Frage: Migration und soziale Ungleichheit. In: Zeitschrift für Migrationsforschung 1/2021, S. 9–33.

Favell, Adrian (2008): Eurostars and Eurocities. Free movement and mobility in an integrating Europe, Malden, Mass.: Blackwell.

Goldring, Luin (2010): Macht und Status in transnationalen Räumen, In: Beck, Ulrich/Poferl, Angelika (Hrsg.): Große Armut, großer Reichtum: zur Transnationalisierung sozialer Ungleichheit, Berlin: Suhrkamp, S. 302–336.

Horr, Andreas (2016): Nachbarschaftseffekte. In: Diehl, Claudia/Hunkler, Christian/Kristen, Cornelia (Hrsg.): Ethnische Ungleichheiten im Bildungsverlauf: Mechanismen, Befunde, Debatten, Wiesbaden: Springer VS, S. 397–430.

Jungbauer-Gans, Monika/Gottburgsen, Anja (2021): Migration, Mobilität und soziale Ungleichheit in der Hochschulbildung, Wiesbaden: Springer.

Ramsauer, Kathrin (2011): Bildungserfolge von Migrantenkindern. Der Einfluss der Herkunftsfamilie. Expertise, München: DJI.

Lektion 4: Arbeitsmigration

> **Überblick**
>
> In dieser Lektion werden die Besonderheiten der Arbeitsmigration dargestellt. Diese Wanderungsform ist die gängigste. Die meisten Menschen auf der Welt migrieren auf der Suche nach besseren Lebensbedingungen, also nach Möglichkeiten, überhaupt arbeiten zu können, oder nach neuen Karrierechancen. Die Arbeitsmigration umfasst sowohl die Wanderung der sog. Gastarbeiter*innen oder Vertragsarbeiter*innen als auch die Migration von Sorgearbeiter*innen oder Expert*innen und hochqualifizierten Personen.

1. Arbeit und Arbeitsmigration

Die Erwerbstätigkeit einer Person ist der Schlüssel zur individuellen Teilhabe an einer modernen Gesellschaft: Sie ermöglicht das Generieren eines individuellen Einkommens, garantiert die persönliche Unabhängigkeit und gibt der arbeitenden Person gesellschaftliche und gemeinschaftliche Anerkennung. Die Erwerbstätigkeit ganzer sozialer Gruppen ist die Grundlage der sozialen Kohäsion, hingegen ist ihr Ausschluss aus dem Arbeitsmarkt, z. B. durch Arbeitslosigkeit oder durch diverse Einschränkungen des Zugangs zur freien Berufswahl, Ursache vieler Konflikte und Auseinandersetzungen in den modernen Gesellschaften.

Unter Arbeit versteht man seit dem Aufkommen der bürgerlich-industriellen Gesellschaft den Austausch von Arbeitskraft gegen Lohn (vgl. Notz 2008). Diese Definition ist aus verschiedenen soziologischen Perspektiven kritisiert worden, denn sie umfasst nicht die Leistungen eines Individuums im privaten Bereich, d. h., sie schließt die Sorgearbeit, die sehr häufig von Frauen übernommen wird, von der Begriffsbestimmung der Arbeit aus, da diese in der Regel unentgeltlich angeboten wird. Die Sorgeleistungen, die überwiegend von Frauen im Privaten erbracht werden, werden oft nicht als „richtige Arbeit", sondern als eine „natürliche Hingabe" oder als eine „Berufung" angesehen (ebenda).

In der kapitalistischen Gesellschaftsform scheint es selbstverständlich, dass jede Person ihre Arbeitskraft am Arbeitsmarkt frei verkaufen und über die Bedingungen dieses „Verkaufs" entscheiden kann. Dieser Eindruck ist aber trügerisch. In den modernen Nationalstaaten wurden strikte Regeln etabliert, nach denen man die eigene Arbeitskraft anbieten kann. Dabei unterliegt das Angebot unterschiedlichen Einschränkungen. Diese Regeln sind je nach Land differenziert zu betrachten. Die Möglichkeit, die eigene Arbeitskraft frei anzubieten, wird durch die folgenden Merkmale eingeschränkt:

- Alter – Kinder dürfen in den modernen demokratischen Gesellschaften in der Regel nicht als Arbeitskräfte eingesetzt werden, da das Kindesalter einem besonderen Schutz unterliegt.
- Schwangerschaft – für schwangere Frauen und Mütter bestehen besondere Schutzverordnungen.

- Qualifikationsbestimmungen – für das Ausüben der meisten Berufe sind strikt formulierte Qualifikationen notwendig; in einem anderen Land erworbene Qualifikationen werden nicht automatisch anerkannt und unterliegen in der Regel einem Anerkennungsverfahren.
- Migration – Migrant*innen und ausländische Staatsbürger*innen dürfen in der Regel ihre Arbeitskraft im Ausland nur nach einer Genehmigung anbieten. Diese wird von den vor Ort zuständigen Behörden erteilt, nachdem geprüft wird, ob durch das Angebot „von außen" einheimische Arbeitskräfte nicht benachteiligt werden.

Arbeitsmigration hat in der Geschichte der Menschheit immer existiert – Menschen sind auf der Suche nach besseren Arbeitsbedingungen als Bauarbeiter*innen, Erntehelfer*innen, Händler*innen oder Handwerker*innen gewandert. Nach dem Ersten Weltkrieg und der Etablierung der modernen Nationalstaaten und Staatsbürgerschaften ist die Regulation der Migration im Allgemeinen und dadurch auch der Arbeitswanderungen strikter geworden. Aus der Perspektive des aufkommenden Nationalstaates war es selbstverständlich, dass die „eigenen" Staatsbürger*innen Privilegien genießen, die den Zugewanderten nicht zustehen. Durch den Aufstieg des europäischen Sozialstaates im 20. Jahrhundert haben auch die Gewerkschaften eine protektionistische Haltung zur Verteidigung der „einheimischen Arbeitskräfte" und gegen Lohndumping eingenommen. Dadurch haben sie sich für die strikte Regulierung der Arbeitsmigration und für die Einführung der sog. Vorrangprüfung eingesetzt. Nach dieser Regelung haben die einheimischen Arbeitskräfte Vorrang bei der Einstellung; die Beschäftigung ausländischer Arbeitskräfte wird nur dann von den zuständigen Behörden genehmigt, wenn nachgewiesen wird, dass keine einheimischen Arbeitskräfte diese Beschäftigung ausüben können oder wollen. In den sog. Mangelberufen ist jedoch sogar die aktive Anwerbung ausländischer Fachkräfte möglich. Arbeitsmigration hängt auf mehreren Ebenen mit ökonomischen Notwendigkeiten zusammen. Sie bezieht sich sowohl auf die makroökonomischen Akteure (Staat, Unternehmen), die auf der Suche nach Arbeitskräften sind, als auch auf die Handlungen und Entscheidungen der mikroökonomischen Akteure (Individuen, Familien oder Gemeinschaften), die den Entschluss treffen, durch Migration ihre persönliche Lebenslage zu verbessern. Makrosoziologisch gesehen, bietet die Arbeitsmigration Chancen an: für die Unternehmen, für den Staat, für die Sozial- und Rentensysteme. Mikrosoziologisch können die Wanderungen zu besseren Verdienst- oder Karrieremöglichkeiten, zu einer sicheren Perspektive und zu der Versorgung der Familie führen. Die Arbeitsmigration bringt aber auch Risiken mit sich: Gesundheitsfolgen und Arbeitslosigkeit für die Migrant*innen; interkulturelle Konflikte oder Missverständnisse am Arbeitsplatz, mit denen die Unternehmen umgehen müssen.

Die makroökonomische Notwendigkeit einer Arbeitsmigration ist allerdings konjunkturell bedingt, d. h., die Entscheidung, Arbeitskräfte anzuwerben bzw. die Anwerbung zu stoppen, unterliegt den Schwankungen des Marktes und der konkreten ökonomischen Entwicklung eines Landes. Allerdings sind die migrierenden Menschen keine Güter, die bei Bedarf „importiert" werden und, sobald der ökonomische Bedarf der Unternehmen gestillt ist, wieder „exportiert" werden können. Fraglich ist auch, inwieweit eine gezielte Anwerbung internationaler Fachkräfte den Herkunftsländern nützt oder diesen die gut ausgebildeten Expert*innen entzieht. Zum einen können die Migrant*innen mit einem Teil der erworbenen Mittel ihre Verwandten finanziell unterstützen oder sogar Investitionen zur Verbesserung der lokalen Infrastruktur unternehmen (sog. „remittances"), zum anderen aber gehen durch die Arbeitsmigration die jungen, gebildeten, qualifizierten Staatsbürger*innen eines Landes verloren – ein Prozess, der häufig als „Brain Drain" bezeichnet wird. Demzufolge sind die Prozesse der Anwerbung internationaler Fachkräfte immer aus verschiedenen Perspektiven zu betrachten.

2. Was ist Arbeitsmigration?

Mit dem Begriff Arbeitsmigration werden die Wanderungsprozesse von erwachsenen Personen bezeichnet, die einer nicht selbstständigen Erwerbstätigkeit nachgehen (vgl. Han 2016). Dauer, Art und Umstände der aufgenommenen Tätigkeit können dabei variieren. Grundsätzlich wird zwischen gering qualifizierten und (hoch) qualifizierten Tätigkeiten und dementsprechend bestimmten Migrant*innengruppen unterschieden. Als gering qualifiziert gelten Arbeitsmigrant*innen, die keine abgeschlossene Berufsausbildung vorweisen können. (Hoch) Qualifizierte Arbeitsmigrant*innen sind Fachkräfte mit oder ohne akademischen Abschluss, die in der Lage sind, spezialisierte und komplexe Tätigkeiten auszuüben (vgl. Hunger und Rother 2021, S. 89 f.).

Diese Definitionen umfassen allerdings nicht alle faktisch existierenden Dimensionen der Arbeitsmigration, z. B. die Wanderungen von Kindern und Jugendlichen zum Zweck der Erwerbstätigkeit. Obwohl sie von den Seiten der demokratischen Gesellschaften sowie durch zahlreiche UNO-Konventionen und UNICEF-Dokumente als nicht regulär eingestuft werden (vgl. United Nations 1990), finden sie vor allem in verschiedenen Regionen Asiens, Afrikas und Südamerikas statt. Ausgeblendet wird in dieser Definition die Arbeitsmigration von Frauen, die im Bereich der häuslichen Sorgearbeit tätig sind und bei den zu versorgenden Menschen wohnen und arbeiten (sog. „Care-Work"/„Sorge-Arbeit"). Ebenso wird die Prostitution von Frauen oder Männern (sog. „Sex-Work") nicht erfasst, da sie in vielen Länder als irreguläre Handlung eingestuft und nicht wie in Deutschland als reguläre Erwerbstätigkeit angesehen wird. Die Beschäftigung von Menschen, die auf Baustellen oder in der Gastronomie arbeiten, gilt, solange sie nicht offiziell gemeldet wird, auch als irregulär und wird nicht statistisch ermittelt. Dies erschwert die Erfassung des faktischen Umfangs der globalen Arbeitsmigration. Es ist aber davon auszugehen, dass diese Migrationsform hinsichtlich ihres Umfangs und ihrer Bedeutung die wichtigste ist.

3. Historischer Überblick zur Arbeitsmigration nach Deutschland

Die Arbeitsmigration nach Deutschland hat eine lange Geschichte (vgl. Bade 1994; Bade 2018). Im 19. Jahrhundert kamen im Zuge der Industrialisierung Menschen aus Polen nach Berlin, Pommern, Brandenburg und ins Ruhrgebiet, da dort neue Arbeitsmöglichkeiten entstanden und die Industrie Arbeitskräfte benötigte. Damals gehörte insbesondere das Ruhrgebiet zu den wichtigsten Industriegebieten in Europa. Die sog. Ruhrpolen waren überwiegend im Bergbau beschäftigt. Heute erinnern zahlreiche Familiennamen an die polnische Herkunft dieser Personen. Nach der Gründung der Republik Polen im Jahr 1918 beschließen viele Pol*innen zurückzuwandern, die meisten blieben allerdings in Deutschland oder wanderten weiter nach Frankreich. Ende des 19. Jahrhunderts migrierten aufgrund der Arbeitssuche viele Italiener*innen nach Süddeutschland. Sie waren überwiegend im Trassenbau von Eisenbahnstrecken beschäftigt (vgl. Bade 1994; Bade 2018).

Eine neue Dimension hat die Arbeitsmigration durch die Unterzeichnung des Wanderungsabkommens im Jahr 1938 zwischen dem nationalsozialistischen Deutschland und dem von Mussolini regierten Italien erhalten. Ungefähr 500.000 Italiener*innen kamen aufgrund dieses Vertrags nach Deutschland. Sie arbeiteten auf Baustellen, in Fabriken oder im Bergbau. Durch ihre Arbeit entstanden die Volkswagen-Werke in Wolfsburg. In der deutschen Öffentlichkeit wurden sie als „Fremdarbeiter" bezeichnet. Das erste Anwerbeabkommen zwischen dem nationalsozialistischen Deutschland und Spanien wurde 1941 abgeschlossen. Deutschland brauchte weitere Arbeitskräfte für die Kriegsindustrie.

Nach dem Ende des Zweiten Weltkriegs benötigte die westdeutsche Wirtschaft neue Arbeitskräfte. Die Bundesregierung traf die Entscheidung, das erprobte Modell der Anwerbung temporärer Arbeitskräfte aus dem Ausland wieder einzuführen. Das Abkommen zwischen der BRD und Italien wurde am 20. Dezember 1955 unterzeichnet. Das war das erste Anwerbeabkommen, es folgten zehn weitere mit anderen Ländern. Die meisten italienischen „Gastarbeiter*innen" kamen aus dem Süden Italiens. Bis zum Anwerbestopp im Jahr 1973 stieg die Anzahl der italienischstämmigen Arbeitnehmer*innen in der BRD auf ca. 630.000. Da seit 1961 die Freizügigkeitsverordnung für den EWG-Raum in Kraft trat, hatten Italiener*innen die Möglichkeit, unabhängig vom Anwerbeabkommen nach Deutschland einzuwandern und nach Arbeit zu suchen. Dadurch waren sie weniger als die anderen Gastarbeiter*innen von der Entscheidung der Bundesregierung betroffen, die Anwerbung von Arbeitskräften zu beenden. Allerdings haben auch die italienischen Arbeitsmigrant*innen überwiegend im sog. sekundären Segment des Arbeitsmarktes gearbeitet und dabei unterprivilegierte und weniger qualifizierte Aufgaben übernommen.

Nach dem Zweiten Weltkrieg folgte ein weiteres Abkommen mit Spanien, das am 29. März 1960 unterzeichnet wurde. Im Unterschied zu Italien waren bei der Auswahl der spanischen Gastarbeiter*innen nicht nur die physischen Konditionen, sondern auch die politischen Einstellungen der Bewerber*innen von Bedeutung. Arbeitnehmer*innen, die als politisch unzuverlässig angesehen wurden, bekamen keine Genehmigung, Spanien zu verlassen. Viele taten das aber trotzdem. Es wird geschätzt, dass ungefähr bis zu 30 % aller nach Deutschland eingereisten Spanier*innen in dieser Zeit das auf eine irreguläre Art und Weise getan haben. Im Jahr 1973 wurden 286.000 spanische Staatsbürger*innen in Deutschland behördlich angemeldet. Der Wirtschaftsaufschwung Spaniens in den 1980er-Jahren führte dazu, dass viele spanische Staatsbürger*innen zurück nach Spanien migriert sind.

Dazu hat auch der EU-Beitritt des Landes im Jahr 1986 beigetragen – Spanien entwickelte sich danach als ein Einwanderungsland sowohl für Menschen aus Südamerika, die auf der Suche nach besseren Arbeits- und Lebensbedingungen nach Europa kamen, als auch für Europäer*innen, die im Rentenalter dorthin übersiedelten.

Am 30. März 1960 wurde das Anwerbeabkommen mit Griechenland unterzeichnet. Im Jahr 1973 betraf die Anzahl griechischer Staatsbürger*innen, die in Deutschland lebten, ca. 408.000. Meistens siedelten sie nach Baden-Württemberg und Nordrhein-Westfalen um. Grund für die verstärkte Arbeitsmigration griechischer Staatsbürger*innen nach Deutschland war zum einen die Arbeitslosigkeit, zum anderen die prekäre politische Lage in Griechenland. Das Land befand sich in einem Bürgerkrieg. Viele junge Männer sahen in der Arbeitsmigration die Möglichkeit, sich diesem Krieg zu entziehen. Die griechischen Gastarbeiter*innen kamen überwiegend aus dem Norden Griechenlands – dieses Gebiet war besonders stark von der wirtschaftlichen Krise betroffen.

Am 30. Oktober 1961 wurde das Anwerbeabkommen mit der Türkei unterzeichnet. Das war der vierte Anwerbevertrag zwischen der Bundesregierung und einem anderen Land zum Zweck der Arbeitskräfteanwerbung. Die Unterzeichnung des Vertrags wurde von der Türkei beantragt. Die deutsche Regierung zögerte zunächst, doch der Vertrag wurde aufgrund der Tatsache, dass die Türkei seit 1952 ein NATO-Mitglied ist, unterzeichnet. Er wurde auch als eine politische und wirtschaftliche Unterstützungsmaßnahme für das verbündete Land angesehen. Die türkeistämmigen Gastarbeiter*innen wurden vor allem in der Industrie und im Bergbau beschäftigt. Sie lebten isoliert von den Deutschen und versuchten, möglichst viel Geld zu sparen. Die meisten kamen damals aus Anatolien, das eine landwirtschaftlich geprägte Region ist. Überwiegend kamen Männer ohne Berufsausbildung, die nicht älter als 30 Jahre waren. Berechtigt zur Einreise waren auch Menschen mit Berufsausbildung, die nicht älter als 40 Jahre alt waren. In der Zeit 1961–1973 kamen ca. eine Million Migrant*innen aus der Türkei in die Bundesrepublik. Viele hatten lediglich befristete Arbeitsverträge und verließen Deutschland nach dem Ablauf der Verträge.

Am 17. März 1964 wurde ein Anwerbevertrag mit Portugal unterzeichnet. Bis zum offiziellen Anwerbestopp am 13. November 1973 waren 169.000 Portugiesen nach Deutschland gekommen. Die Ursache für die Emigration aus diesem Land war die schwierige wirtschaftliche und politische Lage in Portugal nach dem Zweiten Weltkrieg. Nach dem Beitritt Portugals zur Europäischen Gemeinschaft im Jahr 1986 kamen weitere Portugies*innen nach Deutschland, allerdings entwickelte sich der Staat in den letzten 25 Jahren, genauso wie Spanien, selbst zu einem Einwanderungsland. Dies galt vor allem für Menschen aus den ehemaligen Kolonialgebieten und für Portugies*innen in Deutschland, die nun wieder nach Portugal zurückwanderten.

Das Anwerbeabkommen mit Jugoslawien war das einzige mit einem osteuropäischen sozialistischen Land. Aufgrund des Kalten Kriegs und der politischen und wirtschaftlichen Spaltung Europas in einen Ost- und einen Westteil weigerten

Lektion 4: Arbeitsmigration

sich die restlichen osteuropäischen Staaten, Gastarbeiterverträge zu unterzeichnen. Infolge des Anwerbeabkommens zogen ca. 600.000 Jugoslaw*innen in die Bundesrepublik und bildeten somit die zweitgrößte Einwanderungsgruppe nach den türkeistämmigen Personen. Nach dem Zerfall Jugoslawiens im Jahr 1991 bekannten sich diese Migrant*innen zu den jeweiligen exjugoslawischen Teilrepubliken (jeweils zu Serbien, Kroatien, Slowenien, Nord-Mazedonien, Bosnien-Herzegowina oder Montenegro). Bis zum Beginn der weltweiten Ölkrise im Jahr 1973 brauchte Deutschland immer mehr Gastarbeiter*innen, da die Arbeitskräfte nicht ausreichten. Die Länder Osteuropas, die zum sozialistischen System gehörten, haben aus ideologischen Gründen die Unterzeichnung von Gastarbeiterverträgen nicht genehmigt. Dies motivierte die Ausweitung der Gastarbeitermigration auch auf nicht europäische Länder – wie Tunesien und Marokko.

3.1. Besonderheiten der Gastarbeitermigration

Die Gastarbeitermigration ist eine besondere Form der Arbeitsmigration. Sie kommt nicht aufgrund individueller Präferenzen der Arbeitnehmer*innen und Arbeitgeber*innen zustande, sondern wird durch zwischenstaatliche Abkommen initiiert und gesteuert. Die Arbeitsmigrant*innen werden von Vertreter*innen der Außenstellen des damaligen Arbeitsamtes vor Ort ausgewählt. Sie handelten ihre Verträge nicht selbstständig aus und konnten diese nicht individuell verlängern. Die meisten Gastarbeiter*innen waren aufgrund der Spezifik der Tätigkeiten in der Industrie und im Bergbau männlich, dennoch gab es viele Frauen, die als Gastarbeiterinnen nach Deutschland eingewandert sind, z. B. Türkinnen waren bei Siemens beschäftigt (vgl. Treibel 2011). Die Gastarbeiter*innen wurden in der Regel nicht nach Bildungsqualifikation ausgewählt – es wurden vor allem junge, gesunde und körperlich starke Menschen angeworben.

Die meisten Anwerbeverträge waren zu Beginn auf zwei Jahre befristet. Das Ziel war es, die Gastarbeiter*innen zu rotieren, sodass sie nicht längerfristig in Deutschland blieben. Da aber die Wirtschaft das Rotationsprinzip abgelehnt hat, haben die politischen Entscheidungsträger es seit Mitte der 1960er-Jahre ausgesetzt. Das führte zu einem längerfristigen Aufenthalt vieler Arbeitsmigrant*innen und zur Verfestigung ihres Aufenthaltsstatus. Die deutsche Politik ist davon ausgegangen, dass die Gastarbeiter*innen nach der Beendigung ihrer Arbeitsverträge in ihre Herkunftsländer zurückkehren würden. Dementsprechend wurden keine Integrationsprogramme und keine Sprachförderung für sie entwickelt. Die Gastarbeiter*innen nahmen selbst auch an, dass sie nur kurzfristig bleiben würden (vgl. Hunn 2005). Dementsprechend lebten sie in einfachen Unterkünften, z. B. in Baracken oder in Wohnheimen in der Nähe der jeweiligen Arbeitsstätte. Ihr Ziel war es, möglichst wenig Geld auszugeben, damit sie sich in den Herkunftsgesellschaften eine bessere Zukunft aufbauen können.

Die Politik der Gastarbeitermigration ist spezifisch für die Nachkriegszeit, beschränkt sich aber nicht nur auf Deutschland. Eine ähnliche Politik zur Gewinnung von Gastarbeiter*innen haben auch andere europäische Länder Westeuropas implementiert, unter anderem die Niederlande und Belgien. Belgien unterzeichnete solche Abkommen mit Italien, Spanien (1956), Griechenland (1957), Marokko und der Türkei (1964), Tunesien (1969) sowie Algerien und Jugoslawien (1970). Die Niederlande schlossen Verträge mit Italien (1960), Spanien (1961), Portugal (1963), der Türkei (1964), Griechenland (1967), Marokko (1969), Jugoslawien (1970) und Tunesien (1971).

Die Gastarbeitsmigration nach Deutschland war als ein politisches Steuerungsinstrumentarium eingesetzt und hatte das Ziel, die wirtschaftliche Entwicklung des Landes in der Nachkriegszeit zu fördern. Dieses Ziel wurde auch erreicht – die prosperierende Wirtschaft Deutschlands der 1960er-, 1970er- und der 1980er-Jahre wäre ohne die ausländischen Arbeitskräfte nicht möglich gewesen. Allerdings ist die politische Gestaltung der Gastarbeitsmigration von komplett falschen migrationspolitischen Prämissen ausgegangen. Es wurde angenommen, dass Deutschland kein Einwanderungsland wäre und dass die Gastarbeiter*innen nach zwei Jahren Deutschland wieder verlassen würden. Eine Niederlassung und eine Familiengründung wurden gar nicht intendiert. Dementsprechend standen Themen wie Integration oder Teilhabe der Migrant*innen an der deutschen Gesellschaft bis in die 1990er-Jahre gar nicht im Fokus von Politik und Öffentlichkeit. Dies führte dazu, dass die erste Generation von Gastarbeiter*innen bei der Einreise kaum über Deutschkenntnisse verfügte und keine Möglichkeiten hatte, diese nach der Einwanderung zu verbessern. Außerdem fehlte die Vermittlung des Wissens über Alltagsnormen – dieses wurde von der Mehrheitsgesellschaft nicht gefördert. Vielmehr hat die erste Generation der Gastarbeiter*innen gesellschaftliche Ablehnung erfahren.

1973 wurde aufgrund der Ölkrise und des darauf folgenden Verlusts von Arbeitsplätzen ein Anwerbestopp durch die Bundesregierung beschlossen. Seitdem wurden in Deutschland keine Gastarbeiter*innen mehr angeworben. Die reguläre Arbeitsmigration wurde mit dieser Entscheidung der Bundesregierung praktisch ausgesetzt. Seit dieser Zeit kamen Arbeitsmigrant*innen nur in gesonderten Ausnahmefällen nach Deutschland, dies musste von der Agentur für Arbeit (damals Arbeitsamt genannt) gesondert genehmigt werden. Zu diesem Zweck wurde die sog. Anwerbestopp-Ausnahmeverordnung verabschiedet.

Trotz des Anwerbestopps nahm die Anzahl der ausländischen Staatsbürger*innen, die sich in Deutschland aufhielten, kontinuierlich zu. Gründe dafür sind im besseren Sozialsystem Deutschlands, aber auch in den weiterhin besseren Beschäftigungsperspektiven zu sehen. Die Anzahl der ausländischen Arbeitnehmer*innen in der BRD betrug 330.000 im Jahr 1960. Sie stieg auf über 1,5 Millionen im Jahr 1969 und auf 2,6 Millionen im Jahr 1973 (Hinz-Wessels 2018).

Diese Tendenz wurde auch durch den Beschluss der Bundesregierung, die ausländischen Staatsbürger*innen zur Ausreise zu motivieren, nicht umgekehrt. 1983 wurde das „Gesetz zur befristeten Förderung der Rückkehrbereitschaft von Ausländern" verabschiedet. Ausländischen Staatsbürger*innen wurde das Angebot gemacht, Deutschland zu verlassen und dabei die eingezahlten Sozialversicherungsbeiträge ausgezahlt zu bekommen. Dieser Beschluss hat allerdings genau das Gegenteil bewirkt – eine Niederlassungswelle wurde eingeleitet. Viele Gastarbeiter*innen haben beschlossen, dauerhaft in Deutschland zu bleiben, Familien zu gründen oder sie im Zuge der Familienzusammenführung nachzuholen. Das hat zu einer kontinuierlichen Erhöhung der Anzahl der Migrant*innen geführt.

3.2. Vertragsarbeiter*innen in der DDR

Seit Beginn der 1980er-Jahre wurde sowohl in der DDR, als auch in den anderen osteuropäischen sozialistischen Staaten, eine gezielte Anwerbung von ausländischen Arbeitskräften praktiziert. Die sog. Vertragsarbeiter*innen wurden teilweise wie die westdeutschen Gastarbeiter*innen aus wirtschaftlichen Gründen herangezogen. Allerdings war das Hauptmotiv ihrer Anwerbung nicht ausschließlich wirtschaftlich, sondern außenpolitisch. Die osteuropäischen Länder strebten eine Ausdehnung ihres politischen und ideologischen Einflusses in unterschiedlichen außereuropäischen Gesellschaften an. Aus diesem Grund schlossen sie Verträge zur Anwerbung von Arbeitskräften mit den sog. sozialistischen Bruderstaaten außerhalb Europas ab und leisteten dadurch nicht nur eine wirtschaftliche Hilfe, sondern festigten ihren politischen und ideologischen Einfluss.

Die Vertragsarbeiter*innen kamen aus Ländern wie Vietnam, Kuba, Mosambik, Angola und Algerien in die DDR. Sie erhielten den gleichen Lohn wie die DDR-Arbeiternehmer*innen, allerdings wurde bei ihnen seitens ihres Herkunftslandes ein Abschlag einbehalten (vgl. Bade 1994; Knorz 2016). Sie wurden in Wohnheimen untergebracht und hatten kaum Kontakt zu den Deutschen. Im Falle einer Schwangerschaft hatten die Frauen die Wahl zwischen einer Abtreibung und einer Rückführung in ihr Herkunftsland. Die Arbeitsverträge unterlagen, genauso wie die Gastarbeiterverträge in der BRD, keiner individuellen Verhandlung, sondern wurden zwischen den staatlichen Institutionen ausgehandelt. Dadurch hatten die individuellen Besonderheiten oder Präferenzen der Arbeitnehmer*innen keine Bedeutung – die Vertragsarbeiter*innen wurden wie eine Gesamtgruppe behandelt.

Nach der Wende wurden diese Arbeitsverträge nicht verlängert. Anfang der 1990er-Jahre mussten die Vertragsarbeiter*innen die DDR und die anderen osteuropäischen Staaten in der Regel verlassen (vgl. Zwengel 2017; Zwengel 2011).

4. Arbeitsmigration in der Europäischen Wirtschaftsgemeinschaft (EWG)

Durch die Gründung der Europäischen Gemeinschaft für Kohle und Stahl (EGKS) im Jahr 1952 zwischen Belgien, der Bundesrepublik Deutschland, Frankreich, Italien, Luxemburg und den Niederlanden nahm die Freizügigkeit von Arbeitskräften innerhalb dieser Ländergemeinschaft zu. Sie weitete sich durch die Gründung der Europäischen Wirtschaftsgemeinschaft (EWG) im Jahr 1957 aus. Die gegenseitige Abschaffung der Visapflicht wirkte sich sowohl auf den Tourismus als auch auf die binneneuropäische Arbeitsmigration fördernd aus. Belgien, die Niederlande und Luxemburg bildeten 1960 eine Passunion. Mit der Zeit ratifizierten immer mehr Länder diese Verträge. Seit 1968 brauchten Arbeitsmigrant*innen innerhalb der Gemeinschaft keine nationale Arbeitserlaubnis mehr vorzulegen (vgl. Oltmer 2021). Durch diese Regelungen wurde die binneneuropäische Mobilität gefördert. Die Annahme war, dass Staaten, die einen ähnlichen wirtschaftlichen Standard haben, auf die Grenzkontrollen verzichten können und den Zugang zu den Arbeitsmärkten erleichtern sollen. Dadurch sollten konjunkturelle Schwankungen am Arbeitsmarkt ausgeglichen werden. Diese Öffnung verlief aber parallel zu einer Schließung der Zugänge zu den Arbeitsmärkten für Staatsbürger*innen aus Ländern, die nicht zur EWG gehörten.

In der Zeit 1973–2000 gab es in Europa keine aktive Politik zur Anwerbung von Fachkräften aus Ländern, die außerhalb der EWG lagen. Deutschland war in dieser Hinsicht keine Ausnahme. Vielmehr wurde das Ziel verfolgt, die Arbeitsaufnahme ausländischer Staatsbürger*innen, die über kein festes Aufenthaltsrecht und keine Arbeitsgenehmigung verfügten, einzuschränken und nur in gesonderten Ausnahmefällen zu erlauben. Zudem herrschte zu Beginn der 1990er-Jahre in Deutschland die Annahme, dass die Binnenmigration aus Ostdeutschland den deutschen Arbeitsmarkt sättigen würde.

Mitte der 1990er-Jahre hat sich allerdings herausgestellt, dass insbesondere in bestimmten Wirtschaftsbereichen, wie z. B. im IT-Sektor, Mangel an qualifizierten Fachkräften herrscht. Um diesen neu entstandenen Bedarf zu decken, hat die sozialdemokratisch geführte Regierung unter Gerhard Schröder die sog. Greencard eingeführt. Diese Karte gestattete qualifizierten Arbeitskräften aus dem Bereich IT, in Deutschland einen Arbeitsplatz zu suchen und sich im Falle eines konkreten Arbeitsplatzangebots für die Dauer der Beschäftigung in Deutschland niederzulassen. Diese Regelung war de facto der Beginn eines neuen Programms zur Förderung der Arbeitsmigration. IT-Spezialisten, überwiegend aus Indien, aber auch aus den osteuropäischen Staaten, sind aufgrund dieser Regelung nach Deutschland gekommen, um ihrem Beruf nachgehen zu können. Gerade für Migrant*innen aus Osteuropa war das Angebot wichtig, denn die osteuropäischen Länder gehörten damals noch nicht zur EU und ihre Staatsbürger*innen durften nicht ohne Einschränkungen Arbeit in Deutschland aufnehmen. Diese proaktive Politik in Bezug auf die Arbeitsmigration wurde auch im deutschen Zuwanderungsgesetz, das im Jahr 2005 verabschiedet wurde, verankert. Die Motivation vieler Arbeitgeber*innen, sich aktiv um die Anwerbung von Arbeitskräften im Ausland zu bemühen, wurde durch dieses Gesetz politisch auch außerhalb des IT-Sektors gefördert.

5. Arbeitsmigration im 21. Jahrhundert

In der Zeit nach 2005 bekam die Anwerbung internationaler Fachkräfte eine wichtige Bedeutung. Sie wurde sowohl von privater als auch von staatlicher Seite vorangetrieben. Grund dafür ist, dass sich Deutschland demografisch zunehmend zu einer überalternden Gesellschaft entwickelt und in der Zukunft in den meisten Branchen mit Fachkräftemangel zu rechnen ist. Diese Tendenz verstärkt die Notwendigkeit eines Zuzugs junger ausländischer Fachkräfte. Durch eine gezielte Förderung der Arbeitsmigration kann das ökonomische Wachstum gewährleistet werden (vgl. Han 2016; Bade 2018).

Um die Anwerbung von Fachkräften aus dem Ausland politisch zu gestalten, hat die Bundesregierung eine Strategie zur gezielten Gewinnung von Fachkräften aus Drittstaaten (kurz: Fachkräftegewinnungsstrategie) entwickelt. Zielgruppen sind ausgebildete Fachkräfte, die bereits über einen Berufsausbildungs- oder

Hochschulabschluss verfügen. Außerdem sollen internationale Studierende und Studieninteressierte ebenfalls angesprochen werden (vgl. Bundesministerium für Wirtschaft und Energie 2019). Das Konzept beruht auf der Annahme, dass die Gewinnung internationaler Arbeitskräfte an Maßnahmen zur Bindung und Integration gekoppelt sein soll. Spezielles Handlungsfeld in der Strategie ist die Unterstützung bei Qualifizierungsmaßnahmen zur Anerkennung von im Ausland erworbenen Zeugnissen. Wichtige Bedeutung hat das Erlernen der deutschen Sprache. Diese Maßnahmen sollen parallel verlaufen und die Bindung internationaler Arbeitskräfte stärken. Studierende, die einen Hochschulabschluss in Deutschland erworben haben, werden nicht verpflichtet, nach dem Ende des Studiums das Land zu verlassen, wie es vor 2005 gesetzlich vorgeschrieben war, sondern haben keine bürokratischen Hürden zu überwinden, um einen Arbeitsplatz vor Ort zu suchen. Auch Auszubildende, die in Deutschland ihre Lehre abgeschlossen haben, erhalten einen leichteren Zugang zum deutschen Arbeitsmarkt. Zum 1. März 2020 trat das Fachkräfteeinwanderungsgesetz in Kraft, welches den Rahmen für die Migration von qualifizierten Fachkräften aus Drittstaaten regelt und wodurch deren Migration erleichtert werden soll. Dabei ist eine „qualifizierte Fachkraft" nicht unbedingt eine „hochqualifizierte Person", die einen Hochschulabschluss vorweisen kann. Vielmehr öffnet das neue Gesetz die Möglichkeit, Fachkräfte in nicht-akademischen Berufen aus dem Ausland anzuwerben. Insbesondere für Arbeitsbereiche wie Kranken- und Altenpflege soll das Gesetz neue Perspektiven zur Gewinnung und Bindung internationaler Fachkräfte eröffnen.

Zu Beginn des 21. Jahrhunderts erfolgte ein Paradigmenwechsel in der deutschen Migrationspolitik. Die de facto ablehnende Haltung zur Einwanderung, die die Migrationspolitik seit 1973 markierte, macht einer neuen Sichtweise Platz: Deutschland bemüht sich proaktiv um die Gewinnung und Bindung von Arbeitskräften aus dem Ausland. Diese neue Sichtweise bezieht sich allerdings auf die gezielte Migration von Menschen im erwerbsfähigen Alter, die als „nützlich" definiert werden. Weiterhin bestehen allerdings Hürden für die Zugewanderten. Diese beziehen sich auf die Anerkennung von Abschlüssen, welche im Ausland erworben wurden, sowie auf den Erwerb der deutschen Sprache (vgl. Schulz 2021).

Diese Veränderung in der Migrationspolitik vollzieht sich keineswegs nur in Deutschland. Aufgrund der demografischen Entwicklung der europäischen Gesellschaften ist die gezielte Förderung von Arbeitsmigration nach Europa und insbesondere in die EU notwendig. Durch diese Migration kann der bis zum Jahr 2060 erwartete Rückgang von erwerbsfähigen Personen teilweise abgemildert werden. Dabei wird derzeitigen Schätzungen zufolge eine jährliche Fachkräfteeinwanderung nur nach Deutschland von 400.000 Personen benötigt, damit der Bedarf der Wirtschaft abgedeckt wird (vgl. IAB 2021). Die Schwierigkeiten, Stellen zu besetzen, liegen allerdings nicht nur an fehlenden Bewerber*innen, sondern auch an fehlenden Qualifikationen, die für die ausgeschriebenen Tätigkeiten notwendig wären. Deswegen ist nicht nur eine gezielte Anwerbung von internationalen Fachkräften, sondern auch eine passgenaue Ausbildung, Weiterbildung und (Nach-)Qualifizierung von Einheimischen und Zugewanderten notwendig (ebenda).

6. Weitere Besonderheiten der Arbeitsmigration

Seit ihrer Gründung tendieren die Nationalstaaten dazu, die Wanderungsbewegungen zu steuern und die Arbeitsmigration einzuschränken. Diese wird nach dem konkreten Bedarf der nationalen Wirtschaft gestaltet. Je umfangreicher die Sozialpolitik eines Nationalstaates ist, desto restriktiver fällt die Gestaltung der Arbeitsmigration aus. In außereuropäischen Kontexten und in Staaten, in denen die Arbeit kaum behördlich reguliert wird, sind weniger Einschränkungen der Arbeitsmigration festzustellen.

Tendenziell werden im kapitalistischen System Berufe und Tätigkeiten unterschiedlich gewertet. Bestimmte Qualifikationen werden gesucht, und ihre Träger*innen werden auf dem Arbeitsmarkt bessergestellt. Die Erfahrungen von weniger gut qualifizierten Arbeitsmigrant*innen bestätigen die weitere Gültigkeit der Theorie der segmentierten Arbeitsmärkte. Nach dieser Theorie besteht der Arbeitsmarkt aus verschiedenen Segmenten. Das *primäre Segment* zeichnet sich durch höhere Löhne, einen gesicherten Erwerbsstatus und gute Arbeitsbedingungen aus. Im *sekundären Segment* hingegen werden niedrige Löhne, geringere Arbeitsplatzsicherheit und keine Aufstiegsmöglichkeiten angeboten. Die einheimischen Arbeitskräfte finden einen leichteren Zugang zum primären Segment, da ihre Zeugnisse anerkannt werden, ihre Bildung dem lokalen Bedarf besser entspricht, sie verfügen über Sprachkenntnisse und unterliegen keinen Restriktionen bezogen auf den Umfang und die Art der Beschäftigung. Wenn Einheimische vom sekundären in das primäre Segment des Arbeitsmarktes wechseln, wächst die Nachfrage im sekundären Segment. Diese soll durch gezielte Anwerbung von Arbeitsmigrant*innen oder durch Lockerung der Restriktionen gestillt werden. Ein Aufstieg in das primäre Segment erweist sich allerdings für sie als eine Ausnahme.

Historisch gesehen haben Migrant*innen häufiger Stellen im sog. sekundären Segment des Arbeitsmarktes übernommen – Stellen, die von den Einheimischen weniger begehrt waren. Grund dafür ist auch, dass Migrant*innen über wenige Netzwerke im Einwanderungsland verfügen, die sie bei der Arbeitssuche unterstützen können. Oft sind diese Netzwerke nicht weitreichend genug und haben ihre Wirkung im eigenen Milieu und in der sog. ethnischen Wirtschaft. Ausländische Staatsbürger*innen und Menschen mit Migrationserfahrung werden häufiger arbeitslos und arbeiten in prekären Arbeitsverhältnissen. Dies liegt zum einen an den mangelnden Qualifikationen, die sie mitbringen, zum anderen hat das mit den diskriminierenden Strukturen der modernen Gesellschaften zu tun.

In der Zeit der Globalisierung hat sich aber diese Entwicklung geändert. Seit den 1990er-Jahren migrieren zunehmend Personen mit hoher Qualifikation. Ihre Anwerbung ist zu einem wichtigen Ziel der modernen Migrationspolitik geworden. Migrant*innen, die eine höhere und aus der Perspektive des Arbeitsmarktes begehrte Qualifikation mitbringen, haben bessere Chancen auf eine längerfristige und sichere Niederlassung. Allerdings sind sie am wenigsten bereit, sich längerfristig an einen Ort zu binden. Vielmehr loten sie unterschiedliche Möglichkeiten aus und agieren in einer globalisierten Welt als mobile Expert*innen oder als transnationale Migrant*innen. Weniger gut qualifizierte Arbeitsmigrant*innen sind lokal an ihre Arbeit gebunden; bei den höher qualifizierten Migrant*innen ist die Tendenz der Transnationalisierung der Arbeitstätigkeit gegeben. Nicht die Person migriert, sondern die Arbeit (etwa IT-Spezialisten, die aus einem anderen Land virtuell die Arbeit erledigen).

Bei der Durchführung einer restriktiven Einwanderungspolitik hört die Arbeitsmigration nicht auf, sondern wird in Bereiche verlagert, die den Regulationen entkommen, z. B. in der häuslichen Sorgearbeit. Sie umfasst die Erwerbsarbeit von Reinigungshilfen, Pflegekräften, Au-Pair- oder Dienstmädchen. Sie wird zu einer irregulären oder verdeckten Arbeitsmigration. Durch die Nichtanmeldung von Arbeitskräften werden Kosten wie Sozialabgaben und Lohnkosten gespart – die irreguläre Beschäftigung unterliegt keinen Tarifverträgen und Einschränkungen der Wochenarbeitszeit. Die sog. irreguläre Beschäftigung bezieht sich nicht lediglich auf die Arbeitsmigrant*innen; irregulär erwerbstätig können auch Menschen unabhängig von der eigenen Migrationserfahrung sein. Allerdings sind viele Migrant*innen, insbesondere wenn ihr Aufenthaltsstatus nicht gesichert oder irregulär ist, bereit, schlechtere Arbeitsbedingungen und einen geringeren Lohn zu akzeptieren. Die Umstände zwingen sie, länger und härter als die regulär Beschäftigten zu arbeiten. Zu den typischen Branchen für irreguläre Arbeit gehören der Bau und das Gastgewerbe. Die irreguläre Migration begünstigt auch extreme Formen der Ausbeutung – auf einigen Millionen wird die Anzahl der auf der Welt beschäftigten modernen Sklaven geschätzt. Der Begriff, der in der Fachliteratur verwendet wird, ist „forced labour" – das ist Arbeit, die unter Androhung von Gewalt verrichtet wird und unfreiwillig erfolgt. Dabei wird die Bewegungsfreiheit von Menschen, z. B. durch die Wegnahme von Pässen, eingeschränkt (vgl. ILO o. J.). Nach Uwe Hunger soll auch die ökonomische Ausbeutung durch Unterbezahlung als Merkmal der Zwangsarbeit berücksichtigt werden (vgl. Hunger 2021, S. 97). Die Sklaverei ist zwar weltweit verboten, allerdings existiert sie in der Praxis (vgl. Hunger 2021, S. 94 ff.).

Eine andere Form der Beschäftigung, die zwar regulär ist, aber die Sicherheit und den Wohlstand der Arbeitnehmer*innen nicht komplett gewährleistet, ist die Arbeit von entsandten Arbeitnehmer*innen innerhalb der EU. Grundsätzlich erlaubt das EU-Recht Firmen, die in einem EU-Land tätig sind, ihre Dienstleistungen in einem anderen EU-Land anzubieten. Dementsprechend können sie ihr Personal in ein anderes EU-Land, in welchem der Auftrag ausgeübt wird, entsenden. Im Allgemeinen werden die entsandten Arbeitnehmer*innen nach dem nationalen Recht des Landes, in dem sie regulär arbeiten, vergütet und sozialversichert. Diese Regelung, die als Förderung der binneneuropäischen Mobilität eingeführt wurde, hat eine unterschiedliche Wirkung, je nachdem in welchem Segment des Arbeitsmarktes man beschäftigt ist. Positiv wirkt sie bei der Beschäftigung in der IT-Branche und bei dem innereuropäischen Austausch von hochqualifizierten Arbeitnehmer*innen. In der Praxis, insbesondere in der Baubranche oder in der Fleischindustrie, kommt es gelegentlich vor, dass Arbeitnehmer*innen keine Sozialversicherungsbeiträge entrichten, ihre Gehälter mit Verspätung bekommen, zwölf Stunden am Tag arbeiten und monatelang in Wohncontainern wohnen. Oft greifen die inländischen Präventionsmaßnahmen nicht. Bei einer Klage erfolgt die

Kündigung. Ähnliche Verwerfungen sind im Kontext der temporären saisonalen Beschäftigungen, z. B. bei den in der Landwirtschaft beschäftigten Erntehelfer*innen, festzustellen.

Diese Formen der Transnationalisierung der Erwerbstätigkeit verdeutlichen den Bedarf einer Transnationalisierung der Kontrollmechanismen – der Institutionen, aber auch der Gewerkschaften. Ein Schritt in diese Richtung leistet das Programm „Faire Mobilität", das vom Bundesministerium für Arbeit und Soziales und dem Deutschen Gewerkschaftsbund finanziert wird (vgl. DGB o. J.). Das Gelingen der Arbeitsmigration, d. h. vor allem die dauerhafte Bindung internationaler Fachkräfte, liegt nicht nur an den politischen Rahmenbedingungen, sondern auch an der gesamten Aufnahmegesellschaft, die sich mit Ausgrenzungspraktiken und Diskriminierungsstrukturen auseinandersetzen soll.

7. Arbeitsmigration hochqualifizierter Personen

Das Thema der Arbeitsmigration umfasst auch die Wanderungsbewegungen von Menschen, die in ihren Herkunftsgesellschaften eine hohe Qualifikation erworben haben und aufgrund der besseren Lebensqualität Arbeitsplätze im Ausland suchen und finden. Die Regulierungen dieser Migrationsbewegungen kennzeichnen sich durch einige Besonderheiten, die an dieser Stelle thematisiert werden. Zu Beginn ist zu vermerken, dass die modernen Dienstleistungs- und Technologiegesellschaften einen Wettbewerb um die Anwerbung internationaler Fachkräfte führen. Besonders hervorzuheben ist in diesem Kontext die Problematik von Brain Drain, Brain Gain, Brain Waste und Brain Circulation.

7.1. Der Begriff „hochqualifizierte Migrant*innen"

Es sind zahlreiche Definitionen des Begriffs „hochqualifiziert" in der Fachliteratur und in verschiedenen nationalstaatlichen Kontexten zu finden, d. h., es gibt keine einheitliche, globale Nutzung des Terminus. Diese Unterschiede machen es kompliziert, eine übereinstimmende Datenlage zur Thematik zu erzielen und die Migrationsbewegungen hochqualifizierter Personen quantitativ zu untersuchen (vgl. Heß 2009).

Im internationalen Kontext wird der Begriff von der Organisation für wirtschaftliche Zusammenarbeit und Entwicklung (OECD) definiert. Die OECD hat im Jahr 1995 eine Definition des Begriffs „hochqualifiziert" eingeführt. Diese sollte zur Messung der Humanressourcen in den Naturwissenschaften und im Bereich der Technologie dienen. An dieser Definition sollen sich die OECD-Länder bei der statistischen Erfassung der Hochqualifizierten orientieren. Sie misst allerdings die hohe Qualifikation nur im Bereich der Naturwissenschaften und der Technologie. Nach dieser Definition sind die Hochqualifizierten „people *who fulfill one or other of the following condition: a) successfully completes education at the third level in a S&T field of study, b) not formally qualified as above, but employed in a S&T occupation where the above qualifications are normally required*" (OECD/Eurostat 1995, S. 16).

Die Kritik an dieser Definition ist der zu enge Fokus auf Personen, die im Bereich der Naturwissenschaft und der Technologie arbeiten (vgl. Heß 2009). Ihre Verwendung könnte zu einer Überpräsentation der IT-Hochqualifizierten in der statistischen Erfassung führen, denn in diesem Bereich ist es verbreitet, dass die Kenntnisse und Fähigkeiten nicht durch Zeugnisse, sondern durch die praktische Ausführung der Aufgaben nachgewiesen werden. Hingegen können Ärzt*innen oder Bauingenieur*innen ohne entsprechende Ausbildung und Zeugnisse den jeweiligen Beruf nicht ausüben. Personen, die ein Studium in den Human- oder Sozialwissenschaften abgeschlossen haben, können nach dieser Definition nicht als hochqualifiziert eingestuft werden.

Nach der International Standard Classification of Education (ISED) werden sieben Kategorien der Bildung genannt. Die Hochqualifizierten werden in die Kategorien fünf bis sieben eingeteilt (OECD/Eurostat 1995, S. 20):

- ISCED category 5: „education at the third level, first stage, of the type that leads to an award not equivalent to a first university degree";
- ISCED category 6: „education at the third level, first stage, of the type that leads to a first university degree or equivalent";
- ISCED category 7: „education at the third level, second stage, of the type that leads to a postgraduate university degree or equivalent".

Nach einem zweiten Klassifikationssystem, nämlich nach der International Standard Classification of Occupation (ISCO-88), werden die Berufe in verschiedene Hauptgruppen unterteilt. Führend für die Zugehörigkeit zu den „Hochqualifizierten" sind die berufliche Stellung einer Person und die Verfügung über Macht. Zu den Hochqualifizierten gehören Personen, die in leitender Funktion sind, z. B. Direktor*innen, Abteilungsleiter*innen, aber auch Fachleute aus dem MINT-Bereich, Lehrkräfte und Beschäftigte bei der Armee (ebenda, S. 47).

In der Definition der Internationalen Organisation für Migration (IOM) werden diejenigen Personen als „hochqualifiziert" bezeichnet, die den folgenden Kriterien entsprechen: „with tertiary education, typically adults, who have completed a formal two years college education or more" (International Organization for Migration 2008, S. 52). Entscheidend für die Zugehörigkeit zur Gruppe der Hochqualifizierten wäre demnach der Abschluss einer tertiären Ausbildung, d. h., maßgebend für die Zugehörigkeit zu dieser Gruppe ist die abgeschlossene Lehre. An dieser Definition wird kritisiert, dass sie auf die Bildung und nicht auf die tatsächliche Beschäftigung der Person fokussiert. Die abgeschlossene Bildung gibt wenig Auskunft über den aktuell ausgeübten Beruf eines Individuums (vgl. Heß 2009).

Im deutschen Ausländerrecht werden im Allgemeinen Personen als „hochqualifiziert" definiert, die als „Wissenschaftler mit besonderen fachlichen Kenntnissen" tätig sind oder „Lehrpersonen in herausgehobener Funktion oder wissenschaftliche Mitarbeiter in herausgehobener Funktion" sind (AufG § 18 c).

Die erste Öffnung des deutschen Arbeitsmarktes für Fachkräfte nach dem Anwerbestopp im Jahr 1973 fand im Zeitraum 2000–2004 statt. In dieser Periode bestand die Möglichkeit, dass die Arbeitgeber*innen für die Beschäftigung ausländischer Fachkräfte eine Greencard beantragen konnten. Allerdings bezog sich diese Möglichkeit ausschließlich auf den IT-Sektor. Die Aufenthaltsgenehmigung der Fachkraft wurde auf fünf Jahre befristet und beinhaltete eine Arbeitserlaubnis (vgl. Kolb 2003). In der Zeit von 2000 bis 2004 wurden insgesamt circa 18.000 IT-Experten ins Land geholt und beschäftigt. Nach 2004 wurde die Greencard-Regelung durch die Bestimmungen des Zuwanderungsgesetzes (2005) ersetzt. Aktuell können die ausländischen Fachkräfte eine Blaue Karte (Blue Card) der EU bekommen, wenn sie ein bestimmtes Einkommen nachweisen können, aktuell zwei Drittel der jährlichen Bemessungsgrenze der Rentenversicherung.

Wie viele hochqualifizierte Personen wandern weltweit? Die Anzahl ist sehr schwierig zu bestimmen, da die Definitionen des Begriffs „hochqualifiziert" in den einzelnen Ländern stark voneinander abweichen. Im mitteleuropäischen Raum wird die hohe Qualifikation anhand von Zeugnissen und Diplomen gemessen, in den USA sind die „Skills" – die Fähigkeiten, eine Aufgabe zu lösen – von entscheidender Bedeutung. Außerdem ist in den außereuropäischen Ländern die Datenlage kompliziert – die Anzahl Hochqualifizierter ist aufgrund fehlender Daten schwer einzuschätzen.

7.2. Ursachen der Arbeitsmigration von Hochqualifizierten

Weshalb entscheiden sich Hochqualifizierte für eine Migration? Aus einer *makroökonomischen und -soziologischen* Perspektive kann an erster Stelle das Ungleichgewicht im Einkommen zwischen zwei Ländern genannt werden. Staaten, die bessere Verdienstmöglichkeiten anbieten und geringere Steuer erheben, gelten als besonders attraktive Einwanderungsziele aus der Perspektive der hochqualifizierten Migrant*innen. Eine besondere Bedeutung haben auch die politischen Umstände: Eine schwierige politische Situation wirkt sich hinderlich auf die Investitionen und Innovationen und dementsprechend auf die Betätigung einer Fachkraft aus. Hingegen spielen der Grad der Offenheit einer Gesellschaft, die internationale Verflechtung und insbesondere die Möglichkeiten des Ideenaustauschs eine sehr wichtige Rolle für das Heranziehen internationaler Fachkräfte.

Die Wanderung von Hochqualifizierten wird auch durch die zunehmende internationale wirtschaftliche Verflechtung intensiviert: Wenn Firmen global expandieren, dann brauchen sie Fachkräfte, die den lokalen Markt besser kennen. Eine weitere Tendenz, die seit den 1980er-Jahren deutlich zu erkennen ist, ist die abnehmende staatliche Regulierung von Wanderungsbewegungen hochqualifizierter Personen. Der Prozess der globalen Liberalisierung der Märkte und der Deregulierung der Zugangsoptionen beschleunigt sich seit Anfang der 1990er-Jahre. Eine positive Wirkung auf die Wanderung hochqualifizierter Personen haben weltweit agierende Personalberatungsagenturen, die im Zuge der Globalisierung aktiv wurden.

Wichtig sind auch die Ursachen im Mikrobereich: Faktoren wie die individuelle Beurteilung der vorhandenen Arbeits- und Lebensbedingungen, die Einschätzung der Karrieremöglichkeiten und Aufstiegsoptionen sowie die individuellen Lebensumstände der Hochqualifizierten spielen eine wichtige Rolle für ihre Wanderung und für die Bereitschaft, ihr Herkunftsland zu verlassen.

Diese Faktorengruppen haben einen Einfluss auf die Migrationsbewegung nicht nur von Hochqualifizierten. Auch weniger qualifizierte Personen berücksichtigen diese Faktoren bei der Entscheidung zu migrieren. Aufgrund der spezifischen Qualifikation können die Hochqualifizierten die Bedingungen der Migration freier wählen und auf individuelle Präferenzen achten.

7.3. Bewertung der Migration Hochqualifizierter

Die Migration von Hochqualifizierten wird in der medialen Öffentlichkeit häufig als „Brain Drain" bezeichnet. Doch was ist Brain Drain? Brain Drain ist ein Begriff, mit dem das Abfließen und der Verlust hochqualifizierter Arbeitskräfte bezeichnet wird. Die Herkunftsländer verlieren durch die Abwanderung der Fachkräfte wertvolles Humankapital. Besonders betroffen sind dabei die sog. Entwicklungs- und Schwellenländer. Hunger und Rother betonen, dass rund 90 % der Hochschulabsolvent*innen in Barbados, Haiti, Trinidad und Tobago im Ausland beschäftigt werden (vgl. Hunger/Rother 2021, S. 119 f.).

Es handelt sich um einen Begriff, der nach dem Zweiten Weltkrieg in Großbritannien entstanden ist. Mit diesem bezeichnete man die zahlreichen Auswanderungen von hochqualifizierten Fachkräften aus Großbritannien in die USA. In der Nachkriegszeit motivierten die wirtschaftlichen Schwierigkeiten in Europa viele besser qualifizierte Personen, in die wirtschaftlich stärkeren USA zu migrieren. In den 1950er- und 1960er-Jahren waren Indien und die asiatischen Staaten die Hauptabgabeländer von besser qualifizierten Personen. Ihre Einwanderungsziele waren damals die USA, Kanada und Australien, die auch heutzutage zu den Hauptdestinationen von hochqualifizierten Migrant*innen zählen. Zu den Abgabeländern gehören heutzutage weiterhin Indien, die asiatischen Staaten, aber auch die osteuropäischen Länder.

In der Zeit, in der dieser Begriff entstanden ist, war die Entscheidung zu migrieren eine lebensbestimmende und höchstwahrscheinlich einmalige Entscheidung. Einen Weg zurück gab es in den meisten Fällen nicht. Die Migrant*innen entschieden sich zwischen dem Einwanderungsland oder dem Herkunftsland.

Aus ähnlichen Prämissen erfolgt die Verwendung des Begriffs „Brain Waste". Dieser bedeutet übersetzt „Nichtnutzung von Humankapital". Der Begriff beschreibt analytisch die Verschwendung von Ressourcen, die auf Qualifikationen beruhen. Brain Waste hat zwei Dimensionen – bei der ersten geht es um die Nichtanerkennung von Bildungszeugnissen und Qualifikationen im Einwanderungsland, die in der Herkunftsgesellschaft der zugewanderten Personen erworben wurden. Dadurch müssten hochqualifizierte Personen, z. B. ein Arzt/eine Ärztin, ein/e Krankenpfleger*in, ein/e Lehrer*in oder ein/e Ingenieur*in, in Berufen arbeiten, die nicht ihren Kenntnissen entsprechen, die sie im Herkunftsland erworben haben. Eine Möglichkeit, diese Form von Brain Waste zu vermeiden, wären die weniger bürokratische Anerkennung von ausländischen Diplomen oder die Möglichkeiten der schnelleren und kostengünstigeren Anpassungsqualifizierung voranzutreiben.

Ein weiterer Grund für Brain Waste sind die mangelnden Kenntnisse der offiziellen Sprachen der Einwanderungsländer. Vorbereitungskurse vor der Migration würden in diesem Fall dazu beitragen, Brain Waste zu vermeiden.

Der Begriff Brain Waste hat auch eine zweite Bedeutung, die sich auf die hochqualifizierten Rückwanderer*innen bezieht. Die Zeugnisse, die sie im Ausland erworben haben, werden zwar in ihrem Herkunftsland anerkannt, allerdings sind dort vor Ort oft keine Technologien und Ausrüstungen vorhanden, mit denen sie nach den neu erworbenen Kenntnissen arbeiten könnten. Die Nichtnutzung des neuen Wissens führt ebenso zu Brain Waste.

Hingegen beschreibt der Begriff „Brain Gain" den Gewinn eines Landes, das es schafft, hochqualifizierte Migrant*innen anzuwerben und von dieser Anwerbestrategie wirtschaftlich und gesellschaftlich zu profitieren. Vor allem Führungskräfte aus den Bereichen Technologieforschung, Wirtschaft und IT sind auf dem internationalen Arbeitsmarkt sehr gefragt. Diese heranzuziehen und ihnen gute Arbeits- und Lebensbedingungen anzubieten, wirkt sich positiv auf die Einwanderungsgesellschaften aus. Denn solche Spitzenkräfte schaffen neue Arbeitsplätze, entwickeln neue Technologien und treiben die wirtschaftliche Entwicklung voran. In den 1990er-Jahren wurde dieser Begriff als Gegenpol zu Brain Waste verwendet. Nach der Etablierung der Transnationalisierungsforschung wird dieser Begriff neu interpretiert, indem man den Gewinn einer Migrationsbewegung sowohl für das Einwanderungsland als auch für das Herkunftsland verdeutlicht.

Die Begriffe Brain Drain, Brain Waste und Brain Gain implizieren eine Eindimensionalität der Migrationsbewegung – eine einmalige Wanderung in Richtung Zielland, die für immer beschlossen wird. Aus dieser Tatsache resultieren Gewinn und Verlust jeweils für das Einwanderungs- bzw. für das Herkunftsland. In diesem Kontext ist die aktuelle Verwendung dieser Begriffe mit Einschränkungen verbunden: Heutzutage ist die Migration in den meisten Fällen keine einmalige Lebensentscheidung der migrierenden Personen. Der Kontakt zur Herkunftsgesellschaft wird üblicherweise gepflegt, eine Rückkehr oder ein Austausch von Wissen, von Ideen oder sogar die Betätigung von Investitionen ist keine Seltenheit. Das stellt die Bewertung der Wanderung von Hochqualifizierten in ein anderes Licht. Zwei neuere Begriffe gewinnen an Bedeutung.

Im Zuge der Etablierung der transnationalen Migrationsforschung werden die Begriffe „Brain Exchange" und „Brain Circulation" verstärkt verwendet. Die Migration wird im Paradigma der Transnationalität eben nicht als eine einmalige Entscheidung und Bewegung vom Herkunftsland in das Einwanderungsland definiert, sondern als eine zirkuläre Wanderung und Verbreitung von Ideen zwischen der Herkunfts- und der Aufnahmegesellschaft. Die Begriffe Brain Exchange und Brain Circulation befassen sich mit den zirkulären Wanderungen und ihren Folgen für die Wissensverbreitung. Sie thematisieren die Wissenszirkulation, die als Ergebnis der mehrfachen Wanderungen hochqualifizierter Personen erfolgt. Die transnationalen Migrant*innen unterstützen den wirtschaftlichen und wissenschaftlichen Austausch zwischen den verschiedenen Ländern. Ihr Wissen bleibt nicht in den nationalstaatlichen Grenzen der Aufnahmegesellschaft. Unternehmen agieren transnational – sowohl im Herkunfts- als auch im Zielland der Migrant*innen. Eine hochqualifizierte Person kann gleichzeitig in mehreren Gesellschaften wirtschaftlich, politisch, sozial oder kulturell aktiv sein. Sie kann unter Umständen Arbeitsplätze in ihrem Heimatland schaffen. Ihr Wissen und ihre Kenntnisse gehen aus der Perspektive der Herkunftsgesellschaft nicht verloren; idealerweise profitieren von ihr sowohl die Zielgesellschaft als auch die Herkunftsgesellschaft. Wenn es den Herkunftsländern gelingt, die Hochqualifizierten dazu zu motivieren, Verbindungen zur Herkunftsgesellschaft aufrechtzuerhalten, können sie zumindest indirekt von dieser Wanderung profitieren. Durch die Verbundenheit zur Herkunftsgesellschaft kann zumindest ein Teil des im Ausland erwirtschafteten Kapitals und erworbenen Wissens wieder zurück in die Herkunftsländer fließen, wo sie zu der wirtschaftlichen und kulturellen Prosperität vor Ort beitragen könnten (vgl. Han 2016, S. 36).

Ein gutes Beispiel für den Aufbau einer dauerhaften Kooperation mit den Diasporas ist Indien. Dort wurde im Jahr 2004 das Ministry of Overseas Indian Affairs gegründet. Das ist ein Ministerium, das speziell dafür eingerichtet wurde, die Verbindungen ausgewanderter Inder*innen zu ihrem Heimatland aufrechtzuerhalten. So werden ausgewanderten Fachkräften Vergünstigungen in Form von visafreien Ein- und Ausreisen, Steuererleichterungen, Eigentumserwerb oder für deren Kinder eine Teilnahme an Stipendienprogrammen angeboten (vgl. Hunger/Rother 2021, S. 216 f.).

Außerdem unterstützen die im Ausland beschäftigten Fachkräfte ihre Verwandten und Familien, die weiterhin in der Heimat leben. Dieser Beistand erfolgt am häufigsten durch die sog. „financial remittances" („finanzielle Überweisungen"), aber auch durch die sog. „social remittances" („soziale Überweisungen"). Im Unterschied zu den finanziellen Überweisungen handelt es sich bei den sozialen Überweisungen nicht um finanzielle Hilfen, sondern um die Verbreitung von Innovationsideen, kulturellen und politischen Aktivitäten, die durch die Migrationserfahrung geprägt werden (vgl. Hunger/Rother 2021, S. 212 f.).

Durch die Überweisung von finanziellen Mitteln können sich die Familien vor Ort eine bessere Bildung, Ernährung und Gesundheitsversorgung leisten. Durch die finanzielle Unterstützung können sie ggf. kleinere Familienunternehmen gründen. Dies fördert die wirtschaftliche Entwicklung des Herkunftslandes (vgl. Gkolfinopoulos 2022).

Die Wanderung von hochqualifizierten Migrant*innen hat auch andere positive Effekte – sie trägt dazu bei, die Arbeitslosigkeit im Herkunftsland zu verringern. Zum anderen gibt sie den Hochqualifizierten die Möglichkeit, gemäß ihrem Bildungsniveau beschäftigt zu werden, denn oft können sie im Herkunftsland keine geeigneten Beschäftigungsmöglichkeiten finden (ebenda).

Der Austausch von Wissen und finanziellen Mitteln kann aber auch zu Konflikten und Spannungen führen. Die Familien von migrierten hochqualifizierten Personen, die in den Herkunftsgesellschaften bleiben, haben deutlich mehr Mittel zur Verfügung als die durchschnittlichen Familien vor Ort. In manchen Regionen der Herkunftsländer stiegen dadurch die Preise für Häuser und Grundstücke. Die sozialen Unterschiede vor Ort nehmen zu und mit ihnen auch die Spannungen im Herkunftsland (vgl. Hunger 2003).

Zusammenfassend lässt sich sagen, dass die Begriffe Brain Drain, Brain Waste, Brain Gain, und Brain Circulation sich auf das gleiche Phänomen der Wanderungsbewegungen von hochqualifizierten Arbeitskräften und ihre Folgen beziehen. Durch die einzelnen Begriffe werden jedoch diese Wanderungsbewegungen unterschiedlich bewertet. Diese Bewertung erfolgt aus unterschiedlichen Perspektiven – der Herkunfts- bzw. der Aufnahmegesellschaft.

Die wissenschaftliche Annäherung an das Thema „Arbeitsmigration" ist nicht unproblematisch – sie birgt die Gefahr, Kategorien von Migrant*innen zu bilden, die nicht nur im analytischen Feld verbleiben, sondern eine Wirkung auf die soziale Wirklichkeit haben. Die Teilung der Arbeitsmigrant*innen in „hoch" bzw. „gering" qualifiziert impliziert eine unterschiedliche Wertung des Migrant*innendaseins und der Arbeit. Diese Wertung ist an unterschiedliche Rechte und unterschiedliches Ansehen gekoppelt, da die bessere bzw. schlechtere Qualifizierung einer Person auf ihre Nützlichkeit für die Wirtschaft und Gesellschaft hindeutet. Grundsätzlich kann eine solche Aufteilung der Migrant*innen als „nützlich" und „nicht nützlich" schwerwiegende politische Folgen haben. Durch sie wird auch die humanistische Einstellung infrage gestellt, dass jeder Mensch Fähigkeiten hat und bei guter Förderung Qualifikationen erwerben kann. Die Trennung von „hochqualifiziert", „qualifiziert" und „nicht qualifiziert" wird allerdings nicht nur als eine analytische Kategorie in der Wissenschaft, sondern sowohl in der Wirtschaft als auch in der Politik verwendet. Auf dieser Grundlage wird der Zugang von Migrant*innen gesteuert, genehmigt oder eingeschränkt.

Diese Teilung erfolgt aber nicht nur in der Politik und Wirtschaft, sondern wird auch von den besser qualifizierten Zugewanderten unternommen (vgl. Liakova 2020). Im öffentlichen Diskurs werden Selbstbezeichnungen einer gehobenen Migrant*innenschicht sichtbar, die sich nicht mehr als „Migrant*innen" verstehen will, sondern sich selbst als „mobiler EU-Bürger", als „mobile/r Expert*in" oder als „Expat" definiert. Dadurch wird eine Unterscheidung zwischen „uns", den besser gebildeten, und „ihnen", den „einfachen Migrant*innen", legitimiert. Systematisch betrachtet sind die hochqualifizierten Zuwander*innen „Arbeitsmigrant*innen", denn sie halten sich wegen der Ausübung einer bestimmten Berufstätigkeit länger als ein Jahr in einem anderen Land auf. Sie möchten aber nicht als „Arbeitsmigrant*innen" bezeichnet werden, denn die „Arbeitsmigrant*innen" sind diejenigen, die die „einfachen", die nicht qualifizierten Tätigkeiten ausüben (vgl. Liakova 2020). Die Motive dieser Teilung sind durch die Migrationsforschung tiefergehenden Analysen zu unterziehen.

Lektion 4: Arbeitsmigration

> **Diskussionsfragen**
>
> 1. Wodurch kann die Möglichkeit, die eigene Arbeitskraft anzubieten, eingeschränkt werden?
> 2. Was ist ein Anwerbeabkommen, und welche Beispiele gibt es hierfür in der deutscher Migrationsgeschichte?
> 3. Im Text wird die sog. Anwerbestopp-Ausnahmeverordnung erwähnt. Recherchieren Sie bitte, wozu diese verabschiedet wurde und wie sie sich im Anschluss ausgewirkt hat.
> 4. Welche Besonderheiten sind bei der Arbeitsmigration festzustellen?
> 5. Wie kann man Arbeitsmigration attraktiver und niedrigschwelliger gestalten, um dem Fachkräftemangel entgegenzuwirken? Welche Maßnahmen würden Sie vorschlagen, damit die Arbeitsmigration gefördert und gesteuert wird?
> 6. Inwiefern kann eine Ausbeutung von Arbeitsmigrant*innen, die nach Deutschland kommen, bekämpft werden?
> 7. Was zeichnet hochqualifizierte Migrierende aus?
> 8. Kann die Migration von Hochqualifizierten sowohl für das Herkunftsland als auch für die Zielgesellschaft ein Gewinn sein? Wenn ja, weshalb? Worin liegen Schwierigkeiten?
> 9. Was versteht man unter den Begriffen Brain Drain, Brain Waste, Brain Gain und Brain Circulation?

Literaturtipps

Aydin, Yasar (2013): „Transnational" statt „nicht integriert": Abwanderung türkeistämmiger Hochqualifizierter aus Deutschland, München: UVK.

Bade, Klaus (2018): Historische Migrationsforschung: eine autobiografische Perspektive, Köln: GESIS.

Becker, Anna (2018): Zwischen Mobilität und Sesshaftigkeit: Sozialräumliche Verortung hochqualifizierter Migranten in Hamburg, Wiesbaden: Springer.

Herbert, Ulrich (2017): Geschichte der Ausländerpolitik in Deutschland. Saisonarbeiter, Zwangsarbeiter, Gastarbeiter, Flüchtlinge. 2. unveränderte Aufl., München: Verlag C.H. Beck.

Hunger, Uwe/Rother, Stefan (2021): Internationale Migrationspolitik, München: utb.

Olimov, Muzaffar/Grote, Jürgen/Gharleghi, Behrooz (2020): Brain drain vs. brain circulation (Central Asia), New York: Nova Science Publishers.

Oltmer, Jochen (2021): Die Grenzen der EU. Europäische Integration, „Schengen" und die Kontrolle der Migration, Wiesbaden: Springer.

Lektion 5: Fluchtmigration

Überblick

In dieser Lektion werden die Ursachen und die Folgen einer spezifischen Wanderungsbewegung – die Fluchtmigration – erläutert. Begriffe wie „Flucht" und „Asyl" werden nach dem geltenden internationalen Recht definiert. Aus soziologischer Perspektive werden die Lücken im europäischen Asylsystem aufgezeigt und mögliche Lösungsansätze angesprochen.

1. Definition des Begriffs „Asyl"

Der Begriff „Asyl" bedeutet „Zufluchtsstätte". Durch ihn werden die Prozesse der Aufnahme und Gewährleistung von Schutz verfolgter Personen bezeichnet. Der Terminus geht auf das lateinische Wort „asylum" zurück. Darunter wird ein Zufluchtsort verstanden, der temporär den Schutz vor Gefahr und Verfolgung bietet. Die Asylpraxis hat eine lange Geschichte – sowohl in Ägypten als auch im antiken Griechenland, aber auch in verschiedenen Ländern während des europäischen Mittelalters wurde bedürftigen Menschen Schutz angeboten. Im internationalen Recht wurde der Begriff zum ersten Mal verbindlich in der Genfer Flüchtlingskonvention (GFK) im Jahr 1951 definiert. In Artikel 1A Abs. 2 wird als diejenige Person als geflüchtete Person bezeichnet, die „aus begründeter Furcht vor Verfolgung wegen ihrer Rasse, Religion, Nationalität, Zugehörigkeit zu einer bestimmten sozialen Gruppe oder wegen ihrer politischen Überzeugungen sich außerhalb des Landes befindet, dessen Staatsangehörigkeit sie besitzt, und den Schutz dieses Landes nicht in Anspruch nehmen kann oder wegen dieser Befürchtungen nicht in Anspruch nehmen will". Bei der Interpretation dieser offiziellen Regelung des internationalen Rechts ist zu beachten, dass diese Person nur als geflüchtet anerkannt werden kann, wenn sie sich außerhalb der eigenen Staatsgrenzen aufhält. Eine Anerkennung als geflüchtete Person erfolgt nur dann, wenn sie eine individuelle Verfolgung durch einen staatlichen Akteur nachweisen kann. Menschen, die vor nichtstaatlichen Akteuren fliehen, fallen nicht unter diese Definition – nach den geltenden internationalen Schutzbestimmungen werden sie juristisch nicht als Geflüchtete anerkannt und werden als „De-facto-Flüchtlinge" bezeichnet (vgl. Hufeld et al. 2018).

Personen, die fliehen, aber die Staatsgrenzen des eigenen Landes nicht überquert haben, werden als Binnenflüchtlinge („Internally Displaced Persons") bezeichnet. Sie machen, statistisch gesehen, den größten Teil der weltweit Geflüchteten aus. Das liegt an der Tatsache, dass die Überquerung von Staatsgrenzen Ressourcen wie finanzielle Mittel, Sprachkenntnisse oder spezifisches Wissen voraussetzt und mit Risiken verbunden ist, die nicht jeder in Kauf nehmen kann oder will. Der Fluchtstatus einer Person wird entweder durch das Flüchtlingswerk UNHCR oder von einem Drittstaat, in dem die Person Schutz sucht, verliehen (vgl. Tiedermann 2019).

Die Begriffe „Flucht" und „Asyl" werden im medialen Diskurs oft als Synonym verwendet. Juristisch handelt es sich allerdings nicht um Synonyme – der Unterschied liegt darin, dass bei den geflüchteten Personen die Fluchtursache nicht die politische Verfolgung ist, sondern sie aus ethnischen, religiösen und sozialen Motiven erfolgt. Nach dem deutschen Grundgesetz genießen nur politisch verfolgte Personen das Recht auf Asyl. Andere Verfolgungsursachen begründen ggf. den Status des anerkannten Flüchtlings.

Eine Person wird in der Verwaltungssprache dann als „Flüchtling" oder „Geflüchtete(r)" bezeichnet, wenn das Antragsverfahren bereits abgeschlossen ist und diese Person den jeweiligen Status und Schutz bekommen hat. Während eines laufenden Verfahrens wird die Person in der deutschen Verwaltungssprache als „schutzsuchende" oder „asylsuchende" Person oder als „Asylbewerber*in" bezeichnet. In der Alltagssprache und im medialen Diskurs wird dieser Unterschied allerdings häufig ignoriert.

2. Schutz und Asyl in historischer Perspektive

Die Praxis, dass Staaten oder religiöse Einrichtungen bedürftigen Menschen Schutz gewähren, hat eine lange historische Tradition. Die geschichtlichen Quellen deuten darauf hin, dass im antiken Ägypten zum ersten Mal in der Geschichte Schutz an Bedürftige verliehen wurde. Im antiken Griechenland wurde der Begriff „Asylon" verwendet – das war ein unantastbarer Ort, an dem die geflüchteten Personen unter dem Schutz der Götter standen. Der bekannteste Zufluchtsort war der Tempel von Poseidon auf der Insel Paros. Bedürftigen Schutz zu gewähren, war in der Antike gebräuchlich (vgl. Nuscheler 1995).

Ausgeweitet und institutionalisiert wurde dieses Prinzip durch die christlichen Kirchen im Mittelalter. Sie definierten sich als Beschützer aller Menschen. Im Konzil von Orleans im Jahr 511 wurde das sog. Kirchenasyl eingeführt. Im 16. Jahrhundert wurde das Asyl in Frankreich zu einem weltlichen Prinzip. Verbindlich festgelegt wurde das Asylrecht nach der Französischen Revolution im Jahr 1789. Der englische Begriff „refugees", der übersetzt „Flüchtlinge" bedeutet, wurde erstmalig 1796 in der Encyclopedia Britannica verwendet. Mit dem Begriff wurden Menschen, die ihr Land aus Not verlassen mussten, benannt. Nach der Reformation in Europa im 16. und 17. Jahrhundert sind Menschen, z. B. die Hugenotten, aufgrund innerchristlicher Religionskriege geflüchtet. Im 19. Jahrhundert flohen Menschen aus Irland aufgrund von Hungersnot. Nach dem Zerfall des Osmanischen Reichs flohen Armenier aus der Türkei, Russen der Weißen Bewegung verließen das Land nach der Oktoberrevolution im Jahr 1917 (vgl. Zierer 1957; Traulsen 2004).

Asyl im modernen Sinne wird allerdings erst nach der Entstehung der modernen Nationalstaaten gewährt. Eine Festigung des Asylrechts im internationalen Recht ist in der Genfer Flüchtlingskonvention (1951) erfolgt. Nach dem Zweiten Weltkrieg flohen Menschen aus Ost- nach Westeuropa oder in die USA, vor allem aus Ungarn oder aus der Tschechoslowakei. Große Fluchtbewegungen waren auch in Ostasien festzustellen, z. B. in Vietnam, Kambodscha oder Laos. Nach 1979 flohen Menschen infolge der Islamischen Revolution aus dem Iran. Nach 1992 verließen viele aufgrund des Bürgerkriegs Jugoslawien. Aktuell stammen die meisten Schutzsuchenden aus Syrien, aus dem Irak, aus Afghanistan und aus der Ukraine. Viele Fluchtbewegungen, vor allem in Afrika, Südostasien oder Südamerika, bleiben von der breiten europäischen Öffentlichkeit unbemerkt. Da sie geografisch weit entfernt von Europa liegen, finden sie kaum die Aufmerksamkeit der Medien. Zu den Ländern, die die meisten Geflüchteten zum Ende des Jahres 2023 aufgenommen haben, gehören der Iran, die Türkei und Kolumbien (vgl. UNHCR 2024).

3. Ursachen der Fluchtmigration

Die Gründe, die Menschen zur Flucht bewegen, sind vielfältig. Die Ursachen können in drei Gruppen eingeordnet werden (vgl. Beck 2022; Bösling 2017). Dabei stellt die erste Gruppe die *intendierten* Ursachen dar. Dazu gehören die gezielte politische, wirtschaftliche und militärische Vertreibung von Menschen infolge von Unruhen, Kriegen oder Diktaturen. Diese Form von Vertreibung kann auch aus ethnischen, religiösen oder sozialen Diskriminierungen oder aus ökonomischen Konflikten resultieren. Staatliche Gewalt sowie Terror vonseiten nichtstaatlicher Akteure gehören auch zu den intendierten Ursachen der Flucht.

Die zweite Gruppe der *nicht intendierten* Ursachen umfasst die Ergebnisse von Naturereignissen, wie Klimaänderungen, markantes Wetter oder Naturkatastrophen. Ein Grund kann auch die Knappheit an Ressourcen sein. Die Ausbeutung der Länder und die Enteignung von Bodenschätzen in der kolonialen Zeit können ebenfalls als ursächlich gesehen werden. Dadurch wurde vielen Menschen in den außereuropäischen Ländern ihre Lebensgrundlage entzogen. Es ist zu erwarten, dass die Anzahl der Personen, die aufgrund von Umweltkatastrophen (Verwüstung, Dürre, Überschwemmung) fliehen werden, zukünftig aufgrund der globalen Klimaänderungen steigen wird.

Zur dritten Gruppe der *tatsächlichen* Ursachen gehören die Armut, die Hungersnot und die globalen sozialen Ungleichheiten. Im Zuge der Globalisierung und der medialen Vernetzung werden diese Ungleichheiten sowohl für die Bevölkerung der ärmeren als auch für die der wohlhabenderen Länder sichtbarer. Diese Sichtbarkeit sowie die bessere Vernetzung und Versorgung mit Informationen verstärken die Tendenz, einen Weg aus der Armut außerhalb des eigenen Landes zu suchen, anstatt sich im eigenen Land wirtschaftlich oder politisch einzusetzen und die Lebensumstände vor Ort, soweit möglich, zu verbessern – eine Aufgabe, die die Möglichkeiten des Einzelnen bei Weitem übersteigt.

In der Ungleichheitsforschung unterscheidet man zwischen absoluter, relativer und subjektiver Armut. Als absolut arm gilt eine Person, die über weniger als 2,15 USD am Tag verfügt (vgl. Weltbank o. J.). Nach Einschätzungen der Weltbank zählen 712 Mio. Menschen weltweit zu dieser Gruppe. Relativ arm sind die Menschen, die zu den sog. armen Unterschichten in den Wohlstandsgesellschaften gehören. Das sind Personen, die weniger als die Hälfte des Durchschnittseinkommens in einem Land verdienen. Zu den subjektiv armen Menschen zählen Individuen, die das Bewusstsein haben, im Vergleich zu ihrer Referenzgruppe arm zu sein, und zwar unabhängig von ihrem tatsächlichen Einkommen.

Nach den international geltenden Rechtsnormen werden die nicht intendierten und die tatsächlichen Fluchtursachen nicht als juristisch legitime Fluchtursachen anerkannt. Sie begründen kein Recht auf Asyl. De facto motivieren sie aber viele Menschen dazu, ihre Herkunftsländer auf der Suche nach besseren Lebensbedingungen zu verlassen und sich auf die Flucht zu begeben.

4. Internationale Regulierung der Fluchtbewegungen und Schutzoptionen

Zum internationalen Asylrecht zählen die rechtlichen Bestimmungen der einzelnen Nationalstaaten, der internationalen Verbünde wie die EU und des internationalen Rechts. In diesen finden sich Regulierungen sowohl des vorübergehenden Aufenthalts einer schutzsuchenden Person als auch des dauerhaften Rechts auf Asyl. Diese Regulierungen beinhalten Vorgaben über die Kriterien, nach denen der Schutzbedarf festgestellt werden soll. Das Asylrecht ist in den modernen Nationalstaaten individuell und wird dem Schutzsuchenden nach einer Einzelfallüberprüfung durch den Staat gewährt. Bei einem Krieg oder Bürgerkrieg kann ein gruppenspezifischer Schutz erteilt werden, wie derzeit bei den Geflüchteten aus der Ukraine.

Ein Meilenstein im internationalen Schutzrecht ist die Genfer Flüchtlingskonvention (GFK) von 1951 (vgl. UNHCR 1951). Sie wurde infolge des Zweiten Weltkriegs und der Flüchtlingsbewegungen, die daraus entstanden sind, initiiert und verabschiedet. Durch sie hat die internationale Staatengemeinschaft neue Rahmenbedingungen für die Aufnahme und Gewährung von Schutz der Geflüchteten eingeführt (vgl. Hunger/Rother 2021). Aktuell ist die Konvention von 146 Staaten unterzeichnet. In ihr wird das Recht auf Asyl nicht festgeschrieben, sondern es wurden lediglich Fallbeispiele formuliert, bei denen die einzelnen Staaten die Notlage eines Menschen anerkennen und ihm Schutz gewähren können. Diese Notlage muss aufgrund bestimmter zugeschriebener Merkmale wie z. B. Religion, Nationalität, politische Überzeugung bzw. Zugehörigkeit zu einer sozialen Gruppe entstanden sein. In diesem Sinne wird durch die GFK den schutzsuchenden Personen ein moralisches Recht, aber kein Anspruch auf Asyl zugeschrieben (vgl. Dreyer-Plum 2020). Flüchtlingsschutz wird nach der GFK nur dann gewährleistet, wenn die geflüchtete Person keinen Schutz durch ihr Herkunftsland oder ihren Staatsangehörigkeitsstaat erhalten hat oder erhalten kann (vgl. Wilmes 2017).

Eine wichtige Bedeutung für die Implementierung des internationalen Schutzrechts hat das sog. Non-Refoulement-Prinzip, das in Art. 33 der Konvention festgeschrieben wurde. Nach diesem ist es nicht gestattet, einen Menschen, der um Schutz bittet, „auf irgendeine Weise über die Grenzen von Gebieten auszuweisen oder zurückzuweisen, in denen sein Leben oder seine Freiheit wegen seiner Rasse, Religion, Staatsangehörigkeit, seiner Zugehörigkeit zu einer bestimmten sozialen Gruppe oder wegen seiner politischen Überzeugung bedroht sein würde". Zudem wird in Art. 31 Nr. 1 der GFK betont, dass Geflüchtete, die unrechtmäßig in ein Land einreisen, um ihr Leben zu schützen, aufgrund der Tatsache der unerlaubten Einreise nicht bestraft werden dürfen. Zusätzlich wird in Art. 1A Nr. 2 auf die Staatenlosen eingegangen. Das sind Personen, welchen in der Regel aufgrund ihrer

Religion, Nationalität, Zugehörigkeit zu einer bestimmten sozialen Gruppe oder wegen ihrer politischen Überzeugung ihre Staatsangehörigkeit entzogen wurde. Aus diesem Grund ist anzunehmen, dass sie nicht in ihr Herkunftsland zurückkehren können und dementsprechend Asyl bekommen sollen.

Die Genfer Flüchtlingskonvention legt fest, welche Rechte eine Person durch die offizielle Anerkennung als schutzbedürftig ableiten kann. Diese Regelungen unterscheiden sich in den einzelnen Nationalstaaten, denn sie unterliegen auch der nationalen Gesetzgebung. In der Regel besteht nach der Anerkennung des Flüchtlingsstatus die Möglichkeit, eine selbstständige oder nicht selbstständige Erwerbstätigkeit im Zielland aufzunehmen. In den nationalstaatlichen Regulierungen werden ebenso sozialrechtliche Fragen wie z. B. der Zugang zu Bildung für die Kinder, zur Ausbildung, zur Aufnahme eines Studiums oder zum Bezug öffentlicher Sozialleistungen verankert. Das Ziel solcher Regelungen ist es, die bessere Teilhabe der geflüchteten Personen in den einzelnen Aufnahmegesellschaften zu ermöglichen und zu fördern. In den einzelnen Ländern werden sie aber unterschiedlich ausgelegt und im Kontext der jeweiligen Lebensbedingungen praktiziert.

4.1. United Nations High Commissioner for Refugees (UNHCR)

In der Fachliteratur, aber auch in den Massenmedien wird die Abkürzung UNHCR häufig verwendet. Dabei handelt es sich um das Amt des hohen Flüchtlingskommissariats der Vereinten Nationen. Dieses wurde 1950 gegründet. Das UNHCR ist die wichtigste internationale und überstaatliche Organisation, die im Bereich von Flucht und humanitärem Schutz tätig ist. Sie unterstützt die Vertriebenen vor Ort – das sind Menschen, die direkt in den Krisen- und Konfliktregionen verblieben sind und trotz des Kriegs oder des Konflikts ihr Herkunftsland nicht verlassen konnten und vor Ort Schutz benötigen. Die Versorgung und Betreuung dieser sog. Binnenflüchtlinge („Internally Displaced Persons") gehört zu den wichtigsten Aufgaben der Organisation. Sie ermittelt ihre Zahl, versorgt die Flüchtlingslager mit Zelten, Medikamenten, Wasser, organisiert die erste medizinische Hilfe und schafft ggf. Bildungs- oder Betreuungsmöglichkeiten für die geflüchteten Kinder. Die Organisation wird durch die UN-Mitgliedstaaten finanziert.

Durch die UNHCR wird die Eingliederung der geflüchteten Personen in lokale Gemeinden unterstützt. Die Organisation bemüht sich, sichere Fluchtrouten zu ermöglichen und logistische Unterstützung für die Flüchtlingslager zu gewährleisten. Die Lageberichte über die Situation in den Krisenregionen, die von den Teams der UNHCR regulär verfasst werden, haben eine große Bedeutung für die Bewertung von Fluchtgründen und bei der (Nicht-)Gewährung von Asyl von den Ziellandern. Durch ihre Tätigkeit unterstützt das UNHCR die Gewährleistung der Rechte der Geflüchteten, aber auch die Implementierung der Prinzipien der GFK.

4.2. Schengener Abkommen und Dublin-Verfahren

Zu den wichtigen internationalen Regelungen, nach denen die Verteilung der geflüchteten Personen in den europäischen Ländern erfolgen soll, gehören das Schengener Abkommen und das Dublin-Verfahren. Eine besondere Bedeutung

Lektion 5: Fluchtmigration

für die Praxis hat auch die Freizügigkeitsregelung der Europäischen Union, die sich zwar auf die Unionsbürger*innen bezieht, aber auch die freie Bewegung der anerkannten Geflüchteten ermöglicht.

1985 unterzeichneten Frankreich, Deutschland, Belgien, die Niederlande und Luxemburg das *Schengener Abkommen*. In diesem wird geregelt, dass zwischen diesen Ländern die Grenzkontrollen aufgehoben werden. Im Jahr 1990 wurde ein Durchführungsabkommen unterzeichnet, infolgedessen der Schengenraum 1995 errichtet wurde (vgl. BKA o. J.). In diesem wurden ebenso gemeinsame Einreise- und Aufenthaltsbestimmungen festgelegt, in denen die Bedingungen für die Ausstellung eines Schengen-Visums und für die gemeinsame polizeiliche und justizielle Zusammenarbeit beschlossen wurden. Zudem verfügen die Staaten des Schengener Abkommens Zugang zum Schengener Informationssystem (SIS), das zur Erfassung von Fahndungen, Vermissten oder irregulär Eingereisten dient. Außerdem ermöglicht das Visa-Informationssystem (VIS) die Speicherung von biometrischen Daten von Visaanträgen. Zur Überwachung des Grenzraums wurde das satellitenbasierte Informationssystem Eurosur geschaffen.

Im Jahr 1992 wurde die *Europäische Union* als Nachfolger der Europäischen Wirtschaftsgemeinschaft (EWG) gegründet. Als eine wichtige Folge dieser Etablierung wurde die Freizügigkeit der Unionsbürger innerhalb der Union vereinbart (vgl. Oltmer 2021). Durch diese neuen Regelungen sank die Bedeutung der Binnengrenzen. Dafür rückten die Außengrenzen der Union in den Vordergrund – dorthin wurde die Grenzkontrolle verlagert. Es wurden gemeinsame Standards festgelegt, nach denen diese zu erfolgen hat. Die praktische Asylpolitik der Europäischen Union wurde durch die Verlagerung der Grenzkontrollen an die Außengrenzen stark beeinflusst. In der Praxis bedeutet dies eine Reduktion der nationalstaatlichen Kontrollmöglichkeiten.

1997 trat das sog. *Dubliner Abkommen* in Kraft. Dieses regelt, welcher Mitgliedstaat für die Prüfung eines Asylantrags zuständig ist. Demnach soll das Asylverfahren in dem Land durchgeführt werden, in dem die geflüchtete Person zunächst die Außengrenze der EU überquert hat und der Antrag gestellt wurde. Diese Regelung soll verhindern, dass die Asylsuchenden von einem EU-Staat zu einem anderen EU-Staat reisen und in jedem Land einen separaten Asylantrag stellen (vgl. Oltmer 2021). Das würde die Verwaltungskapazitäten der einzelnen Länder überlasten. Außerdem soll vermieden werden, dass Asylsuchende nur dort einen Antrag stellen, wo sie davon ausgehen, dass sie mit einer positiven Entscheidung bezüglich der Genehmigung des Antrags rechnen können, und sich dadurch das Aufnahmeland aussuchen. Die Verteilung der asylsuchenden Menschen auf die einzelnen Länder ist aber mit der Zeit schwieriger geworden. Zum einen nimmt die Anzahl der asylsuchenden Personen aufgrund der internationalen Konfliktlagen ständig zu, zum anderen konnten die sog. Grenzländer nicht allein alle Asylsuchenden aufnehmen und mit der Bearbeitung der Anträge zurechtkommen. Da die Fluchtwanderung meist über Land- und Seewege verläuft, sind die Länder an den Außengrenzen der EU (Spanien, Italien, Griechenland, Bulgarien, Polen) überproportional stark mit der Durchführung der Erstaufnahme und der Bearbeitung der Asylanträge belastet. Dieses Ungleichgewicht führt zu Spannungen zwischen den Mitgliedstaaten und zu Diskussionen, ob und nach welchen Kriterien die asylsuchenden Personen in der gesamten EU verteilt werden. Infolge der Fluchtmigration im Jahr 2015 wurde mit Nachdruck die Frage nach der Verteilung der Asylberechtigten auf andere Unionsländer gestellt – es sollten Maßnahmen zur Verteilung der anerkannten Geflüchteten festgelegt werden. Dieser Versuch scheiterte jedoch an einigen osteuropäischen Ländern (Ungarn, Tschechien, Polen, Slowakei), die sich geweigert haben, asylsuchende Menschen durch ein Verteilungssystem zugewiesen zu bekommen. Aus diesem Grund funktioniert das Dubliner Abkommen in der Praxis nur teilweise. Es kommt hinzu, dass in den einzelnen Ländern unterschiedliche Lebensstandards existieren und dementsprechend der Wunsch der Geflüchteten besteht, sich in einem Land mit möglichst hoher Lebensqualität aufzuhalten.

Seit Anfang der 2000er-Jahre wird der Versuch unternommen, dass die EU-Länder Mindeststandards bezüglich der Aufnahme und Unterbringung der Geflüchteten einführen. Dadurch soll vermieden werden, dass asylsuchende Personen in andere Länder mit besseren Bedingungen weiterreisen. In der Praxis ist das aufgrund der großen sozialen Unterschiede zwischen Nord- und Südeuropa und West- und Osteuropa aber schwierig realisierbar. Auch die Eingliederungsperspektiven für die geflüchteten Personen sind unterschiedlich – in manchen Ländern ist die Ablehnung der Geflüchteten insbesondere aus nichteuropäischem Raum hoch.

Im Dubliner Abkommen wurde ein Informationssystem aufgebaut, durch welches festgestellt werden kann, ob ein*e Aslysuchende*r bereits in einem anderen EU-Land Asyl beantragt hat. Dafür werden bei der Antragsaufnahme die Fingerabdrücke der Antragsteller*in ins System Eurodac (European Dactyloscopy) aufgenommen. Das ist eine EU-weite biometrische Datenbank, in der die Fingerabdrücke von Asylbewerbern und Staatsangehörigen von Nicht-EU-Ländern bzw. Ländern des Europäischen Wirtschaftsraums (EWR), die in die EU einwandern möchten, zum Abgleich zwischen den EU-Ländern gespeichert werden. Durch den Abgleich von Fingerabdrücken erfolgt die Festlegung der Zuständigkeit für die Prüfung eines Asylantrags einfacher, und die mehrfache Antragstellung wird verhindert. Auf dieses System haben alle EU-Staaten Zugriff, sodass eine Überprüfung möglich ist.

Zur besseren Koordinierung der Zusammenarbeit der EU-Mitgliedstaaten wurden verschiedene Agenturen zu den sicherheits- und asylpolitischen Angelegenheiten geschaffen. Die Agentur Frontex wurde zur Unterstützung der Mitgliedstaaten bei ihrer operativen Zusammenarbeit an der Schengener Außengrenze eingerichtet. Zu ihren Aufgaben gehören die Risikoanalyse an den Außengrenzen, die Ausbildung von neuen Grenzschutzbeamt*innen sowie die technische und operative Unterstützung der lokalen Behörden zum Zweck des Grenzschutzes. 2016 wurde die Agentur reformiert, und sie wurde in Europäische Grenz- und Küstenwache umbenannt. Zugleich wurde sie mit neuen Aufgaben wie der grenzübergreifenden Kriminalitätsbekämpfung und Prävention von Terrorismus betraut (vgl. Dreyer-Plum 2020).

Lektion 5: Fluchtmigration

Parallel zur Öffnung der Binnengrenzen versuchen die EU-Länder, die Grenzkontrollen zu verschärfen und die Migrationsbewegungen zu minimieren, indem sie einen Teil der Ursachen, z. B. Bürgerkriege oder Armut, bekämpfen. Außerdem wurden die häufigsten Routen der Fluchtmigrant*innen intensiv beobachtet. Durch Verträge mit den Herkunfts- oder Durchreiseländern (z. B. Marokko, Libyen, Türkei) sollen Auffanglager geschaffen werden, in denen die Geflüchteten verbleiben und gar nicht nach Europa kommen. Diese Praxis wird von humanitären Organisationen scharf kritisiert. Es ist fraglich, inwieweit diese Transitländer als sicher gelten und inwieweit dort Menschenrechte gewährleistet werden. Insbesondere Libyen ist nach dem Jahr 2011 kein funktionierender Staat mehr. Die von der EU versprochenen Gegenleistungen unterstützen in der Regel die jeweiligen Regime, die häufig nicht den Standards der liberalen Demokratie entsprechen (vgl. Oltmer 2021). Durch diese Praxis verlagert die EU die Kontrolle der Außengrenzen außerhalb ihres Hoheitsgebiets, eine Praxis, die als „remote control" (vgl. Fitzgerald 2019) bekannt ist.

Durch die Etablierung eines Raums der offenen Binnengrenzen ermöglicht die EU die Freizügigkeit ihrer Bürger*innen und fördert eine freiere Mobilität. Allerdings führt diese Öffnung nach innen zu einer Abgrenzung nach außen. Das wiederum verstärkt die Kritik, dass die EU eine „Festung Europa" baut und für Menschen, die keine EU-Bürger*innen sind, kaum zugänglich ist. Die wichtigste politische Aufgabe für die Union bleibt es jedoch, eine Balance zwischen humanitärer Verpflichtung und Bedarf des Arbeitsmarktes zu finden. Das kann nur dann gelingen, wenn die Ursachen für die Asylmigration adressiert werden, d. h., die Lebensbedingungen in den außereuropäischen Ländern verbessert werden.

5. Nationale Regelungen in Deutschland

Das internationale Flüchtlingsrecht wird in der Regel in die nationale Gesetzgebung überführt. Die Entscheidung, ob ein Asylantrag bewilligt wird oder nicht, richtet sich nach den nationalen Gesetzen jedes einzelnen Landes. Bei den demokratischen Rechtsstaaten beruhen sie in der Regel auf den Prinzipien der Genfer Flüchtlingskonvention (GFK).

5.1. Der deutsche „Asylkompromiss" aus dem Jahr 1993

Aufgrund der besonderen historischen Verantwortung hat Deutschland das Asylrecht in der Verfassung verankert. Grundlage des deutschen Asylrechts ist der Paragraf 16 des Deutschen Grundgesetzes, in dem festgelegt wurde, dass politisch verfolgte Personen Asylrecht genießen. Diese Regelung ist zwar weiterhin aktuell, allerdings wurde sie aufgrund der Asylreformen in den Jahren 1992/93 relativiert.

Infolge der Öffnung der osteuropäischen Staaten nach dem Ende des Kalten Kriegs und zu Beginn der 1990er-Jahre stiegen die Zahlen der in der Bundesrepublik gestellten Asylanträge. Um sie zu reduzieren, verabschiedete der Bundestag neue Regelungen bezüglich der Aufnahme von Asylbewerber*innen. Als Erstes wurde die sog. Drittstaatenregelung eingeführt. Nach dieser haben Personen, die über ein EU-Land oder ein anderes „sicheres" Land nach Deutschland einreisen, keinen Anspruch auf Asyl. Sie können direkt abgewiesen werden. De facto bedeutete diese Regelung eine massive Einschränkung der praktischen Möglichkeit, einen Asylantrag zu stellen, da Deutschland aufgrund der geografischen Lage überwiegend von „sicheren Drittstaaten" umgeben ist.

Zweitens haben Personen, die Asyl suchen, aber aus einem sog. sicheren Herkunftsland stammen, also aus einem Land, in dem generell keine Verfolgung oder unmenschliche Behandlung droht, keinen Anspruch auf Asyl in Deutschland. Diese Regelung bedeutet allerdings, dass Menschen pauschal aufgrund ihrer Staatsangehörigkeit beurteilt werden und Fälle individueller Verfolgung und Diskriminierung unbeachtet bleiben.

Als dritten Punkt wurde die sog. Flughafenregelung eingeführt. Diese lautet, dass bei Asylsuchenden, die über einen deutschen Flughafen einreisen, das Asylverfahren vor der Einreise, also im Transitbereich des Flughafens, durchzuführen ist. Während des Verfahrens ist das Verlassen des Transitbereichs nicht möglich. Fluggesellschaften, die Reisegäste befördern, die keinen gültigen Aufenthaltstitel haben, werden verpflichtet, diese Personen auf eigene Kosten zurückzubefördern. Kritiker (vgl. Blanke 1993) betonen, dass durch diese Regelung in der Praxis die Entscheidung, ob eine Person asylberechtigt ist oder nicht, an die deutschen Flughäfen oder sogar an den Flughafenschalter der Herkunftsgesellschaft verlagert wird.

Diese seit dem Jahr 1993 gültigen Regelungen gingen in die Geschichte des deutschen Asylrechts unter der Bezeichnung „Asylkompromiss" ein, da für ihre Verabschiedung eine Verfassungsmehrheit notwendig war und praktisch die Zustimmung aller damals im Bundestag vertretenen großen Parteien erforderte. Die Folgen dieser Bestimmungen haben die deutsche Asylpolitik in den letzten 30 Jahren geprägt. Trotz Protesten und Kritik vonseiten der Menschenrechtsorganisationen, Asylforscher und Sozialverbände hält die Politik weiterhin an diesen Regelungen fest.

Im Zuge der Fluchtbewegung aus Syrien in den Jahren 2015 und 2016 hat die Bundesregierung die Geltung dieser Regelungen allerdings de facto außer Kraft gesetzt. Dadurch sollte ein Beitrag zur Entlastung der überforderten EU-Grenzländer geleistet werden. Infolge dieser temporären Aussetzung der geltenden Asylregelungen sind über eine Million Geflüchtete nach Deutschland eingewandert. Freiwillige, Vereine, Verbände, Wirtschaft und Kommunalpolitik haben mit ihrem beispiellosen Engagement dafür Sorge getragen, dass die Mehrheit der Geflüchteten eine Unterbringung gefunden hat und acht Jahre danach zum größten Teil in Ausbildung oder Beschäftigung tätig ist (vgl. IAB 2024; Karakayali 2018).

5.2. Asylaufnahmeverfahren in Deutschland

Das Asylaufnahmeverfahren in Deutschland läuft nach einem bestimmten Muster ab: Nach der Einreise wird eine Erstaufnahmeprüfung durchgeführt, in der die erste Anmeldung sowie die medizinische Untersuchung erfolgen. Im Anschluss bekommt die geflüchtete Person die Möglichkeit, den Antrag auf Asyl zu stellen. Es folgt ein Termin für die individuelle Anhörung. Abhängig von den Kapazitäten der Behörden vor Ort kann es Wochen oder gar Monate bis zur Anhörung dauern. In dieser Zeit wohnt die asylsuchende Person in der Regel in den sog. Erstaufnahmeeinrichtungen. Sie darf den zugewiesenen Ort nicht verlassen und keine Erwerbstätigkeit ausüben. Zum Zweck der Anhörung wird ein Dolmetscher beigeladen. Nach dem Gespräch wird entschieden, ob der Antrag angenommen oder abgelehnt wird. Wenn der Antrag angenommen wird, bekommt die asylsuchende Person das Recht, sich in Deutschland aufzuhalten, eine Ausbildung zu beginnen oder eine Erwerbstätigkeit auszuüben. Wenn dieser abgelehnt wird, hat die asylsuchende Person das Recht auf Berufung. Sollte die Berufung zum gleichen Ergebnis wie der Erstantrag kommen, wird der/die Asylsuchende verpflichtet auszureisen. Wenn dies nicht erfolgt, haben die zuständigen Behörden die Berechtigung, die Person abzuschieben. Wenn eine Abschiebung nicht infrage käme, z. B. wegen Verschlechterung der Bedingungen im Herkunftsland, tritt das sog. Abschiebeverbot in Kraft und die asylsuchende Person bekommt eine Duldung – eine Berechtigung, sich zunächst für ein Jahr in Deutschland aufzuhalten. Diese Duldung kann verlängert werden, eine automatische Verlängerung ist aber nicht vorgesehen. In diesem Sinne ist die Duldung kein sicherer Aufenthaltsstatus.

Das gesamte Asylaufnahmeverfahren belief sich im Jahr 2023 auf durchschnittlich 6,8 Monate (vgl. Zeit Online 2024). Damit Asylbewerber*innen während der Dauer des Verfahrens einer schulischen Ausbildung oder einem Studium nachgehen können, benötigen sie keine Genehmigung der Ausländerbehörde. In der Praxis ist aber der Beginn eines Studiums mit höheren Hürden verbunden, z. B. dem Nachweis einer abgeschlossenen gleichwertigen Schulausbildung und von Sprachkenntnissen. Bei einer dualen Ausbildung muss eine Genehmigung der Agentur für Arbeit eingeholt werden, da es sich in diesem konkreten Fall um eine nichtselbstständige Erwerbstätigkeit handelt. Diese wird nach einer Ermessensentscheidung der Ausländerbehörde erteilt, die die konkrete Arbeitsmarktsituation, aber auch die Lebenssituation der geflüchteten Person berücksichtigen soll.

Die regionale Verteilung der Geflüchteten in Deutschland erfolgt durch das Quotensystem EASY, das sich nach dem sog. Königsteiner Schlüssel richtet. Der Königsteiner Schlüssel ist eine Formel, nach welcher festgelegt wird, welchen Anteil der Asylsuchenden jedes Bundesland bzw. jede Kommune aufnehmen muss. Die Verteilungsquote wird jährlich von der Bund-Länder-Kommission ermittelt. Damit soll die gerechte Verteilung auf die Bundesländer gewährleistet werden. Die Kosten für die Unterbringung der Geflüchteten werden durch die Kommunen gedeckt. Da die Asylbewerber*innen im ersten Jahr ihres Aufenthalts dem Arbeitsverbot unterliegen, sind die Kommunen auch für die Übernahme der Ausgaben des persönlichen Bedarfs der asylsuchenden Personen zuständig. Nach einem Jahr können die Asylbewerber*innen, falls sie noch keinen endgültigen Bescheid bekommen haben, offene Stellen annehmen, jedoch nur dann, wenn keine Deutschen oder EU-Bürger*innen den konkreten Arbeitsplatz, um den sich die geflüchtete Person bewirbt, einnehmen können – nach der sog. Vorrangprüfung.

6. Sozialwissenschaftliche Asyl- und Fluchtforschung

Die sozialwissenschaftliche Asylforschung analysiert unterschiedliche Aspekte der oben beschriebenen Prozesse der Fluchtmigration. Aus einer *makrosozialwissenschaftlichen* Perspektive werden die globalen Ursachen der Fluchtmigration und insbesondere die Bedeutung der globalen sozialen Ungleichheiten für diese Migrationsform anvisiert. Meier-Braun (vgl. Maier-Braun 2018) sowie Hunger und Rother (vgl. Hunger/Rother 2021) betonen die Bedeutung der absoluten und der relativen Armut für die Zunahme der globalen Migrations- und Fluchtbewegungen. Das Fazit vieler Studien aus den 1990er- und 2000er-Jahren deutete darauf hin, dass Fluchtmigration durch Verbesserung der Lebensbedingungen in den Herkunftsländern und durch die Verringerung der globalen sozialen Ungleichheiten zu reduzieren wäre. Hingegen weist der Soziologe Ruud Koopmans darauf hin, dass die Armutsbekämpfung und die ökonomische Entwicklung in den Herkunftsregionen an sich die Attraktivität Europas nicht mindern werden (vgl. Koopmans 2023). Auch Oltmer et al. (2024) betonen, dass die globalen Ungleichheiten so umfangreich sind, dass ihre Verringerung Jahrzehnte dauern würde, was wiederum keine nennenswerte Änderung des Migrationsvolumens in absehbarer Zeit bedeuten würde. Ganz im Gegenteil: Sobald sich die Lebensbedingungen in den Herkunftsregionen verbessern, besteht tendenziell für noch mehr Menschen die Möglichkeit, ihren Wohnort zu verlassen und sich auf die Suche nach besseren Lebensbedingungen zu begeben. Denn eine Migration ist für die Ärmsten der Ärmsten heutzutage kaum noch möglich.

Aus der Perspektive der postkolonialen und dekolonialen Studien (vgl. Nair 2013) wird auf die Bedeutung der kolonialen Vergangenheit Europas für die Zunahme regionaler Konflikte und globaler Fluchtbewegungen fokussiert. Dabei wird zwischen den faktischen Fluchtwanderungen und der juristisch anerkannten Fluchtmigration unterschieden. Faktoren wie Klimaänderung, markantes Wetter oder Armut werden als bedeutende Fluchtursachen angesehen, obwohl sie nicht im juristischen Sinne als Fluchtfaktoren anerkannt werden.

Das etablierte Asylsystem in Europa wird in vielen Studien Kritik unterzogen. Interessante Anregungen zu dieser Debatte gibt die Studie „Die Asyl-Lotterie" von Ruud Koopmans. Der Autor bezeichnet das europäische Asylregime als „todkrank" (Koopmans 2023, S. 9 ff.), denn es fordert mehr Leben, als dass es rettet. Die meisten bedürftigen Menschen auf der Welt haben keine Möglichkeit, einen Asylantrag zu stellen, wenn sie gar nicht ihr Land verlassen können – sie verfügen nicht über die Mittel und nicht über das Wissen, dies zu tun. Da der Fluchtweg nach Europa vor allem mithilfe von Schleppern möglich ist, ist die Asylmigration „sozioökonomisch selektiv" (ebenda, S. 18). Johler und Lange (2019) halten auch fest, dass Kinder, ältere oder kranke Menschen sowie Frauen unter den Asylsuchenden unterrepräsentiert sind. Zufallsfaktoren wie die geografische Lage sind oft dafür entscheidend, ob eine Person einen Antrag auf Asyl stellen kann oder nicht. Die geografische Lage benachteiligt z. B. die Einwohner Jemens. Aufgrund der Tatsache, dass ihr Land am Meer liegt und im Norden an der saudischen Wüste angrenzt, ist eine Fluchtmigration kaum möglich – hier können die meisten Menschen auch während des seit Jahren andauernden Bürgerkriegs ihr Land gar nicht verlassen (vgl. Koopmans 2023). Die geografische Lage benachteiligt auch die Erstaufnahmeländer der EU – das Dubliner Abkommen überträgt auf sie die Verantwortung für die Erstaufnahme, Unterbringung und Integration der Geflüchteten. Das führt zur Überlastung der Aufnahmekapazitäten dieser Länder und entbindet andere Länder, die nicht an der Außengrenze der Union liegen, von ihrer Verantwortung, Asylsuchende zu übernehmen. Diese Überlastung einiger Staaten verschlechtert die Teilnahmemöglichkeiten der Asylsuchenden und kann zur Bedrohung der inneren Sicherheit der europäischen Länder führen. Das wiederum stärkt den europäischen Rechtspopulismus sowie die Erpressung durch Autokraten – die Migration wird als Bedrohung bzw. als „Waffe" eingesetzt (vgl. Greenhill 2010).

Die soziologische Flucht- und Asylforschung fokussiert im Kontext der Aufnahmegesellschaften auf die Auswirkung der unterschiedlichen Berechtigungsmöglichkeiten für die Bildungschancen der geflüchteten Personen (vgl. Maschke et al. 2016). Eine besondere Bedeutung für die soziale Inklusion der geflüchteten Personen wird der Schulbildung und der Berufsbildung beigemessen. Anerkannte Geflüchtete sowie Menschen aus der Ukraine haben direkten Zugang zum deutschen Bildungs- und Arbeitsmarkt. Hingegen müssen Geflüchtete aus anderen Regionen lange Zeit auf ihre Anerkennung warten; in dieser Übergangszeit haben sie nur eingeschränkte Möglichkeiten, ihre Bildung zu verbessern. Dadurch entstehen Ungleichheiten unter den Geflüchteten bzw. werden existierende Divergenzen verstärkt.

Der Zugang der Asylberechtigten zu Arbeitsmöglichkeiten, die Restriktionen, welchen sie unterliegen, sowie ihre Arbeitssuche und Arbeitslosigkeit sind weitere Aspekte, die wissenschaftlich diskutiert werden (vgl. Goth/Severing 2016). Insbesondere dem Thema Dequalifizierung wird eine Bedeutung zugeschrieben: Ärzt*innen, Ingenieur*innen und Lehrkräfte können nach der Fluchtmigration nicht direkt in ihrem Beruf tätig werden, obwohl ein Fachkräftemangel in diesen Bereichen besteht. Grund dafür ist, dass sie eine Erwerbstätigkeit ausüben, die zu den sog. reglementierten Berufen gehört. In solchen Tätigkeitsfeldern ist der Zugang zum Arbeitsmarkt erst nach einer bestandenen Kenntnisprüfung bzw. nach einem komplizierten Anerkennungsverfahren möglich. Die Feststellung der Gleichwertigkeit der im Ausland erworbenen Abschlüsse bezieht sich nicht nur auf die Migrant*innen, die infolge von Flucht einwandern, sondern auf alle Zugewanderten, die erwerbstätig sein möchten. Die Geflüchteten sind aber viel stärker von dieser Regelung betroffen, da sie nicht die Möglichkeit hatten, sich auf die Migration vorzubereiten und ggf. ihre Zeugnisse mitzunehmen und legalisieren zu lassen. Ihre Migration wurde in der Regel nicht geplant. Diese Anerkennungsverfahren können in der Praxis Jahre dauern; in dieser Zeit kann die geflüchtete Person lediglich in Hilfstätigkeiten erwerbstätig werden. Das führt zu einer Dequalifizierung (Brain Waste) sowie zu einer zusätzlichen psychischen Belastung.

Aus der Perspektive der Stadtsoziologie wird die wohnräumliche Verteilung der Geflüchteten in Quartieren und Stadtteilen untersucht. Insbesondere die anerkannten Geflüchteten dürfen ihren Wohnort in Deutschland, aber auch in anderen europäischen Ländern frei aussuchen. Allerdings sind ihre Chancen im Wettbewerb für bezahlbaren Wohnraum gering – sie verfügen über wenig Mittel und werden teilweise mit der Ablehnung der Vermieter*innen konfrontiert. Für die gelungene soziale Teilhabe der geflüchteten Personen haben die sozialen Netzwerke eine wichtige Bedeutung (vgl. Farwick et al. 2019). Die anerkannten Geflüchteten möchten in der Regel zu ihren Bekannten oder Verwandten ziehen – dort fühlen sie sich wohl und können in einer fremden Umgebung Unterstützung erhalten. Das kann wiederum zu einer ethnischen Schließung im Wohnbereich führen. In einigen Städten und Wohnvierteln entstehen ethnisch segregierte Stadtteile. Es bilden sich wohnräumliche Enklaven, in denen es zu Spannungen mit anderen Migrant*innencommunitys kommen kann (vgl. Lauerbach/Göddecke-Stellmann 2019). Zur Entstehung solcher Enklaven spielt auch die Diskriminierung auf dem Wohnungsmarkt eine Rolle und die Weigerung von Vermieter*innen, den anerkannten Geflüchteten, insbesondere aus dem nichteuropäischen Raum, Wohnungen zu vermieten.

Die Familiensoziologie befasst sich mit den Besonderheiten der familiären Strukturen und der Familienzusammenführung geflüchteter Personen. Insbesondere die Prozesse der Eingliederung der nachziehenden Verwandten oder der alleinstehenden Kinder stehen im Mittelpunkt der familiensoziologischen Studien. Im Fokus steht das Leben unbegleiteter Minderjähriger (vgl. Otto 2020), das in der Regel aus einer mikrosoziologischen Perspektive analysiert wird.

Die Konstruktion und Reproduktion von Bildern der Geflüchteten in den medialen Diskursen ist ein zentrales Thema der Mediensoziologie (vgl. Weimar 2021). Die Bedeutung der Onlinemedien für die Asylmigration, für die Versorgung mit Informationen und für die Schaffung digitaler Netzwerke steht auch im Mittelpunkt der mediensoziologischen Migrationsforschung.

Der Problematik von rassistischen Einstellungen in den Aufnahmegesellschaften und ausländerfeindlichen Handlungen, insbesondere im Kontext der Anschläge auf Aufnahmeeinrichtungen, widmet sich die kritische Rassismusforschung (vgl. Farrokhzad et al. 2021).

Aggression und Gewalt als Folgen traumatischer Erlebnisse sind Themen, die interdisziplinär von Soziolog*innen und Psycholog*innen behandelt werden (vgl. Frank et al. 2017). Die Medizinsoziologie befasst sich mit der Wirkung der Flucht auf die Gesundheit der geflüchteten Personen. Damit ist sie auch im Feld der psychologischen Traumaforschung aktiv.

Weitere Aspekte, die behandelt werden, sind die besondere Situation der geflüchteten Frauen und LGBTI-Personen, die Möglichkeiten des Kirchenasyls und die Seenotrettung.

Insgesamt umfasst die sozialwissenschaftliche Flucht- und Asylforschung ein breites Feld, das insbesondere in den letzten zehn Jahren aufgrund der Aktualität der Thematik an Bedeutung gewinnt.

7. Zusammenfassung

Asyl zu gewähren, ist eine humanitäre Verpflichtung. Sind allerdings die geltenden europäischen und deutschen Rechtsnormen umfangreich genug, um den Schutzbedürftigen Asyl zu ermöglichen und den Herausforderungen der Praxis zu entsprechen? Diese Frage ist zentral für die aktuelle soziologische Flucht- und Asylforschung, aber auch für die politischen und gesellschaftlichen Diskurse unserer Zeit.

Auf politischer Ebene wird diskutiert, ob die Dublin-Regelung, die die Grenzstaaten der EU übermäßig belastet, neu verhandelt werden kann. Die bis zum Jahr 2024 geltenden Kriterien der Zuständigkeit für die Durchführung des Asylverfahrens benachteiligen die Mitgliedstaaten an den europäischen Außengrenzen, denn sie müssen sich um die Bearbeitung der Anträge und um die Versorgung der Geflüchteten während der Wartezeit kümmern. Diese Regelungen sollen demnächst reformiert werden, die ersten Schritte in diese Richtung werden im Jahr 2024 gemacht. Wenn es zu einem positiven Bescheid kommt, sind diese Länder für die geflüchtete Person zuständig. Die Etablierung eines neuen Verteilungssystems nach dem Beispiel des deutschen Königsteiner Schlüssels, das die Kapazität der Mitgliedstaaten zur Aufnahme und Integration der Zugewanderten berücksichtigt, wird empfohlen.

Ferner soll die Verfolgung von nichtstaatlichen Akteur*innen ins Asylrecht übernommen werden, denn Flucht findet nicht nur aufgrund politischer, ethnischer oder religiöser Verfolgung statt. Vielmehr sollen Faktoren wie Naturkatastrophen und Klima berücksichtigt werden. Im Jahr 2023 hat Australien einen Präzedenzfall in dieser Hinsicht geschaffen. Das Land hat beschlossen, Klimaflüchtlinge aus dem Inselstaat Tuvalu aufzunehmen (vgl. Deutschlandfunk 2024). Die gesellschaftliche Teilhabe der Geflüchteten soll erleichtert werden. Ein schnellerer Zugang zu Arbeit, Sprach- und Bildungsförderung in den Aufnahmegesellschaften wären hierfür notwendig.

Vor allem Menschenrechtsorganisationen fordern eine umfangreiche Reform der gültigen Einwanderungs- und Asylbestimmungen. An bedürftige Personen sollen humanitäre Visa in den Herkunftsländern erteilt werden. Vielfach wird die Bedeutung humanitärer Kontingente betont (s. etwa Koopmans 2023). Dadurch sollen die Strapazen und Gefahren der Einreise minimiert werden und die Antragstellung auch für Personen ermöglicht werden, die wegen ihrer physischen Kondition nicht in der Lage sind, die Flucht zu bewältigen. Ebenso wäre eine gerechte Verteilung der Geflüchteten zwischen den europäischen Ländern von Bedeutung.

Es wird zunehmend darauf gesetzt, legale Arbeitsmigration zu ermöglichen, Rücknahmeabkommen mit den Herkunftsländern der Geflüchteten durchzusetzen, eine Verteilung auf ganz Europa zu unternehmen und die Asylmigration in den Regionen zu begrenzen, in denen sie entsteht. Im Rahmen der aktuellen Debatten wird über die Möglichkeit diskutiert, ob die Asylansprüche der geflüchteten Personen außerhalb von Europa geltend gemacht werden können und danach Kontingente im Rahmen eines Resettlement-Programms aufgenommen werden können. Europa wird weiterhin mit der Diskrepanz zwischen dem humanitären Anspruch und der Wirklichkeit der beschränkten Aufnahmemöglichkeiten leben müssen.

Diskussionsfragen

1. Weshalb kann man die beiden Begriffe „Flucht" und „Asyl" eigentlich nicht als Synonyme verwenden?
2. Wann wurde das Asylrecht erstmals schriftlich festgehalten?
3. Welche Ursachen gibt es für Fluchtmigration? In welche drei Gruppen können diese eingeteilt werden?
4. Was ist das UNHCR, und was macht es sich zur Aufgabe?
5. Was beinhaltet das Schengener Abkommen?
6. Weshalb kam es zu Schwierigkeiten bei der Umsetzung des Dublin-Abkommens?
7. Was ist der Königsteiner Schlüssel?
8. Weshalb wird das europäische Asylsystem kritisiert?

Literaturtipps

Akdemir, Nevra/Elle, Johanna/Grittmann, Elke/Hess, Sabine/Koopmann, Ulrike/Müller, Daniela/Schwenken, Helen/Şenoğuz, H. Pınar/Ullmann, Johanna (2023): Gender, Flucht, Aufnahmepolitiken. Die vergeschlechtlichte In- und Exklusion geflüchteter Frauen, Wiesbaden: Springer.

Heins, Volker M./Wolff, Frank (2023): Hinter Mauern. Geschlossene Grenzen als Gefahr für die offene Gesellschaft, Frankfurt am Main: Suhrkamp.

Oltmer, Jochen/Berlinghoff, Marcel/Düvell, Franck/Lang, Christine/Pott, Andreas (2024): Report Globale Flucht 2024, Frankfurt am Main: Fischer Taschenbuch Verlag.

Oltmer, Jochen/Berlinghoff, Marcel/Düvell, Franck/Krause, Ulrike/Pott, Andreas (2023): Report Globale Flucht 2023, Frankfurt a Main: Fischer Taschenbuch Verlag.

Scharrer, Tabea/Glorius, Birgit/Kleist, J. Olaf/Berlinghoff, Marcel (Hrsg.) (2023): Flucht- und Flüchtlingsforschung. Handbuch für Wissenschaft und Studium, Baden-Baden: Nomos.

Lektion 6: Irreguläre Migration

Überblick

In diesem Kapitel werden wir uns mit dem Begriff der irregulären Migration beschäftigen. Welche Migration wird als irregulär bezeichnet, und nach welchen Kriterien erfolgt das? Wer erarbeitet die Merkmale, nach welchen eine Migration als regulär und eine andere als irregulär zu bezeichnen ist? In diesem Kapitel wird ebenfalls auf die Typologie und die Formen der irregulären Migration und insbesondere auf das Thema Menschenhandel mit der Spezifik des Kinder- und Frauenhandels eingegangen. Wie sieht der Alltag eines Menschen aus, der irregulär eingewandert ist? Ferner werden die Wanderungsmotive der Migrant*innen, die sich irregulär aufhalten, beleuchtet sowie die Frage nach der statistischen Erfassung dieser Migrationsform gestellt. Relevant werden auch die Strategien der Nationalstaaten und der supranationalen Akteure wie die EU zur Verhinderung der irregulären Migration sein.

1. Der Begriff „irreguläre Migration"

Die irreguläre Migration ist eine Einwanderung oder ein Aufenthalt eines ausländischen Staatsbürgers, bzw. einer ausländischen Staatsbürgerin, die unter Verstoß der Gesetze des Ziellandes erfolgt sind (vgl. Bundesamt für Migration und Flüchtlinge 2023, S. 175 ff.). Eine Migration ist nicht an sich regulär oder irregulär, sie wird lediglich aus der Perspektive der gesetzlichen Normen der einzelnen Nationalstaaten, durch die die migrierende Person wandert, als solche bewertet. Sie wird in diesem Sinne legalisiert oder illegalisiert. Zur Benennung unterschiedlicher Formen der nicht regulierten Einreise und des behördlich nicht erlaubten Aufenthalts wird der Begriff „irreguläre Migration" verwendet. In den Medien oder in der Alltagssprache wird oft über „illegale Migration" gesprochen, wobei dieser Begriff nicht korrekt ist: Das Wort „illegal" bringt eine Wertung mit sich und verschiebt die Schuld der Handlung auf die migrierenden Personen. Im wissenschaftlichen Diskurs sollen allerdings wertende und stigmatisierende Begriffe gemieden werden. Aus diesem Grund hat sich in der Migrationsforschung die Begriffe „regulär" bzw. „irregulär" durchgesetzt. Sie deuten darauf hin, dass die Feststellung, ob eine Migrationsbewegung regulär oder nicht regulär ist, eine juristische ist. Sie hat ihre Gültigkeit in einem konkreten nationalen und historischen Kontext. In der Fachliteratur werden ebenso Begriffe wie „(un)erlaubte" (vgl. Bundesamt für Migration und Flüchtlinge 2023) bzw. „illegalisierte" Migration (vgl. Klarmann 2021) verwendet. Ebenso wird über „institutional production of illegality" gesprochen (Ambrosini/Hajer 2023, S. 23 ff.). Auch aus Menschrechtsperspektive ist die Bezeichnung der Migranten als „illegal" problematisch. Nach dieser Sichtweise kann kein Mensch illegal sein (vgl. Huber 2001).

1.1. Rechtliche Rahmenbedingungen

Jede Person, die sich außerhalb ihres Heimatlandes aufhält, hat die Verpflichtung, im Besitz von gültigen Papieren (Reisepass oder Passersatz) während der Einreise und des Aufenthalts in einem anderen Land zu sein. Ein/e ausländische/r

Staatsbürger*in benötigt in der Regel auch einen Aufenthaltstitel. Die geltenden Aufenthaltstitel im deutschen Recht haben je nach den Auflagen unterschiedliche Bezeichnungen: Das Visum bezieht sich auf Aufenthalte, die mit Tourismus, Besuch und Reisen verbunden sind. Das sind Aufenthalte, die kürzer als drei Monate dauern und keine Erwerbstätigkeit beinhalten. Die Aufenthaltserlaubnis ist ein Aufenthaltstitel, der befristet, lokal und zweckgebunden ist und die sog. eingeschränkte Erwerbstätigkeit ermöglicht. Die sog. Niederlassungserlaubnis beinhaltet die unbefristete Erlaubnis zum Daueraufenthalt und zur uneingeschränkten Erwerbstätigkeit. Sie ist nicht zweckgebunden. Diese Aufenthaltstitel sind in der Regel vor der Einreise ins Zielland zu beantragen.

In den unterschiedlichen Ländern existieren verschiedene Bezeichnungen für die Aufenthaltstitel, die Prinzipien sind jedoch gleich – die ausländischen Staatsbürger*innen haben sich mit einem Aufenthaltstitel aufzuhalten, und die einzelnen Aufenthaltstitel werden zu unterschiedlichen Zwecken und für die Dauer des Aufenthalts ausgestellt. Die unerlaubte Einreise bzw. der unerlaubte Aufenthalt sind irregulär und daher auch strafbar. Strafbar macht sich auch, wer dazu anstiftet oder hilft, wie z. B. die sog. Schleuser*innen, die anderen Menschen helfen, sich ohne Papiere in einem Land aufzuhalten.

1.2. Migrationsregime

Nach dem geltenden internationalen Recht sind die Nationalstaaten diejenigen, die das Recht haben, die Schließung und die Öffnung ihrer Grenzen für bestimmte Personengruppen zu reglementieren. Die Institutionen jedes Nationalstaates sind befugt, die Durchlässigkeit ihrer Grenzen festzulegen und die Menschen zu bestimmen, welchen ein gültiger Aufenthaltstitel erteilt oder verlängert werden kann. Diese Festsetzung der Durchlässigkeit der Grenzen für bestimmte Personengruppen steht im Einklang mit der konkreten Einwanderungspolitik des Staates und wird als Grenzregime oder Migrationsregime bezeichnet. Die Migrationsregime sind laut Hoerder, Lucassen und Lucassen „Regime räumlicher Bevölkerungsbewegungen mit jeweils spezifischen Möglichkeiten oder Beschränkungen" (Hoerder et al. 2007, S. 39). Die Regime sind nicht unveränderlich, sondern variieren im historischen und gesellschaftlichen Kontext. Sie prägen „Umfang, Richtung und Form der geographischen Mobilität" (ebenda).

Nach Hoerder, Lucassen und Lucassen sind historisch gesehen die folgenden Migrationsregime bekannt:

- das liberale Migrationsregime der kleinen Republiken (Niederlande und Venedig), das geringe Hemmnisse für Zugewanderte aufgebaut hat;
- das migrationseinschränkende Regime der fürstlichen Territorialstaaten, das die Wanderung eingeschränkt hat, und zwar im Hinblick auf eine Annahme der Konfession;
- das Regime der europäischen Imperien, die die Siedlungsmigration gefördert haben;
- das Migrationsregime der modernen europäischen Nationalstaaten, das im engen Zusammenhang mit der Staatsangehörigkeit der migrierenden Person stand

und somit die Bürgerrechte lediglich für die Staatsbürger*innen des eigenen Staates geltend gemacht hat.

Das aktuell vorhandene Migrationsregime in Europa entstand nach dem Ersten Weltkrieg. Dadurch, dass die neuen Nationalstaaten ethnische „Fremdbevölkerungen" vertrieben haben, haben sie sich fluchtgenerierend auf die Migrationsprozesse ausgewirkt. Im 20. Jahrhundert entwickelten sich auch neue „Migrationsmuster" (ebenda, S. 43): Die staatlichen Interventionen gewannen insbesondere im Bereich der Arbeitsmarkt- und der Wirtschaftspolitik an Bedeutung. Infolgedessen wurden bestimmte „Arbeitsmarktsegmente für ausländische Arbeitskräfte" gesperrt (ebenda, S. 44). „Die Pass- und Visumpflicht, die in den meisten europäischen Staaten um 1860 abgeschafft worden war, wurde wieder eingeführt, mit dem Ziel, Zuwanderung zu regulieren" (ebenda).

Nach Hoerder et al. 2007 entsteht gegen Ende des 20. Jahrhunderts ein neues Migrationsregime. Dieses ist gekennzeichnet durch den zunehmenden Einfluss der supranationalen Institutionen (damals die EG, heute die EU, sowie die UN) auf die nationale und internationale Politik. Als „Meilenstein" (ebenda) und als Indikatoren für ein neues Migrationsregime bewerten die Autoren das Schengener Abkommen und die Regelung der Freizügigkeit innerhalb der EU.

1.3. Typologie der irregulären Wanderungsbewegungen

Die irreguläre Migration kann undokumentiert, unkontrolliert oder unangemeldet sein. Zum einen kann sie nach der praktischen Verwirklichung und zum anderen nach den juristischen Formen typologisiert werden. Nach der praktischen Verwirklichung wird zwischen einer irregulären Einreise auf dem Land-, Luft- oder Seeweg unterschieden. Die irregulären Migrant*innen können als Teil eines Netzwerks oder individuell einwandern.

In der Forschung (vgl. Ambrosini/Hajer 2023) wird zwischen den folgenden Formen unterschieden:

- *semi-irreguläre Einwanderung*. Bei dieser wandern Personen regulär ein, allerdings nehmen sie ihre Ausreiseverpflichtung nicht wahr und verbleiben dauerhaft im Land.
- *legendierte Einwanderung*. In diesem Fall wandern Personen mit gefälschten Papieren ein.
- *clandestine Einwanderung*. Personen wandern ohne Dokumente über die Staatsgrenze ein.
- *scheinbar reguläre Einwanderung*. Personen gehen pro forma und gegen Bezahlung eine Ehe ein, die sie zu einem regulären Aufenthalt berechtigt.

Die wichtigsten Grundlagen für die irreguläre Wanderung von Menschen sind zum einen die geltenden Einschränkungen der Migrationsbewegungen und zum anderen die fehlenden regulären Einwanderungsmöglichkeiten. Für die praktische Verwirklichung der irregulären Migration sind die Netzwerke wichtig – durch sie bekommen die Migrant*innen Hinweise, wie ein individuelles Wanderungsprojekt umgesetzt werden kann. Die Netzwerke unterscheiden sich voneinander

Lektion 6: Irreguläre Migration

– in manchen Fällen wird nur die Einwanderung organisiert, in anderen auch die Unterbringung und Beschäftigung danach. Unter den Netzwerken sind auch hochprofessionelle „Luxusschleusungen" vorhanden, die die Wanderung mithilfe eines gefälschten Passes arrangieren, oder auch solche, die zur Versklavung der eingewanderten Person führen.

Die meistfrequentierte Route der irregulären Migration nach Europa ist die spanische Route: Über Ceuta und Meilla und über die Kanarischen Inseln wandern jährlich Tausende Menschen nach Europa ein. Häufig verläuft die Route über die italienische Insel Lampedusa sowie im östlichen Mittelmeer über die Türkei, Griechenland und Bulgarien, die sog. Balkanroute. Infolge des Kriegs in der Ukraine nahm die Zuwanderung über die sog. zentral- und osteuropäische Route zu.

2. Motive und Ursachen irregulärer Wanderungsbewegungen

Zu den wichtigsten Ursachen der irregulären Wanderungsbewegungen gehören die globalen sozialen Ungleichheiten, aber auch die Tatsache, dass kaum reguläre Einwanderungsmöglichkeiten in die Wohlstandsgesellschaften vorhanden sind. Nach dem Zweiten Weltkrieg und insbesondere nach der Weltwirtschaftskrise der 1970er-Jahre wurden die Zuwanderungsbedingungen verschärft. Neben diesen Ursachen sind die Verschlechterung der weltweiten klimatischen Bedingungen und die politischen Unruhen und Kriege zu nennen. Eine wichtige Bedeutung für die Zunahme dieser Wanderung haben die neuen sozialen Medien, über die zwischen den Migrierenden viel genauere Informationen über die Bedingungen in den einzelnen Ländern, aber auch über Wanderungsrouten in Echtzeit ausgetauscht werden können.

Welches sind die Motive für irreguläre Einreise bzw. irreguläre Aufenthalte? In der Migrationssoziologie werden auf Mikroebene die individuellen ökonomischen Motive wie die Verbesserung der individuellen oder familiären Situation, Flucht vor Armut und bessere Arbeits- und Verdienstmöglichkeiten analysiert. Ebenso spielen die familiären und verwandtschaftlichen Bindungen eine Rolle für die Entscheidung zu migrieren und für die Bereitschaft, das irregulär zu tun, insbesondere wenn sich ein Teil der Familie regulär im Zielland aufhält (vgl. Ambrosini/Hajer 2023; Spencer/Triandafyllidou 2022).

Eine mögliche Erklärung der irregulären Migration liegt in der Tatsache, dass ein rational handelnder Mensch danach strebt, seine individuelle Lebensqualität zu maximieren. Da aufgrund der komplizierten Regelungen der Nationalstaaten nicht immer reguläre Einwanderungsmöglichkeiten existieren oder diese sehr eingeschränkt sind, versuchen einige Menschen, irregulär einzuwandern. Der aus Bulgarien stammende Politikwissenschaftler Ivan Krastev stellt fest: „Migration ist in unserem Jahrhundert die neue Revolution, nicht ideologisch, sondern von Google Maps geleitet: Wenn du dein Leben ändern willst, ist es nicht das Klügste, deine Regierung zu ändern, sondern das Land, in dem du wohnst" (Thöne 2017, o. S.).

3. Statistische Erfassung der irregulären Migration

Aus soziologischer Perspektive sind das Ausmaß der irregulären Wanderung und seine Veränderung von großer Bedeutung. Jedoch ist die Frage, wie viele Personen sich irregulär in einem Land aufhalten, schwierig zu beantworten, denn die irreguläre Migration ist statistisch kaum zu erfassen. Die einzige Möglichkeit, eine grobe Vorstellung über die Größenordnung zu bekommen, besteht durch das Heranziehen einiger indirekter Indikatoren sowie durch Expertenschätzungen.

An erster Stelle kann die Polizeiliche Kriminalstatistik (PKS), die sich auf im Landesinneren registrierte irreguläre Aufenthalte bezieht, herangezogen werden. Sie entsteht durch Personenkontrollen bei Auffälligkeiten. Bei diesen Kontrollen kann unter Umständen festgestellt werden, ob sich eine Person ausländischer Staatsangehörigkeit regulär oder irregulär aufhält. Generell sind Männer in dieser Statistik überrepräsentiert, denn Männer fallen in der Öffentlichkeit statistisch gesehen häufiger negativ auf als Frauen, indem sie sich z. B. gewalttätig verhalten. Auch ohne unmittelbar auffälliges Verhalten werden sie auch viel häufiger aufgrund der Erwartung, dass sie auffälliger sein könnten, von der Polizei kontrolliert. Auch ihr äußeres Erscheinungsbild spielt eine Rolle: Statistisch gesehen werden Menschen mit dunkler Hautfarbe häufiger überprüft. Das wird in der Forschung als „racial profiling" bezeichnet. Diese Vorgehensweise ist zwar besonders bei Menschenrechtsorganisationen umstritten, es wird aber in der Praxis verwendet (vgl. Newberry 2017; Cremer 2017; s. auch die Lektion zum Thema Gewalt und Kriminalität in diesem Buch).

An zweiter Stelle können die Medizinstatistiken herangezogen werden. Grundsätzlich führen Ärzt*innen anonymisierte Statistiken über ihre Patient*innen. Da sie zu den sog. Vertrauensberufen gehören, sind sie nicht verpflichtet, Auskunft über die Personendaten und konkret über den Aufenthaltsstatus ihrer Patient*innen zu geben. Diese Information kann aber in der anonymisierten Statistik aufgenommen werden. In den Medizinstatistiken sind die Frauen, die sich irregulär aufhalten, überrepräsentiert, denn grundsätzlich gehen Frauen häufiger als Männer zum Arzt und nehmen häufiger Vorsorgeuntersuchungen wahr – eine feste Erkenntnis aus der Gesundheitssoziologie.

An dritter Stelle können andere Quellen herangezogen werden, z. B. Daten unterschiedlicher Beratungszentren und Nichtregierungsorganisationen, die irregulär aufhältige Personen in ihrem Alltagsleben unterstützen. Diese Organisationen registrieren ihre Klienten nicht, sie führen in der Regel aber eine anonymisierte Statistik, aus der der Aufenthaltsstatus entnommen werden kann und Schlüsse gezogen werden können.

Über diese Zugangsmöglichkeiten wird z. B. im Jahr 2014 die Anzahl der Personen, die sich irregulär in Deutschland aufhalten, auf 180.000 bis 520.000 geschätzt (vgl. Mediendienst Integration 2023). Die Mindestzahl der Personen, die ausreisepflichtig sind und sich trotzdem in Deutschland aufhalten, wurde im Dezember 2022 auf 56.000 berechnet (ebenda). Die Schätzung ist nicht präzise, aber sie gibt zumindest eine Vorstellung über die Größenordnung der Problematik.

Eine weitere wichtige Quelle ist die Statistik des Bundesgrenzschutzes. In ihr finden sich Daten über die Personen, die an den deutschen Grenzen bei einem irregulären Grenzübertritt festgestellt wurden. Die meisten Feststellungen wurden Anfang der 1990er-Jahre direkt nach dem Ende des Kalten Kriegs gemeldet; die Zahlen sind in der Zeit 2005 bis 2015 konstant geblieben oder waren sogar rückläufig. Diese Tendenz war dadurch zu erklären, dass aufgrund der Osterweiterung der EU und der Ausweitung des Schengener Raums die staatlichen europäischen Binnengrenzen nicht so intensiv kontrolliert werden wie in vorherigen Zeiten. Durch die Osterweiterung der EU hat sich auch die Aufenthaltsberechtigung vieler osteuropäischer Staatsbürger*innen geändert – sie können sich in der EU nicht irregulär aufhalten, da sie das Recht auf Freizügigkeit besitzen. Nach 2015 hat sich allerdings die Anzahl der irregulären Grenzübertritte aufgrund der Kriege im Nahen Osten und in der Ukraine und daraus resultierenden Fluchtbewegungen erhöht. Dementsprechend werden in den letzten Jahren mehr irreguläre Grenzübertritte festgestellt.

4. Strategien zur Minderung der irregulären Migration

Welche Strategien können eine Auswirkung auf die Steuerung der irregulären Migration haben? In der Migrationsforschung werden die Vorgehensweisen in vier Gruppen unterteilt:

- *Strategien zur staatlichen Regulierung der Folgen einer irregulären Wanderung.* An dieser Stelle ist die Praxis der USA zu nennen, Amnestien für irregulär aufhältige Migrant*innen anzubieten und ihnen dadurch die Möglichkeit zu geben, ihren Aufenthalt zu legalisieren, sich behördlich zu melden und ein reguläres Leben in den USA zu führen. Eine solche Amnestie gab es im Jahr 1987/88 (Martin o. J.). Infolge dieser bekamen 2,7 Millionen irreguläre Migrant*innen das Recht, sich regulär in den USA aufzuhalten. Ein weiteres Beispiel zur Regulierung irregulärer Aufenthalte stellt das Programm „Dreamer" dar. Durch dieses wird in den USA geborenen Kindern, deren Eltern irregulär in die USA eingewandert sind, die Möglichkeit angeboten, in den USA zu bleiben und einen regulären Aufenthalt zu haben. Solche Vorgehensweisen sind aber eine Ausnahme und bilden nicht die Kernstrategie zur Minderung der irregulären Einwanderung.

- *Strategien zur Schaffung und Ausweitung regulärer Einwanderungsmöglichkeiten.* Solche Strategien umfassen verschiedene Programme zur Anwerbung internationaler Fachkräfte sowie zur Genehmigung der Einwanderung durch die Anwendung eines Punktesystems. Wenn die Ursachen der irregulären Wanderungsbewegungen analysiert werden, kann festgestellt werden, dass die meisten irregulären Migrant*innen junge Personen sind, die auf der Suche nach einer Arbeits- oder Verdienstmöglichkeit sind. Wenn keine Option der regulären Wanderung besteht, weichen sie auf irreguläre Migration aus. Die Strategien zur Schaffung und Ausweitung regulärer Einwanderungsmöglichkeiten beruhen auf der Annahme, dass die Öffnung der Grenzen nach bestimmten Kriterien und die Gewährleistung eines regulären Einwanderungspfades die irreguläre Migration eindämmen würden. Diese Annahme kann allerdings nur teilweise empirisch bestätigt werden. Vielmehr bedingen die geografische Lage, die sozialen Netzwerke sowie die wirtschaftliche Entwicklung eines Landes die Intensität, durch welche Migrationsströme generiert werden.

- *Strategien zur Verhinderung oder Erschwerung der irregulären Einreise.* An erster Stelle sind die Maßnahmen auf nationaler Ebene zu nennen: Dokument- und Visaberater*innen der Bundespolizei helfen dabei, mögliche gefälschte Papiere zu finden, mit denen eine legendierte Einreise erfolgen kann. Auf europäischer Ebene ist die Gründung von Frontex zu nennen. Diese Institution befasst sich mit dem Schutz und der Kontrolle der Außengrenzen der EU. Der Name bedeutet „Europäische Agentur für die operative Zusammenarbeit an den Außengrenzen". Die Agentur verfügt über Schiffe, Hubschrauber und Beobachtungsgeräte wie Wärmebildkameras und wird von der EU finanziert. Weitere europäische Maßnahmen zur Verhinderung oder Erschwerung der irregulären Einreise sind die Pflege einer Fundpapierdatenbank visumspflichtiger Drittstaaten. Von besonderer Bedeutung ist die Zusammenarbeit mit den Nachbarländern und mit den Herkunftsländern. Mit ihnen sollen die sog. Rückübernahmeabkommen abgeschlossen werden. Dadurch verpflichten sich die Länder, ihre Staatsbürger*innen wieder aufzunehmen, wenn sie sich irregulär in der EU aufhalten. Das Abschließen von solch einem Abkommen ist oft an Bedingungen gekoppelt. Die jeweiligen Länder, die irreguläre Migrant*innen zurücknehmen sollen, weigern sich, das zu tun, oder fordern finanzielle Leistungen.

- *Strategien zur Ursachenbekämpfung.* In Europa wird auf staatlicher und supranationaler Ebene Entwicklungspolitik und -hilfe betrieben, durch welche Armut in den Herkunftsregionen reduziert werden soll. Durch europäische Förderung entstehen Projekte zur Bewässerung und zur Ernährung in Regionen, die von Dürre betroffen sind. Es werden Bildungseinrichtungen gebaut. Diese Maßnahmen haben das Ziel, in den Herkunftsgesellschaften Lebensperspektiven zu schaffen und dadurch den Wunsch der Menschen, diese Länder zu verlassen, zu reduzieren.

Diese Strategien werden in der soziologischen Migrationsforschung kritisch überprüft. Es wird bemängelt, dass durch sie lediglich die sichtbaren Symptome der irregulären Einwanderung bekämpft werden, die Ursachen aber wie Armut, Kriege und Klimaänderung weiterhin bestehen bleiben. Die globalen Ungleichheiten, der Bevölkerungszuwachs sowie die Kommunikationsverflechtung der Welt werden die Migration in ihren regulären oder irregulären Formen weiterhin begünstigen, zumal sich die institutionelle Regulierung der Migrationsbewegungen nicht auf alle Menschen bezieht, die migrieren möchten, sondern lediglich die Personengruppen umfasst, die „von Nutzen" für die Wirtschaft sein könnten. Dies wiederum würde nur teilweise zur Minderung der irregulären Wanderungsbewegungen führen. Die reguläre Migration kann ihrerseits eine negative Wirkung für die Herkunftsgesellschaften haben – durch diese können bestimmte Regionen an Bevölkerung und insbesondere an jungen Fachkräften verlieren.

In Verbindung mit irregulärer Migration sind die Diskussionen über Ausweisung und Abschiebung ein wichtiges Thema. Wie funktionieren sie? Den Personen, die sich irregulär in einem Land aufhalten und von der Polizei festgestellt worden sind, wird nahegelegt, das Land freiwillig zu verlassen. Wenn aufgrund dieser Ausweisung keine Ausreise erfolgt, müssen sie in der Regel in ihr Herkunftsland abgeschoben werden. Im ersten Halbjahr 2024 wurden fast 9.500 Menschen gezwungen, Deutschland zu verlassen. Im ersten Halbjahr des Jahres 2023 waren es 7.861 Menschen und in den ersten sechs Monate des Jahres 2022 6.198 Menschen. Im gesamten Jahr 2023 wurden 16.430 Menschen abgeschoben. Die meisten Personen stammen aus Georgien, der Türkei, Afghanistan und Nordmazedonien (vgl. Statista 2024). Eine Abschiebung kann aber nicht immer vollzogen werden, denn die Person, die abgeschoben werden soll, kann aus verschiedenen Gründen, z. B. aufgrund einer Erkrankung oder fehlender Papiere, nicht ausreisefähig sein. Manchmal ist es schwierig zu ermitteln, aus welchem Land die konkrete Person stammt. Das Herkunftsland weigert sich, die Person aufzunehmen, wenn diese keine Papiere hat und nicht nachweisen kann, dass sie Staatsbürger*in dieses Landes ist. Dementsprechend steigt die Anzahl der ausreisepflichtigen Personen, die sich in der EU aufhalten. Das wiederum sorgt für eine Erhöhung der Intensität, mit der in der Öffentlichkeit Abschiebungen gefordert werden.

5. Der Alltag der irregulären Migrant*innen

Wie sieht der Alltag von irregulären Migrant*innen aus? Soziologische Studien befassen sich auf Mikroebene mit dieser Frage. Die erste Herausforderung für irreguläre Migrant*innen besteht darin, eine Wohnung zu finden. Die meisten Zugewanderten migrieren mithilfe organsierter Netzwerke, die sich in der Regel um ihre Erstunterbringung kümmern. Durch die Bereitstellung der Wohnung verpflichtet sich allerdings die migrierte Person zur Bezahlung der Miete. In der Regel handelt es sich hierbei um Wohnungen, die von mehreren Personen bewohnt werden. Dies bringt eine weitere Herausforderung mit sich, nämlich eine Beschäftigung zu finden und diese auszuüben. Für irreguläre Migrant*innen ist die reguläre Arbeitssuche nicht möglich; aufgrund der Tatsache, dass man sich irregulär aufhält, hat man keine Arbeitsgenehmigung. Tätigkeiten zu finden, die irregulär ausgeübt werden können, ist nicht nur riskant, sondern auch gefährlich – die Person hat keine Ansprüche auf arbeitsrechtliche Unterstützung, ist nicht versichert, wird in der Regel untertariflich bezahlt und haftet bei Lohnausfall selbst. Die Arbeitszeit kann unter Umständen bis zu zwölf Stunden am Tag betragen, Urlaub oder medizinische Versorgung werden nicht angeboten. Personen und Unternehmen, die solche Beschäftigungsformen anbieten, sparen an Lohnkosten und sozialen Abgaben (vgl. Schlemmer 2024; Hoffer 2010). Die irregulären Einwander*innen sind aus der Perspektive der Arbeitgeber*innen attraktive Arbeitskräfte, denn sie können sich nicht bei den zuständigen Institutionen beschweren, falls ihre Arbeitsrechte verletzt werden. Sie können sich nicht oder nur bedingt vor Betrug schützen. Ihre Arbeit wird viel niedriger als üblich bezahlt, sie nehmen hohe Risiken auf sich und leisten körperlich schwere Arbeiten. Dabei handelt es sich um einen Missbrauch der untergeordneten Lage der Migrant*innen. Wenn eine irregulär aufhältige Person den Arbeitsplatz verlassen möchte, ist das nicht immer möglich, denn die Reisepässe werden häufig von den Arbeitgeber*innen einbehalten.

Irreguläre Beschäftigung ist kein Phänomen, das ausschließlich mit der irregulären Migration verbunden ist. Auch regulär aufhältige Personen oder Staatsbürger*innen können unter Umständen irreguläre Beschäftigungen ausüben. Die irregulär aufhältigen Personen haben allerdings keine andere Möglichkeit, beschäftigt zu werden – sie können nicht regulär erwerbstätig sein. Dementsprechend ist das Problem in dieser Gruppe ausgeprägter.

Eine weitere Herausforderung, mit der irreguläre Migrant*innen alltäglich konfrontiert werden, ist die medizinische Versorgung. Da die Migranten über keine Versicherung verfügen, können sie bei Bedarf das Standardverfahren nicht nutzen. Für sie bleibt lediglich die Möglichkeit, Hilfe bei ehrenamtlichen Organisationen, die medizinische Versorgung für Menschen ohne Versicherung anbieten, zu finden. In den Großstädten Deutschlands ist z. B. die Organisation „Medizin für Menschen ohne Krankenversicherung", ehemals „Malteser Migranten Medizin", aktiv – sie versorgt Menschen ohne Krankenversicherung mit Medikamenten, bietet Hilfe im Notfall oder eine Erstuntersuchung, die kostenfrei ist. Die Ärzte sind nicht verpflichtet, irregulär aufhältige Migranten zu melden, da sie zu den sog. Vertrauensberufen gehören. Allerdings ist die Versorgung in kleineren Gemeinden und Orten nicht gewährleistet.

6. Menschenschmuggel und Menschenhandel

Die organisatorische Unterstützung der Wanderungsbewegungen hat reguläre und irreguläre Dimensionen. Zu den regulären Dimensionen gehört die sog. „Migration Industry". Das ist eine wirtschaftliche Branche, die sich mit der Gewinnung, Unterbringung und Bindung von Einwanderern, vor allem von hochqualifizierten Fachkräften, befasst. Sie ist deutlich von den irregulären organisierten Netzwerken, die Menschenschmuggel oder -handel betreiben, zu unterscheiden. Zur Migration Industry gehören Reisebüros, Head-Hunter-Agenturen, Makler, soziale Beratungsstellen, psychologische Zentren, Projekte oder Regierungsprogramme zur Anwerbung qualifizierter Arbeitskräfte. Migration Industry ist eine Beihilfe zur regulären Einreise und zum regulären Aufenthalt und zielt darauf ab, die Eingliederung von Migrant*innen zu erleichtern.

Die Netzwerke, die irreguläre Wanderungsbewegungen organisieren und durchführen, sind im Bereich der organisierten Kriminalität zu verorten. Sie betreiben Menschenschmuggel oder Menschenhandel. „Human Trafficking" lautet der Begriff, der im internationalen Kontext verwendet wird. „Human Trafficking" ist laut Definition des UN Menschenhandelsprotokolls (Palermo Protokoll 2005, Art. 3) „die Anwerbung, Beförderung, Verbringung, Beherbergung oder der Empfang von Personen durch die Androhung oder die Anwendung von Gewalt oder anderer Formen der Nötigung durch Entführung, Betrug, Täuschung, Missbrauch von Macht oder Ausnutzung besonderer Hilflosigkeit oder durch die Gewährung oder Entgegennahme von Zahlungen oder Vorteilen zur Erlangung des Einverständnisses einer Person, die Gewalt über eine andere Person hat, zum Zwecke der Ausbeutung. Ausbeutung umfasst mindestens die Ausnutzung der Prostitution anderer oder andere Formen sexueller Ausbeutung, Zwangsarbeit oder Zwangsdienstbarkeit, Sklaverei oder sklavenähnliche Praktiken, Leibeigenschaft oder die Entnahme von Körperorganen."

Dabei ist der Unterschied zwischen dem Menschenhandel (Human Trafficking) und Menschenschmuggel (Human Smuggling) zu beachten. Beim Human Smuggling geht es darum, einen Menschen bei der irregulären Einreise gegen Bezahlung logistisch zu unterstützen. Beim Human Trafficking hingegen geht es um die irreguläre Einwanderung in organisierten Netzwerken, die letztendlich zu Ausbeutung, Versklavung oder zum sexuellen Missbrauch führen können.

Im Jahr 2022 wird nach Daten der Internationalen Arbeitsorganisation die Anzahl der Personen, die als Sklaven gehalten werden, auf 50 Millionen geschätzt (vgl. Internationale Arbeitsorganisation 2022). Sklaverei gehört nicht der Vergangenheit an, sondern ist in vielen Ländern alltägliche Praxis. In diesem Fall wird sie „moderne Sklaverei" genannt (vgl. Scholz 2019; Internationale Arbeitsorganisation 2022). Der Begriff „moderne Sklaverei" umfasst Praktiken wie Zwangsarbeit, Zwangsverheiratung, Schuldknechtschaft und Zwangsprostitution. Die Sklaverei wird als „modern" bezeichnet, da sie eigentlich als ein Phänomen der vormodernen Gesellschaften gilt und grundsätzlich abgeschafft wurde. In mehreren internationalen Dokumenten wird sie geächtet und verboten. Allerdings existiert sie in der Praxis und wird nach den folgenden Kriterien definiert: Kontrolle durch Gewalt, Verlust des freien Willens und wirtschaftliche Ausbeutung (vgl. Bales/Cornell 2008).

Welches sind die Aspekte der modernen Sklaverei? Ein wichtiger Aspekt ist der Frauenhandel zum Zweck der Zwangsprostitution oder der irregulären Beschäftigung im Haushalt. An zweiter Stelle ist der Männerhandel zum Zweck der irregulären Erwerbstätigkeit und der Zwangsprostitution zu nennen. Besonders schwerwiegend ist der Kinderhandel zum Zweck der Prostitution von Minderjährigen oder des Adoptionshandels. Menschen werden gegen ihren Willen zum Zweck des Organhandels und der nicht reglementierten Transplantationen entführt oder versklavt.

Der Menschenhandel ist als Prozess zu betrachten, der die Rekrutierung, die Organisation der Beförderung, die Transfermöglichkeiten und die Beherbergung umfasst. Teilweise beteiligen sich die migrierenden Personen freiwillig an diesen organisierten Netzwerken, einige werden Opfer von Betrug, List oder Bedrohung.

Wie wird die Problematik des Menschenhandels im deutschen Recht behandelt? Der Menschenhandel ist strafbar, und man unterscheidet zwischen einfachem und schwerem Menschenhandel. Der einfache Menschenhandel wird mit einer Freiheitsstrafe von bis zu fünf Jahren und der schwere Menschenhandel mit einer Freiheitsstrafe von bis zu zehn Jahren bestraft. Schwerer Menschenhandel ist gekennzeichnet durch die Anwendung von List, Gewalt und Drohungen und erfolgt gegen den Willen der Person. Sklaverei wurde im deutschen Recht im Jahre 2005 als Straftatbestand ergänzt. Bei der juristischen Begriffsbestimmung wird auch die Schuldknechtschaft berücksichtigt. Diese umfasst die nicht reglementierten Ausleihpraktiken von finanziellen Ressourcen gegen eine hohe Verzinsung. Bei nicht erfolgter Rückzahlung wird die hochverschuldete Person „Eigentum" der Geld leihenden Person.

In Deutschland wird die freiwillige Prostitution als Gewerbe angesehen. Wenn sie regulär angemeldet ist, stellt sie eine reguläre Beschäftigungsform dar. Seit 2002 ist sie zudem nicht sittenwidrig. Davon zu unterscheiden ist allerdings die Lage der irregulären Migrant*innen, die sich ohne Anmeldung eines Gewerbes prostituieren oder dazu gezwungen werden. Die Zwangsprostitution sowie die Netzwerke, die diese organisieren, stellen eine irreguläre Form der Beschäftigung und der erzwungenen Migration dar und sind strafbar.

Eine weitere Form des Menschenhandels stellt der Kinderhandel dar (vgl. Fegert et al. 2015). In Deutschland gab es in der Zeit 2013–2023 relativ wenige offiziell registrierte Fälle, was den Kinderhandel betrifft. Im Jahr 2013 wurden sechs Fälle polizeilich erfasst, im Jahr 2017 stieg die Anzahl auf 17, und im Jahr 2023 sank sie auf neun (vgl. Bundeskriminalamt 2024). Diese Zahlen geben keine zuverlässige Auskunft über die Anzahl der tatsächlichen Fälle von Kinderhandel. UNICEF, die Organisation der UN, die sich mit Kinderschutz befasst, schätzt die weltweite Anzahl der Opfer von Kinderhandel auf 1,2 Millionen pro Jahr.

Insgesamt ist die irreguläre Migration eine Wanderungsform, die oft unsichtbar geschieht. Die Tatsache, dass sie existiert, ist unumstritten. Sie stellt die modernen Gesellschaften vor schwierige politische und vor allem moralische Fragen, denn sie tragen Verantwortung sowohl für die historischen Ursachen als auch für die menschlichen Folgen dieser Form der Wanderung.

Diskussionsfragen

1. Inwiefern ist der Begriff der irregulären Migration dem Begriff der illegalen Migration vorzuziehen?
2. Welches sind die Folgen der irregulären Migration für die Herkunftsgesellschaft, für die Aufnahmegesellschaft und für die Individuen, die involviert sind?
3. Wie hängen die unterschiedlichen Formen des Menschenhandels mit Migration zusammen?
4. Recherchieren Sie die aktuellen Fakten zum Thema Sklaverei und die unterschiedlichen Ansätze zur Bekämpfung der Sklaverei.
5. Gibt es weitere Beispiele aus anderen Ländern, wie diese mit irregulärer Migration umgehen und welche Strategien diese entwickelt haben?
6. Vor welchen alltäglichen Problemen sehen sich irreguläre Migrant*innen gestellt?

Literaturtipps

Baumer, Andreas (2017): Irreguläre Migration und staatliche Politik in Spanien und Europa, Wiesbaden: Springer.

Klarmann, Tobias (2021): Illegalisierte Migration: Die (De-)Konstruktion migrationsspezifischer Illegalitäten im Unionsrecht, Baden-Baden: Nomos.

Kukovetz, Brigitte (2017): Irreguläre Leben. Handlungspraxen zwischen Abschiebung und Niederlassung, Bielefeld: transcript.

Neske, Matthias (2007): Menschenschmuggel: Deutschland als Transit- und Zielland irregulärer Migration, Stuttgart: Lucius & Lucius.

Lektion 7: Bildungsmigration

> **Überblick**
>
> In dieser Lektion wird auf die Bedeutung der Migration für die Bildungschancen der Individuen eingegangen. An erster Stelle wird thematisiert, inwieweit die Bildung eine Schlüsselrolle in den modernen Gesellschaften spielt. Sie wirkt sich auf die soziale Positionierung der Individuen aus und bestimmt die soziale Teilhabe mit. Faktoren wie Schulwahl, Wohnareal, Bildungsniveau der Eltern, aber auch die Struktur des Bildungssystems und die Zusammensetzung der Lehrerschaft haben Einfluss auf die Bildungsentscheidungen der Kinder. Welche Wirkung hat der Migrationshintergrund eines Menschen in diesem Kontext? Die Bildungsmigration umfasst auch die Problematik der Ausbildung und der Hochschulbildung, die ebenso in dieser Lektion thematisiert werden.

1. Bildung und soziale Ungleichheiten

Bildung hat in modernen Gesellschaften eine Schlüsselrolle nicht nur für die Entfaltung der individuellen Fähigkeiten der Menschen, sondern vor allem für die gesellschaftliche Struktur und die gesellschaftliche Kohäsion. In traditionellen Gesellschaften beruht die Positionierung eines Menschen in der gesellschaftlichen Hierarchie auf der Zuschreibung, d. h. auf der Zugehörigkeit zu bestimmten Schichten. Diese Zugehörigkeit wird maßgeblich durch die Geburt beeinflusst. Die Statusunterschiede werden als selbstverständlich, von Gott gegeben und unveränderlich wahrgenommen. Sie werden vererbt, und es existiert in der Regel keine „vertikale Mobilität" – ein Mensch kann in der Regel nicht durch die eigene Leistung „aufsteigen" und seine Schichtzugehörigkeit ändern.

In modernen Gesellschaften hingegen ist der soziale Status veränderbar und nicht ausschließlich vererbbar (vgl. Giddens 1996; Lash et al. 1994; Lash et al. 1995). Im Unterschied zu den traditionellen Gesellschaften ist in modernen Gesellschaften ein Aufstieg grundsätzlich möglich, wenn das Individuum bestimmten Kriterien entspricht und Leistungsaufgaben erfolgreich bewältigt. Die Erfüllung dieser Kriterien wird durch verschiedene Formen der Bewertung, z. B. durch das Notensystem im Bereich der Bildung, festgelegt. Grund dafür ist die Annahme, dass der soziale Aufstieg und die Lebenschancen eines Individuums in den modernen Gesellschaften nicht auf den zugeschriebenen Merkmalen wie Herkunft, sondern auf der erbrachten Leistung basieren (sollen), die objektiv messbar ist. Diese Annahme ist eine Folge der Meritokratie – eine Lehre, die zur ideologischen Grundlage der Moderne geworden ist[10] Moderne Gesellschaften stellen die Selbstverständlichkeit der Statusunterschiede infrage – sie sollen nicht vererbt, sondern durch eigene Leistung erworben werden. Soziale Mobilität ist legitim und möglich. Der Erfolg von Menschen soll ein Ergebnis der eigenen Fähigkeiten sein, die durch die Bildung aufgebaut werden. Der Bildung wird die Aufgabe zugeschrieben, einen

---

10 Die Meritokratie ist eine Regierungsform, bei der die Amtsträger*innen aufgrund ihrer Leistung ausgewählt werden sollen. Idealerweise nimmt jedes Mitglied der Gesellschaft die verdiente Position ein. Der Begriff wurde erstmals 1958 von Michael Young in seiner Satire „Rise of the Meritocracy" (deutscher Titel: Es lebe die Ungleichheit: Auf dem Wege zur Meritokratie) verwendet.

Beitrag zur Überwindung der herkunftsbasierten Ungleichheiten zu leisten – eine gute Bildung kann die benachteiligende soziale Herkunft kompensieren („Selfmademan"). Es wird als eine politische Aufgabe definiert, dass durch die Bildung ein sozialer Aufstieg für breitere Schichten der Gesellschaft möglich wird. Ob und wie in der Praxis das gelingen kann, ist eine Frage, die wissenschaftlich und politisch diskutiert wird. Der Übergang von traditionellen zu modernen Gesellschaften wird in der Soziologie als Modernisierung der Gesellschaften bezeichnet. Es sind zahlreiche Studien und Theorien der Modernisierung erarbeitet worden (vgl. Ingelhart/Welzel 2005; Pollack 2016; Ingelhart 1998).

Soziale Ungleichheit ist ein Phänomen, das in allen bekannten Epochen und Gesellschaften existiert hat (mehr zum Thema finden Sie in der dritten Lektion dieses Lehrbuchs). Allerdings wurde sie zu einem sozialen Problem erst in der Zeit der Moderne. Ein soziales Problem existiert dann, wenn die Menschen es als solches definieren und Mittel suchen, dieses zu lösen. Mit „sozialer Ungleichheit" sind die sozial strukturierten Unterschiede zwischen einzelnen Gruppen von Menschen gemeint; diese Unterschiede existieren nicht nur objektiv – in der sozialen Struktur, sondern auch subjektiv – in den Wahrnehmungen und Vorstellungen der Individuen: Sie beeinflussen die sozialen Handlungen der einzelnen Personen (vgl. Giddens et al. 1995). Faktoren, die die sozialen Ungleichheiten beeinflussen, sind neben der Bildung die Beschäftigung, das Einkommen, die Geschlechterzugehörigkeit, das Alter und die Migration. Aus diesen Faktoren resultieren die individuellen Möglichkeiten, ökonomisches, kulturelles und soziales Kapital zu erwerben (vgl. Bourdieu 1992). Zugleich agieren als Faktoren und Folgen der sozialen Ungleichheiten die wohnräumliche Verteilung der Individuen sowie der Habitus. Diese Faktoren sind in der Praxis oft miteinander verwoben.

In dieser Lektion soll unter Berücksichtigung dieser Faktoren verdeutlicht werden, wie der Migrationshintergrund die Bildungschancen der Individuen beeinflusst.

2. Migration und Bildungschancen

Der familiäre Wanderungsgeschichte oder die eigene Migrationserfahrung der Schüler*innen in Deutschland haben einen Einfluss auf die Schulleistungen und den Bildungserfolg. Nach Angaben des Statistischen Bundesamtes haben 14 % aller Schüler*innen in Deutschland im Schuljahr 2022/2023 einen ausländischen Pass (vgl. Destatis 2023). Aufgrund der Auswertung des Mikrozensus aus dem Jahr 2021 wurde festgestellt, dass mehr als ein Drittel aller Grundschüler*innen in Deutschland einen Migrationshintergrund hat (vgl. Mediendienst Integration 2023). Allerdings ist die Verteilung der Schüler*innen auf die weiterbildenden Schulen ungleichmäßig – der Anteil der Schüler*innen der ersten Zuwanderergeneration an Gymnasien liegt bei 27,6 %, der der zweiten Zuwanderergeneration beträgt 39,4 %, bei den Kindern ohne Zuwanderungsgeschichte beträgt er 44,5 % (vgl. Sachverständigenrat 2021). Die Wahrscheinlichkeit, eine Klassenstufe zu wiederholen, ist für Kinder mit Migrationshintergrund deutlich höher als für Kinder ohne Migrationshintergrund, wobei diese Tendenz über Jahre erhalten bleibt (vgl. Krone et al. 2004; OECD 2016). Studien wie PISA und IGLU zeigen deutliche

Leistungsunterschiede zwischen Schüler*innen mit und ohne Migrationshintergrund (vgl. Reis et al. 2019; Arnold et al. 2007). Es ist ein signifikanter Leistungsunterschied bei Schüler*innen mit zwei im Ausland geborenen Elternteilen im Bereich „Lesen" im Vergleich zu den Schüler*innen ohne Migrationshintergrund festzustellen (vgl. Weis et al. 2020). Die Unterschiede sind auch in den einzelnen Bundesländern deutlich ausgeprägt: Gering fallen sie in Nordrhein-Westfalen aus, sehr hoch sind sie hingegen in Berlin.

Schüler*innen mit Migrationshintergrund besuchen häufiger Haupt- und Realschulen und bekommen weniger Empfehlungen für das Gymnasium. Infolgedessen studieren sie seltener als ihre Gleichaltrigen ohne Migrationshintergrund. Auch bei den Studierenden ist der Anteil der Jugendlichen mit Migrationshintergrund geringer. Dabei unterscheidet man in der Forschung zwischen den sog. Bildungsinländer*innen und Bildungsausländer*innen. Bildungsinländer*innen sind Jugendliche mit Migrationshintergrund bzw. ausländischer Staatsangehörigkeit, die in Deutschland schulisch sozialisiert worden sind. Zu den Bildungsausländer*innen zählen die Studierenden ausländischer Staatsangehörigkeit, die ihre Hochschulzugangsberechtigung im Ausland erworben haben. Sie werden auch „internationale Studierende" genannt. Die beiden Gruppen haben unterschiedliche Problemlagen und eine unterschiedliche Ausgangssituation, deshalb werden sie in der Forschung separat betrachtet. So zählen z. B. die Sprachkenntnisse zu den Herausforderungen vor den Bildungsausländer*innen, da sie deutsche Sprache als eine Fremdsprache erlernt haben, damit sie in Deutschland studieren konnten. Die Finanzierung des Studiums, die Anmietung einer Wohnung oder eines Zimmers in einem Wohnheim bzw. in einer Wohngemeinschaft gehören zu den Schwierigkeiten, mit denen sie häufiger konfrontiert werden (vgl. Falk et al. 2022). Die Herausforderungen der internationalen Studierenden werden im Weiteren thematisiert.

Wie ist aber die unterschiedliche Verteilung der Jugendlichen mit und ohne Migrationshintergrund auf die verschiedenen Schultypen zu erklären? In der soziologischen Bildungsforschung werden verschiedene Faktoren ausgemacht, die einen Einfluss haben:

Unterschiedliche Migrationsformen und -hintergründe

Grundsätzlich wird in der Soziologie vermieden, pauschal über „die Migrant*innen" oder über „die Ausländer*innen" zu sprechen. Wenn das erfolgt, handelt es sich um wissenschaftliche Konstrukte, die einen statistischen Aussagewert haben. Vielmehr wird Wert darauf gelegt, unterschiedliche Migrant*innenbiografien, Herkünfte und soziale Lagen zu berücksichtigen, die einen Einfluss auf die Bildungssituation und auf die gesamte Sozialsituation eines Individuums haben können. Aus diesem Grund wird das soziologische Analyseinstrumentarium präzisiert; es werden verschiedene Kategorien gebildet (vgl. Bos et al. 2017). In der soziologischen Migrationsforschung wird unterschieden zwischen:

- Familien mit Migrationshintergrund, bei denen die beiden Elternteile im Ausland geboren worden sind, nach Deutschland zugewandert sind und deren Kinder in Deutschland geboren und aufgewachsen sind;

- Familien mit Migrationshintergrund, bei denen die beiden Elternteile im Ausland geboren worden sind, ihre Kinder im Ausland geboren sind und teilweise auch dort sozialisiert sind; die Zuwanderung ist nach der Geburt der Kinder erfolgt;
- Familien mit partiellem Migrationshintergrund, bei denen ein Elternteil im Ausland geboren worden ist und der andere Elternteil in Deutschland geboren und sozialisiert wurde; die Kinder dieser Familien wurden in Deutschland geboren und sozialisiert;
- Menschen mit Migrationshintergrund der ersten, zweiten oder dritten Generation;
- Menschen unterschiedlicher Nationalitäten und Zugehörigkeiten zu unterschiedlichen sozialen Schichten.

Rolle der Familie

Bildung beginnt im frühen Alter und wird stark durch die Eltern beeinflusst. Dabei spielen die Herkunft der Eltern, ihre Bildungserfahrung und -affinität eine Rolle. Der französische Soziologe Pierre Bourdieu bezeichnet diese Faktoren als „kulturelles Kapital" (vgl. Bourdieu 1992). Seine Wirkung bezieht sich auf Familien und Menschen mit und ohne Migrationshintergrund. In der deutschen Gesellschaft spielt aber die Migrationserfahrung eine besondere Rolle. Die erste Generation der Migrant*innen kam infolge der sog. Gastarbeiterverträge (vgl. Lektion 4 dieses Lehrbuchs). Diese Verträge stellten die ersten politischen Instrumente zur gezielten Anwerbung ausländischer Staatsbürger*innen zum Zweck der Arbeit dar und wurden von der Bundesregierung 1955 mit Italien, 1960 mit Spanien, im gleichen Jahr auch mit Griechenland, 1961 mit der Türkei, 1963 mit Marokko, 1964 mit Portugal, 1965 mit Tunesien, 1968 mit Jugoslawien abgeschlossen. Die Anwerbung zielte nicht darauf ab, eine dauerhafte Einwanderung nach Deutschland zu ermöglichen, sondern die Beseitigung konjunkturell bedingter Engpässe auf dem deutschen Arbeitsmarkt zu gewährleisten (vgl. Bade 1983; Bade 2017). Diese Zielvorgabe bestimmte das Verhältnis der deutschen Politik und der Bevölkerung zu den „Gastarbeitern", die beispielweise auch in der Bezeichnung „Gastarbeiter" zu sehen ist – ein Gast kommt für eine kurze Zeit und bleibt nicht lange. Dementsprechend wurden vonseiten der deutschen Politik keine Maßnahmen zur Eingliederung in der Gesellschaft, z. B. Sprachförderung, Bildung, Austausch etc., eingeleitet. Diese Strategie wirkte sich aber auch auf die Einstellung der Migrant*innen aus, die ursprünglich nicht die Intention hatten, sich dauerhaft in Deutschland niederzulassen. Dementsprechend investierten die Vertreter*innen der sog. ersten Generation der Zugewanderten nicht in den Erwerb von zusätzlichen Qualifikationen. Aufgrund der Spezifik der Arbeit, die angeboten wurde, wurden vor allem junge Männer für die Gastarbeitermigration ausgewählt, die allerdings in ihrem Herkunftsland in der Regel keine hohe Bildung genossen haben. Auch Frauen migrierten als Gastarbeiterinnen, aber insgesamt war der Anteil der Männer höher. Diese Ausgangslage wirkte sich auf die zukünftigen Generationen aus. Die zweite Generation erzielte zwar Bildungserfolge im Vergleich zu ihren zugewanderten Eltern, blieb aber im Vergleich zur autochthonen Bevölkerung unterrepräsentiert in den höheren Bildungsgraden und -abschlüssen. Die Eltern waren kaum in der Lage, ihre Kinder schulisch zu unterstützen, da sie die notwendigen Kenntnisse und Erfahrungen bezüglich des deutschen Bildungssystems nicht hatten. Zielgruppenspezifische Sprachkurse für die erste Zuwanderungsgeneration wurden nicht angeboten.

Seit den 1990er-Jahren änderte sich die Bildungsbeteiligung der Zugewanderten bzw. ihrer Kinder. Die Vertreter der sog. zweiten Generation, die Kinder der Gastarbeiter*innen, haben ihre schulische Bildung in Deutschland abgeschlossen und haben dadurch als Erwerbstätige über mehr Finanzmittel als ihre Eltern verfügt. Auch die Einwanderung von Hochqualifizierten im Zuge der Greencard-Kampagne in der Zeit 2000–2004 hat sich auf diese Entwicklung ausgewirkt. Die Osterweiterung der EU, die ab 2004 einsetzte, hat dazu beigetragen, dass auch höher gebildete Migrant*innen aus Osteuropa einen leichteren Zugang zum deutschen Arbeitsmarkt bekamen. Durch die steigende Heterogenität der Migrant*innen im Zuge der Veränderung in der deutschen Migrationspolitik der 1990er- und 2000er-Jahre ändern sich die Bildungsaffinität und die Bildungsbiografien der Menschen mit Migrationshintergrund. Besondere Bildungserfolge erzielen die vietnamesischen Migrant*innen (vgl. El Mafaalani/Kemper 2017). Zu den besser gebildeten gehören die polnischstämmigen Migrant*innen. Der Anteil der Frauen unter den osteuropäischen Bildungsmigrant*innen ist hoch. Bulgarische und polnische Student*innen bilden in den 2000er-Jahren zeitweise zwei der größten Gruppen der internationalen Studierenden an deutschen Hochschulen.

Ökonomische Lage

Die Art und Weise der Migration bedingte die relativ schwierige Wirtschaftslage der migrierten Personen und ihrer Familien. Zugewanderte der ersten Generation verdienten durchschnittlich weniger als die deutsche Bevölkerung und hatten weniger Möglichkeiten, Geld zu sparen (vgl. Evers/Wälde 2018). Das wirkte sich auf die Möglichkeiten aus, Nachhilfeunterricht für die Kinder zu finanzieren und auf diese Weise die eventuellen Bildungsdefizite auszugleichen. Aufgrund ihrer Migrationsgeschichte und ihrer Biografien verfügen die meisten Familien mit Migrationshintergrund im Vergleich zu den Familien ohne Migrationshintergrund über weniger Mittel. So lässt sich schlussfolgern, dass nur wenige Eltern mit Migrationsgeschichte ihre Kinder an einer privaten Grundschule anmelden, Nachhilfeunterricht finanzieren oder sie finanziell bei einem eventuellen Studium unterstützen.

Wohnsituation

Die ökonomische Lage der Migrant*innen der ersten Generation hat eine spezifische räumliche Verteilung ihrer Familien zur Folge. Eltern mit Migrationshintergrund der ersten Generation verfügen im Durchschnitt über weniger ökonomisches Kapital (vgl. Hinz/Auspurg 2017). Dementsprechend positionieren sie sich im unteren Preissegment des Wohnungsmarktes. Bei der ersten Generation ist festzustellen, dass ihre Vertreter*innen häufig in Stadtvierteln wohnen, die als „soziale Brennpunkte" bezeichnet werden. Das hat eine direkte Auswirkung auf die Einschulung ihrer Kinder, da die Kinder im schulpflichtigen Alter in der Regel in nächster Nähe ihrer Wohnung beschult werden sollen.

Diskriminierung auf dem Wohnungsmarkt seitens der „Gatekeeper", d. h. Vermieter*innen, Makler*innen und Grundeigentümer*innen, die den Zugang zu Wohnraum in bestimmten Stadtarealen ermöglichen oder blockieren, spielt auch eine Rolle (vgl. Helbig/Jähnen 2018) für die unterschiedliche wohnräumliche Verteilung. Nach Angaben einer repräsentativen Studie der Stiftung Zentrum für Türkeistudien und Integrationsforschung hatten im Jahr 2017 22,5 % der interviewten Türkeistämmigen das Gefühl, bei der Wohnungssuche diskriminiert zu werden (vgl. Sauer 2018). Aufgrund der bestehenden Vorbehalte der Vermieter*innen sowie aufgrund der sozialen Lagen der Menschen mit Migrationshintergrund werden Mietinteressenten mit ausländischen Wurzeln häufiger abgelehnt. Vertreter*innen der Mehrheitsbevölkerung unterstellen diesem Personenkreis störende Verhaltensweisen, unregelmäßige Mietzahlungen, einen nicht angemessenen Umgang mit der jeweiligen Wohnung sowie Nachbarschaftskonflikte (vgl. Hinz/Auspurg 2017). Solche Praktiken der restriktiven Vermietung vonseiten der „Gatekeeper" führen einerseits zu erzwungener wohnräumlicher Segregation, andererseits zu freiwilliger wohnräumlicher Absonderung – wenn bestimmte Wohnungsangebote gar nicht nachgefragt werden, weil man schon mit einer Ablehnung rechnet (vgl. Helbig/Jähnen 2018) oder aber weil man von sich aus dazu tendiert, in die Nähe von Verwandten oder Bekannten zu ziehen.

Die unterschiedliche räumliche Verteilung von Menschen mit und ohne Migrationshintergrund wirkt sich auf die Einschulung ihrer Kinder aus. An erster Stelle ist festzustellen, dass Kinder mit und ohne Migrationshintergrund im Grundschulalter nicht in den gleichen Stadtteilen leben und dementsprechend in unterschiedliche Schulen eingeschult werden. Trotz der politisch angestrebten gleichwertigen Verteilung in Zusammenhang mit der Zusammensetzung der Grundschulklassen bleiben deren Anteile nicht identisch. Solche Unterschiede zwischen Grundschüler*innen mit und ohne Migrationshintergrund deuten darauf hin, dass viele deutsche Eltern behördlich zugewiesene Schulen mit hohem Anteil an Schüler*innen mit Migrationshintergrund bewusst meiden (vgl. Häußermann 2007). Dementsprechend entscheiden sie sich für eine Schule außerhalb des verordneten Einzugsgebietes (vgl. Jurczok/Lauterbach 2014). Eltern distanzieren sich von der Schule, indem sie gezielt einen weit entfernten Schulbesuch favorisieren oder sogar einen Wohnortwechsel in Erwägung ziehen (vgl. Parade/Heinzel 2020).

Allerdings spielen nicht nur rationale, sondern auch habituelle Faktoren eine Rolle bezüglich der Differenzen bei der Schulwahl vonseiten der Eltern. Der französische Soziologe Raymond Boudon nimmt an, dass die elterlichen Schulwahlentscheidungen an erster Stelle auf den sog. „primary effects of stratification" beruhen (vgl. Boudon 1974). Die primären Herkunftseffekte sind an den Status der Herkunftsfamilie gekoppelt und wirken sich auf die Schullaufbahn aus. Als primäre Herkunftseffekte bezeichnet Boudon die Einflüsse der sozialen Herkunft, die sich auf die Kompetenzentwicklung und Leistung der Schüler*innen, auf ihre Zensuren und schließlich auf die Empfehlung zum Übergang zu einer weiterführenden Schule auswirken. Sie entstehen durch die unterschiedliche Unterstützung, die die Schüler*innen zu Hause erfahren, aber auch durch die unterschiedliche Nutzung der schulischen Lernangebote, die vor Ort vorhanden sind. Zu den sog. sekundären Herkunftseffekten gehören hingegen die Einflussfaktoren wie unterschiedliche Bildungserwartungen der Eltern, sozial determinierte Notengebungen und Bildungsempfehlungen der Lehrer*innen sowie ein unterschiedliches Entscheidungsverhalten der Eltern und Schüler*innen, das aus ihrer konkreten sozialen Schichtzugehörigkeit resultiert. Die Schulwahlentscheidung der Eltern wird nach Boudon sowohl von den primären als auch von den sekundären Herkunftseffekten beeinflusst. Sie beruht auf einer rationalen Kosten-Nutzen-Abwägung, nämlich auf der Berücksichtigung von Faktoren wie Erfolgsaussichten des Kindes, Kosten und Zeit für den Fahrtweg zur Schule, Betreuungszeiten usw.

Der Nutzen von Bildung wird in höher gebildeten Schichten höher bewertet. Für sie ist die Ausbildung der Kinder wichtiger, denn sie können aufgrund der eigenen Erfahrung feststellen, wie Bildung eine direkte Wirkung auf den sozialen Status hat. Bei Angehörigen weniger gebildeter Schichten ist dieser Zusammenhang nicht direkt zu erkennen. Zudem ist der Wunsch der besser gebildeten Eltern, den Sozialstatus der Familie zu erhalten, größer. Niedriger gebildete Schichten werten den Bildungsnutzen nicht so hoch, da ihr Status weniger über den Bildungsabschluss definiert ist (vgl. Maaz et al. 2010). Da viele Eltern mit Migrationshintergrund, die insbesondere zur Gastarbeiter*innengeneration gehören, aufgrund der Migrationsgeschichte Deutschlands zu den weniger gebildeten Personengruppen gehören, wirken diese Faktoren in einem höheren Ausmaß auf sie und auf ihre Kinder.

Diskriminierung

Diskriminierung kann als eine Benachteiligung aufgrund vermuteter oder realer Gruppenzugehörigkeit definiert werden (vgl. Scherr 2016). Mehr zu diesem Thema finden Sie in Lektion 13 dieses Lehrbuchs. Auch im Bildungsbereich sind Prozesse und Tendenzen der Diskriminierung nachzuweisen. In einer Studie von Frank-Olaf Radtke und Mechtild Gomolla (vgl. Gomolla/Radke 2009) wurde festgestellt, dass Lehrkräfte und Schulleiter*innen anhand von leistungsfremden Kriterien Entscheidungen treffen. Diese Entscheidungen nehmen Einfluss auf die wichtigen Schulübergänge und auch auf spezifische Fördermöglichkeiten. Studien belegen, dass ethnisch deutsche Kinder mit dem gleichen sozioökonomischen Status und den gleichen Leistungen häufiger bei dem Übergang zu einer weiterführenden Schule die Empfehlung für die Realschule oder das Gymnasium erhalten. Zudem müssen Migrant*innenkinder mit den gleichen schwachen Leistungen häufiger die Klasse wiederholen. Bei gleichen Leistungen erhalten Kinder mit Migrationserfahrung in der Familie schlechtere Noten (vgl. Geißler/Weber-Menges 2008). Migrationsbedingte Sprachdefizite und Verständnisprobleme können als allgemeine Lernbehinderungen missinterpretiert werden. Zudem wird der Migrationshintergrund als Erklärung von schlechter schulischer Leistung verwendet (vgl. Hummrich/Terstegen 2020). Diese Diskriminierungsformen finden nicht immer beabsichtigt oder bewusst statt, sie sind jedoch einer der Faktoren, die über den Lernerfolg und den Lebensweg der Schüler*innen entscheiden.

Lektion 7: Bildungsmigration

Lehrkräfte mit Migrationshintergrund

Die Migrationsentwicklung Deutschlands und die daraus folgende sprachliche, soziale, ethnische und religiöse Vielfalt sind deutlich in den Klassenzimmern deutscher Schulen zu sehen. 2021 hatten 44,5 % der Schüler*innen Zuwanderungsgeschichte (vgl. Sachverständigenrat 2021). Allerdings betrifft diese Entwicklung vor allem die Schüler*innen und bezieht sich weniger auf die Lehrkräfte. Der Anteil der Lehrkräfte mit Migrationshintergrund bleibt gering – nur etwa 13 % haben einen Migrationshintergrund (vgl. Mediendienst Integration 2023). Das ist zwar doppelt so viel wie vor zehn Jahren, nichtsdestotrotz steht der ethnisch pluralen Schülerschaft meist eine „monokulturelle Lehrerschaft" gegenüber. An dieser Zahl wird sich in den nächsten Jahren vermutlich nicht viel ändern, da immer noch vergleichsweise weniger Schüler*innen mit Migrationshintergrund das Abitur machen als Schüler*innen ohne Migrationshintergrund und dabei das Lehramtsstudium wählen.

In der deutschen Forschung wurde das Themenfeld *Lehrkräfte mit Migrationshintergrund* bis 2011 kaum beachtet. Die erste empirische Studie in Deutschland wurde 2011 von Viola B. Georgi, Lisanne Ackermann und Nurten Karakaş unter dem Titel „Vielfalt im Lehrerzimmer. Selbstverständnis und schulische Integration von Lehrenden mit Migrationshintergrund in Deutschland" veröffentlicht (vgl. Georgi et al. 2011). Die Studie basiert auf der Anwendung von qualitativen und quantitativen Methoden der Sozialforschung: Es wurden 60 biografische Interviews mit Lehrer*innen und Referendar*innen mit Migrationshintergrund sowie eine Onlinebefragung durchgeführt. Aufgrund der Auswertung wurde festgestellt, wie groß die Notwendigkeit der Ausbildung und Beschäftigung von Lehrkräften mit Migrationshintergrund ist. Kinder und Jugendliche mit Zuwanderungsgeschichte brauchen Vorbilder, die ihnen zeigen, dass ein anderer ethnischer oder religiöser Hintergrund in Bezug auf den Bildungserfolg kein Hindernis sein muss. Den herkunftsdeutschen Lehrkräften mangelt es an persönlichen Erfahrungen im Umgang mit ethnischer Diversität. Hingegen wird in Lehrer*innen mit Migrationshintergrund ein besonderes Potenzial gesehen, sich in einer heterogenen Umgebung zurechtfinden zu können und mit Schüler*innen und Eltern mit Migrationshintergrund besser umgehen zu können. Lehrkräfte mit Zuwanderungsgeschichte wird in dieser Hinsicht ein besonderes Feingefühl zugeschrieben, das einen guten Austausch zwischen ihnen, Schüler*innen und Eltern mit verschiedenen kulturellen Hintergründen ermöglichen soll. Lehrer*innen mit internationaler Geschichte sollen somit Vorbild für Schüler*innen aus Einwandererfamilien sein und auch ein positives Bild der Zuwanderungsgeschichte für die Schüler*innen ohne Migrationshintergrund verkörpern.

Empirische Studien belegen jedoch diese Annahmen nicht oder nur teilweise. Neugebauer und Klein weisen nach, dass Schüler*innen mit Migrationshintergrund, die von Lehrkräften mit Zuwanderungsgeschichte unterrichtet werden, entgegen den Erwartungen keine höheren Kompetenzen erreichen. Ebenso zeigen die Interaktion und die Kooperation zwischen Eltern und Lehrkräften mit Migrationshintergrund wenig positive Effekte auf den Schulerfolg der Kinder mit Zuwanderungsgeschichte. Die Zunahme der Anzahl der Fachkräfte mit Migrationshintergrund an deutschen Schulen führt nicht zu einer Reduzierung der migrationsbedingten Bildungsnachteile (vgl. Neugebauer/Klein 2016). Vielmehr ist zu beachten, welche Wirkung andere soziodemografische Faktoren auf den Schulerfolg haben können. Auch der konkrete Migrationshintergrund sowie der Sozialstatus der Lehrkräfte kann sich in dieser Hinsicht auswirken. Damit diese Zusammenhänge besser erforscht werden können, sind zusätzliche Studien notwendig.

3. Migrant*innen in Ausbildung

Ein besonderer Abschnitt des deutschen Bildungssystems ist die Berufsausbildung. Die in Deutschland durchgeführten Studien verdeutlichen, dass die Jugendlichen mit Migrationshintergrund in den letzten Jahren deutlich seltener eine Lehre beginnen und dementsprechend seltener eine solche abschließen (vgl. Boos-Nünning 2010). 69 % der Migrant*innenjugendlichen, die eine betriebliche Ausbildung begonnen haben, beenden sie erfolgreich. Bei Nichtmigrant*innen liegt dieser Anteil allerdings bei circa 80 % (Euler/Severing 2016, S. 22). Es sind deutliche Unterschiede in dieser Hinsicht nach der Herkunft der auszubildenden Personen festzustellen. Bei den Jugendlichen mit osteuropäischem Migrationshintergrund betrifft die Erfolgsquote der Ausbildung 77 %. Hingegen liegt sie bei Jugendlichen aus türkisch-arabischen Herkunftsregionen bei ca. 60 %. In der Forschung ist weniger bekannt, wie diese Unterschiede zustande kommen. Es werden Faktoren wie soziale Herkunft und Schulleistung berücksichtigt. Granato et al. (2011) und Scherr et al. (2015) weisen die Wirkung von Diskriminierungsstrukturen im Bewerbungsprozess nach: Türkeistämmige und arabischstämmige Jugendliche verschicken die meisten Bewerbungen, bekommen aber vergleichsweise seltener Ausbildungsplätze. Vertreter*innen der Ausbildungsbetriebe erklären, dass die mangelnde Akzeptanz der Kundschaft eine Rolle spiele, Jugendlichen mit Migrationshintergrund weniger häufig einen Ausbildungsplatz anzubieten (Euler/Severing 2016).

Nach 2015 befasst sich die Migrationsforschung verstärkt mit den Prozessen der Eingliederung von geflüchteten Personen im Bereich der Ausbildung. Dabei ist die Datenlage nicht vollständig, und viele Fragen haben immer noch keine wissenschaftliche Antwort gefunden. Es ist aber festzustellen, dass es große Unterschiede bei den Geflüchteten im Hinblick auf ihre Herkunftsregionen, die Bildungsgrade und den jeweiligen Aufenthaltsstatus gibt (vgl. Franzke 2020). Diese führen zu unterschiedlichen Chancen, eine Ausbildung zu beginnen. Geflüchtete aus der Ukraine, aus Syrien, aus dem Iran und Irak sind vergleichsweise besser qualifiziert als Geflüchtete aus Afghanistan. In vielen Modellprojekten werden praktische Schwierigkeiten beim Zugang der Geflüchteten zum Arbeitsmarkt und im Bereich der Ausbildung festgestellt. So erfüllen manche Geflüchtete nicht die Zugangsbedingungen zu einer Ausbildung, da sie ihre Schulabschlusszeugnisse bei der Flucht nicht mitgenommen haben oder keine Übersetzung und Anerkennung der Unterlagen vorliegen. Teilweise können die Zeugnisse nicht nachgereicht werden, da in den Herkunftsländern Bürgerkriege oder kriegsähnliche Auseinandersetzungen geführt werden. Verwaltungen und Ämter bleiben dabei geschlossen. Dadurch können die geflüchteten Personen den für die Zulassung zur Ausbildung notwendigen Schulabschluss gar nicht nachweisen und müssen Anerkennungsprüfungen in Deutschland ablegen. Die Vorbereitung auf die Anerkennungsprüfungen kann aber Jahre dauern, da diese nach dem deutschen Bildungsplan bzw. nach den Bildungsplänen des jeweiligen Bundeslandes erfolgen, in dem sich die Geflüchteten aufhalten.

Ein weiteres Problem stellen die Sprachkenntnisse dar. Damit die Geflüchteten eine Ausbildung beginnen können, müssten sie ein Sprachniveau, je nach Ausbildungsfach, auf B1-, B2- oder C1-Niveau des gesamteuropäischen Referenzrahmens nachweisen. In vielen Fällen bedeutet das einen zwei- bis dreijährigen Deutschunterricht, bevor die Anerkennungsprüfung ablegt und ggf. die Ausbildung begonnen werden könnte.

Ein drittes Problem stellen die Aufenthaltsregelungen des deutschen Ausländerrechts dar (vgl. Lahner 2023). Grundsätzlich können Personen, deren Asylantrag bereits anerkannt wurde, ohne Einschränkung eine Ausbildung beginnen. Personen, die jedoch im Prozess der Anerkennung sind oder deren Asylantrag abgelehnt wurde, können in der Regel keine Ausbildung beginnen. In manchen Fällen wird geduldeten Asylbewerber*innen gestattet, dass sie mit einer Ausbildung anfangen. Insbesondere in Mangelberufen, z. B. im Bereich der Alten- oder Krankenpflege, ist die Ausstellung einer Ausbildungsduldung, d. h. einer Aufenthaltsgenehmigung zum Zweck der Ausbildung, möglich. Die Motivation der Geflüchteten, eine Ausbildung zu beginnen und abzuschließen, ist in der Regel hoch, da sie auf diese Art und Weise ihren Aufenthaltsstatus sichern und reguläre Verdienstmöglichkeiten erwarten. Allerdings wirken sich auch Faktoren wie Traumatisierungen, Depressionen oder psychische Angstzustände negativ auf den erfolgreichen Abschluss der Ausbildung aus.

4. Migration und Hochschulbildung: die internationalen Studierenden in Deutschland

Ein wichtiger Aspekt der Thematik der Bildungsmigration ist mit dem Studium im Ausland verbunden. Wie entwickelt sich die Anzahl der internationalen Studierenden in den letzten Jahren? Welche Fächer wählen sie und warum? Wie wohnen sie, was ist ihre Motivation für das Studium? Welche Probleme haben sie nach ihrer Auffassung, und wie können sie dabei unterstützt werden?

Die internationalen Studierenden stellen eine wichtige Gruppe im Rahmen der Bildungsmigration dar. Über Bildungsmigration wird in der Soziologie gesprochen, wenn Menschen ihre Heimat mit der Absicht verlassen, eine Ausbildung oder ein Studium im Ausland zu absolvieren. Die Anzahl der Studierenden mit ausländischer Staatsangehörigkeit in Deutschland nimmt tendenziell zu, wobei diese Entwicklung auf die ständige Zunahme der Anzahl der Bildungsausländer*innen und nicht auf die verbesserten Bildungsmöglichkeiten der Migrant*innenjugendlichen, die in Deutschland schulisch sozialisiert wurden, zurückgeht.

Wie oben erwähnt, wird in der Fachliteratur zum Thema Bildungsmigration zwischen den Bildungsinländer*innen und den Bildungsausländer*innen unterschieden (vgl. Chidalu et al. 2013). Die Bildungsinländer*innen sind Personen, die über eine deutsche Hochschulzugangsberechtigung verfügen, aber nicht die deutsche Staatsangehörigkeit besitzen. Das können Kinder ausländischer Eltern sein, die sich in Deutschland längerfristig oder temporär aufhalten. Zu den Bildungsinländer*innen gehören in der Regel Kinder oder Enkel der ersten Generation Migrant*innen, die in Deutschland ihr Abitur gemacht, aber die deutsche Staatsangehörigkeit nicht per Geburt haben oder nicht erworben haben. Sie gelten dennoch als Bildungsinländer*innen, weil sie eine deutsche Schule besucht und ihre Hochschulzugangsberechtigung in Deutschland erworben haben. Als Bildungsinländer*innen gelten aber auch Personen ausländischer oder deutscher Staatsangehörigkeit, die ein deutsches Gymnasium oder eine deutsche Schule im Ausland abgeschlossen haben. Im Semester (2022/23) studierten etwa 90.600 Bildungsinländer*innen an deutschen Hochschulen. Ihre Anzahl hat sich in den letzten zehn Jahren um ca. 10.000 Studierende erhöht (vgl. Mediendienst Integration 2024).

Die Bildungsausländer*innen hingegen sind Personen deutscher oder anderer Staatsangehörigkeit, die ihre Hochschulzugangsberechtigung im Ausland erworben haben und zum Zweck des Studiums nach Deutschland einreisen. Im Studienjahr 2022/23 waren 367.578 Bildungsausländer*innen an deutschen Hochschulen immatrikuliert, was eine Steigerung im Vergleich zum Studienjahr 2011/12 um ca. 175.000 ausmacht (vgl. Mediendienst Integration 2024). Die meisten Bildungsausländer*innen studieren in Deutschland als „Free Mover". Unter diesen Begriff werden die bildungsausländischen Studierenden gefasst, die ohne ein Kooperations- oder Austauschprogramm zum Studium nach Deutschland kommen und selbstständig ihr Studium planen und absolvieren. Diese Gruppe ist am häufigsten mit Problemen konfrontiert und vom Studienabbruch betroffen. Ein wichtiger Grund dafür sind fehlende finanzielle Unterstützung sowie Schwierigkeiten mit dem Aufenthaltsstatus.

Eine wichtige Ursache für die Erhöhung der Anzahl der internationalen Studierenden ist die zunehmende internationale Mobilität im Bildungsbereich, die durch Programme wie Erasmus oder durch bilaterale Kooperationen zwischen akademischen Einrichtungen gefördert wird. Der Anteil der Bildungsinländer*innen an den ausländischen Studierenden bleibt niedrig. Das liegt vor allem an den Prozessen, die im ersten Teil dieses Kapitels beschrieben wurden. Ein anderer Grund ist der bedeutsame Sachverhalt, dass viele Migrant*innenjugendliche eingebürgert werden und statistisch nicht als Bildungsinländer*innen, sondern als Deutsche gezählt werden.

Einreise und Aufenthalt

Die internationalen Studierenden müssen vor der Einreise nach Deutschland ein Visum zum Zweck des Studiums beantragen. Dieses wird in den Botschaften oder in den Konsularabteilungen Deutschlands erteilt. Die Beantragung dauert ca. zwei Monate, denn es gilt das sog. Schweigefristverfahren: Die Unterlagen der jeweiligen Bewerber*innen werden an die zuständige Ausländerbehörde in die jeweilige Stadt in Deutschland geschickt. Die Stadt bzw. die zuständige kommunale Ausländerbehörde müssen ihre Zustimmung erteilen. Das erfolgt nach der Prüfung jedes Einzelfalls und nach der Feststellung, dass es keine Einwände gibt, das Visum zu erteilen. Einige Staaten sind aufgrund bilateraler Abkommen von der Visumspflicht befreit: Neben den EU-Staaten gehören dazu Island, Norwegen, die Schweiz, Liechtenstein, Monaco, San Marino, Andorra, Honduras, Australien, Israel, Japan, Kanada, Republik Korea, Neuseeland, die USA, Brasilien und El Salvador. Personen, die aus diesen Ländern nach Deutschland kommen, dürfen ohne Visum einreisen, ein Studium aufnehmen und sich erst dann bei der Anmeldebehörde der jeweiligen Stadt in Deutschland registrieren. Dabei handelt es sich um eine politische und zugleich wirtschaftliche Entscheidung, Staatsbürger*innen welcher Länder visumsfrei nach Deutschland zum Zweck des Studiums einreisen dürfen. Die Visumspflicht verursacht Schwierigkeiten, mit denen die internationalen Studierenden jährlich konfrontiert werden: Zur Verlängerung wird ein Nachweis ausreichender Finanzierungsmittel verlangt.

Geschlecht

Bei den Studierenden in Deutschland erreicht der Frauenanteil beinah die 50-%-Marke. 2019 lag er bei 48,9 %. Bei der Gruppe der studierenden Bildungsausländer*innen sinkt er jedoch. Im Jahr 2010 betrug er 51,1 %. Hingegen lag er im Jahr 2019 bei 46,2 % (vgl. HSI-Monitor 2021). Dabei ist der Anteil der Frauen aus Osteuropa besonders hoch. Geringer ist hingegen der Anteil der weiblichen Personen aus Ländern wie Kamerun, Marokko, Mexiko, Ägypten, Tunesien und Libanon. Eine mögliche Erklärung hierfür liegt in den Genderstereotypen über die Rolle der Frauen, die in den verschiedenen Gesellschaften vorherrschen. In den osteuropäischen Ländern hat sich auch aufgrund ihrer Vergangenheit als sozialistische Gesellschaften in der Zeit 1945–1989 ein Bild der emanzipierten Frau, die selbstständig in der Öffentlichkeit agiert und dementsprechend studiert und erwerbstätig ist, etabliert. Der Anteil der berufstätigen Frauen und der Frauen in Führungspositionen ist in diesen Ländern tendenziell höher als in den westeuropäischen Gesellschaften. Das wirkt sich auf die Bereitschaft der jüngeren Frauen, ein Studium zu beginnen, positiv aus.

Fächerwahl

Die meisten internationalen Studierenden entscheiden sich für die Rechtswissenschaften, Wirtschaftswissenschaften, Sozialwissenschaften und Ingenieurswissenschaften. Nur wenige wählen die Sprach-, Literatur- oder Geisteswissenschaften wie Philosophie oder Kultur als Studienfächer. Bei der Fächerwahl ist eine pragmatische Orientierung festzustellen, die auch mit der Motivation zur Aufnahme eines Studiums in Deutschland im Zusammenhang steht. An erster Stelle werden von den befragten Studierenden die besseren Berufschancen genannt. Sehr wichtig für die Aufnahme eines Studiums in Deutschland ist die Möglichkeit der internationalen Anerkennung des Abschlussdiploms, die bessere Berufschancen in Deutschland, im Heimatland oder in einem Drittland ermöglicht (vgl. DAAD 2022).

Wohnsituation

Die meisten internationalen Studierenden wohnen in einem Studierendenwohnheim (39,7 %) oder in einer Wohngemeinschaft. Selten kommt vor, dass sie in einem Mietverhältnis als Untermieter wohnen (9,2 %) (DAAD 2022, S. 18). Hingegen ist bei den deutschen Studierenden die Tendenz festzustellen, dass sie nicht in einem Wohnheim, sondern überwiegend in einer Wohngemeinschaft, mit dem Partner/der Partnerin oder bei den Eltern wohnen. Das deutet auf eine relative Absonderung hin: Die internationalen und die einheimischen Studierenden teilen nicht die gleichen Wohnareale. Dadurch ergeben sich eingeschränkte Möglichkeiten der Kommunikation. Die räumliche Absonderung führt zur Festigung der sozialen Distanz.

Finanzierung des Studiums

Auch bei der Finanzierung des Studiums sind deutliche Unterschiede zwischen den internationalen und den einheimischen Studierenden festzustellen. Die meisten ausländischen – im Unterschied zu den deutschen – Studierenden finanzieren ihr Studium durch die Unterstützung der Eltern (ca. 50 %) (DAAD 2022, S. 37–38). 17 % der Bachelor- und 14 % der Masterstudierenden nennen die eigene Erwerbstätigkeit neben dem Studium als Hauptfinanzierungsquelle, wobei dieser Anteil im höheren Semester steigt. Lediglich 4–6 % der ausländischen Studierenden im Bachelor bzw. 10–12 % im Masterstudiengang beziehen ein Stipendium zur Finanzierung ihres Studiums. Dabei haben nur wenige internationale Studierende, vor allem diejenigen, die aus einem EU-Land stammen, Anspruch auf BAföG. Das verschärft die soziale Lage: Das Geld, das sie zur Verfügung haben, reicht oft nicht aus. So müssen die meisten ausländischen Studierenden die vorlesungsfreie Zeit nutzen, um zusätzlich Geld zu verdienen.

Herausforderungen

Die Finanzierung des Studiums wird als ein wichtiges Problem wahrgenommen (vgl. Apolinarski/Brandt 2018). Viele ausländische Studierende wünschen sich, dass sie das Recht haben, mehr Stunden neben dem Studium arbeiten zu dürfen. Das wird ihnen aus arbeits- und aufenthaltsrechtlichen Gründen nicht gestattet. In der Regel darf ein/e internationale/r Student*in lediglich zehn Stunden in der Woche während der Vorlesungszeit und 90 Tage in der vorlesungsfreien Zeit arbeiten.

Als weiteres Problem werden die Kontaktdefizite mit den deutschen Studierenden genannt. Ein Grund dafür sind die Sprachschwierigkeiten. Eine weitere Wirkung in dieser Hinsicht hat die wohnräumliche Trennung – die ausländischen und die deutschen Studierenden wohnen oft nicht im gleichen Wohnareal. Auch Kontakte zur lokalen Bevölkerung werden oft vermisst. Überhaupt wird der mangelnde Anschluss oft als problematisch angesehen. Es kommt hinzu, dass sie sich nach eigener Angabe aufgrund ihrer Herkunft mit Vorurteilen und Diskriminierung konfrontiert sehen. Das bezieht sich insbesondere auf die Prozesse der Wohnungssuche.

Lektion 7: Bildungsmigration

Unterstützung

Wie können die internationalen Studierenden unterstützt werden? Diese Frage hat nicht nur eine sozialpolitische, sondern auch eine wirtschaftliche und kulturelle Bedeutung. Die internationalen Studierenden können, wenn sie sich wohlfühlen, nach dem Ende des Studiums in Deutschland bleiben und durch ihre wirtschaftliche Leistung zur wirtschaftlichen und kulturellen Prosperität des Standorts Deutschland beitragen. Wenn sie sich entscheiden, in ihr Herkunftsland zurückzukehren oder in einen Drittstaat zu wandern, werden sie als „kulturelle Botschafter" Deutschlands agieren – sie werden Informationen und Wissen über den Standort Deutschland weitergeben. Aus diesen Gründen hat die Unterstützung der ausländischen Studierenden nicht nur eine emotionale, sondern auch eine rationale Dimension. Das Studium in Deutschland wird aus Steuermitteln finanziert. Rein volkswirtschaftlich ist bedeutsam, dass sich die internationalen Studierenden dafür entscheiden, nach dem Ende des Studiums in Deutschland zu bleiben. Dennoch ist das mit Komplikationen verbunden, denn insbesondere diejenigen, die nicht aus einem EU-Land kommen, brauchen eine Zustimmung der Agentur für Arbeit, auch wenn sie einen Arbeitsplatz finden. Wenn sie keinen Arbeitsplatz finden oder die Zustimmung der Agentur für Arbeit nicht erteilt wird, müssen die internationalen Absolventen Deutschland verlassen. In diesem Sinne beziehen sich die möglichen Unterstützungsformen sowohl auf die Ebene der rechtlichen Regulierungen als auch auf die Ebene der Praxis und der Alltagskommunikation. Insgesamt gehört die Bildungsförderung zu den wichtigen gesellschaftlichen und politischen Aufgaben unserer Zeit.

Diskussionsfragen

1. Warum ist der Anteil der Frauen an den Studierenden aus Osteuropa höher als z. B. der Anteil der Frauen aus Kamerun, Marokko oder Mexico?
2. Vergleichen Sie die Studiensituation der Bildungsinländer*innen mit der der Bildungsausländer*innen.
3. Diskutieren Sie die Forschungsbefunde bzgl. der Bedeutung von Lehrer*innen mit Einwanderungsgeschichte im Sinne einer Vorbildfunktion.
4. Nennen Sie wichtige Faktoren für den Bildungserfolg von Kindern und Jugendlichen mit Einwanderungsgeschichte.
5. Welche Maßnahmen können Bildungsinstitutionen ergreifen, um gleiche Bildungschancen für alle Kinder unabhängig von ihrem Migrationsstatus zu gewährleisten?
6. Wie können Themen wie Diskriminierungskritik und Rassismuskritik am besten in der Schule implementiert werden? Diskutieren Sie über die Vorgehensweise der sog. „Schule ohne Rassismus – Schule mit Courage".

Literaturtipps

Bauer, Ulrich/Bittlingmayer, Uwe H./Scherr, Albert (Hrsg.) (2022): Handbuch Bildungs- und Erziehungssoziologie. Bildung und Gesellschaft, Wiesbaden: Springer.

Fritzsche, Bettina/Khakpour, Natascha/Riegel, Christine/Scheffold, Miriam/Warkentin, Stephanie (2024): Bildung im Kontext von Flucht und Migration: Subjektbezogene und machtkritische Perspektiven, Bielefeld: transcript Verlag.

Menz, Margarete/Rellstab, Daniel/Stock, Miriam (2024): Körper und Emotionen in Bewegung. Migrationsgesellschaftliche Perspektiven auf Bildung, Politik und Familie, Wiesbaden: Springer.

Teltemann, Janna (2022): Bildungssoziologie, 2. Aufl., Baden-Baden: Nomos.

Lektion 8: Migration und Gender

> **Überblick**
>
> In dieser Lektion wird der Begriff „Gender" eingeführt. Die genderbasierten Besonderheiten der Migrationsbewegungen werden thematisiert. Es wird die Frage diskutiert, ob Frauen häufiger als Männer migrieren. In diesem Kontext wird die Problematik der „Feminisierung der Migration" vorgestellt. In der soziologischen Migrationsforschung wird der Begriff „globale Versorgungsketten" verwendet und es wird analysiert, inwiefern er mit dem Gender-Begriff verbunden ist. In diesem Kapitel wird insbesondere auf die Thematik der queeren und Transidentitäten im Kontext der Migrationsbewegungen eingegangen.

1. Der Begriff Gender

Mit dem Begriff Gender werden in den Sozialwissenschaften die sozial konstruierten und reproduzierten Dimensionen der Geschlechter bezeichnet. Es wird zwischen biologischem Geschlecht („sex") und sozialem Geschlecht („gender") unterschieden. Das biologische Geschlecht umfasst die sichtbaren und/oder objektiv feststellbaren körperlichen Merkmale (Körperbau, Geschlechtsorgane, Körpergröße, Stimme, Chromosomen usw.). Die Kategorie des sozialen Geschlechts hingegen beinhaltet die interpretierte Form des biologisch gegebenen Hintergrunds. Sie bezieht sich auf die soziale Konstruktion des Körperlichen. Die Soziologie geht von der Annahme aus, dass das Geschlecht nicht ausschließlich biologisch gegeben ist, sondern auch sozial reproduziert und kulturell definiert wird. In jeder Gesellschaft existieren Vorstellungen, wie Männer, Frauen und diverse Personen sein sollen, damit sie den Idealbildern einer Frau, eines Mannes, bzw. einer diversen Person entsprechen können. Diese Vorstellungen umfassen sowohl das äußerliche Erscheinungsbild als auch den beruflichen und privaten Werdegang. Sie werden in Institutionen wie Schule, Familie, Medien sowie in Teilbereichen der Gesellschaft wie Wirtschaft, Politik, Kunst usw. vermittelt.

Seit den 1960er-Jahren des 20. Jahrhunderts etablierte sich die Genderforschung als eine Teildisziplin der Sozialwissenschaften. Zunächst als Frauenforschung entstanden, thematisierte sie die soziale Ungleichbehandlung der Frauen in den modernen westlichen Gesellschaften. Die frühe Genderforschung stellte die Frage, inwieweit die Geschlechterzugehörigkeit soziale Ungleichheiten produziert und reproduziert. Im Fokus dieser Fachrichtung, die aus der ersten Frauenbewegung entstand, standen das Frauenwahlrecht, die ungleiche Verteilung von Ressourcen wie Zugang zur Bildung und Einkommen sowie die unterschiedliche Beteiligung an der Hausarbeit. Die zweite Welle der Bewegung befasste sich mit der freien Selbstbestimmung der Frauen und insbesondere mit der Möglichkeit, selbstständige Entscheidungen über ihren Körper zu treffen. Im Fokus standen Themen wie das Recht auf Abtreibung sowie Gewalt gegen Frauen. Die neuesten Tendenzen der Frauenbewegung widmen sich der Problematik des Ethnozentrismus. Damit ist gemeint, dass verschiedene Feminismen, wie z. B. der muslimische oder der südamerikanische Feminismus, an Bedeutung gewinnen. Frauenrechtlerinnen setzen sich für die Anerkennung der außereuropäischen Feminismen und Sichtweisen ein.

Eine weitere Besonderheit der dritten Welle der Frauenforschung ist die Fokussierung auf die „Männlichkeiten". Ziel einer modernen Genderforschung soll unter anderem sein, dass diese sich gegen den Ausschluss der Männer als Forschungsobjekte positioniert. Dementsprechend fokussiert sich die Genderforschung seit Beginn des 21. Jahrhunderts zunehmend auf die Problematik der Männlichkeit. Mit Bezug auf Themen wie Transsexualität, Intersex, Transgender usw. wird die Prämisse infrage gestellt, dass lediglich zwei Geschlechter existieren, die objektiv voneinander zu unterscheiden sind. Nicht nur die Cis-Gender,[11] sondern auch die Transgender-Identitäten stehen im Mittelpunkt der aktuellen Genderstudien.

2. Gender und Migration: Öffnung der soziologischen Migrationsforschung für weibliche Migration

Unabhängig von der Genderforschung entwickelte sich in Deutschland seit den 1960er-Jahren die soziologische Migrationsforschung. Zu Beginn nahm sie vor allem die soziale Stellung der ausländischen männlichen Gastarbeiter in den Blick. Sie blieb lange Zeit für die Problematik von Frauen und unterschiedlicher Genderidentitäten verschlossen. Ohne explizite Begründung erfassten die ersten Migrationsforscher*innen unter den Begriffen Ausländer und Migranten vor allem – wenn auch nicht ausschließlich – die männlichen Migranten: „Im Mainstream der Migrationsforschung gelten Männer als prototypische Migranten" (Lutz 2008, S. 573). Die weiblichen Gastarbeiterinnen der 1960er- und 1970er-Jahre wurden nicht berücksichtigt bzw. ihre Problemlagen wurden „geschlechtsneutral" behandelt. In wenigen Studien der 1980er-Jahre wird die gesellschaftliche Positionierung ausländischer Frauen erläutert. Diese werden einerseits als Opfer der fremden Gesellschaft und andererseits als Opfer der eigenen patriarchal-familiären Ordnung dargestellt.

Mit dem zunehmenden Einfluss der Genderforschung in Gesellschaft und Wissenschaft während der 1980er- und 1990er-Jahre öffnet sich die Migrationsforschung für Genderthemen. Die Besonderheiten der Frauenmigration stehen im Mittelpunkt unterschiedlicher Studien. Die beiden Themenkomplexe Migration und Emanzipation werden verbunden und in ihrer gegenseitigen Bedingtheit analysiert (vgl. Treibel 2009).

Die 1990er-Jahre bewirken auch eine Wende im wissenschaftlichen Diskurs. Sie steht im Einklang mit der veränderten gesellschaftlichen Realität. In den 1990er-Jahren verfestigt sich die Tendenz, dass weltweit immer mehr Frauen migrieren, und zwar unabhängig von ihren Ehemännern. Die Migration wird im Einklang mit der weltweit zunehmenden Bedeutung der Dienstleistungen „weiblicher". Dadurch werden die Frauen zu den Hauptversorgerinnen ihrer in den Herkunftsländern gebliebenen Familien. Dieses Phänomen wird als „Feminisierung der Migration" (vgl. Granato 2004) bezeichnet. Der Begriff ist bedeutend, da er die zunehmende Rolle der Frauen in den globalen Migrationsprozessen abbildet. Gemeint

---

11 Cis-Gender sind Personen, bei denen die Gender-Identität mit der körperlichen, biologischen Identität übereinstimmt. Transgender sind hingegen Individuen, bei denen keine Übereinstimmung der Gender- und der Körperidentität existiert.

ist, dass viel mehr Frauen in der Lage sind, selbstständig zu migrieren und ihre Migrationsbiografien unabhängig von ihren Ehemännern, Vätern oder Familien zu schreiben. In Teilen wird der Begriff jedoch problematisiert, da er suggeriert, dass Frauen die größere Migrant*innengruppe bilden, was nicht in allen Migrationsformen zutrifft.

Auch im deutschen Einwanderungskontext der 1990er-Jahre zeichnen sich Veränderungen ab. Die 1990er-Jahre werden durch die zunehmende Einwanderung der aus Osteuropa stammenden Frauen nach Deutschland bestimmt: Sie wandern als Spätaussiedler*innen, Arbeitsmigrant*innen, Student*innen, Bürgerkriegsflüchtlinge, Au-Pairs oder aber als irreguläre Migrant*innen ein. Die zum Teil zwangsweise durchgeführte Modernisierungs- und Emanzipationspolitik in Osteuropa nach dem Zweiten Weltkrieg etabliert einen „emanzipierten" gesellschaftlichen Common Sense über die Rolle und gesellschaftliche Stellung der Frauen (vgl. Liakova 2020; Krizkova et al. 2009).

Diese Besonderheiten der Einwanderung nach Deutschland, aber auch im globalen Kontext wirken sich auf die wissenschaftliche Rezeption aus. Waren die Migrationsbewegungen der 1960er- und 1970er-Jahre durch temporäre Einwanderung von relativ niedrig qualifizierten Männern bestimmt, ist die Migration der 1990er-Jahre durch die Heterogenität der Zugewanderten charakterisiert. Nach Deutschland wandern Hoch- wie Niedrigqualifizierte, Männer wie Frauen, Menschen, die dauerhaft wie temporär bleiben möchten. Auch die Gradlinigkeit der Migrationsprozesse nach Deutschland, die typisch für die 1960er-, 1970er- und zum Teil auch für die 1980er-Jahre war, ändert sich in den 1990er-Jahren: Die Rückkehrmigration, die transnationalen Migrationspraktiken und die wiederholten Wanderungen nehmen an Bedeutung zu. Generell wird die Migrationsforschung der 1990er-Jahre offener für die Thematisierung der Stellung von Frauen als Migrantinnen, wobei eine Art Diversifizierung der Rezeption der Migration und ihrer Probleme einsetzt. In den 1990er-Jahren wird zunehmend das Augenmerk auf die unterschiedlichen Migrationshintergründe gelegt (vgl. Neumann 1994). Neben den türkeistämmigen Frauen werden auch Frauen anderer Nationalitäten von der Forschung verstärkt berücksichtigt. Wichtige Themen sind die unterschiedliche rechtliche Stellung, z. B. von Geflüchteten, irregulären Migrant*innen, Prostituierten (vgl. Pachali 1991). Im Fokus stehen ebenso die sich differenzierenden Lebenslagen und generell die Pluralisierung der Lebensstile der ausländischen Frauen, die im Übrigen nun zunehmend als „Migrantinnen" bezeichnet werden. Die Forschung bezieht sich vornehmlich auf die spezifischen gesellschaftlichen Probleme der Frauen (z. B. die Gesundheit der Migrantinnen) (Grottian 1991).

Wurden die Ausländer und die Migranten in den 1980er- und 1990er-Jahren in ihrer nationalen bzw. ethnischen Fremdheit wahrgenommen, wird in den Diskursen seit den 2000er-Jahren die religiöse Differenz betont. Die Fokussierung auf Themen wie Religionszugehörigkeit und Kultur der Migrations- und Integrationsdebatte in Deutschland nimmt zu. In den Jahren nach 2001 intensiviert sich die Auseinandersetzung mit der Stellung muslimischer Frauen. In diesem Kontext ist die Studie „Viele Welten leben" von Ursula Boos-Nünning und Yasemin Karakaşoğlu zu erwähnen, die in ihrer Tiefe und Gründlichkeit bis heute einzigartig ist (vgl. Boos Nünning/Karakaşoğlu 2005). Auf einer Seite wird verfassungsrechtlich und gesellschaftspolitisch die Bedeutung der kulturellen Selbstbestimmung und des Rechts, sich frei für eine Religionsausübung zu entscheiden, betont. Auf der anderen Seite werden die kulturellen Praktiken bestimmter Religionsformen (z. B. das Kopftuchtragen) als Unterdrückung der Frau und sogar als politisches Symbol des Islamismus identifiziert. So bezeichnet die deutsche Feministin Alice Schwarzer das Kopftuch als „die Flagge des Islamismus", als „Zeichen, das die Frauen zu den anderen, zu Menschen zweiter Klasse macht" (Schwarzer 2006, o. S.). Von Autorinnen wie Necla Kelek (vgl. Kelek 2006) und Seyran Ates (vgl. Ates 2007) wird die Kompatibilität von Islam und Emanzipation und generell von Islam und westlichen Werten infrage gestellt.

Seit dem Jahr 2000 hat der Anteil der Studien über Migrantinnen zugenommen. Dabei redet man nicht mehr über „ausländische Frauen", sondern über „Migrantinnen" und über „Frauen mit Migrationshintergrund" oder „mit Zuwanderungsgeschichte", was einerseits die Verfestigung ihres Aufenthalts widerspiegelt und andererseits symptomatisch für die veränderte gesellschaftlich-politische Konzipierung der Migrationsthematik ist.

Besonders die Bildungssituation und die wirtschaftliche Lage der Migrantinnen werden nun intensiv beleuchtet (vgl. Castro Varela 2003; Hummrich 2009). Die Forschung fokussiert sich weiterhin auf den erschwerten Übergang für Migrantinnen von der Schule in den Beruf und generell auf Frauen in schwierigen Lebenslagen (Arbeitslose, Sozialhilfeempfängerinnen, Hausfrauen und irreguläre Migrantinnen) (vgl. Howe 2007). Parallel dazu wird aber das sozialwissenschaftliche Augenmerk auf „erfolgreiche" Frauen mit Migrationshintergrund oder auf Migrantinnen in Führungspositionen gelegt. Im Zuge der Etablierung der Transnationalisierungsproblematik in der Migrationsforschung werden zunehmend Studien zu Migrantinnen-Netzwerken und zur Transnationalisierung der Migrantinnenorganisationen durchgeführt. Ein wichtiger Aspekt dieser Entwicklung ist die Transnationalisierung des kulturellen Kapitals (vgl. Bourdieu 1992) und insbesondere die Problematik der Anerkennung von Bildungsabschlüssen.

Generell ist in den letzten zehn Jahren festzustellen, dass sich ein vielschichtiges und heterogenes Bild der Migrantin bzw. der Frau mit Migrationshintergrund in der deutschen Migrationsforschung etabliert. Es werden die unterschiedlichen Herkunftsmilieus, Einwanderungsmotive, Lebenslagen und Altersgruppen der Migrantinnen analysiert. Neben den Problemen der Heiratsmigrantin werden die Lebenssituationen der Studentin, Wirtschaftsmigrantin, weiblichen Geflüchteten und der irregulären Migrantin analysiert. Auch unterschiedlichen Nationalitäten wird Rechnung getragen: Neben der türkeistämmigen Migrantin werden der Aussiedlerin und der Frau aus dem Fernen Osten Studien gewidmet. Trotzdem ist, wie Helma Lutz anmerkt, die akademische Institutionalisierung im Sinne der Gründung eines universitären Fachbereichs in Deutschland immer noch nicht gelungen.

3. Aktuelle Bereiche im Themenfeld Gender und Migration

3.1. Migration und Männlichkeit

Parallel zu diesen Entwicklungen nimmt seit der Jahrtausendwende die Anzahl der Studien, die sich mit dem Themenkomplex „Männlichkeit in der Migration" befassen, zu.

Dieser wird im Zusammenhang sozialer Probleme wie Beschäftigung, sozialer Aufstieg, Armut und Gesundheit der männlichen Migranten bearbeitet. Michael Tunc fokussiert die Problematik der Vaterschaft in der Migration. Im Kontext von Migranten, die die häusliche Versorgung der Familie übernehmen, verwendet er den Begriff „caring masculinity" (Tunc 2021, S. 245). In seinen Studien betont er die Notwendigkeit einer neuen analytischen Vorgehensweise, die die „Herausbildung eines homogenen negativen Stereotyps" infrage stellt. Es soll nach Tunc vermieden werden, dass die „vorhandenen patriarchalen Männlichkeits- und Väterlichkeitskonzepte" […] „einseitig und verallgemeinernd mit der (vermeintlich) ethnisch-kulturellen Andersartigkeit oder Religion (Islam) erklärt […] werden" (Tunc 2021, S. 252). Bei der Auswertung der Elterngeldnutzung zeigt sich eine positive Tendenz, die auf die Übernahme der Care-Rolle in der Familie hindeuten. Grund dafür kann aber auch die schlechtere Positionierung der männlichen Migranten auf dem deutschen Arbeitsmarkt sein (vgl. Tunc 2021).

Ein weiterer Fokus liegt auf die Problematik der Gewaltbereitschaft männlicher Migranten. Im öffentlichen Diskurs wird insbesondere im Kontext der Kölner Silvesternacht 2016 und des Mordes eines Polizeibeamten in Mannheim im Jahr 2024 über ihre Gewaltaffinität diskutiert. Studien stellen den Zusammenhang zwischen Rassismus und Sexismus, die in der Gesellschaft etabliert sind, in den Vordergrund (vgl. Messerschmidt 2016). Forschungsarbeiten zeigen aber auch ein problemzentriertes Bild der männlichen Migranten auf, das von „Gewaltaffinität" oder „Gewaltakzeptanz" geprägt ist. Uslucan, Fuhrer und Rademacher definieren die Gewaltakzeptanz als die „prinzipielle Legitimierung eines gewaltförmigen Umgangs mit Handlungskonflikten" (Uslucan et al. 2003, S. 284). Physische Gewalt ist ein männliches Phänomen, das unabhängig von der eigenen Migrationserfahrung ist (vgl. Melzer 2000; Rostampour 2000). Studien thematisieren allerdings, inwieweit der Migrationshintergrund für die Bereitschaft, Gewalt auszuüben, eine Rolle spielt. Eine einfache Korrelation kann die empirische Forschung nicht feststellen, denn in Deutschland ist zwar die Gewalterfahrung und die Gewaltausübung von Jugendlichen mit Migrationshintergrund überdurchschnittlich hoch (vgl. Pfeiffer/Wetzels 2000; Babka von Gostomski 2003; Baier et al. 2010), allerdings konnten nach Kontrolle von Bildungsfaktoren keine wesentlich höheren Gewaltraten z. B. bei türkischen Jugendlichen nachgewiesen werden (vgl. Uslucan 2008a). Migration an sich ist nicht die Kernursache für männliche Gewalt. Es sind aber spezifische Faktoren festzustellen, die die Gewaltaffinität begünstigen und die unter Umständen bei manchen Migrant*innengruppen häufiger vorkommen können.

Zu den gewaltbegünstigenden Faktoren gehören:

- *Die erlebte Gewalt.* Männer, die Gewalt erlebt haben, tendieren häufiger dazu, Gewalt anzuwenden, und zwar unabhängig davon, ob sie eine Migrationserfahrung gemacht haben oder nicht. Besonders Migrant*innen, die im Kontext von Bürgerkriegen oder Konflikten aufgewachsen sind und die Strapazen einer Fluchtwanderung hinter sich haben, werden mit Gewalt konfrontiert. Diese Erfahrung geschieht in einem Alter, welches für die Sozialisation sehr prägend ist. Zu den Risikogruppen gehören die unbegleiteten minderjährigen Geflüchteten, die oft ohne Schutz und Fürsorge in Sammelunterkünften aufwachsen und aufgrund ihrer Lebenserfahrung oft traumatisiert sind.
- *Sozialisation.* Wenn in der Familie Gewalt als eine legitime und selbstverständliche Form der Erziehung eingesetzt wird, tendieren die Kinder und Jugendlichen infolge der erlebten Gewalt dazu, Gewalt in Konfliktsituationen einzusetzen.
- *Peer-Groups.* Jugendliche, die in einer gewaltverherrlichenden Umgebung aufwachsen und in ihren Peer-Groups Gewalt erleben, tendieren eher dazu, selbst Gewalt auszuüben.
- *Konzepte von Ehre und Männlichkeitsvorstellungen.* Bohnsack (2002) befasst sich mit der Problematik der männlichen Ehrkonzepte und ihrer Auswirkung auf das Leben der Männer mit Migrationshintergrund. In traditionell-konservativen Milieus wird Ehre als ein Gruppen- bzw. Familienphänomen definiert. Im Mittelpunkt steht nicht die Würde des Individuums, sondern die Ehre der Familie, die es zu verteidigen gilt. Ein möglicher Verstoß gegen die Ehre wäre es, wenn weibliche Familienmitglieder eine außereheliche Beziehung haben oder Geschlechtsverkehr vor der Ehe praktizieren. In manchen Gesellschaften, z. B. in Afghanistan oder Pakistan, wird dieser Verstoß gegen die Familienehre mit dem „Ehrenmord" oder mit einem Säureattentat bestraft (vgl. Terre der Femmes 2005).
- *Gewaltverherrlichende Kunstwerke*, wie Filme, Musik, aber auch Sportarten oder Videospiele haben ebenfalls eine Wirkung auf die Steigerung der Gewaltaffinität von Jugendlichen.

Insgesamt ist die Verknüpfung der Themenkomplexe „Migration" und „Männlichkeit" in der Fachliteratur bei Weitem noch nicht so ausführlich wie „Migration" und „Weiblichkeit".

3.2. Transidentitäten, queere Identitäten und Migration

Im Kontext der Intersektionalität wird die Wirkung der Migration auf das Leben von Menschen, die sich als Transpersonen identifizieren, berücksichtigt. Insbesondere die Lage von Migrant*innen, die zur LGBTIQ-Community gehören sowie die Diskriminierung von nicht heterosexuellen und nicht Cis-Gender-Personen sind Themen verschiedener Studien. In der Fachliteratur wird diskutiert, welche Migration als „Queer-Migration" bezeichnet werden soll – jede transnationale Bewegung von queeren Menschen oder die Migration, bei der die Motive der Wanderung mit der eigenen Homosexualität verbunden sind (vgl. Mole 2021).

In der Forschung steht die soziale Lage der queeren Menschen im Mittelpunkt – etwa ihre Fluchterfahrung, das Leben als irreguläre Migrant*in oder die Zugehörigkeit zu einem EU-Land. Diese aufenthaltsrechtlichen Unterschiede bedingen die soziale Stellung einer nicht heterosexuellen Person. Die Herkunft formt den Bezug zur eigenen ethnischen Gruppe. Wenn die migrierende Person aus einer Gesellschaft stammt, in der Homosexualität gesetzlich verboten ist, ist die Wahrscheinlichkeit, dass sie mit anderen Personen aus ihrem Herkunftsland in Verbindung steht, gering. Bei der Migration aus einem Land, in welchem Homosexualität bereits akzeptiert wird, ist demgegenüber die Pflege transnationaler Verbindungen und Beziehung zur eigenen Migrant*innendiaspora erheblich wahrscheinlicher. Diese beiden Faktoren können sich auf die Selbstwahrnehmung einer queeren Person auswirken. Sowohl die unterschiedliche aufenthaltsrechtliche Stellung der migrierten Person als auch die Lage der Homosexuellen und Transpersonen im Herkunftsland wirken sich auf die Möglichkeit aus, den oder die (Ehe-)Partner*in nachzuholen.

3.3. Migration und Emanzipation

Die kumulative Behandlung der Themen Gender und Migration führt zu neueren Interpretationen der Korrelation zwischen Migration und Emanzipation. Lange Zeit wurde dieser Zusammenhang in der Migrationsforschung übersehen. Die weiblichen Migrantinnen wurden per se als nicht emanzipiert oder als Opfer eines autoritären Erziehungsstils oder von Ausgrenzungen der Aufnahmegesellschaft angesehen. In der Fachliteratur der 1970er- und 1980er-Jahre steht der männliche Migrant im Fokus. Frauen wurden entweder komplett als Forschungsthema ausgeblendet oder als Personen dargestellt, die ihren Ehemännern passiv folgten. Die Genderperspektive der 1990er- und der Folgejahre in der Migrationsforschung ermöglicht die Fragestellung, ob die bereits emanzipierten Frauen migrieren oder das Leben in der Migration zur Emanzipation der Frauen beiträgt. Annette Treibel stellt die Frage, ob die Migration die Emanzipationsprozesse unter den migrierenden Frauen beschleunigt oder im Gegenteil die Migration die bestehenden patriarchalen Strukturen in den Migrant*innencommunitys festigt. Die Antwort ist im Kontext der sozialen Schichtung der Migrant*innen zu finden (vgl. Treibel 2009). Migrantinnen, die selbstständig wandern, z. B. als Bildungs- oder Arbeitsmigrantinnen, gelten zwar als „emanzipiert"; diese Emanzipation ist allerdings nicht als Folge der Migration anzusehen, sondern vielmehr als Ergebnis ihrer Erziehung, Bildung und sozialen Zugehörigkeit in ihren Herkunftsländern zu begreifen. Selbst die Entscheidung zu migrieren kann ein Ausdruck der bereits erfolgten Emanzipation sein, die aus der gezielten Unterstützung vonseiten der Familie resultiert. In manchen Fällen ist die (weibliche) Migration Ergebnis einer Familienentscheidung: Die Töchter gelten vielfach als verlässlicher als Söhne, da sie Arbeitsplätze im Care-Bereich einfach bekommen und dadurch die Familie im Herkunftsland besser versorgen können. Infolgedessen werden sie intensiv von den Familien gefördert, ihre Migration wird intensiv vorbereitet, auch wenn sie nicht den traditionellen Gendersterotypen entspricht. Solche Migrationsbiografien enthalten Emanzipationspotenzial: Frauen wandern selbstständig und müssten in der Regel allein ihr Leben in der Einwanderungsgesellschaft organisieren, wohingegen Migrantinnen, die zum Zweck der Familiengründung zu ihren Ehemännern einwandern, in eine geschlossene und oft ethnisch homogene Gemeinschaft migrieren. In vielen Fällen entwickelt sich aus dieser Art von Wanderungsbewegung keine emanzipatorische Einstellung.

Ein breites Themenfeld ist im Kontext der Emanzipation mit der Stellung der muslimischen Frau verbunden. Als Folge der sog. Kopftuchdebatte, die in Deutschland seit Ende der 1990er-Jahre geführt wird, werden Fragen über die gesellschaftliche Positionierung und Selbstständigkeit einer Kopftuch tragenden Frau diskutiert. Ist das Kopftuch ein Ausdruck der (Selbst-)Unterdrückung oder gar des politischen Islamismus, oder handelt es sich um eine freiwillige Form der Religionsausübung und der Äußerung der eigenen Identität? Rommelspacher (2002), Klinhammer/Neumaier (2020), Klinhammer (2011) und Korteweg/Yurdakul (2016) betonen in ihren Studien die Selbstständigkeit der Entscheidung der muslimischen Frauen mit Zuwanderungsgeschichte, ein Kopftuch zu tragen. Es handelt sich um eine selbst gewählte Form der Identitätsbekundung. Kritisch äußern sich vor allem Frauenrechtlerinnen wie Alice Schwarzer (2006), Ayaan Hirsi Ali (2010) und Seyran Ates (2007), die die Position vertreten, dass das Kopftuchtragen ein Zeichen der Unterdrückung der Frauen sei.

In der Migrationsforschung gewinnen Thesen des muslimischen Feminismus an Bedeutung. Nach diesem ist das Kopftuch nicht zwingend ein Ausdruck der Unterdrückung einer Frau, sondern kann unter Umständen auch eine souveräne Entscheidung einer emanzipierten Frau sein. Im Kontext der kritischen Auseinandersetzung mit dem Thema Emanzipation wird insbesondere auf die Lebenslage der Migrantinnen, die als erfolgreiche Unternehmerinnen, Ärztinnen, Ingenieurinnen etc. tätig werden, eingegangen. Schlüsselthemen sind „Work-Life-Balance" und die „Brain Drain" bzw. „Brain Circulation".

Im Zuge der Emanzipationsdebatte der Migrantinnen werden Aspekte wie die Beteiligung muslimischer Schüler*innen am Schwimmunterricht oder am Sexualkundeunterricht diskutiert. Themen wie Ehrenmord, Zwangsverheiratung und Genitalverstümmelung von Migrant*innen stehen auch im Mittelpunkt der öffentlichen und der wissenschaftlichen Debatten.

3.4. Globale Versorgungsketten

Die Genderperspektive in der Migrationsforschung eröffnet die Möglichkeit, neue Wanderungsphänomene zu analysieren. Solch ein Phänomen ist die Care-Migration. Rosenberger definiert den Care-Begriff als „die Bereitstellung der Güter und Dienstleistungen, die zum Schutz, zur Erhaltung und Wiedergewinnung von physischer, psychischer und sozialer Gesundheit und Wohlergehen eines Menschen nötig sind" (Rosenberger 2014, S. 77). Die Pflegearbeit umfasst unterschiedliche Tätigkeiten, z. B. die Unterstützung bei Toilettengängen älterer Menschen, Hilfe bei der Körperpflege oder Einnahme der Medikamente (vgl. Aulenbacher et al. 2021). Sie bezieht sich aber nicht nur auf ältere, sondern auch auf kranke Menschen oder Kinder, die eine Betreuung benötigen. Dieses Erwerbsfeld ist im Wesentlichen eine feminisierte Arbeit – 70 % der Angestellten in deutschen Haushalten sind weiblich (vgl. Benazha 2021). Auch bei Migrant*innenfamilien ist der Gender Care Gap festzustellen: Mütter investieren im Durchschnitt mehr Wochenstunden in die Erziehung, Pflege und Hausarbeit als Väter (vgl. Samtleben 2019).

Es kommt hinzu, dass sich diese Branche durch Rechtsverletzungen charakterisiert. Die im Haushalt beschäftigten Personen werden oft nicht behördlich angemeldet, zahlen keine Steuern oder Abgaben und wohnen direkt in der Wohnung der pflegebedürftigen Person (sog. „Live-in-Care"). Die Konsequenz ist, dass der/die pflegende Migrant*in oft von sozialen Kontakten ausgeschlossen ist. Im Care-Bereich sind häufig keine Grenzen zwischen Arbeits- und Privatsphäre und zwischen Arbeitszeit und Freizeit möglich. Dadurch entstehen gewisse Abhängigkeiten (vgl. Aulenbacher et al. 2021).

Die Übernahme von Pflegetätigkeiten durch Migrant*innen führt zur Entstehung der sog. globalen Versorgungsketten. Der Begriff wurde von Arlie Russell Hochschild und Barbara Ehrenreich (2004) geprägt und bezeichnet die Wanderung von Frauen von ärmeren in reichere Regionen der Welt mit dem Ziel, eine bezahlte Versorgungsarbeit am Einwanderungsort zu verrichten. Dadurch kann wiederum in den Herkunftsregionen eine Versorgungslücke entstehen. Diese wird durch die Migration anderer Menschen geschlossen. So entsteht eine spezifische Versorgungskette („care chain").

In der aktuellen Forschung wird die ursprünglich starke Fokussierung auf die Wanderung der Mütter in den letzten Jahren überwunden: Analysen befassen sich mit den Lebenslagen der in den Herkunftsländern hinterbliebenen Verwandten und Kindern (vgl. Shinozaki 2015) oder auch mit Herausforderungen der Väter (vgl. Fresnoza-Flot 2009).

Durch die Prozesse der europäischen Integration verstärkt sich die Wanderung von Pflegefachkräften innerhalb Europas. Ausgebildete deutsche Fachkräfte wandern in die Schweiz aus, Pflegende aus Osteuropa kommen nach Zentral- oder Westeuropa, wo ihre Arbeit besser vergütet wird (vgl. Benazha et al. 2021). Dabei handelt es sich nicht zwingend um eine klassische unidirektionale Migration, sondern um zirkuläre Wanderungen, durch die ggf. die geltenden Visaeinschränkungen für die Staatsbürger*innen der Nicht-EU-Länder überwunden werden können. Baldassar und Merla (2013) bezeichnen diese Bewegungen als „transnational care circulation" (Baldassar/Merla 2013, S. 25). Albaner*innen wandern z. B. nach Italien, Ukrainer*innen nach Polen; dort bleiben sie visumsfrei ca. drei Monate, danach wandern sie zurück und im folgenden Jahr wieder ein. Die Stelle wird für die folgenden drei Monate von einer bekannten oder verwandten Person übernommen, die nach drei Monaten wieder ausreisen muss.

Im Unterschied zu den osteuropäischen EU-Migrant*innen wandern einige Care-Arbeiter*innen aus asiatischen Ländern nach Europa irregulär ein, da sie selbst für die Einreise und nicht erst nach drei Monaten ein Visum benötigen. Aus diesem Grund können sie die europäischen Länder nicht verlassen – sie leben in einigen Fällen irregulär in diesen Ländern. Die sog. „Overstayer" haben nicht nur einen unsicheren sozialen und ausländerrechtlichen Status; sie werden auch auf Dauer von ihren Familien getrennt (vgl. Shinozaki 2015).

Die Ausübung von Pflegetätigkeiten im Kontext der Migration führt zur Notwendigkeit einer kultursensiblen Vorgehensweise. Insbesondere in professionellen Pflegeeinrichtungen wird zunehmend auf die kulturellen Spezifika der zu pflegenden Personen geachtet. Feiertage, Essensgewohnheiten oder Kleidungswünsche der pflegebedürftigen Personen werden berücksichtigt und die Beschäftigten entsprechend geschult. Aufgrund des Fachkräftemangels sind viele Pflegeeinrichtungen auf eine gezielte Anwerbung von Fachpersonal aus dem Ausland angewiesen. Dieses muss ausgebildet, aber auch zu einer dauerhaften Tätigkeit motiviert werden. Gewinnung und Bindung internationaler Fachkräfte im Bereich der Pflegemigration wird zu einem Schlüsselthema werden.

3.5. Transnationale Familien

Die Studien zum Thema Gender und Migration fokussieren in den letzten Jahrzehnten verstärkt die Thematik der transnationalen Beziehungen zwischen Menschen. Gemeint sind sowohl die familiären Beziehungen (Mutterschaft, Vaterschaft, Kindheit) als auch Liebesbeziehungen („transnationale Liebe"). Die arbeitsbedingte Wanderung der Eltern oder eines Elternteils führt dazu, dass die Aufgabe der Erziehung der Kinder von den Großeltern oder von Verwandten wie Tanten oder Onkel übernommen werden. Kinder, die ohne elterliche Fürsorge aufwachsen, bezeichnet man in der Forschung als „transnationale Waisen" oder „Euro-Waisen" (Lutz 2011, S. 13; Lutz 2018).

Durch die existierenden Normen und Werte wird impliziert, dass Familienmitglieder zusammenwohnen und gemeinsam die Sorgearbeit in der Familie erledigen. In der Praxis leben allerdings viele Familienmitglieder getrennt voneinander. Grund dafür können eine temporäre Trennung oder die Arbeit in einer anderen Stadt sein. Dies ist nichts Neues, und dennoch erhöht sich die Anzahl der separat lebenden Familienmitglieder aufgrund der zunehmenden globalen Migrationsbewegungen. Hierdurch wächst auch die Bedeutung dieses Phänomens, denn globale Wanderungsbewegungen führen dazu, dass die geografische Entfernung zwischen einzelnen Familienmitgliedern zunimmt.

Der Begriff der transnationalen Familien umfasst Ursachen wie eine Scheidung oder Trennung der Ehepartner*innen ausdrücklich nicht. Unter transnationalen Familien verstehen Bryceson und Vourela „families, that live some or most of the time separated from each other, yet hold together and create something that can be seen as a feeling of collective welfare" (Bryceson/Vourela 2002, S. 3). Als Pionierarbeit auf diesem Feld gilt die Studie über die lateinamerikanischen Mütter in Kalifornien von Hondagneo-Sotelo und Avila (vgl. Hondagneo-Sotelo/Avila 1997). Der Begriff transnationale Familien bezieht sich auf die Familien, die infolge einer Migrationsbewegung separat voneinander leben. Die Schlüsselrolle hat die Führung eines gemeinsamen Haushalts im Herkunftsland. In der Soziologie hat sich der Begriff „global householding" von Douglas etabliert (vgl. Douglas 2013). Dabei nehmen die Geldüberweisungen ins Herkunftsland („remittances") eine wichtige Rolle für den Bestand der transnationalen Familien ein. Eine wichtige Bedeutung haben auch die Möglichkeiten der virtuellen Kommunikation. „Skype families" und „Skype Mutterschaft" (Shinozaki 2021, S. 76 ff.) gehören zum Alltag transnationaler Familien. In der soziologischen Forschung wird dieses Feld durch die sozialkonstruktivistische Vorgehensweise („Doing Family") (vgl. Jurczyk et al. 2014) dominiert.

Der sozioökonomische, aber auch der aufenthaltsrechtliche Status der migrierten Person wirken sich auch auf die Gestaltung des Zusammenlebens der transnationalen Familie aus. Prekär ist die Situation der Geflüchteten oder irregulären Migrant*innen, da sie das Aufnahmeland nicht verlassen können und zudem nicht wissen, wann sie ihre Familien besuchen können. Davon ist die Situation der sich regulär aufhaltenden Migrant*innen oder der EU-Mobilen zu unterscheiden. Diese verfügen über einen sicheren Status und können die Transnationalität aktiv gestalten.

Die Zusammenschau von Gender und Migration ermöglicht auch eine Interpretation der Zuwanderungsgeschichten aus der Genderperspektive. Besonders wichtig ist nicht nur die Erhöhung der Sichtbarkeit von Frauen in der Migration (vgl. Lutz 2008), sondern die Thematisierung der Herrschaftsdimensionen der Geschlechterverhältnisse in, während und nach der Zuwanderung.

Diskussionsfragen

1. Wie verändert sich der Blick auf Migration durch die Genderperspektive? Woran wird sichtbar, dass es wichtig ist, Migration aus Genderperspektive zu erforschen?
2. Wo tauchen Probleme bei den globalen Versorgungsketten auf, und was müsste verändert werden?
3. Wie nehmen Sie weibliche Emanzipationsprozesse im Hinblick auf die Migration wahr? Welchen Blickwinkel bekommt man nach dem Lesen dieses Textes auf migrantische Frauen bezüglich der weiblichen Emanzipation?
4. Inwiefern festigt oder lockert die Migration von Frauen klassische Geschlechterrollen?
5. Wie kann genderspezifisches Empowerment in der postmigrantischen Gesellschaft aussehen?

Literaturtipps

Akdemir, Nevra/Elle, Johanna/Grittmann, Elke/Hess, Sabine/Koopmann, Ulrike/Müller, Daniela/Schwenken, Helen/Senoguz, Pinar/Ullmann, Johanna (2023): Gender, Flucht, Aufnahmepolitiken. Die vergeschlechtlichte In- und Exklusion geflüchteter Frauen, Wiesbaden: Springer.
Bereswill, Mechthild (2022): Intersektionalität. In: Ehlert, Gudrun/Funk, Heide/Stecklina, Gerd (Hrsg.): Grundbegriffe Soziale Arbeit und Geschlecht, Weinheim, Basel, S. 288–291.
Farrokhzad, Schahrzad/Scherschel, Karin/Schmitt, Melanie (2022): Geflüchtete Frauen. Analysen – Lebenssituationen – Angebotsstrukturen, Wiesbaden: Springer.
Lutz, Helma/Amelina, Anna (2017): Gender, Migration, Transnationalisierung. Eine intersektionelle Einführung, Bielefeld: transcript.
Mora, Claudia/Piper, Nicola (2021): The Palgrave Handbook of Gender and Migration, New York: Palgrave Macmillan.
Schwenken, Helen (2018): Globale Migration zur Einführung, Hamburg: Junius.

Lektion 8: Migration und Gender

Spielhaus, Riem (2019): Islam and Feminism: German and European Variations on a Global Theme. In: El Omari, Dina/Hammer, Juliane/Khorchide, Mouhanad (Hrsg.): Muslim Women and Gender Justice, Routledge, S. 46–61.

Lektion 9: Migration und Medien

> **Überblick**
>
> Im Fokus dieser Lektion steht die Problematik der Konstruktion einer medialen Wirklichkeit, die sich auf die Prozesse in den modernen Gesellschaften auswirkt. Es geht darum zu zeigen, wie bestimmte Bilder der Migrant*innen medial konstruiert und öffentlich reproduziert werden. Inwieweit wirken sich diese Bilder auf die Mediennutzung der Migrant*innen aus? Welche Medien nutzen die Migrant*innen in Deutschland, und wo liegen ihre Präferenzen? Inwieweit spielen die Mediennutzung und die mediale Darstellung eine Rolle für die soziale Teilhabe der Menschen mit Migrationshintergrund?

1. Medien und mediale Öffentlichkeit

Die Problematik der medialen Öffentlichkeit steht im Fokus der Medien- und Kommunikationswissenschaften und der Mediensoziologie. Relevant ist sie für die Migrationssoziologie insofern, als die Medien bestimmte Bilder der Migrant*innen und der Migration kreieren, verbreiten und dadurch einen Einfluss auf die öffentliche Wahrnehmung der Eingewanderten und der Migrationsprozesse insgesamt haben. Zum anderen beeinflussen diese Bilder die Mediennutzung der Migrant*innen – wenn sie sich nicht repräsentiert fühlen, tendieren sie häufiger dazu, konkrete Medien zu meiden bzw. ihre Mediennutzung auf Medien des Herkunftslandes oder auf Ethnomedien einzuschränken. Damit sind Medien gemeint, die zielgruppenspezifisch sind, die Belange einer ethnischen Gruppe in den Vordergrund stellen, in der Sprache der jeweiligen ethnischen Gruppe erscheinen und in Besitz von Vertretern dieser ethnischen Gruppe sind. Die Ethnomedien unterscheiden sich von den Medien der Herkunftsgesellschaft dadurch, dass sie inhaltlich auf die Probleme der Diaspora fokussieren. Hingegen haben die klassischen Medien, die in den Herkunftsregionen der Migrant*innen produziert werden, eine breitere thematische Ausrichtung (vgl. Yu 2022). Sowohl die Ethnomedien als auch die Medien der Herkunftsgesellschaft enthalten keine oder kaum Informationen über die Prozesse in den Aufnahmegesellschaften, in denen sich die Migrant*innen aufhalten. Sie werden aber von Migrant*innen genutzt. Woran liegt das? Damit diese Frage beantwortet werden kann, soll unsere Aufmerksamkeit auf zwei andere Fragen gerichtet werden:

Was sind Medien? Wie funktioniert die mediale Öffentlichkeit?

Die Trennung zwischen öffentlich und privat ist kein Phänomen der modernen Gesellschaften – sie existierte auch in der Antike. Das Private umfasst das Haus und die Prozesse im eigenen Haushalt; das Öffentliche hingegen bezieht sich auf den Raum außerhalb des Hauses. In der Zeit der Moderne findet ein Strukturwandel der Öffentlichkeit statt, der von Jürgen Habermas analytisch beschrieben wird (vgl. Habermas 1962). Im Kern dieses Prozesses stehen die Medien – sie übernehmen die Rolle der Vermittler in der Öffentlichkeit. Sie informieren die Bürger*innen über Prozesse und Vorgehensweisen, die geografisch weit weg vom Lokalen stattfinden, aber dennoch eine Wirkung auf das Leben des Individuums haben könnten. Die mediale Öffentlichkeit ist eine vermittelte Öffentlichkeit (vgl. Imhof 2005). Sie ist nicht unmittelbar wahrnehmbar und erfahrbar (vgl. Luhmann 1995). Sie unterscheidet sich von der Öffentlichkeit der antiken Welt dadurch, dass die Medien die Funktion der Nachrichtenübermittlung übernehmen. Dadurch gewinnen die Medien eine besondere Bedeutung im Prozess der Bildung einer öffentlichen Meinung und werden zu den Schlüsselfiguren im politischen und gesellschaftlichen Prozess. Sie übermitteln nicht nur Nachrichten, sondern sie bilden Positionen ab, repräsentieren Konflikte, geben den Raum, gesellschaftliche Streitigkeiten zu thematisieren und gegebenenfalls Lösungsansätze anzubieten (vgl. Bohn 2005). Die modernen Medien sind nicht immer wertneutral. Das steht im Zusammenhang mit ihrer Finanzierung. Abgesehen von den öffentlich-rechtlichen Medien, die typisch für Deutschland und für den deutschsprachigen Raum sind, werden viele Medien weltweit von privaten Eigentümern finanziert, diese bilden zum größten Teil ihre politischen Präferenzen ab und haben im Unterschied zu den öffentlich-rechtlichen Medien nicht den Auftrag, politisch möglichst neutral zu sein beziehungsweise Zugang zur Öffentlichkeit der unterschiedlichen Positionen, Parteien und Interessengruppen zu gewährleisten (vgl. Gundlach 2016).

Die Medien sind Instrumente, mit denen Informationen zwischen Sender und Empfänger ausgetauscht werden können. Sie liefern Nachrichten, verbreiten Meinungen und sind zugleich Plattformen zur Bildung, Kulturvermittlung, aber auch zur Werbung (vgl. Hickethier 2010). In den modernen demokratischen Gesellschaften unterliegen sie strenger Regulation durch die professionellen Gemeinschaften sowie die unterschiedlichen staatlichen Kontrollorgane. In ihnen ist die Meinungsfreiheit ein hohes Gut. Die Kontrolle über die Medien erfolgt aus diesem Grund auf der Basis von professionellen ethischen Standards und gesetzlichen Normen.

In der Praxis wird in den modernen demokratischen Gesellschaften zwischen öffentlich-rechtlichen und privaten Medien unterschieden (vgl. Gundlach 2016). Die öffentlich-rechtlichen Medien werden durch Beiträge der Gesamtbevölkerung finanziert. Die Finanzierung der privaten Medien ist von den ökonomischen Möglichkeiten der Besitzer*innen abhängig. Dabei spielt auch die Werbung eine herausragende Rolle. Ihre Bedeutung bei den öffentlich-rechtlichen Medien ist auch gegeben, aber sie hält sich aufgrund der anderen Finanzierungoptionen in Grenzen. Dementsprechend unterscheiden sich die thematischen Ausrichtungen der privaten und der öffentlichen Medien. Die privaten dienen vor allem der Unterhaltung, da sie einem Quotenzwang unterliegen. Sie sind abhängiger in ihrer Finanzierung und sind aus diesem Grund zurückhaltender, was kritische Publizistik anbelangt. Diese gehört zu den Hauptaufgaben der öffentlich-rechtlichen Kommunikationsmittel.

Die Medien unterscheiden sich auch im Hinblick auf ihre Träger: Papier (Printmedien), Schallwellen (audiovisuelle Medien) und Internet (elektronische Medien). Zu den Printmedien gehören das Buch, die Zeitung und die Zeitschrift. Audiovisuelle Medien sind Rundfunk (Radio) und Fernsehen, aber auch Trägermedien wie Tonträger (Schallplatte, CD oder Videokassette und DVD). Zu den elektronischen Medien gehören verschiedene Blogs, unabhängige Internetseiten, digitalisierte Ausgaben von Print und audiovisuellen Medien, aber auch sämtliche Träger, die Texte, Bilder oder Dateien auf elektronischem Wege verbreiten können. Die elektronischen Kommunikationsmittel werden auch als „neue Medien", „digitale Medien" oder „interaktive Medien" bezeichnet (vgl. Stollfuß et al. 2023). Das wirklich Neue ist, dass die Verbreitung von Nachrichten nicht durch eine Redaktion erfolgt und dadurch nicht an bestimmte Regeln gebunden ist. Jede*r Nutzer*in kann über YouTube, Facebook, Instagram, X o. Ä. Inhalte kreieren und verbreiten. Die Verantwortung über die Wahrhaftigkeit der verbreiteten Inhalte sowie die Autor*innenschaft sind nicht geklärt. Dadurch wird die Einhaltung der ethischen Prinzipien und der gesetzlichen Normen nicht zwingend gewährleistet. Eine andere Besonderheit bezieht sich auf die Reichweite der neuen Medien. Durch sie können Themen und Informationen global übertragen und diskutiert werden und dadurch aus ihren konkreten gesellschaftlichen und historischen Kontexten herausgezogen werden. Die Geschwindigkeit der Verbreitung einer Nachricht ist viel schneller – eine Redaktion müsste zunächst Reporter*innen vor Ort haben, damit sie über ein Geschehen live berichten kann. Durch die neuen Medien werden die Nutzer*innen zu „Reporter*innen" und können ohne große technische Ausstattung und Kenntnisse über Medientheorien über Prozesse in ihrer Reichweite berichten. Auch der Zugang zu den Inhalten der neuen Medien ist relativ einfach. Die einzige Einschränkung besteht in den Sprachkenntnissen der Nutzer*innen. Praktisch kann man Nachrichten und Diskussionen aus der ganzen Welt verfolgen. Dadurch ist die Wirkungsmacht der elektronischen Medien viel höher als die der Print- und der audiovisuellen Medien.

Die rasante Entwicklung der neuen Medien wirkt sich auf die Migrationsprozesse aus. Zum einen können Informationen über Voraussetzungen, Schwierigkeiten, Migrationsoptionen und Ankunftsmodalitäten weltweit verbreitet werden. Dadurch sind die Migrant*innen besser vorbereitet und mit Wissen ausgestattet. Die neuen Medien haben aber auch Einfluss auf die Migrationsströme – wenn man sieht, dass viele Menschen migrieren, wird die Hemmung, es selbst zu versuchen, geringer. Zum anderen können die bereits Zugewanderten in einem viel engeren und intensiven Kontakt mit Freund*innen und Angehörigen, die weiterhin im Herkunftsland leben, bleiben. Dadurch entstehen transnationale Räume auch zwischen Ländern, die weit entfernt sind. Die Möglichkeiten der Internetkommunikation wirken sich auch auf die spezifische Mediennutzung der Migrant*innen aus.

2. Mediennutzung der Migrant*innen

Die Mediennutzung der Migrant*innen ist ein Thema von herausragender Bedeutung. Grund dafür ist, dass die Kommunikationsmittel nicht lediglich Informationen liefern, sondern vielmehr Interpretationen, Werte und Handlungsoptionen anbieten. Aus welchen Quellen die Menschen in einer Gesellschaft die Informationen und Interpretationen bekommen, wirkt sich auf ihre gesellschaftlichen Einstellungen, politischen Präferenzen und geteilten Werte aus und beeinflusst ihre Handlungen in der Praxis. Die Mediennutzung ist nicht lediglich eine individuelle Angelegenheit, sondern vielmehr eine Frage der gesamtgesellschaftlichen Kohäsion. Hinter der individuellen Präferenz, ein konkretes Medium zu nutzen, ist die soziale und sprachliche Ausdifferenzierung der modernen Gesellschaften sichtbar – welche Individuen welche Medien nutzen, steht im Zusammenhang mit ihrer sozialen Schicht, ihrer Bildung, Erziehung, ihren Sprachkenntnissen, Gewohnheiten, aber auch ihrer politischen Einstellungen und geteilten Werte. Bei der Mediennutzung handelt es sich nicht nur um eine individuelle Präferenz, sondern vielmehr um eine soziale Positionierung des Individuums in der Gesellschaft.

Die Mediennutzung kann eine (des-)integrative Funktion im Hinblick auf die soziale Teilhabe der Individuen in einer Gesellschaft haben. Dies bezieht sich insbesondere auf die Migrant*innen. Im Hinblick auf diese Funktion kann die Mediennutzung typologisiert werden. Geißler konstruiert drei idealtypische Modelle der medialen Integration: mediale Segregation, assimilative mediale Integration (mediale Assimilation) und die interkulturelle mediale Integration (vgl. Geißler et al. 2015, S. 71 ff.).

Die mediale Segregation liegt dann vor, wenn „ethnische Minderheiten im Wesentlichen Ethnomedien nutzen und dadurch ethnische Teilöffentlichkeiten existieren, die gegenüber der Aufnahmegesellschaft und ihrer dominanten Öffentlichkeit abgeschottet sind" (ebenda, S. 72).

Die assimilative mediale Integration liegt nach Geißler dann vor, wenn Migrant*innen in den Medien und in der Medienbranche als Ganzes, z. B. als Journalist*innen, Manager*innen, Eigentümer*innen oder Moderator*innen etc., tätig und angemessen repräsentiert sind (ebenda, S. 73). Das assimilative Modell geht davon aus, dass ethnische Minderheiten oder Migrant*innencommunitys soziokulturell „angeglichen" sind. Dadurch haben sie nicht den Bedarf, ethnospezifische Probleme und Interessen zu artikulieren und Berichte über diese zu sehen oder zu lesen. Zudem sind die Medieninhalte nicht migrant*innenspezifisch, da die Migrant*innencommunitys sozial sowie identifikatorisch assimiliert sind (ebenda). Medial hergestellte ethnische Teilöffentlichkeiten sind in diesem Fall nicht festzustellen, da die Ethnomedien zum einen nicht existieren und zum anderen die einzelnen ethnischen Communitys nicht den Bedarf verspüren, solche Medien zu nutzen.

Die mediale Integration stellt nach Geißler einen Mittelweg zwischen Assimilation und Segregation dar. Dieses Modell verbindet Migrant*innen und Mehrheitsbevölkerung miteinander. Diese Verbindung betrifft sowohl die Medienproduktion als auch die Medieninhalte (ebenda, S. 74). Das Ziel ist, eine möglichst proportionale Teilnahme der Migrant*innen an den deutschen Mehrheitsmedien entsprechend ihrem Anteil an der Bevölkerung zu erreichen. Die mediale Integration zeichnet sich dadurch aus, dass Migrant*innen an der Herstellung der pluralistisch-demokratischen Öffentlichkeit mitwirken. Dabei können sie ihre spezifischen Perspektiven und ihr Wissen über ihre ethnischen Gemeinschaften einbringen. Sie können auch ihre Probleme öffentlich wirksam artikulieren. Im Modell der medialen Integration sind Migrant*innen mit Kenntnissen über die Aufnahmegesellschaft an der Produktion der Ethnomedien beteiligt, sodass ihre Inhalte interkulturell gestaltet werden. Die Darstellung der Migrant*innen in den Medien der Mehrheitsgesellschaft fußt auf den Prinzipien des Medienpluralismus – die

Medien versorgen die einzelnen ethnischen Gemeinschaften mit dem relevanten Wissen übereinander. Eine korrekte Darstellung der Migrant*innen in den Medien bedingt zum einen eine intensivere Mediennutzung und hat zum anderen eine positive Wirkung nicht nur auf die mediale Integration, sondern auch auf die gesellschaftliche Kohäsion. Das Modell der medialen Integration steht im Widerspruch zum Modell der medialen Assimilation, bei dem die Migrant*innen ihre Belange medial nicht artikulieren können und die Medien ihnen keinen Raum anbieten, über ihre Erfahrungen und Perspektiven zu berichten.

23,8 Millionen Menschen mit Migrationshintergrund leben aktuell in Deutschland (vgl. Destatis 2023). Diese Zahl verdeutlicht, inwieweit sie eine Bedeutung für die mediale Öffentlichkeit in Deutschland haben. Sie bilden einen relevanten Teil der Zuschauer*innen, Konsument*innen, Gebührenzahler*innen und Werbekund*innen. Es kommt hinzu, dass die neu Zugewanderten Informationen über Vorgänge in der Aufnahmegesellschaft benötigen. In diesem Sinne hat die Mediennutzung nicht nur eine wirtschaftliche, sondern auch eine gesellschaftliche und politische Bedeutung.

Allerdings wurde die Mediennutzung der Migrant*innen bis Ende der 1990er-Jahre relativ wenig erforscht. Die erste repräsentative Studie in Deutschland wurde im Jahr 2007 im Auftrag von ARD und ZDF durchgeführt (vgl. ARD/ZDF 2007). Für die Studie befragte TNS Emnid 3.010 Personen mit Migrationshintergrund aus der Türkei, Griechenland, Italien, Polen, Serbien und Montenegro, Kroatien, Bosnien-Herzegowina sowie Spätaussiedler*innen aus Russland. Die Befragung wurde im Zeitraum Oktober 2006 bis Februar 2007 durchgeführt. Laut dieser Studie nutzen die meisten Menschen mit Migrationshintergrund in ihrem Alltag regelmäßig deutsche Medien (vgl. ARD/ZDF 2007). Medienangebote aus den Herkunftsregionen der Migrant*innen dienen als zusätzliche Informationsquellen. Der Nutzung der Medien der Herkunftsgesellschaft wird eine hohe symbolische Bedeutung für die Bindung an die Heimat beigemessen. Hingegen werden deutsche Medien vor allem aus praktischen Gründen – Versorgung mit alltagsrelevanten Informationen – genutzt. Insbesondere, wenn es sich um eine komplementäre Mediennutzung handelt, hat der Konsum von Medien aus den Herkunftsgesellschaften eine positive Wirkung. Dieser kann zum Ausgleich der inhaltlichen Defizite deutscher Medien beitragen. Zu den negativen Aspekten der Nutzung ethnischer Medien gehören die fehlenden Informationen über die Prozesse in Deutschland sowie die interpretative Dimension, die sie mitberücksichtigen, insbesondere wenn es um Medien totalitärer oder autoritärer Herkunftsländer geht. Die singuläre Nutzung solcher Medien wirkt sich negativ auf die soziale Teilhabe der Migrant*innen aus und erschwert zusätzlich den Erwerb der deutschen Sprache.

Daten aus der nächsten ARD-ZDF-Studie, die im Jahr 2011 unter 3.000 Personen von TNS Emnid durchgeführt wurde (vgl. ARD/ZDF 2011), kommt zu ähnlichen Ergebnissen. Diese sind zum größten Teil auch deckungsgleich mit den Ergebnissen der Studie von Tonassi, Wittlif und Schemer (2020). Sie lassen sich wie folgt zusammenfassen:

- Von hoher Relevanz für die spezifische Mediennutzung einer Person mit Zuwanderungsgeschichte sind die Deutschkenntnisse, die Bildung und die Aufenthaltsdauer: Menschen mit geringeren Deutschkenntnissen tendieren häufiger dazu, Medien in der Sprache ihrer Herkunftsländer zu nutzen. Menschen mit guten Deutschkenntnissen, höherer Bildung und längerer Aufenthaltsdauer ähneln in ihrer Mediennutzung dem Durchschnitt der Mehrheitsbevölkerung mit ähnlichem soziodemografischem Profil.
- Bildung beeinflusst vor allem die Qualität der Mediennutzung der Menschen mit und ohne Migrationshintergrund. Sie bestimmt nicht nur die Wahl der Informationsquellen, sondern auch die Themen, die beim Medienkonsum beachtet werden. Menschen mit einer höheren Bildung verfolgen häufiger Sendungen mit politischen und sozialen Fragestellungen. Hingegen umfasst die Mediennutzung von Menschen mit geringerer Bildung Bereiche wie Unterhaltung, Sportsendungen, Musiksendungen und Magazine zur Freizeitgestaltung. Bei Migrant*innen mit höherer Bildung, die mehrsprachig sind, dominiert die komplementäre zwei- oder dreisprachige Mediennutzung, die Medien von Drittstaaten umfasst.
- Es sind deutliche Unterschiede im Hinblick auf die Staatsangehörigkeit der interviewten Personen festzustellen: Menschen ohne deutsche Staatsangehörigkeit informieren sich häufiger über das Internet und nutzen dabei Quellen aus ihren Herkunftsregionen. Eine mögliche Erklärung hierfür bieten die Aufenthaltsdauer und das Alter der neu Zugewanderten. Möglicherweise sprechen sie noch nicht (gut) Deutsch, und ihr Interesse ist noch stark an der Herkunftsgesellschaft ausgerichtet.
- Hepp et al. (2011) betonen die Unterschiede innerhalb der einzelnen Migrant*innengruppen, die aus den unterschiedlichen sozialen Lagen resultieren. Beispielsweise verändert sich mit einem höheren Bildungsniveau die Zusammensetzung der genutzten Medien.
- Auch andere Faktoren wie das Alter und die Migrant*innengeneration wirken sich auf die Mediennutzung aus. Jüngere Menschen nutzen häufiger die Onlinemedien als die älteren. Frauen informieren sich seltener über das Internet als Männer. Bei jüngeren Menschen mit Migrationshintergrund, die in Deutschland geboren und schulisch sozialisiert wurden, dominiert die Nutzung deutschsprachiger Medien; bei älteren Migrant*innen oder bei Personen, die neu zugewandert sind, überwiegt die Nutzung der Medien der Herkunftsgesellschaft.
- Eine digitale Spaltung der Gesellschaft im Hinblick auf die Nutzung von Onlinemedien ist nicht festzustellen. Migrant*innen nutzen diese nicht weniger intensiv als die Vertreter*innen der Mehrheitsgesellschaft. Seit 2007 nimmt bei Migrant*innen die Internetnutzung stark zu. Jungen mit Migrationshintergrund haben grundsätzlich eine erhöhte Mediennutzung im Vergleich zu Jungen ohne Migrationshintergrund. Das ist allerdings nicht nur positiv zu bewerten, denn es lässt sich nachweisen, dass Kinder mit hohem Medienkonsum verhaltensauffälliger in der Schule sind.

- Die Radionutzung der Migrant*innen ist relativ gering und sinkt tendenziell. Am niedrigsten ist sie bei Menschen mit türkischem Migrationshintergrund. Es ist allerdings zu vermerken, dass die Tendenz der geringeren Radionutzung auch bei Menschen ohne Migrationshintergrund festzustellen ist (vgl. Tonassi et al. 2020).
- Deutschsprachige Internetseiten sowie Tageszeitungen werden von Migrant*innen häufiger als das jeweilige Angebot in der Muttersprache genutzt.
- Fernsehen ist weiterhin und insbesondere bei den jüngeren Generationen ein Leitmedium. Seine Bedeutung nimmt aber tendenziell ab. TV-Sendungen werden von den jüngeren Generationen zeitverzögert angesehen.
- Insgesamt beeinflussen Bildung und Aufenthaltsdauer sowie die soziale Lage eines Individuums die Mediennutzung stärker als die ethnische oder nationale Zugehörigkeit.

Diese Thesen werden auch durch die im Jahr 2009 erschienene Studie „Lebenswelten von Migranten in Deutschland" von Sinus Sociovision (vgl. Heinz et al. 2012) belegt. Die Forscher*innen unterscheiden verschiedene Milieus von Menschen mit Migrationshintergrund, die in vier Bereiche unterteilt werden: die ambitionierten Migrant*innenmilieues, die bürgerlichen Migrant*innenmilieus, die prekären Migrant*innenmilieus sowie die traditionsverwurzelten Migrant*innenmilieus. Die Ergebnisse dieser Studie belegen, dass die bilinguale Mediennutzung typisch für alle Migrant*innenmilieus ist. Die Nutzung digitaler Medien ist besonders in den ambitionierten und bürgerlichen Migrant*innenmilieus festzustellen; in den anderen Milieus ist sie seltener verbreitet.

Insbesondere im digitalen Zeitalter ist zu beachten, dass die Nutzung von Onlinemedien oft zur Verbreitung von Propaganda und Verschwörungstheorien führen kann. Das bringt Gefahren mit sich: Durch den unreflektierten Konsum solcher Medieninhalte steigen die Vernetzung radikaler Gruppen im Darknet sowie die Gewaltbereitschaft. Extremistische Inhalte können sich negativ auf das Demokratiebewusstsein und auf die Meinungsbildungsprozesse der Migrant*innen auswirken. Sie können eine Rolle bei der Verbreitung und Verstärkung von ablehnenden Haltungen zur Aufnahmegesellschaft und zur Festigung von demokratieresistenten Einstellungen führen. Manche Autor*innen sprechen sogar über die Verbreitung von „Deutschfeindlichkeit", ein Begriff, der jedoch umstritten ist (vgl. Steinke 2015).

Eine Brückenfunktion, die die Mediennutzung deutscher Medien von neu Zugewanderten steigern kann, sind die gezielten Medienangebote für Migrant*innen. Zum Teil handelt es sich um speziell produzierte Sendungen in den Herkunftssprachen der Zugewanderten, die aber Themen aus Deutschland behandeln. Beispiele in dieser Hinsicht sind die Sendung der Deutschen Welle „Inside Europe", das „Refugee Radio" von WDR sowie das Cosmo-Programm, das vom WDR 5, RBB und Radio Bremen produziert wird.

3. Darstellung der Migrant*innen in den Medien

In der Konstruktion der Migrant*innenbilder in den Medien sind analytisch drei Stränge festzustellen, die sich auf die Darstellung der *Migrant*innen*, der *Muslim*innen* und der *Geflüchteten* beziehen. Diese drei Stränge sind miteinander verwoben.

In den 1960er- und 1970er-Jahren wird in den deutschen Medien kaum über *Migrant*innen* berichtet. Wenn ihr Leben zum Thema wird, ist die Berichterstattung negativ und fokussiert auf soziale Probleme wie Arbeitslosigkeit und Kriminalität (vgl. Geißler/Pöttker 2005). Die Tendenz, das Leben der Migrant*innen eindimensional darzustellen, bleibt auch in den 1980er- und 1990er-Jahren stark ausgeprägt. Die Berichterstattungen beziehen sich vor allem auf die problembeladenen Seiten der Migration. Geißler, Pöttker, Weber-Mendes und Müller (vgl. Geißler/Pöttker 2005) belegen in ihren Studien, dass Migrant*innen zum einen einseitig negativ dargestellt werden und zum anderen im Vergleich zu deutschen Akteur*innen deutlich unterrepräsentiert in den Darstellungen sind.

Neben den bereits erwähnten Zusammenhängen mit Straftaten und Kriminalität werden die Menschen mit Migrationshintergrund auch verstärkt als finanzielle Belastung für den deutschen Staat medial dargestellt. Außerdem wird in vielen Berichten suggeriert, dass die große Anzahl der neu zugewanderten Personen zu einer Überfremdung der Gesellschaft führen könnte (vgl. Ruhrman/Songül 2000).

Inhaltsanalytische Studien belegen, dass nach den 2000er-Jahren die deutschen Medien zunehmend ein differenzierteres Bild der Migrant*innen darstellen. Zugewanderte werden stark nach ihrem sozialen Status unterschieden. Asylbewerber*innen und Muslim*innen werden tendenziell in einem negativen Licht abgebildet. Eine Rolle hierfür spielen möglicherweise auch die Ereignisse am 11. September 2001. Andere Migrant*innengruppen werden teilweise auch als erfolgreiche Arbeitnehmer*innen, Unternehmer*innen, Expert*innen oder Spitzensportler*innen präsentiert (vgl. Lüneborg/Bach 2008). Zudem existiert eine unsichtbare hierarchische Unterscheidung der Herkunftsländer von Migrant*innen – Menschen aus den außereuropäischen Ländern, der Türkei sowie den Balkanstaaten werden negativer als Migrant*innen aus anderen europäischen Ländern dargestellt (ebenda).

Georg Ruhrmann, Denise Sommer und Heike Uhlemann kommen auf der Grundlage der Auswertung von TV-Nachrichtensendungen vor und nach dem 11. September 2001 zu dem Schluss, dass das – ohnehin vorhandene – Negativbild der Migrant*innen in den Medien nach dem 11. September 2001 anders konstruiert wird als zuvor, nämlich durch verstärkten Bezug auf das Thema Terrorismus. Mehr als ein Drittel der Berichterstattung über Migration steht im Jahr 2003 im Kontext der Terrorismusdebatte. Es handelt sich um eine Akzentverschiebung im öffentlichen Diskurs mit Blick auf das Bild des Islam und der Muslime.

Insbesondere das Bild des Islam und der *Muslime* stehen infolge des 11. September 2001 im Fokus vieler Studien. In den letzten Jahren hat sich, auch im Kontext der angestiegenen Anzahl der Geflüchteten muslimischen Hintergrunds und angesichts der zunehmenden öffentlichen Wahrnehmung des islamistischen Terrorismus, die wissenschaftliche Auseinandersetzung mit der Perzeption des Islam durch die deutsche Gesellschaft intensiviert. Die Analysen der medialen Repräsentation des Islam und der Muslime nehmen zu. Ebenso nehmen die unreflektierten und den Islam diffamierenden Darstellungen zu (vgl. Halm et al. 2006; Halm et al. 2007; Liakova/Halm 2009). Karris (2013) stellt fest, dass unterschiedliche Narrative den Mediendiskurs über den Islam prägen, z. B. der Aufstieg des Fundamentalismus, der Clash of Civilizations, der islamische Terrorismus, die Integration in einer Problemperspektive und die Diskriminierung der Muslime, die in einer Opferrolle dargestellt werden.

In den Medien wird teilweise ein verzerrtes Bild der muslimischen Frauen dargestellt (vgl. Wagner 2010; Schiffer 2023). In vielen Berichterstattungen wird suggeriert, dass muslimische Frauen aufgrund ihrer religiösen Zugehörigkeit von ihren Ehemännern und Familien unterdrückt werden. Dabei wird ausgeblendet, dass Mädchen und Frauen weltweit Opfer von Gewalt werden und dass viele Rechte, die heute Frauen in Europa genießen, z. B. das Recht auf Hochschulbildung oder das Wahlrecht, erst vor circa 100 Jahren errungen worden sind.

In seinen Studien stellt Kai Hafez fest, dass die Medien der westlichen Welt trotz aller Unterschiede den Islam als „fanatic and violent religion, cutting-off hands, repressing women, and representing a clear antagonism towards Western ideas of freedom, human rights and democracy" darstellen (Hafez 2000, S. 5). Diese negativen Bilder existieren in der westlichen Öffentlichkeit längst vor dem 11. September 2001 (vgl. Halm et al. 2006; Schiffer 2005). Schiffer weist darauf hin, dass die Berichterstattung über den islamistischen Terrorismus nach dem 11. September 2001 keine neue Debatte etabliert hat, sondern ein negatives Islambild bestätigt und vertieft hat. Sie stellt fest, dass Techniken der „Sinn-Induktion", die den Islam zum Bestandteil eines Bedrohungsszenarios machen, mit Regelmäßigkeit schon weit vor dem 11. September 2001 vorkommen. Entsprechend gibt es auch in den 1990er-Jahren bereits Arbeiten, die Ansätze eines „Feindbildes Islam" in der deutschen Öffentlichkeit identifizieren (vgl. Hafez 1991).

Die meisten durchgeführten Studien zur Darstellung des Bildes des Islam und der Muslime in den Medien bedienen sich allerdings hermeneutischer Ansätze. Es fehlt an Studien, die die quantitative Entwicklung stereotyper Islambilder in den deutschen Medien analysieren. In diesem Sinne ist es schwierig, Aussagen über die Quantität der verbreiteten Bilder in den Medien sowie über ihre öffentliche Wirkung zu tätigen.

Die Darstellung der Muslime und des Islam in den Medien ist in den letzten Jahren mit der Repräsentation der *Fluchtthematik* verwoben, da die meisten Geflüchteten infolge der Konflikte im Nahen Osten Muslim*innen sind. Die Stiftung Mercator hat im Rahmen einer Studie die Medienberichterstattung über Flucht und Migration in der Zeit 2015–2020 analysiert. Bei dieser Forschungsarbeit wurden 5.822 Medienberichte von sechs Leitmedien (Frankfurter Allgemeine Zeitung, Süddeutsche Zeitung, Bild, die ARD-Nachrichtensendung Tagesschau, die ZDF-Nachrichtensendung heute sowie die RTL-Nachrichtensendung RTL-Aktuell) inhaltlich abgehandelt. Dabei wurden die Trends und die Veränderungen in der Berichterstattung festgehalten (vgl. Maurer et al. 2021). Anhand der Studie können bestimmte Merkmale der Thematisierung der Fluchtproblematik festgestellt werden. Im Verlauf des Untersuchungszeitraums wird immer seltener über Geflüchtete berichtet. Allerdings befasste sich jeder zehnte Medienbeitrag mit Terrorismus und Flüchtlingskriminalität. Berichte über Gewalt- und Sexualverbrechen der Geflüchteten sowie über die Gefahren der Fluchtmigration für die innere Sicherheit des Landes waren im Vergleich zur jeweiligen Kriminalstatistik deutlich überrepräsentiert. Bei der Berichterstattung sind hingegen Frauen und Kinder unterrepräsentiert. Auch bei der Visualisierung der journalistischen Beiträge ist dieser Trend festzustellen. Im Allgemeinen ist die Darstellung der Geflüchteten negativ, wobei der Grad der Negativität mit der Zeit zunimmt und im deutlichen Kontrast zur positiven Berichterstattung des Jahres 2015 steht.

Mit der Zeit nimmt die Quantität der Berichte über die Gefahren der Zuwanderung sowie über das Thema Sicherheit zu. Häufiger wird über die möglichen Strategien zur Verhinderung oder Verlangsamung von Einwanderung berichtet. Zwischen den einzelnen Medien sind jedoch Unterschiede im Tenor festzustellen, die auf die redaktionelle Politik zurückzuführen sind. So fällt die Berichterstattung der Süddeutschen Zeitung zum Thema Migration im Allgemeinen weniger negativ aus als die der FAZ und der Bild-Zeitung.

Insgesamt wird in den einzelnen Medien unterschiedlich intensiv über Risiken und Chancen der Zuwanderung berichtet. Vor allem in der Bild-Zeitung und allgemein in den Fernsehberichten werden die Risiken thematisiert, jeweils 46,9 % bzw. 46,8 % aller Artikel bzw. Sendungen befassen sich mit den negativen Seiten der Migration. Hingegen wird in der Süddeutschen Zeitung in 29,4 % aller Berichte über Risiken der Zuwanderung gesprochen (Hestermann 2022, S. 3).

Bei der Berichterstattung über Migrant*innen und Kriminalität in den deutschen Medien wird relativ selten die Herkunft der Tatverdächtigen erwähnt: In 70,3 % aller Zeitungsberichte und in 86,3 % aller Fernsehberichte bleibt sie unbekannt. Wenn sie erwähnt wird, erfolgt das häufiger, wenn der/die Tatverdächtige*n ausländischer Herkunft ist (Hestermann 2022, S. 8). Oft wird sie auch durch die vieldeutige Bezeichnung „südländisch aussehende Männer" verdeckt und doch sichtbar gemacht.

Analysen der Organisationsstruktur der deutschen Medien verdeutlichen, dass die meisten Chefredakteur*innen in Deutschland keinen Migrationshintergrund haben. Nach einer Auswertung der Neuen Deutschen Medienmacher sind 93,6 % aller Chefredakteur*innen deutscher Medien ohne Migrationshintergrund. Dabei ist der Anteil der Menschen ohne Migrationshintergrund an der deutschen Gesamtbevölkerung 74,5 % und der der Menschen mit Migrationshintergrund 25,5 %. Unter den 6,4 % Chefredakteur*innen mit Migrationshintergrund sind Personen österreichischer, luxemburgischer, dänischer, niederländischer, irischer, italienischer, rumänischer und griechischer Herkunft, also Herkünfte, die in der Regel nicht als „fremd" gelesen werden. Unter den leitenden Redakteur*innen ist keine einzige Person, die außereuropäischer Herkunft oder Person of Color ist (vgl. Neue Deutsche Medienmacher 2020).

In Studien wird auch festgestellt, dass Menschen mit Einwanderungsgeschichte in den einzelnen Medienberichten oder Reportagen selten im O-Ton zu hören sind. Im Fernsehen wird in lediglich 5,9 % aller Berichte der O-Ton der Menschen mit Zuwanderungsgeschichte ausgestrahlt. Am häufigsten bekommen Migrant*innen das Wort bei der TAZ und in der Zeitung Die Welt (vgl. Hestermann 2020).

In den letzten Jahren sind auch positive Entwicklungen bezüglich der Repräsentation der Migrant*innen in den Medien festzustellen. An erster Stelle ist die Organisation Neue Deutsche Medienmacher zu nennen. Hierbei handelt es sich um einen bundesweiten unabhängigen Verband von Journalist*innen, die unterschiedliche ethnische, nationale, religiöse und kulturelle Wurzeln haben. Ihr Ziel ist es, mehr Vielfalt in der Berichterstattung über Migrant*innen zu ermöglichen.

In diesem Kontext ist auch der Mediendienst Integration hervorzuheben. Hierbei handelt es sich um ein Informationsportal, das kostenfrei Recherchen und Statistiken zur Verfügung stellt. Träger ist der Rat für Migration.

Eine positive Tendenz ist auch in der Werbebranche festzustellen – hier wird angestrebt, die Besonderheiten der religiösen und ethnischen Gruppen zu beachten und die Werbung zielgruppenspezifisch zu positionieren. Ein Beispiel ist die Werbung „VW spricht Türkisch". In den deutschen elektronischen und Onlinemedien ist auch eine vielfältige Komiker*innen-Szene mit Migrationshintergrund vertreten, die vor allem die Stereotypen über die einzelnen ethnischen Gruppen karikiert. In vielen TV-Serien sind Schauspieler*innen mit Migrationshintergrund zu sehen. Nachrichtensender, Musiksender haben häufiger Moderator*innen mit Migrationshintergrund. Dadurch erhöht sich die Sichtbarkeit der Menschen mit Migrationshintergrund, was perspektivisch eine Darstellung von Migrant*innen ermöglichen könnte, die der Normalität eines Einwanderungslandes und den unterschiedlichen Lebenswelten von Migrant*innen gerecht wird.

Diskussionsfragen

1. Medien haben einen erheblichen Einfluss auf das Bild, das wir von geflüchteten Menschen und Menschen mit Migrationshintergrund haben. Woran liegt diese Medienmacht?
2. Wie können Medien reguliert werden, damit eine ausgewogene Darstellung von geflüchteten Menschen und Menschen mit Migrationshintergrund sichergestellt werden kann?
3. Sollte es eine Quote geben, um in Redaktionen von Medieneinrichtungen für einen höheren Anteil an Journalist*innen/Chefredakteur*innen mit Migrationsgeschichte zu sorgen? Welche Argumente sprechen für und welche gegen eine Quotenregelung?
4. Welche Rolle spielen soziale Medien im Vergleich zu traditionellen Medien bei der Verbreitung von Bildern von Migrant*innen?

5. Inwiefern gibt es ein Angebot an Medien für geflüchtete Menschen in Deutschland? Gibt es fachliche Informationen und aktuelle Nachrichten in verschiedenen Sprachen?

Literaturtipps

Bonfandelli, Heinz/Moser, Heinz (2007): Medien und Migration: Europa als multikultureller Raum? Wiesbaden: Springer.

Heidenreich, Tobias/Eberl, Jakob-Moritz/Boomgaarden, Hajo (2019): Media Framing Dynamics of the „European Refugee Crisis": A Comparative Topic Modelling Approach. In: Journal of Refugee Studies, Volume 32, Issue Special_Issue_1, December 2019, Pages i172–i182. www.doi.org/10.1093/jrs/fez025.

Heidenreich, Tobias (2019): Political migration discourses on social media: a comparative perspective on visibility and sentiment across political Facebook accounts in Europe. In: Journal of Ethnic and Migration Studies, 46(7), S. 1261–1280.

Lemme, Sebastian (2020): Visualität und Zugehörigkeit: Deutsche Selbst- und Fremdbilder in der Berichterstattung über Migration, Flucht und Integration, Bielefeld: transcript.

Schachtner, Christina (2020): Global Age, Migration und Medien: Transnationales Leben gestalten, Bielefeld: transcript.

Lektion 10: Migration, Gewalt und Kriminalität

Überblick

In der Boulevardpresse ist oft zu lesen, dass die „Ausländer krimineller" seien. Sind aber Migrant*innen oder Ausländer*innen, die sich in Deutschland aufhalten, tatsächlich krimineller oder gewalttätiger? Welche sind die möglichen Ursachen für die Ausübung von Gewalt und für die Bereitschaft, kriminell zu handeln? Was sagt die soziologische Forschung zu diesen Fragen?

1. Definition der Begriffe

Damit wir diese Fragen beantworten können, sollten wir an erster Stelle die Begriffe Gewalt und Kriminalität definieren. Gewalt ist eine Handlung, die gegen eine Person oder Gruppe gerichtet ist und das Ziel hat, diese Person oder Gruppe zu verletzen oder zu zerstören. Die Gewalt ist in der Regel intendiert, d. h., die Person oder die Gruppe, die Gewalt ausüben, haben das Ziel, Gewalt anzuwenden und sie an eine konkrete Person oder Gruppe zu richten. Die Anwendung von Gewalt kann einen Zweck haben – den eigenen Einfluss oder das Vermögen zu erhöhen, Überlegenheit zu zeigen; sie kann aber auch das Ziel an sich sein – die sog. sinnlose Gewalt. In der Forschung wird zwischen der physischen und der psychischen Gewalt unterschieden. Zu der physischen Dimension der Gewalt gehören Handlungen wie Prügelei, Freiheitsberaubung, Schläge oder Diebstahl. Eine besondere Form der Gewalt ist die Beschädigung öffentlicher oder privater Gegenstände, bekannt als Vandalismus. Zu der psychischen Gewalt gehören Beschimpfungen, üble Nachrede, Beleidigung, Bedrohung, aber auch sämtliche Formen von verbaler oder nonverbaler Ausgrenzung (vgl. Melzer et al. 2014).

Die Akzeptanz der Gewalt ist historisch determiniert. Bereits in der Antike und im Mittelalter hatten die Menschen aufgrund der Tatsache, dass Kriege zum Alltag gehörten und Konflikte überwiegend durch physische Auseinandersetzungen gelöst wurden, eine andere Gewaltakzeptanz. Insbesondere nach dem Zweiten Weltkrieg wurde in Europa infolge der Millionen Menschenopfer Gewalt als ein großes soziales Problem angesehen. Die Themen „Gewaltfreiheit" sowie „gewaltfreie Bildung" erfuhren eine hohe gesellschaftliche Aufmerksamkeit.

Kriminalität wird als die Gesamtheit aller in einem Rechtsgebiet zu ahndenden Strafen definiert (vgl. Dollinger/Raithel 2006). Der Begriff Kriminalität ist ebenso historisch variabel – d. h., die Vorstellungen und die Normen, nach denen eine Handlung als kriminell gewertet wird, ist je nach Gesellschaft unterschiedlich. So ist z. B. Homosexualität in vielen Ländern eine abweichende Handlung gewesen, die bestraft wurde. In Deutschland wurde sie zwischen 1871 und 1994 sanktioniert – ca. 50.000 Menschen wurden nach § 175 StGB bestraft. Heutzutage gilt Homosexualität in den meisten europäischen Gesellschaften als eine normale Ausprägung der Sexualität. Der Alkoholkonsum sowie die Herstellung und der Verkauf alkoholischer Getränke wurden in der Zeit 1920–1933 in den USA strikt verboten und bestraft.

2. Wie entstehen Gewalt und Kriminalität?

In den Forschungsarbeiten, die sich mit den Problemen von Gewalt und Kriminalität befassen, bestehen unterschiedliche Vorgehensweisen und wurden unterschiedliche Erklärungen der Problematik diskutiert. Heribert Ostendorf (2018) fasst sie zusammen:

- In den biologisch determinierten Vorgehensweisen wird behauptet, dass die Kriminalität genetisch bedingt sei.
- Der entwicklungspsychologische Ansatz setzt voraus, dass die Kriminalität im Kindesalter entstehe und ein Ergebnis der Erziehung ist.
- Der sozialisationstheoretische Ansatz argumentiert, dass fehlende oder falsche Sozialisation dazu führe, dass eine Person zu kriminellen Handlungen tendiere.
- Der lerntheoretische Ansatz beteuert die Bedeutung der Vorbilder für das Erlernen krimineller Handlungen.
- Der aggressionstheoretische Ansatz betont die Rolle der individuellen Frustration für die Entstehung von Gewalt und Kriminalität.
- Der Etikettierungsansatz sieht als Ursache die Veränderung der Gesetze – wenn neue Gesetze entstehen, werden Handlungen, die früher nicht als kriminell galten, kriminalisiert.

Der Etikettierungsansatz bezieht sich aber besonders intensiv auf die Migration. Vor der Gründung der modernen Nationalstaaten war die Einwanderung von Menschen nicht gesetzlich kodifiziert und erfolgte durchaus ungeordneter im Vergleich zur heutigen Zeit. Es gab keine Grenz- und Passkontrollen im heutigen Sinne. Vielmehr dienten die natürlichen geografischen Gegebenheiten, verkehrstechnischen Einschränkungen oder Verhinderungen der Ausreise, wie das Beispiel der Leibeigenen in Russland belegt, als Hürden einer freien Massenwanderung. In diesem Sinne konnte die undokumentierte und unangemeldete Migration nicht als „illegal" etikettiert werden.

Diese Erklärungsansätze sind im weitesten Sinne psychologisch determiniert. In der soziologisch orientierten Forschung wird die Bedeutung anderer Faktoren wie Bildung, Einkommen, Alter, Geschlecht, sozialer Status, Milieus für die Erklärung der Gewalt- und Kriminalitätsbereitschaft betont. Ahmet Toprak und Katja Nowacki (vgl. Toprak/Nowacki 2010) fokussieren in ihrer Studie die Rolle mangelnden schulischen Erfolgs sowie die sozialen Rahmenbedingungen (Wohnort, Milieu, Freundeskreis, Einkommen) für die Erhöhung der Gewaltbereitschaft. Auch persönlich erlebte Diskriminierung spielt eine wichtige Rolle für die Erhöhung der Gewaltaffinität. Die eingeschränkten verbalen Fähigkeiten, die bei vielen neu Zugewanderten aufgrund der mangelnden Sprachkenntnisse festzustellen sind, fördern die Gewaltbereitschaft – wenn man sich durch verbale Argumente nicht durchsetzen kann, greift man auf die nonverbalen zurück. Eine wichtige Rolle hierfür spielt die persönlich erlebte Gewalt – in manchen Familien ist die Erziehung durch Gewalt verbreitet. Auch in einigen Peergruppen wird Gewalt ausgeübt, was zu einer Steigerung der Gewaltpotenziale führen kann. Die Männlichkeitskonzepte bestimmter kultureller und sozialer Schichten bedingen die Anwendung von Gewalt, insbesondere in Situationen, in welcher die Loyalität gegenüber einem Freund gezeigt oder die „Familienehre" verteidigt werden soll (vgl. Scheibelhofer 2008). Aus mediensoziologischer Perspektive können der Medienkonsum und insbesondere die Nutzung von Spielen und Filmen, die Gewalt abbilden, eine Wirkung auf die Gewaltbereitschaft der Heranwachsenden ausüben (vgl. Möller 2010; Kunczik/Zipfel 2010). Auch die Bedeutung der sozialen Netzwerke für die Verbreitung gewaltverherrlichender Muster ist zu berücksichtigen.

3. Was sagt die Statistik?

Die statistische Erfassung der Kriminalität erfolgt durch die Polizeiliche Kriminalstatistik (PKS). Sie gibt an, wie viele Straftaten innerhalb eines Jahres im Bundesgebiet von der Polizei registriert wurden. Dabei ist zu vermerken, dass diese Statistik das sog. Hellfeld der Kriminalität abbildet – das sind die angezeigten oder durch die Polizei ermittelten Straftaten. Zum sog. Dunkelfeld gehören die Straftaten, die aus verschiedenen Gründen nicht angezeigt werden. Darunter fallen häufiger z. B. Gewalt in der Familie, Streit im Freundeskreis oder in der Nachbarschaft. Straftaten in diesem Umfeld werden aus Angst oder aus Schamgefühl seltener oder gar nicht gemeldet.

2023 wurden in der Polizeilichen Kriminalstatistik ca. 2,2 Millionen Tatverdächtige registriert. In dieser Statistik werden die Täter als „deutsche" und „nichtdeutsche" erfasst. Der Migrationshintergrund nach der Definition des Statistischen Bundesamtes (vgl. Lektion 2 dieses Lehrbuchs) wird nicht berücksichtigt. 41,1 % der Tatverdächtigen waren nichtdeutscher Herkunft (923.269) – damit sind die Vertreter*innen dieser Personengruppe in der Polizeilichen Kriminalstatistik überproportional vertreten, denn der Anteil der ausländischen Staatsbürger*innen an der gesamten Wohnbevölkerung in Deutschland liegt bei 15 % (BMI 2024a, S. 40).

Die Schlüsse, die man aus dieser Statistik, die die Staatsangehörigkeit in den Vordergrund stellt, ziehen kann, sind allerdings mit Einschränkungen verbunden. Über die Zuwanderungserfahrung oder den konkreten Migrationshintergrund der Täter*innen erhält man durch die Daten keine näheren Informationen. In dieser Statistik werden unter anderem auch Straftaten registriert, die nur ausländische Staatsbürger*innen begehen können, z. B. Verstöße gegen das Ausländerrecht und gegen die Aufenthaltsregelungen. Wenn man allerdings die Statistik „bereinigt" und die ausländerrechtlichen Verstöße nicht berücksichtigt, liegt der Anteil der Tatverdächtigen nichtdeutscher Herkunft bei 34,4 % (BMI 2024a, S. 42), also etwa sieben Prozentpunkte unter dem Wert von 41,1 %. Weiterhin ist dieser Anteil höher als die Quote der ausländischen Staatsbürger*innen an der Gesamtbevölkerung Deutschlands. In dieser Statistik werden aber auch die Straftaten ausländischer Staatsbürger*innen erfasst, die sich nur kurzfristig in Deutschland aufhalten – wie Touristen, Besucher*innen von Großereignissen wie Konzerten oder internationalen Fußballspielen. Nach Angaben der polizeilichen Kriminalstatistik hatten im Jahr 2019 11,8 % der ermittelten ausländischen Tatverdächtigen ihren Wohnsitz im Ausland, bei weiteren 12 % konnte die Polizei keinen Wohnsitz ermitteln (vgl. Walburg 2020).

3.1. Ursachen für die Kriminalität

Was sind die Ursachen für die erhöhte Kriminalität der nichtdeutschen Tatverdächtigen in Deutschland? Die Statistik registriert die Straftat nach der Nationalität der mutmaßlichen Täter. Allerdings sind viele Menschen mit Migrationshintergrund in Deutschland eingebürgert – sie werden von der Statistik als Deutsche registriert. Da für die Einbürgerungen bestimmte Kriterien gelten, haben die Personen, die diesen Kriterien entsprechen, in der Regel einen höheren sozialen Status, z. B. sicheren Arbeitsplatz, höheres Einkommen, ausreichenden Wohnraum und keine Einträge in der Kriminalstatistik. Unter „Ausländer*innen" fallen aber die Personen, die sich nicht einbürgern lassen wollen oder können, da sie die Voraussetzungen für eine Einbürgerung nicht erfüllen.

Ein weiterer Faktor ist die unterschiedliche Sozialstruktur der deutschen und der ausländischen Bevölkerung in Deutschland. Die ausländischen Staatsbürger*innen, die in Deutschland leben, sind jünger als der deutsche Durchschnitt. Der Anteil junger Männer in der ausländischen Gesamtbevölkerung ist besonders hoch; und ganz allgemein sind junge Männer die Gruppe, die am häufigsten gewaltbereit ist und als kriminell auffällt, und zwar unabhängig von der Staatsangehörigkeit. Es kommt hinzu, dass die meisten ausländischen Staatsbürger*innen in Großstädten oder Ballungsräumen wohnen, was die Kriminalität begünstigt. In der Anonymität von Großstädten sind die Kriminalitätsraten grundsätzlich höher.

Ein weiterer Faktor ist die intensivere polizeiliche Kontrolle – aufgrund der vorhandenen Statistik tendieren die Polizeibeamt*innen dazu, männliche und ausländisch aussehende Personen häufiger zu kontrollieren. In einigen Studien wird auf eine unterschiedliche Anzeigebereitschaft hingewiesen. Sie ist ethnisch selektiv – wenn Täter und Opfer zu unterschiedlichen ethnischen Gruppen gehören, ist eine höhere Anzeigebereitschaft festzustellen. Pfeiffer et al. (2018) und Baier und Kliem (2019) verdeutlichen, dass die Anzeigebereitschaft stark variiert, je nachdem, ob der Gewalttäter „deutsch" oder „nichtdeutsch" aussieht. In der soziologischen Forschung werden Faktoren wie Bildungsdefizite, eingeschränkte Chancen sozialer Teilhabe sowie die sozioökonomische Benachteiligung genannt. Kinder ausländischer Staatsbürger*innen haben eine geringere Bildung, studieren seltener und verdienen im Schnitt weniger (vgl. Lektionen 4 und 7 dieses Lehrbuchs). Eine weitere Rolle spielt die Diskriminierung in der Gesellschaft und insbesondere am Ausbildungs- und Arbeitsmarkt. Ein Problem stellen die öffentliche Meinung sowie die Medienberichterstattung dar. Die nichtdeutsche Nationalität wird auch dann erwähnt, wenn sie keine Bedeutung für die Interpretation der Straftat hat: Dadurch wird ein klischeehaftes Bild von Ausländer*innen dargestellt. Unterschiede im Hinblick auf die verschiedenen Formen der Kriminalität werden ausgeblendet. Es wird in der Öffentlichkeit das Bild erzeugt, dass ausländische Staatsbürger*innen grundsätzlich krimineller seien, ohne bei der Berichterstattung auf die Ursachen der statistisch erhöhten Kriminalität einzugehen. Die oben genannten

Einschränkungen der Statistik werden bei den Medienberichterstattungen selten oder gar nicht berücksichtigt.

3.2. Gewaltkriminalität

Ein besonderer Aspekt der Kriminalität ist die Gewaltausübung. Zur Gewaltkriminalität zählen Mord, Raubüberfälle, Überfälle, Entführungen, Vergewaltigung, Einbruch, Autodiebstahl oder Drogenkriminalität. Es kann keinen pauschalen Zusammenhang zwischen der Staatsangehörigkeit einer Person und der Häufigkeit der Gewaltausübung festgestellt werden. Allerdings ist festzustellen, dass bei Sexualstraftaten (Vergewaltigungen, sexuelle Nötigungen und Übergriffe) ausländische Staatsbürger, insbesondere aus der Subsahara (Eritrea, Gambia, Guinea, Nigeria und Somalia), aus den Ländern des Nahen und Mittleren Ostens (Irak, Iran und Syrien) und aus den nordafrikanischen Ländern (Algerien und Marokko), überrepräsentiert in der Statistik sind (vgl. Pfeiffer et al. 2018). Auch in dieser Hinsicht bestehen statistische Unterschiede zwischen den Tätern deutscher und nichtdeutscher Herkunft. Bei deutschen Straftätern sind häufiger Sachbeschädigungen festzustellen, bei ausländischen Straftätern ist in stärkerem Umfang körperliche Gewalt zu vermerken (vgl. BMI 2024a). Dabei ist zwischen der tatsächlich ausgeübten Gewalt und der Gewaltakzeptanz zu unterscheiden, da diese Akzeptanz unabhängig von der eigenen Gewaltanwendung bestehen kann.

Woran liegen diese Unterschiede?

Gewalt ist, unabhängig vom Migrationshintergrund, ein männliches Phänomen (vgl. Melzer 2000; Rostampour 2000). Jungen sind häufiger Täter, aber auch Opfer von Gewalt (vgl. Uslucan et al. 2003; Pfeiffer/Wetzels 2000). Eine mögliche Erklärung geht auf die geschlechtsspezifische Sozialisation zurück, in der die physische Gewaltausübung als „männlich" angesehen wird. Allerdings muss man beachten: Die sichtbare Gewalt ist männlich, weibliche Gewalt ist oft nicht sichtbar. Sie manifestiert sich als psychische Gewalt (z. B. üble Nachrede) und kann in der Statistik nicht präzise erfasst werden.

Gewalt ist außerdem ein Phänomen des Jugendalters: Die Gewaltrate steigt ab dem 13. Lebensjahr und sinkt nach dem 20. Lebensjahr deutlich ab (vgl. Rutter 1995; Uslucan 2021; Uysal et al. 2016).

In der Psychologie werden Faktoren wie Temperament und Impulskontrolle (Erregbarkeit) und auch die Argumentationsfähigkeit berücksichtigt. Die Soziologie berücksichtigt vor allem andere Sachverhalte: So ist eine Korrelation zwischen Bildungsstand und Gewaltakzeptanz festzustellen. Im deutschen Bildungssystem variiert die Gewaltbilligung nach Schultyp – gewaltakzeptierend sind insbesondere diejenigen Jugendlichen, die die Hauptschule[12] besuchen (vgl. Uslucan 2008b). In Bezug auf Gewalt treten Differenzen nach Bildungsstatus deutlicher hervor als kulturelle oder ethnische Unterschiede (vgl. Nauck/Schönpflug 1997). Auch Pfeiffer et al. (2018, S. 16 ff.) verdeutlichen, dass Gewalt ein Problem des sozia-

---

12 Die Hauptschule existiert als Schulform nicht in allen Bundesländern.

len Hintergrunds ist. Eine erhöhte Gewaltbereitschaft findet man bei männlichen Jugendlichen, die auf eine Hauptschule gehen, aus einer Familie kommen, die staatliche Transferleistungen bezieht, selbst Gewalt in der Familie erlebt haben und bestimmte Männlichkeitsnormen für verbindlich halten.

Pfeiffer et al. (2018, S. 17) haben ermittelt, dass die Gewaltbereitschaft insbesondere bei Jugendlichen erhöht ist, die selbst schwere körperliche Gewalt erlebt haben. Auch die psychische Gewalt ist ein Risikofaktor. Nach Pfeiffer ist die Gewalt in Migrant*innenfamilien stärker verbreitet als in nicht migrantischen Familien (Pfeiffer et al. 2018, S. 16). Die Einbindung in gewaltbereite Cliquen stellt ebenfalls eine wichtige Rolle für die Erhöhung der Gewaltaffinität dar.

Ferner wird gegenwärtig immer mehr auch der Einfluss der Medien bzw. der Mediennutzung (Computerspiele, Ego-Shooting-Spiele, soziale Netzwerke) auf die Gewaltentstehung diskutiert (vgl. Möller 2010). Möglicherweise wirken gruppenspezifische Faktoren auf die Mediennutzung, indem gewaltlegitimierende Männlichkeitsnormen im virtuellen Raum ausgelebt werden können (vgl. Baier et al. 2010). Sowohl bei Baier et al. 2010 als auch bei Koglin et al. (2009) wird darauf hingewiesen, dass Gewaltausübung mit der Nutzung gewalthaltiger Computerspiele unter Jugendlichen allgemein ansteige. Die unkritische Nutzung sozialer Medien kann sich auch in dieser Richtung auswirken.

Eine besondere Bedeutung hat die politisch motivierte Gewalt. Im Verfassungsschutzbericht, der jedes Jahr vom Bundesverfassungsschutz und vom Bundesinnenministerium herausgegeben wird, wird in einem gesonderten Kapitel das Thema islamistischer Extremismus behandelt. Dieser wird neben dem politisch rechten und dem politisch linken Extremismus als eine konkrete Gefahr für die Demokratie in Deutschland erfasst. Eine besondere Aufmerksamkeit wird den Themen Judenfeindlichkeit bzw. Israelfeindlichkeit gewidmet. Das islamistische Potenzial im Bundesgebiet wird auf 27.200 Personen geschätzt (BMI 2024b, S. 210). Für die Belange des Extremismus werden die sozialen Medien genutzt. Eine präventive Funktion hätte der islamische Religionsunterricht an deutschen Schulen und Hochschulen, der religiöse Inhalte nach festgelegten Bildungsplänen vermitteln kann.

Neben dem religiös motivierten Extremismus sind auch die potenziellen oder realen Auseinandersetzungen zwischen verschiedenen ethnischen Gruppen (Kurden vs. Türken; Russen vs. Ukrainer; Schiiten vs. Sunniten) zu nennen. Insbesondere die verbotene Kurdische Arbeiterpartei PKK steht im Fokus. Auch türkische rechts- und linksextremistische Organisationen werden vom Verfassungsschutz beobachtet.

Brettfeld und Wetzels haben die Einstellung muslimischer Jugendlicher zu Rechtsstaatlichkeit und Demokratie überprüft und festgestellt, dass die Gewaltakzeptanz im Zusammenhang mit der Bejahung bestimmter autoritärer Werte bei Migrant*innen steht (vgl. Brettfeld/Wetzels 2007). In diesem Kontext ist die Desintegrations-These von Heitmeyer (vgl. Heitmeyer et al. 1995) zu sehen: Die zunehmende Individualisierung der modernen Gesellschaften führt zur Entkoppelung aus traditionellen Strukturen, die Sinn und Orientierung boten. In dieser

Situation werden Menschen anfälliger für extreme autoritäre Ideologien, die eine klare Weltordnung vermitteln und die gesellschaftliche Komplexität reduzieren. Verunsicherung und Angst vor dem Abstieg betreffen verschiedene Gruppen der Gesellschaft und sind somit ein gesamtgesellschaftliches und nicht ausschließlich migrationsspezifisches Problem (vgl. Zick et al. 2023). Tendenziell sind aber die neu zugewanderten Personen und insbesondere die Geflüchteten stärker davon betroffen, denn durch die Migration erleben sie viel häufiger eine Situation der Unsicherheit.

3.3. Gewalt und Religiosität

Fördern manche Religionen die Gewaltbereitschaft der Gläubigen? Insbesondere bezüglich des Islam herrschen in der europäischen Öffentlichkeit Vorurteile, dass die muslimische Religion eine gewaltverherrlichende Ideologie darstellt. Zu diesem Bild haben vor allem die Ereignisse am 11. September 2001, ihre Interpretationen aber auch die Verschärfung der weltpolitischen Lage in der Folgezeit beigetragen. Bei einer Lektüre der Heiligen Schriften unterschiedlicher Religionen sind zwar gewaltverherrlichende Passagen zu finden, aber es ist nicht anzunehmen, dass die eine oder andere Religion an sich die Gewaltbereitschaft fördert. Vielmehr tragen die Interpretationen und die sozialen und historischen Kontexte zu einer Zunahme der Gewaltbereitschaft von konkreten Menschen oder Gruppen von Individuen bei.

In der Studie von Baier et al. (2010) sowie in der Expertise von Haug (2010) wird allerdings eine Korrelation zwischen ausgeprägter Religiosität und höherer Gewaltakzeptanz bei muslimischen Jugendlichen festgestellt. Welche sind die Ursachen?

Nach Uslucan können die traumatisierenden Erfahrungen in der Vergangenheit einer Person (vgl. Uslucan 2008b; Uslucan 2021) Auswirkungen auf ihre Gewaltbereitschaft haben. Eine Wirkung hat aber auch die blockierte Chance des sozialen Aufstiegs: Oft haben Migrantenjugendliche schwierigere Voraussetzungen für ihre schulische und soziale Entwicklung als Einheimische. Dies ist insbesondere dann der Fall, wenn Eltern wenig bzw. kaum Deutsch sprechen und gleichzeitig niedrig sozial positioniert sind. Neu zugewanderte Personen kennen sich im deutschen Bildungssystem in der Regel nicht aus, haben keine sozialen Netzwerke, die ggf. Ratschläge geben können. Es kommt hinzu, dass die deutschen Schulen in der Praxis auf die deutsche Mittelschicht zugeschnitten sind und Migrant*innenkindern kaum Fördermöglichkeiten anbieten. Lehrkräfte werden erst seit wenigen Jahren im Sinne der diversitätsorientierten Pädagogik geschult (vgl. Karakasoglu et al. 2021). Migrant*innenfamilien sind aufgrund der Zuwanderungserfahrung zusätzlichen Stressfaktoren ausgesetzt. Verschiedene Konstellationen sind in der Forschung bekannt: Manche Familien werden durch die Migration getrennt, die Kinder bleiben bei Verwandten im Ausland. In anderen Konstellationen wohnen die Eltern getrennt, da im Aufnahmeland nicht genug Wohnfläche zur Verfügung steht. Diese Voraussetzungen steigern die Unzufriedenheit und die Unsicherheit. Aber auch wenn die ganze Familie migriert ist, sind oft Wertekonflikte infolge der Migration zu beobachten. Diese können in Gewalt münden (vgl. Uslucan

2021; Scherr/Breit 2021; Atanisev et al. 2019). Bei einigen Migrant*innengruppen sind traditionelle Gendervorstellungen verbreitet. Das Alltagsleben ist gekennzeichnet durch eine „klassische" Aufgabenteilung zwischen Männern und Frauen. Unabhängig von der Erwerbstätigkeit sind Frauen mehrheitlich für Haushalt und Kindererziehung zuständig, erwerbstätige Frauen müssen die Doppelbelastung von Beruf und Familie tragen. Männer wurden in traditionellen Rollenbildern sozialisiert. Dazu gehören die „Gewalt legitimierende[n] Männlichkeitsnormen" – Normen, die sich auf männliche Hegemonie und Dominanz beziehen, die unter anderem mit Gewalt durchzusetzen sind (vgl. Baier et al. 2010). Solche Männlichkeitsvorstellungen sind laut der Studie von Baier bei den Befragten aus muslimisch geprägten Herkunftsländern deutlich häufiger anzutreffen als bei Einheimischen und bei Menschen anderer Herkünfte. Insgesamt zeigt sich eine deutlich überdurchschnittliche Gewaltausübung, aber auch Gewalterfahrung bei Jugendlichen mit muslimischem Migrationshintergrund (vgl. Baier et al. 2009). Männlichkeit wird demnach nicht selten durch Gewalt „verteidigt" (vgl. Bereswill/Neuber 2018). Gewalt wird in diesem traditionellen Männlichkeitskonzept als ein legitimes Mittel zur Durchsetzung angesehen (vgl. Spindler 2017). Diese Männlichkeitsbilder sind nicht ausschließlich als Ausdruck der Kultur oder gar der Religion der Herkunftsgesellschaft (der Eltern oder Großeltern) zu sehen. Vielmehr sind Faktoren wie der soziale Status der Familie, die Bildung und Teilhabechancen wichtiger als die ethnische oder religiöse Herkunft.

Insbesondere den patriarchalen Orientierungen und der traditionellen Verwurzelung ist Rechnung zu tragen. In der Forschung ist eine klare Korrelation zwischen Akzeptanz patriarchaler Stereotypen und Gewalt gegen Frauen festzustellen, allerdings nicht zwischen Islam und Gewalt. In der medialen Öffentlichkeit wird häufig über die sog. Ehrenmorde als Phänomen des Islam berichtet. Allerdings ist die Ehre als Ordnungsprinzip nicht nur muslimisch. Das Phänomen der Ehrenmorde beschränkt sich nicht auf die islamische Welt: Der Bericht der Nichtregierungsorganisation Terre des Femmes nennt auch Brasilien, Ecuador, Indien und Italien als Länder, in denen Ehrenmorde vorkommen (vgl. Terre des Femmes 2005). In diesem Kontext sind auch die Studien zum Thema Femizide von besonderer Bedeutung, die belegen, dass nicht die Religion an sich, sondern die patriarchale Weltanschauung als Grundlage der gezielten Tötung von Frauen dient (vgl. Habermann 2023; Koç 2024).

Zusammenfassend lässt sich festhalten, dass der Forschungsstand zu Muslim*innen in Deutschland nur bedingt Nachweise liefert, dass die muslimische Religiosität von Individuen die Gewaltausübung oder Gewaltakzeptanz beschleunigt. Eine pauschale Aussage, dass der Islam die Gewaltbereitschaft toleriert oder gar fördert, ist nicht zu bestätigen. Denn zum einen unterscheidet sich die muslimische Religiosität nach Glaubensrichtungen oder Rechtsschulen. Zum anderen spielen die nationalstaatlichen Kontexte in den Herkunftsgesellschaften, die individuelle Sozialisation, die soziale Schicht, das Lebensalter und die traditionelle kulturelle Ausrichtung eine wichtigere Rolle für die Gewaltakzeptanz, bzw. -anwendung. Dittrich und Klimt (2021) betonen die Bedeutung der öffentlichen Diskurse bei der Konstruktion eines negativen Bildes der männlichen Migranten, indem impliziert wird, dass Migration mit Gewalt und Kriminalität zu assoziieren sei. In vielen Fällen handelt es sich um eine skandalisierende Medienberichterstattung, die die sozialen Ursachen der kriminellen Handlungen ignoriert und nach einfachen Erklärungsmustern sucht.

3.4. Gewalt und Kriminalität bei den Geflüchteten

In den Jahren 2015 und 2016 kamen infolge der Kriege in Syrien, im Irak und in Afghanistan ca. eine Million Menschen nach Deutschland, die Asyl gesucht haben. In großen Teilen der deutschen Gesellschaft wurden sie offen empfangen und mit hohem Einsatz unterstützt. In den Medien wurde diesbezüglich der Ausdruck „Willkommenskultur" verwendet. Infolge der sog. Kölner Silvesternacht am 31. Dezember 2015 änderte sich zum Teil die Sichtweise; seit 2016 werden insbesondere männliche Geflüchtete häufig als Bedrohung wahrgenommen. Allerdings sind bis heute keine repräsentativen Studien zum sog. Dunkelfeld vorhanden, die diese Wahrnehmung belegen können. Angaben, die gemacht werden, beruhen auf der Auswertung der Polizeilichen Kriminalstatistik (PKS), die lediglich die registrierten Straftaten, das sog. Hellfeld, abbildet. Seit 2016 wurde in der PKS eine neue statistische Kategorie eingeführt, nämlich die Kategorie „Zuwanderer" – darunter fallen Asylberechtigte, Asylbewerber*innen, Geduldete, Kontingent- bzw. Bürgerkriegsflüchtlinge (vgl. BMI 2024a).

Nach Auswertung der vorhandenen Daten kommen Baier und Kliem 2019 zu dem Schluss, dass bei den Körperverletzungsdelikten die Geflüchteten im gleichen Umfang Opfer und Täter sind. Die meisten Konflikte, in die Geflüchtete verwickelt sind, erfolgen in den Erstaufnahmeeinrichtungen und resultieren aus der Unterbringungslage der Menschen, die in Sammelunterkünften beengt wohnen (vgl. Baier/Kliem 2019; Scherr/Breit 2021).

Aufgrund der hohen ethnischen und religiösen Heterogenität der Geflüchteten kann man nicht von einer pauschal erhöhten Gewaltaffinität und Kriminalitätstendenz sprechen. Die Gewalttaten, die registriert werden, stehen häufig im Zusammenhang mit der erlebten Ablehnung der bereits gestellten Asylanträge oder mit ihrer langen Bearbeitungsdauer. Das alles führt zu Frustration, Spannungen und Zukunftsangst. Eine mögliche Ablehnung des Asylantrags könnte zudem die Abhängigkeiten von organisierten Netzwerken begünstigen und dazu führen, dass Asylsuchende in die Illegalität abtauchen. In vielen Studien wird der Zusammenhang zwischen der Häufigkeit von ausgeübter Kriminalität und der (Un-)Sicherheit des Aufenthaltsstatus betont. Andere Gründe für die erhöhte Kriminalität, die in Studien genannt werden, sind die besonderen Traumata und Stressbelastungen, denen Geflüchtete ausgesetzt sind (vgl. Scherr/Breit 2021; Albrecht 2019; Baier/Kliem 2019). Oft leiden sie unter psychischen Erkrankungen.

4. Prävention

Die Erarbeitung und Implementierung von Präventionsmaßnahmen gehört zu den Aufgaben von Beschäftigten in Sozialeinrichtungen, Sozialpädagog*innen, Psycholog*innen, Soziolog*innen oder Sozialarbeiter*innen. Bei der Konzeption von Präventionsmaßnahmen ist davon auszugehen, dass Migrant*innen nicht nur Täter, sondern auch Opfer von Gewalt und Kriminalität sind und grundsätzlich sein können. Die stereotype Denkweise, nach der Migrantenjugendliche vor allem Täter seien, ist zu reflektieren und zu revidieren. Nach Angaben der PKS besitzen 24,8 % der registrierten Opfer von Gewalt und Kriminalität im Jahr 2023 keine deutsche Staatsangehörigkeit (vgl. BMI 2024, S. 11). Dabei können Migrant*innen Opfer sowohl von ausländerfeindlichen Angriffen, aber auch von Konflikten zwischen verschiedenen Migranten*innengruppen sein, die durch die Migration „importiert" werden. Auch politische oder wertebasierte Konflikte können Ursache für Spannungen sein. In diesem Kontext ist insbesondere die Problematik der sog. Clankriminalität, auch „family based crime" genannt (vgl. Görgen et al. 2024), zu verorten. Dabei handelt es sich um eine von der Großfamilie initiierte, geplante und ausgeführte Straftat, die politische, kulturelle oder soziale Gründe haben kann.

In der Forschung werden unterschiedliche Typen von Prävention genannt (vgl. Desseker/Rettenberger 2021):

Die personenorientierten Präventionsmaßnahmen sind ein Gegenstadt der Psychologie. Sie umfassen Themen wie die individuelle Beratung von Jugendlichen sowie die Mediation, die zur Konfliktlösung beitragen könnten.

Die milieuspezifischen Präventionsmaßnahmen sind im Feld der Bildungs- und Sozialwissenschaften zu verorten. Die Aufgaben dieser Maßnahmen fokussieren sich auf die Armutsbekämpfung, auf die Erhöhung des Bildungsniveaus und auf die Unterstützung der Jugendlichen beim Übergang in das Berufsleben. Dabei geht es auch um die Reflexion traditioneller Normen in der Bildungsarbeit.

Eine weitere Gruppe von Präventionsmaßnahmen ist mit der Öffentlichkeitsarbeit verbunden. Das Ziel dieser Maßnahmen ist es, Aufklärungskampagnen in den Medien in Migrant*innensprachen zu entwickeln und zu veröffentlichen. Sie sollen dazu beitragen, Vorurteile und Stereotype von traditioneller Männlichkeit zu problematisieren und infrage zu stellen und dadurch die potenzielle Gewaltaffinität zu verringern. Es ist auch der Geschlechtsspezifik Rechnung zu tragen. Da die gewaltaffinen Haltungen ein männliches Phänomen sind, sind die (jungen) Männer vorrangig in den Blick der Präventionsarbeit zu nehmen.

Einige Präventionsmaßnahmen beziehen sich auf das Wohnumfeld der Migrant*innen. In diesem Feld sind die Aufklärung und die Sozialarbeit in den Quartieren besonders wichtig. Zu den Aufgaben dieser Präventionsmaßnahmen gehören die Bekämpfung der wohnräumlichen Segregation, aber auch die intensive Elternarbeit, die Frühforderung und verschiedene Elterntrainings (vgl. Toprak/Nowacki 2010). Zugewanderte, Migrant*innen- und Moscheevereine werden als Kooperationspartner gewonnen.

Eine wichtige Bedeutung haben die gesellschaftlichen Präventionsmaßnahmen. Sie umfassen die Sensibilisierung der Mehrheitsgesellschaft, die diversitätsorientierte Arbeit mit Behörden, mit Vertretern der Polizei und der Justiz (Staller/Koerner 2024; Hunold/Singelstein 2022). Mehr Menschen mit Migrationshintergrund sollen im öffentlichen Dienst eingestellt werden. Kulturell bedingte Gewalt soll nicht als mildernd behandelt werden. Recht auf gewaltfreie Erziehung und Bildung soll gefördert und durchgesetzt werden. In diesem Kontext ist auch die politische Bildung zu fördern.

Diskussionsfragen

1. Welche Ursachen können für Kriminalität gefunden werden?
2. Wie kann Kriminalität statistisch erfasst werden, und welche Schwierigkeiten bestehen hierbei?
3. Analysieren Sie die aktuelle Polizeilichen Kriminalstatistik. Bei welchen Formen der Kriminalität sind die ausländischen Staatsbürger*innen häufiger und bei welchen weniger häufig vertreten?
4. Wie oft werden Migrant*innen selbst Opfer von Gewalt und Kriminalität? Analysieren Sie die aktuellen statistischen Daten.
5. Was kann über Gewalt bei Geflüchteten gesagt werden? Welche Ursachen werden hierfür genannt?
6. Wie können praktische Präventionsmaßnahmen aussehen? Kennen Sie Präventionsmaßnahmen in Ihrer Nähe?

Literaturtipps

Atanisev, Kaan/Haverkamp, Rita/Kunkel, Fynn/Müller, Anne (2019): Migration und Kriminalität. Eine Analyse auf Bundesebene, Überblick der Dunkelfeldforschung und Kriminalitätstheorien, Migration und Sicherheit in der Stadt. In: Working Paper, 2019, Nr. 2. www.migsst.de/onewebmedia/Atanisev%20et%20al._Migration%20und%20Kriminalität.pdf (11.09.2024).

Görgen, Thomas/Dangelmaier, Tamara/Nüschen, Stella/Struck, Jens/Wagner, Daniel (2024): „Clankriminalität" – eine Analyse des Forschungsstandes zu Ursachen, Entstehungs- und Aufrechterhaltungsbedingungen. In: Wollinger, Alexander (Hrsg.): Kritische Analysen zur sogenannten „Clankriminalität", Wiesbaden: Springer VS. www.doi.org/10.1007/978-3-658-45105-9_2.

Habermann, Julia (2023): Femizide und Partnerinnentötungen. In: Partnerinnentötungen und deren gerichtliche Sanktionierung, Wiesbaden: Springer VS. www.doi.org/10.1007/978-3-658-40741-4_2.

Hark, Sabine/Villa, Paula-Irene (2017). Unterscheiden und herrschen. Ein Essay zu den ambivalenten Verflechtungen von Rassismus, Sexismus und Feminismus in der Gegenwart, Bielefeld: transcript.

Kleist, Olaf/Dermitzaki, Dimitra/Oghalaim Bahar/Zajak, Sabrina (Hrsg.) (2022): Gewaltschutz in Geflüchtetenunterkünften – Theorie, Empirie, Praxis, Bielefeld: transcript.

Staller, Marin/Koerner, Swen (2024): Diversität und Polizei. Perspektiven auf eine Polizei der Vielfalt – konkrete Handlungsoptionen und neue Reflexionsmöglichkeiten, Wiesbaden: Springer.

Lektion 11: Migration, Gesundheit und Alter

Überblick

In dieser Lektion werden Aspekte wie Gesundheit, Krankheit und Altern in der Migration behandelt. Themen wie die Pflege der älteren Migrant*innen sowie die Problematik des Konsums im Alter stehen im Fokus. Wie wird mit Trauer und Tod in der Migration umgegangen? In der Migrationsforschung werden diese Themen oft ausgeklammert, da statistisch gesehen überwiegend junge und gesunde Menschen migrieren. Allerdings leben zunehmend Menschen im fortgeschrittenen Alter als Migrant*innen in einem anderen Land als ihrem Geburtsland. Für sie selbst und für die Migrationsgesellschaften sind die Fragen nach Gesundheit, Pflege, Tod und Trauer in der Migration von erheblicher Bedeutung.

1. Was ist Gesundheit? Soziale Dimensionen von Gesundheit und Krankheit

Nach einer Definition der Weltgesundheitsorganisation (WHO) ist Gesundheit „der Zustand des vollständigen körperlichen, geistigen und sozialen Wohlbefindens und nicht nur das Freisein von Krankheit und Gebrechen. Das Erreichen des höchstmöglichen Gesundheitsniveaus ist eines der Grundrechte jedes Menschen, ohne Unterschied der ethnischen Zugehörigkeit [‚race'], der Religion, der politischen Überzeugung, der wirtschaftlichen oder sozialen Stellung" (WHO, 1946, S. 1). Hingegen wird Krankheit als jede Lage des Individuums, die die „Notwendigkeit einer Heilbehandlung betont (wobei bereits die Erforderlichkeit einer Diagnosestellung ausreicht) und die zeitlich eingeschränkte bzw. verhinderte Arbeitsfähigkeit und Rollenerfüllung herausstellt", definiert (Fangerau/Franzkowiak 2022, S. 1). Die Problematik von Gesundheit und Krankheit war lange Zeit in der Domäne der Humanmedizin und der Biologie verortet. Heutzutage wird zunehmend auf die sozialen Aspekte dieser Thematik hingewiesen. Gesundheit und Krankheit haben nicht nur eine naturwissenschaftliche, sondern auch eine soziale Dimension. Diese wird von einer spezialisierten Richtung der Soziologie – der Medizinsoziologie – behandelt. In verschiedenen historischen und gesellschaftlichen Kontexten werden Zustände oder Verhaltensweisen als „krankhaft", „abweichend" oder „normal" definiert, wie z. B. die Homosexualität. Lange Zeit galt diese als „krankhaft". Seit den 1990er-Jahren wird sie juristisch in vielen europäischen Ländern als eine normale Form der Sexualität betrachtet.

In der Medizinsoziologie werden Krankheit und Gesundheit nicht nur als Ergebnis der biologischen Funktion des menschlichen Organismus, sondern in ihrer gesellschaftlichen Bedingtheit analysiert. Es wird untersucht, durch welche sozialen Ursachen und wie die gesundheitlichen Zustände der Individuen beeinflusst werden. Solche Faktoren sind z. B. Bildung, Beschäftigung, Zugehörigkeit zu einer sozialen Schicht, Wohnort, individuelles Risikoverhalten, Konsum, Alter, Geschlecht oder Migrationserfahrung. Die Medizinsoziologen bezeichnen solche Faktoren als „Vulnerabilitäten". Dieser Begriff bedeutet „Verwundbarkeiten" oder „Verletzbarkeiten", und mit ihm sind die Anfälligkeiten eines Individuums oder einer sozialen Gruppe gemeint; es handelt sich um einen sozialen Zustand, in dem das

Risiko einer Person oder einer Gruppe erhöht ist, eine bestimmte psychische oder physische Krankheit zu entwickeln. Das zentrale Forschungsergebnis ist dabei: Gesundheit und Krankheit stehen in engem Zusammenhang mit dem sozialen Status und mit der sozialen Ungleichheit.

Einen großen Einfluss auf die Gesundheit hat die individuelle Bildung. Ein höheres Bildungsniveau begünstigt die Informiertheit der Individuen über Risikofaktoren sowie die Fähigkeit, diese zu meiden. Risikofaktoren können unter anderem die Umweltverschmutzung, die Art der Erwerbstätigkeit, der Konsum von Zigaretten, Alkohol oder Betäubungsmitteln sowie Stress oder Schlafdefizite sein. Eine bessere Bildung motiviert die Menschen, Vorsorgeuntersuchungen in Anspruch zu nehmen und dadurch das Risiko einer schweren Erkrankung zu reduzieren. Bildung wirkt sich auf das individuelle Einkommen, auf die unterschiedlichen Möglichkeiten der Erwerbstätigkeit, auf die Auswahl des Wohnortes und auf die Qualität des Wohnens aus – Faktoren, die indirekt einen Einfluss auf die Gesundheit haben.

Die Dimensionen der sozialen Ungleichheiten, die sich auf die Gesundheit auswirken, bezeichnet man als „gesundheitliche Ungleichheit" (Richter/Hurrelmann 2009, S. 13). Diese wird bereits ab dem Kindes- und Jugendalter sichtbar. Die gesundheitliche Ungleichheit bezieht sich auf die Ernährung sowie auf die Möglichkeiten, sich an sportlichen Aktivitäten oder an Exkursionen zu beteiligen oder an Vorsorgeuntersuchungen, die nicht durch die gesetzlichen Krankenkassen finanziert werden, teilzunehmen. Menschen mit geringerem Einkommen können sich diese Kosten nicht leisten, dementsprechend werden solche Leistungen gar nicht in Anspruch genommen. „Menschen, die in untere soziale Klassen geboren werden, haben bei Geburt eine zwischen fünf und zehn Jahren geringere Lebenserwartung, wobei der Unterschied bei Frauen geringer ausfällt als bei Männern" (Brunnett 2021, S. 557). In der Medizinsoziologie werden Typen von Menschen gebildet, die durch die gesundheitlichen Ungleichheiten am meisten betroffen sind. Dazu gehören z. B. die „alleinerziehende Mutter" bzw. „der alleinerziehende Vater", „der/die Langzeitarbeitslose" sowie „der Geflüchtete" (Brunnett 2021, S. 565). In der Forschung werden auch die strukturellen Bedingungen analysiert – durch die Etablierung neoliberaler Modelle in den westeuropäischen Gesellschaften wird auch die Finanzierung sozialer und medizinischer Leistungen gekürzt, was zu einer zusätzlichen Belastung sozial schwächerer Menschen führt. Das Auftreten vieler chronischer Erkrankungen kann als Ergebnis einer medizinischen Unterversorgung gewertet werden (vgl. Richter/Hurrelmann 2009; Staiger 2023).

2. Migration und Gesundheit

Ein aktuelles Thema der Medizin- und der Migrationssoziologie ist die Wirkung der Migration auf die Gesundheit der Menschen. Haben Wanderungsbewegungen Einfluss auf die individuelle Gesundheit und, wenn ja, wie genau? Wie unterscheidet sich die Gesundheit von Migrant*innen und Einheimischen?

Studien belegen, dass Menschen mit Migrationshintergrund in Deutschland häufiger von Infektionskrankheiten, Säuglingssterblichkeit, Stoffwechselerkrankungen, mangelnder Zahngesundheit oder Übergewicht betroffen sind (vgl. Robert Koch-Institut 2008; Bartig et al. 2023; Koschollek et al. 2023). Die Essstörungen beziehen sich insbesondere auf Kinder von Eltern mit Zuwanderungserfahrung. Bei Migrant*innen sind auch psychische Auffälligkeiten und Krankheiten überproportional häufig festzustellen. Hingegen leiden sie weniger an Asthma, Neurodermitis, Allergien oder Bronchitis (vgl. Robert Koch-Institut 2008, S. 32 ff.; ebenda, S. 52 ff.; Knipper et al. 2009).

Die verfügbaren Daten belegen außerdem, dass der allgemeine Gesundheitszustand von Menschen mit Zuwanderungserfahrung im Durchschnitt schlechter ist als der Status von Menschen, die nicht migriert sind (vgl. Razum/Wenner 2016; Razum et al. 2008). Sie erkranken häufiger an bestimmten chronischen Krankheiten wie Diabetes oder Herz-Kreislauf-Erkrankungen, wobei gesundheitliche Beschwerden in einem früheren Alter auftreten als bei den Vertretern der autochthonen Bevölkerung (vgl. Razum/Wenner 2016). Ausländische Staatsbürger*innen sind stärker von Arbeitsunfällen und Berufskrankheiten betroffen. Sowohl die Arbeitsunfähigkeitsrate als auch die Erwerbsunfähigkeitsrate ist bei ihnen höher als bei den Einheimischen (ebenda). Welche sind die Ursachen?

An dieser Stelle ist zu betonen, dass die Menschen mit Migrationshintergrund in Deutschland eine sehr heterogene Gruppe bilden. Unterschiedlich sind ihre Migrationsmotive, die Länder, aus denen sie stammen, aber auch die Einkommens- und Bildungshintergründe. Der Begriff Menschen mit Migrationshintergrund umfasst sowohl ausländische Staatsbürger*innen als auch eingebürgerte Deutsche oder Kinder, deren Eltern zugewandert sind (vgl. Lektion 4 dieses Lehrbuchs). Bei dieser Heterogenität ist die Ursachenermittlung in Bezug auf die Verschlechterung des allgemeinen Gesundheitszustandes schwierig. In der Fachliteratur werden verschiedene idealtypische Migrant*innengruppen gebildet und aufgrund ihrer gesundheitlichen Besonderheiten typologisiert:

- *Die Migrant*innen aus der Generation der Gastarbeiter*innen* leiden vor allem an physischen Beschwerden. Grund dafür ist das spezifische demografische Profil dieser Gruppe – es handelt sich vor allem um Männer, die zum Zeitpunkt der Einwanderung gering qualifiziert waren. Ihr Berufsbild umfasste vor allem körperlich schwere Tätigkeiten, die oft zu Arbeitsunfällen geführt haben. Die Vertreter dieser Migrant*innengeneration haben kaum an Vorsorgeuntersuchungen teilgenommen. Mittlerweile sind sie im Rentenalter, und manche Erkrankungen tauchen alleine altersbedingt häufiger auf.
- *Die Geflüchteten.* Ihre Gesundheit wird hauptsächlich durch die Folgen von Vertreibungen, Misshandlungen und Krieg beeinflusst. In ihren Herkunftsländern sind sie oft Opfer von Gewalt und Folter gewesen (vgl. Kajikhina et al. 2022). Dadurch ist ihr physischer, aber auch psychischer Gesundheitszustand stark beeinträchtigt. Auch die sozialen Ungleichheiten sowie die daraus resultierenden eingeschränkten Möglichkeiten der Gesundheitsversorgung wirken sich negativ auf ihren Zustand aus (vgl. Bozorgmehr/Razum 2015; Bozorgmehr et al. 2018). Dabei ist zu unterscheiden, aus welcher Region der Welt die Geflüchteten stammen. Menschen, die infolge des Kriegs in der Ukraine fliehen, haben einen deutlich besseren gesundheitlichen Status als Menschen, die

fluchtbedingt aus Afghanistan auswandern. Grund dafür ist die allgemeine Gesundheitsversorgung in ihrem Herkunftsland. Unterschiedlich wirken auch die Strapazen, mit denen die Geflüchteten auf dem Fluchtweg konfrontiert worden sind.

- *Mobile internationale Fachkräfte, Student*innen, aber auch Migrant*innen der zweiten oder dritten Generation*, die über ein höheres Einkommen und ein höheres Bildungsniveau verfügen, weisen bei ihrem Gesundheitszustand im Vergleich zu den Einheimischen kaum Unterschiede auf. Sie nehmen in der Regel häufig an Vorsorgeuntersuchungen teil, kennen sich im Gesundheitssystem aus, haben in geringerem Maße sprachliche Barrieren und interkulturelle Hemmungen.

Studien, in denen der Gesundheitszustand der Migrant*innen analysiert wird, ignorieren diese Unterschiede häufig und konstruieren einen Idealtyp des Migranten/der Migrantin, der in der Realität nicht existiert. Bei der Auswertung der Ergebnisse handelt es sich um einen statistischen Mittelwert, der den Gesundheitszustand der „Migrant*innen" bzw. der „Menschen mit Migrationshintergrund" abbildet. Die Autor*innen dieser Studien versuchen, die spezifischen Faktoren ausfindig zu machen, die Einfluss auf die Gesundheit der idealtypischen Migrant*innen haben können. Dabei werden Indikatoren wie das Gesundheitsverhalten, das Übergewicht, Rauchgewohnheiten oder Alkoholkonsum als Risikofaktoren ausfindig gemacht. Welche sind diese Risikofaktoren?

Gesundheitsverhalten

Studien belegen, dass Menschen mit Migrationshintergrund im Durchschnitt die angebotenen Vorsorge- oder Früherkennungsuntersuchungen viel seltener in Anspruch nehmen als Menschen ohne Zuwanderungserfahrung (vgl. Razum/Wenner 2016). Allerdings ändert sich das Verhalten mit der Zunahme der Aufenthaltsdauer – je länger sich eine Person in Deutschland aufhält, desto ähnlicher wird ihr Gesundheitsverhalten im Vergleich zum Verhalten der Einheimischen. Bei der Teilnahme an Früherkennungsuntersuchungen findet sich fast kein Unterschied zwischen den Menschen mit Migrationshintergrund der zweiten und dritten Generation und der Autochthonen (ebenda).

Übergewicht

Der Anteil übergewichtiger Menschen mit und ohne Migrationshintergrund unterscheidet sich nur geringfügig. Bei der Berücksichtigung der verschiedenen Altersgruppen werden allerdings die Unterschiede deutlicher. Bei jungen Menschen mit Migrationshintergrund ist der Anteil der Personen, die übergewichtig sind, höher als bei den Kindern ohne Zuwanderungsgeschichte (vgl. Barakat/Şat 2020; Razum/Wenner 2016; Frank et al. 2017). Besonders betroffen sind Jugendliche türkischer Abstammung sowie Frauen aus der ehemaligen Sowjetunion. Grund dafür ist die Veränderung der Essgewohnheiten – Jugendliche wenden sich von den traditionellen Essgewohnheiten ab und konsumieren „moderne", weniger gesunde Lebensmittel. Studien verdeutlichen, dass Familien mit Migrationshintergrund im Allgemeinen mehr Süßigkeiten, fetthaltige Speisen und bearbeitete Lebensmittel und weniger Salate und Obst konsumieren (vgl. Strupf et al. 2017; Schenk 2016).

Rauchgewohnheiten

In Bezug auf das Rauchverhalten ergibt sich ein differenzierteres Bild. Erwachsene Frauen und Jugendliche mit Migrationshintergrund rauchen weniger, während erwachsene Männer mit Migrationshintergrund, insbesondere Männer türkischer Herkunft, im Durchschnitt mehr rauchen als Männer ohne Migrationshintergrund (vgl. Tallarek/Spallek 2022). Der Anteil der Raucher*innen unter jungen Menschen mit Migrationshintergrund ist gering und kaum von Jugendlichen ohne Migrationshintergrund zu unterscheiden. Im Gegensatz dazu ist die Nutzungsrate elektronischer Wasserpfeifen und Schischa bei Menschen mit Migrationshintergrund aus dem Nahen Osten im Durchschnitt höher als bei den gleichaltrigen Vetreter*innen ohne Migrationshintergrund (vgl. Buchcik et al. 2021).

Alkoholkonsum

Der deklarierte Alkoholkonsum bei Menschen mit Migrationshintergrund ist im Durchschnitt niedriger als bei den Einheimischen. Dies kann zum großen Teil auf die religiösen Überzeugungen der muslimischen Gemeinschaften zurückgeführt werden (vgl. Barakat/Şat 2020). Die Unterschiede zwischen den einzelnen Migrant*innenherkünfte sind aber diesbezüglich erheblich. Diese beziehen sich nicht nur auf die Menge, sondern vor allem auf den Alkoholgehalt der Getränke.

Sprachkenntnisse

Die Gesundheit eines Menschen steht grundsätzlich im Zusammenhang mit den Sprachkenntnissen bzw. mit den Fähigkeiten, seine Beschwerden zu artikulieren. Je besser man in der Lage ist, den eigenen Zustand zu beschreiben, desto effektiver können die Prozesse der Heilung eingeleitet werden. Insbesondere ältere Menschen der Gastarbeitergeneration, aber auch neu zugewanderte Geflüchtete beherrschen die deutsche Sprache nicht so gut. Das verhindert die Kommunikation mit dem medizinischen Personal (vgl. Brzoska et al. 2010). Ihre Kinder, die in Deutschland eingeschult werden, werden oft zu Dolmetscher*innen und Begleiter*innen.

In einer Migrationsgesellschaft kommt es aber auch darauf an, dass das medizinische Personal mehrsprachig ist und über interkulturelle Kompetenzen verfügt. Informationen über Vorsorgeuntersuchungen und medizinische Leistungen sollen in mehreren Sprachen verfügbar sein, Ärzte und Krankenpfleger sollen zielgruppenspezifisch sensibilisiert und geschult werden, sodass sie in der Lage sind, mit Menschen unterschiedlicher Kulturkreise zu kommunizieren.

Aufenthaltsstatus

Der Aufenthaltsstatus ist ein weiterer Risikofaktor im Hinblick auf die Gesundheit. Asylbewerber*innen können nur in medizinischen Notfällen behandelt werden, planbare Operationen oder Behandlungen können im Prozess der Antragsbearbeitung nicht angeboten werden. Während des Asylverfahrens hat ein/e Asylbewerber*in nur einen eingeschränkten Anspruch auf Gesundheitsleistungen (vgl. § 4 Asylbewerberleistungsgesetz). Irreguläre Migrant*innen verfügen über keine Krankenversicherung und lassen sich aus Angst, dass sie abgeschoben werden, nur in Notfällen behandeln. In der Praxis stellt sich heraus, dass manche EU-Migrant*innen, welche z. B. als Saisonarbeitnehmer oder als entsandte Mitarbeiter*innen einer ausländischen Firma einwandern, über keine Krankenversicherung in ihren Herkunftsländern verfügen. Dadurch sind sie auch während des Aufenthalts im Aufnahmeland für Behandlungsmöglichkeiten nicht krankenversichert. Bei akuten Erkrankungen werden die Migrant*innen in solchen Fällen von freiwilligen Ärztevereinigungen versorgt – ein Beispiel ist die „Medizin für Menschen ohne Krankenversicherung", früher als „Malteser Migrantenmedizin" bekannt, die in mehreren deutschen Großstädten Menschen ohne Krankenversicherung behandelt.

Diskriminierung, mangelnde interkulturelle Sensibilität

Menschen mit Migrationshintergrund sind häufiger Opfer von Diskriminierung und Stigmatisierung, was sich ebenfalls negativ auf ihr Wohlbefinden auswirken kann (vgl. Tezcan-Güntekin et al. 2015; Kluge et al. 2020; Kajikhina et al. 2023). Auch bei medizinischen Behandlungen oder in Pflegeeinrichtungen kommt es zu abweisenden oder marginalisierenden Handlungen der Zuständigen. Menschen werden falsch oder gar nicht beraten, da sie ihre Beschwerden nicht artikulieren können. Sie kennen ihre Rechte nicht, teilweise werden sie aufgrund mangelnder Sprachkenntnisse diskreditiert oder zurückgewiesen.

Psychische Belastungen

Die Migrant*innen sind grundsätzlich vor, während und nach der Migration besonderen psychischen Belastungen ausgesetzt. Dazu zählen die Trennung und der Verlust der Freunde und Verwandten, die Unsicherheit bezüglich der Zukunft, die Isolation und die Einsamkeit in der neuen Gesellschaft, die finanzielle Unsicherheit, die interkulturellen Missverständnisse, der fehlende Zugang zu Arbeit und Bildung, die traumatischen Erlebnisse während einer Flucht und während der Zeit in den Gemeinschaftsunterkünften. Die erlebte Diskriminierung wirkt sich auch negativ auf den psychischen Gesundheitszustand aus.

Die empirisch erhobenen Daten bestätigen die Annahme, dass Migrant*innen im Durchschnitt einen schlechteren Gesundheitszustand aufweisen als die Mehrheitsbevölkerung. Diese These müsste aber in einem Punkt eingeschränkt werden. Es ist nachgewiesen, dass direkt nach der Zuwanderung Migrant*innen der ersten Zuwanderungsgeneration eine viel bessere Gesundheit als die Durchschnittsvertreter*innen der Mehrheitsgesellschaft haben. Das bezeichnet man in der Forschung als „Healthy Migrant Effect" (vgl. Razum 2008b; Kohls 2008). Da überwiegend jüngere und gesündere Menschen migrieren – das bezeichnet man als Selektionseffekte bei der Migration –, ist der Gesundheitszustand der neu Zugewanderten in der Regel statistisch gesehen besser als der Zustand der Durchschnittsbevölkerung des Aufnahmelandes. Direkt nach der Migration verbessern sich bei vielen Migrant*innen die Lebensqualität sowie die Möglichkeiten der Gesundheitsversorgung. Dieser Effekt ist dann festzustellen, wenn das Einwanderungsland einen höheren Lebensstandard als das Herkunftsland aufweist. Dieser Effekt schwächt sich aber mit der Zeit ab (vgl. Kohls 2008).

Zusammenfassend kann festgestellt werden: Die Migrant*innen nehmen im Durchschnitt deutlich seltener an Früherkennungsuntersuchungen oder an Zahnvorsorgeuntersuchungen teil, sie lassen sich auch seltener impfen oder ihre Impfungen auffrischen. Im Durchschnitt führen sie einen ungesünderen Lebensstil – leisten häufiger körperlich schwere Arbeit, sind im Schichtdienst tätig, rauchen mehr und treiben im Durchschnitt weniger Sport (vgl. Razum/Wenner 2016). Diese Faktoren wirken sich negativ auf den Gesundheitszustand aus.

Wie oben schon vermerkt, es handelt sich um einen Idealtyp des/der durchschnittlichen Migrant*in, der die spezifischen Unterschiede zwischen den einzelnen Migrant*innengruppen ausblendet.

Im Rahmen von durchgeführten Befragungen variiert allerdings die Selbsteinschätzung des Gesundheitszustandes bei Migrant*innen nach ihrer Herkunft, nach ihrem Aufenthaltsstatus und nach der Aufenthaltsdauer. So schätzen 57,5 % der Türkeistämmigen ihren Gesundheitszustand als gut ein, bei den Rumän*innen ist dieser Anteil 78,9 % und bei den Pol*innen 77,8 % (Robert Koch-Institut 2019, S. 29).

Die Selbsteinschätzung des Gesundheitszustandes variiert auch nach Altersgruppen der Migrant*innen. Weitere Einflussfaktoren für die Gesundheit von Migrant*innen sind die personalen Ressourcen – das kulturelle, ökonomische und soziale Kapital, die soziale Lage (für die Bedeutung des Kapitalbegriffs vgl. Bourdieu 1992). Nicht die Migration an sich ist entscheidend, vielmehr die sozialen Faktoren (vgl. Robert Koch-Institut 2019). Eine Schlüsselrolle für den schlechteren gesundheitlichen Zustand spielt nicht die Migration an sich, sondern die sozialen Folgen der Migration. Unter anderem wirken sich hierfür der niedrige sozioökonomische Status, die Arbeitsbedingungen, die Arbeitslosigkeit, die Ausübung eines gesundheitsgefährdenden Berufes (z. B. in der Bauwirtschaft) sowie die ungünstige Wohnsituation aus. Die gesundheitliche Situation steht mit der sozialen Lage eines Individuums in Zusammenhang – bei den Migrant*innen mit einer höheren Bildung ist die Selbsteinschätzung des Gesundheitszustandes positiv. Im Vergleich dazu ist die affirmative Einschätzung der Gruppen mit einer geringeren Bildung weniger häufig vorhanden.

3. Migration und die Covid-19-Pandemie

Die Covid-19-Pandemie hatte eine besonders starke Wirkung auf die globalen Migrationsprozesse. Sie hat zu existenziellen gesellschaftlichen Veränderungen geführt und sich besonders stark auf den Alltag vieler Migrant*innen ausgewirkt. Aufgrund der Lockdowns ist die internationale Mobilität stark eingeschränkt worden. Migrant*innen konnten ihre Familien und Verwandten monate- oder sogar jahrelang nicht besuchen, was zu einer Zunahme der psychischen Beschwerden und der sozialen Isolation geführt hat. Die Onlinekommunikation konnte diese unüberwindbare räumliche Trennung nur teilweise ausgleichen.

Durch die Covid-19-Pandemie haben sich auch die Geschlechterverhältnisse verändert. Die häusliche Gewalt, nicht nur bei Migrant*innenfamilien, hat zugenommen. Aufgrund der Tatsache, dass Migrant*innen im Durchschnitt in kleineren Wohnungen wohnen, waren sie von den Einschränkungen des öffentlichen Lebens stärker betroffen. Diese Tatsache begünstigte die häuslichen Spannungen. Durch die Pandemie und die Einschränkungen der Mobilität wurden transnationale Paare getrennt. Geschlechterstereotypen haben sich verfestigt – Frauen und Männer verfielen in traditionelle Rollenmuster. Die Soziologin Jutta Allmendinger spricht über „Retraditionalisierung" und über eine „Rolle rückwärts in der Gleichstellung" (vgl. Allmendinger 2020; Allmendinger 2022).

Migrant*innen konnten im Durchschnitt viel weniger von der Möglichkeit profitieren, von zu Hause zu arbeiten, da sie in Berufen tätig sind, bei denen diese Verlagerung der Erwerbstätigkeit nicht möglich ist. Gerade in diesem Fall wurde die soziale Ungleichheit auch innerhalb der Migrant*innencommunitys deutlich sichtbar – zugewanderte Personen, die in Berufen mit kognitiven Tätigkeiten beschäftigt waren, konnten ihre Erwerbsarbeit ins Homeoffice verlagern. Hingegen konnten Berufe mit manuellen oder interaktiven Tätigkeiten (z. B. Bauarbeiter*in oder Kassierer*in) nicht von der Homeoffice-Regelung profitieren. Die Arbeit im Homeoffice war allerdings vor allem bei Berufen mit akademischen Berufsabschlüssen, bei Expertentätigkeiten und bei Beschäftigungsformen in der Informatik möglich. Da Migrant*innen und insbesondere Geflüchtete im Durchschnitt eine geringere Akademiker*innenquote als die Mehrheitsbevölkerung aufweisen, war die statistische Wahrscheinlichkeit höher, dass sie in Berufen arbeiteten, die stärker von der Pandemie betroffen waren. Dieser Sachverhalt hatte zwei Folgen:

- Aufgrund der Tatsache, dass viele Migrant*innen in den sog. systemrelevanten, allerdings nichtakademischen Berufen beschäftigt sind, z. B. Busfahrer*in, Postbot*in, Kranken- oder Altenpfleger*in, Reinigungskraft, Verkäufer*in im Supermarkt, konnten sie nicht von zu Hause arbeiten und sich vor der Pandemie schützen. Dadurch sind Migrant*innen häufiger an Covid-19 erkrankt.
- Andere Migrant*innen, die nicht in den sog. systemrelevanten Berufen beschäftigt waren, waren überproportional von Betriebsschließungen betroffen und haben ihre Arbeit verloren (vgl. Razum et al. 2020; Brücker et al. 2021). Migrant*innen waren überdurchschnittlich nicht nur von Entlassungen, sondern auch von Kurzarbeit betroffen. Arbeitsverhältnisse von Migrant*innen und speziell von Geflüchteten waren überdurchschnittlich von Entlassungsri-

siken und Risiken der Arbeitszeitreduzierung in einem Konjunktureinbruch gekennzeichnet. Die Gründe dafür waren, dass Beschäftigungsverträge häufiger befristet waren, die durchschnittliche Beschäftigungsdauer kürzer war und der Anteil der Arbeitnehmerüberlassung unter Migrant*innen höher war als bei den Autochthonen. Auch die überwiegende Beschäftigung in Klein- und Familienunternehmen spielte eine Rolle – diese hatten weniger Ressourcen, die Krise zu überstehen.

Die Pandemie hatte insgesamt eine negative Wirkung auf die soziale Teilhabe der Migrant*innen und insbesondere der Geflüchteten: Aufgrund des Lockdowns sind viele Integrationsmaßnahmen wie Qualifizierungs- oder Sprachkurse entfallen. Diese wurden unterbrochen oder im Onlineformat fortgesetzt. Eine Onlineteilnahme war aber nicht für alle möglich – es fehlte an Ausrüstung und an schnellen und zuverlässigen Internetverbindungen. Insbesondere bei Geflüchteten, die in engeren Wohnungen lebten, ist die Onlineteilnahme an Sprachkursen oft praktisch unmöglich gewesen. Das wirkte sich negativ auf den Spracherwerb aus, der hierdurch verzögert wurde (vgl. Brücker et al. 2021). Durch den Abbruch dieser Maßnahmen wurden die betroffenen Personen als Arbeitslose erfasst, was zu einer Erhöhung der Arbeitslosenquote insbesondere bei Migrant*innen geführt hat (ebenda).

Durch die Pandemie wurden auch andere Aspekte der sozialen Ungleichheiten sichtbar, z. B. dass Migrant*innen unter schwierigen, gar unwürdigen Bedingungen arbeiten. Das bezog sich insbesondere auf die Tätigkeiten vieler Saisonarbeitnehmer*innen als Erntehelfer*innen oder auf die Beschäftigten in der Fleischindustrie. Es wurde öffentlich sichtbar, worauf Migrationsexpert*innen längst hinweisen – insbesondere entsandte und saisonale Mitarbeiter*innen wohnen in Baracken und arbeiten unter schwierigen Bedingungen in Lagerhallen, die den Hygienevorschriften widersprechen. Sie werden oft unter Mindestlohn bezahlt. Obwohl sie vor allem in osteuropäischen EU-Ländern als Arbeitskräfte gewonnen werden, sind sie oft nicht einmal in ihren Herkunftsländern krankenversichert. Bei einem Arbeitsunfall können sie nur auf einer Notfallstation versorgt werden. Chronische Krankheiten werden nicht behandelt.

Durch die Pandemie wurde aber auch eine andere Migrant*innengruppe sichtbar: die gebildete migrantische Mittelschicht, die im Gesundheitswesen tätig ist – die Expert*innen-Virolog*innen mit Migrationshintergrund, die die Pandemie durch ihr Wissen und durch ihre Forschung auf höchstem Niveau bekämpft haben. Zu nennen in diesem Kontext sind die Gründer*innen der Firma BioNTech aus Mainz, die einen der bekanntesten Impfstoffe gegen das Coronavirus weltweit entwickelt haben.

Die Covid-Pandemie hatte auch eine mediale Dimension. Viele Migrant*innen haben sich nicht ausreichend vor der Pandemie geschützt, da sie keine zuverlässigen Informationsquellen genutzt haben. Oft vertrauten sie Informationskanälen ihrer Herkunftsgesellschaft, die teilweise unseriöse oder verschwörungstheoretische Inhalte verbreitet haben. Dort waren Beiträge von Pandemieleugner*innen und Impfgegner*innen zu lesen. Das hatte eine höhere Erkrankungsrate und eine niedrigere Impfbereitschaft der Migrant*innen im Vergleich zu den Einheimischen zur Folge.

Insgesamt hat die Covid-19-Pandemie die sozialen Ungleichheiten und ihre Wirkung auf den Gesundheitszustand sowohl zwischen Migrant*innen und Autochthonen als auch innerhalb der Migrant*innencommunitys deutlich sichtbarer gemacht.

4. Gesundheitsprävention in einer Migrationsgesellschaft

Die Erarbeitung von Präventionsmaßnahmen gehört zu den Aufgaben von Sozialarbeiter*innen und Sozialpädagog*innen, die in der Praxis tätig sind. Sie können sich an die Migrant*innen oder an die Aufnahmegesellschaft richten.

Die Präventionsmaßnahmen, die an die Migrant*innen gerichtet werden, fokussieren auf den Abbau von Sprachbarrieren und dadurch auf die Möglichkeiten einer zugewanderten Person, selbstständig das Alltagsleben im Einwanderungsland zu gestalten und sich selbst um ihre Gesundheit kümmern zu können. In der Fachliteratur wird in solchen Zusammenhängen der Begriff Empowerment (Ermächtigung) verwendet.

Aufgrund der Heterogenität der Migrant*innenherkünfte ist keine Maßnahme für alle Gruppen geeignet. Die Präventionsmaßnahmen sollten zielgruppenspezifisch geplant und durchgeführt werden. Dabei geht es darum, die konkreten Migrant*innengruppen und ihre Problemlagen zu kennen und dadurch ihre Hindernisse abzubauen. Die neu Zugewanderten haben z. B. Sprachbarrieren, die ggf. durch Sprachkurse beseitigt werden können. Eine geeignete Strategie wäre aber auch, die Informationen zu Präventionsmaßnahmen, Krankheiten oder Vorsorgeuntersuchungen sowie zu medizinischen Leistungen mehrsprachig anzubieten, sodass auch Menschen, die neu zugewandert und der deutschen Sprache nicht mächtig sind, die Möglichkeit haben, sie zur Kenntnis zu nehmen.

Es geht auch darum, kulturspezifische Ängste oder genderbasierte Hemmungen herabzumindern und Informationslücken zu schließen. Einige Migrant*innengruppen haben bedingt durch die Zugehörigkeit zu einem bestimmten sozialen Milieu ein unterschiedliches Krankheitsverständnis. Manche Mädchen und Frauen möchten sich nicht von einem männlichen Arzt untersuchen lassen. Die Nacktheit bei einer Untersuchung kann als Problem oder Hindernis empfunden werden. Zum Teil kann der Versicherungs- oder Aufenthaltsstatus eine negative Bedeutung haben – manche Zugewanderte verfügen über keine Krankenversicherung oder keinen sicheren Aufenthaltsstatus und lassen sich nur im äußersten Fall, z. B. wenn sie Schmerzen oder Fieber haben, untersuchen.

Solche Hemmungen können abgebaut werden, wenn eine Beratung durch Mediator*innen (Vermittler*innen), die zur Migrant*innengruppe gehören und Vertrauen genießen, angeboten wird. Die geringe „Health Literacy" mancher neu Zugewanderten soll dabei berücksichtigt werden – schwirige medizinische Vorgänge sollen niederschwellig erklärt werden können. Ein positives Beispiel ist das Projekt „Mit Migranten für Migranten" (MiMi), durchgeführt vom Ethnomedizinischen

Zentrum Hannover. In diesem werden interkulturelle Gesundheitsmediator*innen eingesetzt. Sie organisieren mehrsprachige Kampagnen, in denen Informationen über das Gesundheitswesen und über die vor Ort vorhandenen Präventionsangebote verbreitet werden.

Die Präventionsmaßnahmen, die sich an die Mehrheitsgesellschaft richten, beziehen sich auf die Erhöhung der interkulturellen Kompetenz der Ärzt*innen und Krankenpfleger*innen. Bei der Gewinnung und Bindung internationaler Fachkräfte spielt die interkulturelle Öffnung der medizinischen oder pflegerischen Einrichtungen eine wichtige Rolle. Dabei geht es darum, Beschäftigte mit Migrationshintergrund wertzuschätzen. Unter anderem könnten Details wie z. B. kulturspezifische Feiertage bei der Terminplanung berücksichtigt oder kulturspezifische Mahlzeiten in der Kantine zubereitet werden. Bei der Ausbildung des medizinischen oder pflegerischen Personals sollen die Erklärungsmodelle der westlich geprägten Medizin reflexiv behandelt werden. Es ist in der Praxis festzustellen, dass sie nicht immer kongruent mit den Vorstellungen der Patienten mit Migrationshintergrund sind. Migrant*innen können unterschiedliche Sichtweisen bezüglich der Krankheiten und ihrer Heilung haben – manche verlassen sich auf die Schulmedizin und andere auf alternative Behandlungsmethoden. Oft agiert das Personal in seiner Arbeit mit Menschen unterschiedlicher Herkünfte mit den sog. High-Context-Kulturen. In diesen Kulturen spielen Mimik und Gestik eine wesentliche Rolle. Vorgänge werden nicht direkt verbalisiert. Ferner gibt es ein anderes Vorgehen bei Krankheiten. Für Angehörige ist es selbstverständlich, die Patient*innen bei einem Arztbesuch zu begleiten.

Aus diesen Gründen ist es notwendig und wichtig, sich bei der medizinischen oder pflegerischen Ausbildung mit der eigenen Identität und Kultur kritisch auseinanderzusetzen. Ebenfalls ist es notwendig, sich über Werte und Vorstellungen anderer Kulturen zu informieren. Unterschiedliche Wertvorstellungen bedingen interkulturelle Missverständnisse. Deswegen ist es in einer Migrationsgesellschaft essenziell wichtig, dass Mitarbeiter*innen besondere Trainings absolvieren, die die kulturellen Gepflogenheiten von Menschen mit Migrationshintergrund behandeln. Mehrsprachiges Informationsmaterial, Fortbildungen für Mitarbeiter*innen und qualifizierte Dolmetscher*innen sollten Bestandteil der Gesundheitsversorgung werden. Ferner ist von Bedeutung, die Gesundheitsberichterstattung über Eingewanderte auszubauen und zu verbessern, damit die Bedarfe spezifischer Gruppen besser und schneller erkannt und adressiert werden können.

5. Alt werden in der Migration

Aufgrund der demografischen Entwicklung altert die Bevölkerung in Deutschland und auch in anderen europäischen Ländern zunehmend. Diese Tendenz wirkt sich sowohl auf die Autochthonen als auch auf die Migrant*innen und Menschen mit Migrationshintergrund aus. Die Auswirkungen beziehen sich auf die Pflege, auf den Konsum, auf die Rentensysteme und Praktiken der sozialen Umverteilung sowie auf Themen wie den Tod und die Trauerbegleitung. Diese Aspekte des

Lebens im höheren Alter betreffen die Menschen mit Migrationshintergrund auf eine besondere Art und Weise.

In der Forschung werden unterschiedliche Typen von Migration im Alter ermittelt: Die Ruhestandsmigration ist typisch für die wohlhabenden Rentner*innen, die aus Nordeuropa stammen und im höheren Alter ihren Lebensmittelpunkt nach Südeuropa verlagern. Gründe dafür sind zumindest aktuell die besseren klimatischen Bedingungen und die niedrigeren Lebenshaltungskosten (vgl. King et al. 2017). Eine weitere Form der Wanderung in der Rentenphase des Lebens ist die sog. „follow-the-childen migration" (ebenda). Im Rentenalter kommen Vertreter*innen der älteren Generation zu ihren Kindern, die vorher migriert sind. Die älteren Verwandten helfen im Haushalt, und die jüngeren übernehmen die pflegerischen Aufgaben für ihre Eltern, die durch die Verlagerung des Lebensmittelpunkts in der Nähe oder sogar im Haushalt ihrer Kinder wohnen. Im Rentenalter erfolgt aber auch eine spezifische Rückkehrmigration. Ehemalige Gastarbeiter*innen kehren nach Italien, Spanien oder in die Türkei zurück, wo sie Eigentum erworben oder geerbt haben, und verbringen dort ihren Lebensabend. Die Pendelmigration zwischen Deutschland und dem Herkunftsland ist eine weitere Option im Rentenalter. Dadurch kombinieren die Rentner*innen die bessere medizinische Versorgung in Deutschland mit den günstigeren Lebenshaltungskosten in ihren Herkunftsländern.

Die Mehrheit der Zugewanderten bleibt allerdings auch im Rentenalter im Zielland ihrer Migration. Dabei ist zu vermerken, dass die einzelnen Migrant*innengruppen unterschiedlich von den Prozessen des Alterns betroffen sind. Die Türkeistämmigen, die überwiegend als Gastarbeiter*innen in den 1960er-Jahren nach Deutschland zugewandert sind, haben bereits das Rentenalter erreicht bzw. nähern sich diesem an. Migrant*innen aus Osteuropa, z. B. aus Polen, Rumänien oder Bulgarien, gehören zu den jüngeren Migrant*innengruppen. Von ca. 400.000 bulgarischen Staatsbürger*innen, die sich dauerhaft in Deutschland aufhalten, sind ca. 120.000 in der Altersgruppe bis 18 Jahre (vgl. Liakova 2020). Eine relativ junge Gruppe bilden ebenso die Geflüchteten, die allerdings einen völlig anderen Aufenthaltsstatus und eine unsichere Bleibeperspektive haben. Die Türkeistämmigen haben ihre Rentenansprüche überwiegend in Deutschland erworben und beziehen ihre Rente in der Regel in der Bundesrepublik. Die osteuropäischen Migrant*innen haben mehrheitlich noch keine Rentenansprüche erworben. Aufgrund ihrer EU-Zugehörigkeit und ihres Alters sind sie mobiler und können unter Umständen ihre Rentenansprüche im Rahmen der EU-Binnenmobilität in mehreren Ländern erwerben und beziehen.

Die Heterogenität der einzelnen Migrant*innengruppen wirkt sich auf ihre pflegerische Situation aus. Die Generation der Gastarbeiter*innen ist aufgrund ihres Alters und der Spezifik ihrer körperlich anstrengenden Erwerbstätigkeit häufiger pflegebedürftig. Mit der Zunahme der Anzahl der älteren Migrant*innen ist auch eine Steigerung der demenziellen, psychischen und neurologischen Erkrankungen zu erwarten. Die Betreuung der zu pflegenden Personen wird allerdings insbesondere von türkeistämmigen Migrant*innen aus kulturellen Gründen als eine Familienaufgabe definiert. Studien belegen die größere intergenerationale Solidarität dieser Gruppe und auch der Gruppe der Spätaussiedler*innen im Vergleich zu den Einheimischen (vgl. Carnein/Baykara-Krumme 2013). Für ältere Migrant*innen sind die eigene Wohnung und das eigene Wohnquartier der räumliche und soziale Mittelpunkt ihres Alltags. Viele sind nicht bereit, trotz gesundheitlicher Probleme, umzuziehen oder in eine Pflegeeinrichtung zu kommen, obwohl sie auf Hilfe angewiesen sind. Grund dafür ist auch die Organisation der Pflegeeinrichtungen in Deutschland, die weniger auf die Bedürfnisse unterschiedlicher Migrant*innengruppen ausgerichtet sind. Einrichtungen, die in kirchlicher Trägerschaft sind, öffnen sich zwar für Mitglieder unterschiedlicher Glaubensrichtungen, diese Prozesse verlaufen aber langsam. Die Tatsache, dass viele Migrant*innen das Rentenalter in Deutschland erreichen und hier pflegebedürftig werden, führt dazu, dass die Pflegeeinrichtungen ihre Arbeit kultursensibel organisieren und an die Bedürfnisse dieser Zielgruppe anpassen sollen. Das bezieht sich sowohl auf die Ausbildung und Gewinnung von Fachkräften als auch auf die Organisation der Prozesse in der Einrichtung und bei der Überwindung von Kommunikationsproblemen und Missverständnissen.

Wenn die ältere Generation, d. h. die Eltern der migrierten Personen, im Herkunftsland lebt, ist die Pflege und die Versorgung vor Ort nicht möglich. Die Migrant*innen haben die Option, zurückzukehren oder diese Versorgungs- und Pflegeaufgaben zu delegieren. Dabei werden transnationale Netzwerke mobilisiert. Qualitative internationale Studien belegen, dass Menschen mit Migrationsgeschichte ihre Eltern im Herkunftsland finanziell durch Geldüberweisungen, aber auch emotional, z. B. durch die Nutzung von neueren Kommunikationskanälen wie Skype, WhatsApp oder Viber, unterstützen. Der Urlaub wird oft zu einer organisatorischen Herausforderung – es werden Großeinkäufe für die Eltern getätigt, Ärztebesuche oder medizinische Untersuchungen mit ihnen durchgeführt (vgl. Baldock 2000; Baldassar 2007).

Das Alter wirkt sich auf den Konsum der Menschen aus. Mit dem zunehmenden Alter ändern sich die Verbrauchergewohnheiten. Dabei hat die materielle Situation der einzelnen Individuen eine wichtige Bedeutung. Studien belegen, dass ältere Migrant*innen unter einem höheren Armutsrisiko leben. Nach Angaben des Mikrozensus sind sie häufiger als die Mehrheitsbevölkerung im gleichen Alter armutsgefährdet. Auch bezüglich des Immobilienbesitzes sind Unterschiede festzustellen (vgl. Baykara-Krumme/Vogel 2020). Der Anteil des selbst genutzten Wohneigentums betrug laut dem Deutschen Alterssurvey 2008 bei den (Spät-)Aussiedler*innen 33,5 %. Bei der Generation der Gastarbeiter*innen lag er bei 29,2 %. Bei den Einheimischen erreichte er allerdings 66,1 % (Hoffmann/Romeu Gordo 2016, S. 71). Zudem waren die (Miet-)Wohnungen älterer Migrant*innen im Durchschnitt kleiner als die der Bevölkerung ohne Migrationshintergrund der gleichen Altersgruppe (vgl. Tucci 2012). Ältere Menschen geben grundsätzlich mehr Geld für die Einrichtung ihrer Wohnungen aus, da sich ihr Leben vor allem im häuslichen Bereich abwickelt. Hingegen kaufen sie weniger Bekleidung als jüngere Menschen. Reisen oder Tagesausflüge haben für die Älteren einen hohen Stellenwert, allerdings sinken diese Ausgaben im höheren Alter im Zuge zunehmender gesundheitlicher Einschränkungen. Auch für die älteren Migrant*innen haben Reisen einen hohen Stellenwert, aber in einem anderen Sinne als für die Deutschen – sie reisen häufiger in ihre Herkunftsländer und besuchen Verwandte. Mit zunehmendem Alter lässt die sportliche Aktivität der Menschen nach. Bei den unterschiedlichen Migrant*innengruppen sind allerdings wichtige Differenzen festzustellen. Türkeistämmige Migrant*innen sind sportlich deutlich weniger aktiv als die deutsche Bevölkerung insgesamt. Diese Tendenz bleibt auch im Rentenalter bestehen.

Senior*innen bilden jedoch keine homogene Gruppe – sie unterscheiden sich nach ihrem kulturellen und religiösen Hintergrund, nach ihrer Bildung, ihrem Einkommen und Gesundheitszustand. Dadurch ergeben sich unterschiedliche Möglichkeiten, ihren Interessen kultureller oder sportlicher Art nachzukommen. Das geringere Einkommen, die mangelnden Sprachkenntnisse sowie der gesundheitliche Zustand können sich negativ auf die Gestaltung des Migrant*innenlebens im Alter auswirken.

Mit dem zunehmenden Alter der Migrant*innen gewinnen die Themen Trauer und Tod in der Migration an Bedeutung. In einer Migrationsgesellschaft sollen sowohl die Trauerbegleitung als auch die Bestattungsrituale den kulturellen Besonderheiten der Migrant*innen entsprechen. Unterschiedliche Beerdigungsrituale in der Migration werden in einzelnen Forschungsarbeiten beschrieben (vgl. Urban 2019).

Die Alterung der Gesellschaft wirft auch Fragen nach Umverteilung und nach Gerechtigkeit auf. Inwieweit sind die jüngeren Generationen bereit, immer höhere Steuern und Abgaben für die Rentenversicherung und für die Finanzierung der Pflege zu bezahlen? Welche Argumente sprechen für oder gegen die freiwillige Verlagerung der Pflege ins Ausland? Es sind viele Fragen, die offen sind. Klar ist allerdings – es gibt nicht „die Migrant*innen", sondern eine Vielzahl an Menschen mit unterschiedlichen Migrationsbiografien und Lebensumständen, die ihre Individualität und die Gestaltung ihres Lebens im Alter prägen.

Diskussionsfragen

1. Inwiefern unterscheidet sich die gesundheitliche Situation verschiedener Migrant*innengruppen?
2. Welche Rolle spielen intergenerationale Unterstützungssysteme und Familienstrukturen bei der Gesundheitsversorgung älterer Migrant*innen?
3. Vor welche Hürden werden Migrant*innen im deutschen Gesundheitssystem gestellt?
4. Welche Zusammenhänge zwischen sozialer Ungleichheit und Gesundheit wurden in der Covid-19-Pandemie besonders sichtbar?
5. Wie könnte das deutsche Gesundheitssystem für Migrant*innen verbessert werden?

Literaturtipps

David, Matthias/Borde, Theda (2020): Migration und psychische Gesundheit. Belastungen und Potenziale, Frankfurt am Main: Mabuse Verlag.

Falge, Christiane/Betscher, Silke (2022): Community Health als postmigrantische Perspektive auf Migration und Gesundheit. In: Community Health: Grundlagen, Methoden, Praxis, Weinheim: Beltz Juventa, S. 276–289.

Gobara, Sonja (2021): Migration und Medizin – Wie begegnen wir Patienten und Patientinnen aus anderen Kulturen? In: Neuroorthopädie-Disability Management, Berlin, Heidelberg: Springer, S. 637–644.

Marquardt, Gesine/Delkic, Elma/Motzek, Tom (2016): Wenn Migranten alt werden – das Altenpflegesystem zwischen Versorgungslücken und Entwicklungspotenzialen. In: ifo Dresden berichtet, Nr. 1, S. 26–32.

Razum, Oliver/Penning, Verena/Mohsenpour, Amir/Bozorgmehr, Kayvan (2020): COVID-19 in Flüchtlingsunterkünften: ÖGD jetzt weiter stärken (COVID-19 in Refugee Shelters: The German Public Health Service Needs Strengthening Now). In: Gesundheitswesen, 82, 5, S. 392–396.

Staiger, Tobias (2023): Gesundheitliche Ungleichheit: empirische Befunde, theoretische Erklärungsansätze und Perspektiven gesundheitlicher Chancengleichheit. In: Huster, Ernst-Ulrich/Boeckh, Jütgen (Hrsg.): Handbuch Armut und soziale Ausgrenzung, Wiesbaden: Springer VS.

Topal-Cevahir, Asli (2018): Migration – Gesundheit – Gender. Eine Oral-History Studie zur Entwicklung der Gesundheitsverhältnisse türkischer Migrantinnen erster und zweiter Generation, Göttingen: Cuvillier Verlag.

Lektion 12: Migration, Nationalstaat und Staatsangehörigkeit

Überblick

In dieser Lektion wird die Bedeutung der Nationalstaaten, der Landesgrenzen und der Staatsbürgerschaft im Kontext der Migration thematisiert. Es wird geklärt, welche Typen von Aufenthaltsgenehmigungen existieren, wie die Staatsbürgerschaft zum einen das Aufenthaltsrecht und zum anderen die soziale Teilhabe des Individuums beeinflusst und ob und wie Migration politisch gesteuert werden kann. Ein wichtiges Thema ist die Einbürgerung von Migrant*innen in den modernen Nationalstaaten.

1. Was ist die Nation?

Für die Europäer*innen, die Ende des 20. Jahrhunderts geboren wurden, ist die Nation eine Selbstverständlichkeit, eine Gegebenheit, die nicht hinterfragt wird. Als hätten die Nationen schon immer existiert und als hätten alle Menschen eine nationale Staatsangehörigkeit. Eine der Aufgaben der Soziologie ist es aber, solche Selbstverständlichkeiten zu hinterfragen. Also, was ist die Nation? Wie beeinflusst die Staatsangehörigkeit die Teilhabechancen der Individuen mit und ohne Migrationshintergrund in einer Gesellschaft?

Einige Autoren definieren die Nation als eine Form der Existenz des modernen Staates, der bestimmte Institutionen hat und wichtige Funktionen übernimmt. Ernest Gellner (vgl. Gellner 1999) sieht die Nation als ein Produkt einer spezifischen historische Zeit der europäischen Moderne. Für andere Wissenschaftler*innen ist sie eine Ideologie der Moderne, die die Interessen von Gruppen und Schichten verschleiert und die Umverteilung von Gütern und Privilegien legitimiert (vgl. Becker 1990). Auf jeden Fall ist die Nation ein soziales Konstrukt der modernen Gesellschaften mit realen juristischen, wirtschaftlichen, politischen und gesellschaftlichen Konsequenzen.

Nach der konservativen Interpretation ist die Nation Ergebnis einer natürlichen Weiterentwicklung der ethnischen und religiösen Gemeinschaft(en), die auf einem Gebiet lebt/leben. Die Zugehörigkeit zur Nation ist durch die Herkunft gegeben. In der Fachliteratur wird zur Beschreibung dieses Phänomens der Ausdruck „jus sanguinis" („Gesetz des Blutes") verwendet. Die Nation entwickelt sich aus einer ethnischen Gemeinschaft heraus, die als Großgruppe von Menschen über bestimmte homogene Merkmale verfügt und innerhalb eines bestimmten Territoriums zusammenlebt. Die Nation ist aus dieser Perspektive eine Abstammungsgemeinschaft. Eine andere Bezeichnung, „Kulturnation", impliziert Ähnliches. Die Kulturnation ist ein Gebilde, das auf der Existenz einer gemeinsamen Sprache, Kultur und Religion beruht. Sie betont die gleiche ethnische Herkunft und die gemeinsame Kultur der Zugehörigen.

Laut der liberalen Interpretation beruht die Nation nicht auf einer Herkunftsgemeinschaft, sondern auf Regeln. Die Zugehörigkeit zu einer Nation ergibt sich nicht durch die gemeinsame Abstammung aus einer ethnischen Gruppe, sondern durch das Zusammenleben auf einem Gebiet, das auf (Verfassungs-)Normen be-

Lektion 12: Migration, Nationalstaat und Staatsangehörigkeit

ruht. Die Bezeichnung, die in der Fachliteratur verwendet wird, um diese Besonderheiten zu beschreiben, ist „ius soli" („Gesetz des Bodens"). In einem modernen Staat können unterschiedliche ethnische Gruppen zusammenleben, die sowohl über gemeinsame als auch über unterschiedliche Merkmale verfügen. Sie können im gleichen Maße dazu beitragen, eine Nation zu bilden. Die Nation ist nach dieser Perspektive eine Zugehörigkeitsgemeinschaft. Die offene Interpretation des Begriffs Nation entspricht dem Verständnis moderner demokratischer Gesellschaften. Man verwendet auch den Begriff Staatsnation. Dabei handelt es sich um ein territoriales und administratives Gebilde, das anstelle des ethnischen stärker das politische Element der Gemeinschaft betont. Man redet über Verfassungspatriotismus, man bekennt sich zu den Werten und Normen, die in der Gesetzgebung des jeweiligen Landes verankert sind. In der Staatsnation können die Zugehörigen auch unterschiedlicher Herkunft sein, z. B. wie im Fall der USA.

Benedict Anderson definiert die Nation als eine „vorgestellte Gemeinschaft", „weil die Mitglieder, selbst der kleinsten Nation, die meisten anderen niemals kennen werden, aber im Kopf eines jeden die Vorstellung einer Gemeinschaft existiert" (Anderson 1988, S. 15). Nach Anderson sind alle Gemeinschaften, die größer als dörfliche Gruppierungen mit ihren Face-to-face-Kontakten sind, vorgestellte Gemeinschaften. Die Nation wird als ein „kameradschaftlicher Verbund von Gleichen" verstanden, und zwar „unabhängig von realer Ungleichheit und Ausbeutung" (ebenda).

Die Nationalstaaten beruhen auf einer nationalen Ideologie. Diese umfasst das Wissen, aber auch die kollektive Identifikation oder gar die Glorifizierung des „Eigenen" und Distanzierung vom „Fremden". Die nationale Ideologie ist ein kulturelles Phänomen und fußt auf der Interpretation und der zugeschriebenen Bedeutung von Werten, Zugehörigkeiten, Solidaritäten und Schutzmöglichkeiten. Die nationalstaatliche Ideologie ist bis auf wenige Ausnahmen eine antiglobalistische Einstellung (vgl. Shabanadze 2010).

Nationen sind nach der Perspektive von Anderson solidarische Gemeinschaften. Die nationale Solidarität ist unter anderem bei den Mechanismen der Umverteilung, der steuerlichen Finanzierung der Bildung, Bezuschussung der Renten-, Pflege- und Krankenversicherung u. v. m. zu sehen. Diese Mechanismen stehen im Kern einer jeden nationalstaatlichen Gemeinschaft und verleihen der Umverteilung Legitimität.

Nationen sind in der Zeit der europäischen Moderne entstanden. Sie sind spezifisch für eine Periode der Entwicklung der Gesellschaften. Bedeutet das, dass die Nationen eines Tages nicht mehr existieren werden? Eric Hobsbawm sieht den Zenit der Nationen überschritten (vgl. Hobsbawm 1991; Hobsbawm 2007). Seit den 1990er-Jahren, seit der Zunahme der Globalisierungstendenzen, wird die Macht der Nationen tendenziell eingeschränkt. Es entstehen neue supranationale Institutionen, z. B. die EU, oder alte Institutionen bekommen mehr Entscheidungsmacht (etwa der Internationale Währungsfonds oder die Weltbank). Die globale Wirtschaft wächst zusammen – Waren, die in Europa verkauft werden, werden im Fernen Osten produziert. Dadurch entstehen neue Abhängigkeiten

1. Was ist die Nation?

wirtschaftlicher oder auch politischer Art. Nationalstaatliche Autarkie ist so gut wie unmöglich. Unter anderem werden auch dadurch neue Migrationsbewegungen angestoßen, etwa die Fachperson, die mit der expandierenden Firma als Expat migriert. Die Globalisierung wird zum Gegenpol des Nationalstaates und des Nationalismus und führt tendenziell zur Öffnung der Nationalstaaten und -märkte. Es gibt aber auch Ausnahmen und Verlierer der Globalisierung, die versuchen, die Ideologie des Nationalstaates, den Nationalismus, wiederzubeleben und das Zusammenwachsen von Wirtschaft und Politik zu verhindern. Globalismus und Nationalismus sind zwei Ideologien, die sich in der Regel gegenseitig ausschließen. Es sind auch diesbezüglich Ausnahmen zu nennen – Shabanadze zeigt, dass sich in spezifischen Fällen, z. B. in Georgien, Nationalismus und Globalismus gegenseitig bereichern und bedingen: „Nationalism appeared as a force promoting rather than resisting globalization" (Shabanadze 2010, S. 172). Sie betont, dass in manchen spezifischen Fällen „nationalism and globalization can and do coexist comfortably both in practice and rhetoric" (Shabanadze 2010, S. 177). Diese Ausnahmefälle bestätigen aber die Regel, bei der Globalismus und Nationalismus als Gegenpole zu begreifen sind.

Durch die Migration sowie durch die Entstehung transnationaler und supranationaler Institutionen, Organisationen und Verbünde (NATO, EU) werden die Mechanismen der nationalen Solidarität neu definiert. Ursprünglich waren die Grenzen der Solidarität nationalstaatlich bestimmt. Allerdings sind heutzutage viele Menschen im Laufe ihres Berufslebens in mehreren Staaten erwerbstätig. Dadurch erwerben sie Ansprüche bezüglich der Kranken-, Renten- oder Sozialversicherung in mehreren Ländern. Dabei handelt es sich um eine Neuentwicklung durch die Migration, die die national fundierte solidarische Gemeinschaft in der Praxis ausdehnt und unabhängiger von der individuellen Zugehörigkeit zu einer Nation macht. Ein/e deutsche/r Staatsbürger*in kann im Krankheitsfall in einem anderen EU-Land behandelt werden, Rentenansprüche erwerben oder Sozialleistungen beziehen. Ein/e Arbeitsmigrant*in aus einem EU- oder Nicht-EU-Land kann Rentenansprüche im Einwanderungsland erwerben. Durch die Entwicklung transnationaler Räume entstehen neue transnationale Solidaritätsformen. Gemeint sind an dieser Stelle nicht lediglich die zwischenmenschlichen und intrafamiliären Formen der finanziellen Hilfe, bei denen Migrant*innen ihre Verwandten im Herkunftsland finanziell unterstützen, sondern die institutionellen Formen der solidarischen Umverteilung und Unterstützung, wie z. B. das Kindergeld. Dieses wird auch dann gezahlt, wenn ein Elternteil im Einwanderungsland arbeitet und das Kind im Herkunftsland beim anderen Elternteil oder bei Verwandten geblieben ist. Diese Solidaritätsformen werden aber teilweise in den Einwanderungsgesellschaften als problematisch wahrgenommen. Eine Argumentation der Brexit-Befürworter war der Wunsch, nicht „für andere", sondern nur „für uns", für die Briten, zuständig zu sein. Aufgrund der unterschiedlichen Lebensstandards in den einzelnen EU-Ländern erfolgt die Öffnung der sozialen Sicherungssysteme in kleinen Schritten. So ist die medizinische Behandlung in einem anderen EU-Land nur in Notfällen möglich. Die Übertragung von Renten- und Krankenversicherungsansprüchen ist weiterhin mit Komplikationen und bürokratischen Schwierigkeiten verbunden (vgl. Fingarova 2019). Die Grenzen der Nationalstaaten bleiben auch in einem transnationalen Raum wie der EU nicht in jedem Fall durchlässig. Woran liegt das?

2. Grenzen und Migrationsregime

Eine der wichtigsten Besonderheiten der Nationalstaaten sind die Grenzen. Sie markieren das staatliche Territorium und grenzen dieses nach außen ab. Bei der Grenzziehung geht es nicht nur um die räumliche Ab- und Ausgrenzung, sondern vor allem um eine kulturelle, sprachliche, wirtschaftliche und politische Absonderung von den „anderen" (vgl. Heintel et al. 2018). Grenzen schützen und betonen Zugehörigkeiten, sie sind Ausdruck der Trennung, markieren aber auch die Möglichkeiten der Teilhabe. Grenzen sind soziale und politische Konstrukte – nur in wenigen Fällen, z. B. bei Ozeanen oder Bergketten, sind sie „von Natur" gegeben; viel häufiger sind sie von Menschen durch Konflikte, Kriege, Verhandlungen oder Abkommen geschaffen. Eine Grenze ist nie nur eine Barriere, vielmehr ist sie eine Kontaktzone. Die Grenzziehung ist ein Prozess; Grenzen, genauso wie Zugehörigkeiten, sind änderbar.

Im Zuge der Europäischen Integration und nach dem Ende des Kalten Krieges im Jahr 1989 schien die Bedeutung der Grenzen abzunehmen. Ein Gefühl der Grenzenlosigkeit, der freien Grenzüberschreitung hat die jüngeren Generationen der EU-Bürger*innen geprägt. Menschen und Waren bewegten sich frei im transnationalen europäischen Raum. Die COVID-19-Pandemie hat allerdings die Bedeutung der nationalstaatlichen Grenzen untermauert. Die Bekämpfung der Pandemie war Gegenstand nationalstaatlichen Handelns; dementsprechend haben nationale Grenzen in diesem Zusammenhang wieder an Bedeutung gewonnen. Während der Covid-19-Pandemie wurden Paare durch nationalstaatliche Grenzen getrennt, Migrant*innen konnten nicht zu ihren Verwandten und Familien nach Hause fahren, mobile Experten haben ihre Dienstreisen abgesagt, Touristen stornierten ihre Auslandsreisen.

Auch wenn in den letzten 35 Jahren in Europa die Praxis der offenen Grenzen zunehmend institutionalisiert wurde, ist die Idee der grenzlosen Welt nur ein Diskurs („borderless world discourse") (Newmann 2006, S. 146). Die Globalisierung bedeutet bei Weitem nicht Öffnung aller Grenzen für alle Menschen; vielmehr entstehen neue soziale Schichtungen und Ungleichheiten bezogen auf die Art und Weise, wer die Berechtigung hat oder finanziell, physisch oder rechtlich in der Lage ist, eine Grenze zu überqueren, und wem dieses Recht verweigert wird.

Die Frage, wer und unter welchen Bedingungen die Grenze eines Staates überqueren darf, ist politischer Natur und hat mit der Aufgabe der Regierenden eines Nationalstaates zu tun, den Zugang zum Nationalstaat, d. h. die Migration, zu steuern. In den Sozialwissenschaften wird in diesem Zusammenhang der Begriff Migrationsregime verwendet. Dabei handelt es sich um die nationalstaatliche Regelung von Bevölkerungsbewegungen im Raum, die sich durch spezifische Optionen oder Einschränkungen kennzeichnen. Die Grundlagen des aktuellen Migrationsregimes in Europa entstanden nach dem Ersten Weltkrieg, wenn die Pass- und Visumspflicht eingeführt wurde (vgl. Hoerder et al. 2007, S. 44 ff.). Ziel dieser

Maßnahme war es damals genauso wie heute, die Zuwanderung zu den einzelnen Nationalstaaten zu regulieren und die Anzahl der Geflüchteten zu reduzieren. Eine weitere Aufgabe war es, bei Bedarf die aktive Gewinnung ausländischer Arbeitskräfte zu ermöglichen.

Ein neues Regime entstand nach dem Ende des Kalten Kriegs im Jahr 1989, durch die Öffnung der osteuropäischen Länder, durch die Stärkung der EU und durch das Schengener Abkommen. Der größte Teil der Nationalstaaten, die zur EU gehören, delegierten ihre Macht, die Außengrenzen zu kontrollieren, an die supranationalen europäischen Institutionen und schafften einen transnationalen Raum mit offenen Binnengrenzen.

Der Migrationsregimeansatz befasst sich allerdings nicht nur mit der Beschreibung der Formen der politischen Steuerung der Migration, sondern hat das Ziel, eine macht- und politiksensible Perspektive auf das Regulieren der Migration zu ermöglichen. Nach dieser wird der Nationalstaat in der Zeit der Globalisierung als Akteur des Migrationsgeschehens angesehen. Die Regierungen der Nationalstaaten werden als „Komplizen" der globalen Unternehmen und ihrer Interessen, den Arbeitsmarkt zu flexibilisieren und die Mobilität der Menschen zu beschleunigen, begriffen. Migration und Mobilität werden als spezifische Mechanismen zur Steigerung der Ausbeutung von migrantischen und lokalen Arbeitskräften interpretiert. Das Migrationsregime der globalisierten Welt, die seit den 1990er-Jahren etabliert wird, beruhe auf der Ideologie des Neoliberalismus und benötige billige, flexible und rechtslose Erwerbstätige – das erkläre die Zunahme der globalen Migrationsbewegungen und die (selektive) Öffnung der Grenzregime (vgl. Hess et al. 2018).

3. Aufenthaltsberechtigungen und Aufenthaltstitel

Die Vorschriften über die Einreise und über den Aufenthalt ausländischer Staatsbürger*innen in einem Nationalstaat existieren seit dem 19. Jahrhundert. In den einzelnen Ländern werden die Pflichten der ausländischen Staatsbürger*innen bezüglich ihrer Einreise und ihres Aufenthalts in den Aufenthaltsgesetzen geregelt. In diesen gesetzlichen Regelungen schafft der Gesetzgeber unterschiedliche Kategorien ausländischer Staatsbürger*innen. In den EU-Ländern werden die Staatsbürger*innen eines Mitgliedstaates der EU mit besonderen Berechtigungen ausgestattet, die, abgesehen vom nationalen Wahlrecht, identisch sind mit den Rechten der Staatsbürger*innen des jeweiligen EU-Landes. Aufgrund der Freizügigkeitsregelung besitzen sie das Recht, sich frei in der EU aufzuhalten und ihren Wohn- und Arbeitsort frei zu wählen. An zweiter Stelle sind die Bürger*innen der Staaten des Europäischen Wirtschaftsraums (EWR) zu erwähnen. Zu diesen gehören zusätzlich Island, Liechtenstein und Norwegen. Sie besitzen bezüglich der Arbeits- und Aufenthaltsberechtigung, abgesehen vom Wahlrecht für das Europäische Parlament, beinah die gleichen Rechte wie die EU-Bürger*innen. An dritter Stelle sind die sog. Drittstaatenangehörigen zu nennen. Ihre Einreise und ihr Aufenthalt sind mit strengen Auflagen verbunden.

Lektion 12: Migration, Nationalstaat und Staatsangehörigkeit

Das Recht auf Einreise und Aufenthalt wird von jedem Nationalstaat definiert und ist damit spezifisch. Dennoch gibt es allgemeingültige Regeln für die Einreise, z. B. den Besitz eines Reisepasses. Ausgenommen sind die Unionsbürger*innen, die bei der Einreise in ein anderes EU-Land lediglich einen Personalausweis benötigen. In der Regel müssen die ausländischen Staatsbürger*innen eine Einreisegenehmigung beziehungsweise ein Visum besitzen. Diese werden nur dann erteilt, wenn ausreichende Mittel für die Sicherung des Lebensunterhalts für die Dauer der Reise nachgewiesen werden können. Bei der Ausstellung des Visums wird auch die Identität der einzelnen Personen überprüft und die Frage geklärt, ob sie als Gefährder*innen der inneren Sicherheit gelten. In diesem Fall wird das Visum verweigert.

In der Regel werden die Einreise- und Aufenthaltsgenehmigungen von den einzelnen Nationalstaaten herausgegeben. Durch die Schaffung des sog. Schengener Raums haben die Mitgliedstaaten das Recht, das sog. Schengenvisum auszustellen. Dieses ist für drei Monate gültig und berechtigt die Inhaber*innen, sich im ganzen Schengener Raum aufzuhalten. Für längere Aufenthalte ist allerdings die Ausstellung eines nationalen Aufenthaltstitels notwendig. Die Ausstellung von Aufenthaltstiteln steht im Zusammenhang mit der Herkunft und mit der sozialen Stellung eines Individuums.

Diese Praxis der Selektierung der Individuen bei der Erteilung von Einreise- und Aufenthaltsgenehmigungen provoziert die Frage, inwieweit es in modernen Gesellschaften als legitim gelten kann, Kategorien von Menschen zu bilden und sie unterschiedlich zu behandeln. Eine mögliche Erklärung dieser differenzierten Handhabung in den modernen Nationalstaaten gibt die Unterscheidung zwischen den Menschenrechten und den Bürgerrechten. Zu den Menschenrechten gehören z. B. das Recht auf Leben oder die Würde des Individuums; zu den Bürgerrechten zählen das Recht auf politische Beteiligung und die Freizügigkeit. Die Menschenrechte sind universell, gelten als ein hohes Ideal, wohingegen die Bürgerrechte mit der Staatsangehörigkeit verbunden sind, d. h. mit dem Recht, sich am gesellschaftlichen, politischen, ökonomischen oder sozialen Leben einer staatlichen oder einer nationalen Gemeinschaft zu beteiligen. Sie werden auch in den Gesetzen des Landes verankert. Diese Unterscheidung zwischen Menschenrechten und Bürgerrechten erklärt zum Teil auch die unterschiedliche Stellung der Personen aufgrund ihrer Staatsangehörigkeit beziehungsweise aufgrund ihrer Zugehörigkeit zu einem nationalstaatlichen Verbund.

In den einzelnen Nationalstaaten existieren unterschiedliche Aufenthaltsberechtigungen. Für kurzfristige Aufenthalte wird ein Visum ausgestellt. Dieses ist zeitlich eingeschränkt und wird zu einem bestimmten Zweck herausgegeben, z. B. für Tourismus oder private Besuche. Längere Aufenthalte zum Zweck der Arbeitsaufnahme oder des Studiums bedürfen der Ausstellung eines Aufenthaltstitels, der Aufenthaltserlaubnis, der in der Regel befristet ist. Dieser ist auch zweckgebunden – in ihm wird vermerkt, zu welchem Zweck er ausgestellt wird. Eine Änderung des Zwecks des Aufenthalts ist nicht möglich und bedarf in der Regel einer Ausreise und einer Neubeantragung. Die Niederlassungserlaubnis ist ein unbefristeter Aufenthaltstitel. Sie ist unbefristet und nicht zweckgebunden. Sie berechtigt zur

Ausübung einer Erwerbstätigkeit oder zur Aufnahme eines Studiums. Nach dem deutschen Recht kann die Niederlassungserlaubnis nach einem fünfjährigen Besitz des befristeten Aufenthaltstitels ausgestellt werden. In begründeten Fällen, z. B. bei hochqualifizierten Einwanderern, kann eine Niederlassungserlaubnis von Beginn an beantragt und genehmigt werden. In der Regel ist die Ausstellung eines Aufenthaltstitels zum Zweck der Arbeitsaufnahme erst nach der Zustimmung der Agentur für Arbeit möglich. Die örtliche Agentur für Arbeit muss prüfen, ob deutsche Staatsbürger*innen oder Bürger*innen der EU-Länder den konkreten Beruf ausüben könnten. Wenn das der Fall ist, kann die Ausstellung einer Arbeits- bzw. Aufenthaltsgenehmigung abgelehnt werden. Bei Mangelberufen wird die Ausstellung eines Aufenthaltstitels zum Zweck der Arbeitsaufnahme ohne die Zustimmung der Agentur für Arbeit genehmigt. Im Kontext des zunehmenden Arbeitskräftemangels wurde das Fachkräfteeinwanderungsgesetz (2019) verabschiedet. In diesem wird die Überprüfung des Arbeitsmarktes durch die Agentur für Arbeit, die sog. Vorrangprüfung, eingeschränkt bzw. fällt für manche Berufe komplett weg (vgl. Lektion 4 dieses Lehrbuchs). Das Gesetz soll die gezielte und schnellere Gewinnung und Bindung internationaler Fachkräfte und eine leichtere Ausstellung einer Arbeitsgenehmigung ermöglichen.

4. Staatsangehörigkeit

Die Staatsangehörigkeit, auch Staatsbürgerschaft genannt, ist eine „Institution des Nationalstaates" (vgl. von Münch 2007, S. 4), und zwar des modernen Nationalstaates. Die Staatsangehörigkeit ist mit bestimmten Rechten und Pflichten verbunden. Zu den Rechten gehören z. B. die Aufenthalts- und Arbeitsmöglichkeit, die Inanspruchnahme von und Beteiligung an bestimmten sozialen Sicherungssystemen, das Wahlrecht sowie der konsularische Schutz im Ausland. Zu den Pflichten eines Staatsbürgers bzw. einer Staatsbürgerin zählen unter Umständen die Wehrpflicht, die Wahlpflicht sowie die Pflicht, Steuer und soziale Abgaben zu bezahlen oder sich als Schöffe zu engagieren. Die Staatsangehörigkeit macht aus einem Individuum ein Mitglied eines Staatsverbandes. Sie trennt die Individuen nach ihren (Nicht-)Zugehörigkeiten und unterscheidet zwischen Zugehörigen und Nichtzugehörigen, zwischen Inländer*innen und Ausländer*innen. Dabei haben die Zugehörigen eines Nationalstaates bestimmte Privilegien (s. oben). Im internationalen Völkerrecht ist geregelt, dass jeder Staat berechtigt ist, seine Staatsangehörigkeitsangelegenheiten selbstständig zu bestimmen. Im Kontext der Etablierung der Europäischen Union haben die meisten Unionsbürger*innen, wie oben schon vermerkt, ähnliche Rechte wie die Staatsbürger*innen eines jeden Staates der EU.

In vielen Ländern wird die Staatsangehörigkeit ethnisch definiert. Die meisten Nationalstaaten sind zwar nicht ethnisch homogen, allerdings wird die größte und einflussreichste ethnische Gruppe zum Staatsvolk und setzt ihre Sprache und Kultur als offizielle nationale Sprache oder Kultur durch. Dabei handelt es sich um einen historisch lang andauernden Prozess.

Lektion 12: Migration, Nationalstaat und Staatsangehörigkeit

Die Staatsangehörigkeit wird durch die Abstammung („ius sanguinis") oder durch die Geburt auf einem bestimmten Gebiet („ius soli") erworben. Eine weitere Möglichkeit des Erwerbs einer Staatsangehörigkeit stellt die Einbürgerung (die Naturalisation) dar. Der Verlust einer Staatsangehörigkeit ist grundsätzlich möglich. Historisch gesehen erfolgte der Verlust durch den Erwerb einer anderen Staatsangehörigkeit oder durch die Beteiligung an fremden Armeen. Eine Frau, die einen Mann mit einer anderen Staatsangehörigkeit heiratete, verlor ihre Staatsangehörigkeit und übernahm die Staatsangehörigkeit des Ehemanns. Deutsche Frauen, die vor dem 23. Mai 1949 einen ausländischen Staatsbürger geheiratet haben, haben die deutsche Staatsangehörigkeit verloren, auch wenn sie dadurch staatenlos wurden. In der Zeit zwischen dem 23. Mai 1949 und dem 31. März 1953 erfolgte der Verlust der Staatsangehörigkeit nur dann, wenn die Frau dadurch nicht staatenlos wurde. Seit dem 1. April 1953 führt die Eheschließung mit einem ausländischen Staatsbürger zu keinem Verlust der deutschen Staatsangehörigkeit der Ehefrau (vgl. Auswärtiges Amt o. J.). Diese Regelung bezog sich lediglich auf die Ehefrauen; die Ehemänner haben die deutsche Staatsangehörigkeit nicht verloren, wenn sie eine ausländische Frau geheiratet haben, was durch die damals juristisch und gesellschaftlich vorherrschende Geschlechterungleichheit zu erklären ist.

In demokratischen Gesellschaften ist der Verlust der Staatsangehörigkeit wider Willen jedoch stark eingeschränkt. In nichtdemokratischen Gesellschaften ist hingegen die erzwungene Ausbürgerung ein Mittel der sozialen Kontrolle. Diese soll aber generell eingeschränkt werden. 1961 wurde das internationale Übereinkommen zur Verminderung der Staatenlosigkeit unterzeichnet (vgl. UN General Assembly 1961).

Die Mehrstaatigkeit wird vor allem in demokratischen Migrationsgesellschaften ermöglicht. In Ländern wie der Schweiz, Luxemburg, Belgien, USA oder Kanada ist sie ohne Einschränkungen möglich. In Österreich hingegen ist die Annahme einer anderen Staatsangehörigkeit grundsätzlich mit dem Verlust der österreichischen Staatsangehörigkeit verbunden.

Insbesondere in der EU wird die Entstehung einer Unionsbürgerschaft gefördert. Die Idee der Begründung einer Unionsbürgerschaft ist eine Ursache für die Anerkennung der Mehrfachangehörigkeiten innerhalb der EU, zwischen den einzelnen EU-Ländern. Schritte in diese Richtung sind die Etablierung der Freizügigkeit und die Niederlassungsfreiheit sowie die Ausübung des europäischen Wahlrechts. Die Berechtigung der EU-Bürger*innen, diplomatischen Schutz durch alle EU-Mitgliedstaaten zu bekommen, gehört auch zu den Privilegien einer Unionsbürgerschaft. Hingegen besteht bei einer Unionsbürgerschaft keine Steuer- oder Wehrpflicht. Diese werden weiterhin von den einzelnen Nationalstaaten geregelt.

4.1. Die deutsche Staatsangehörigkeit

In Artikel 116 des Grundgesetzes wird die deutsche Staatsangehörigkeit definiert: „Deutscher im Sinne dieses Grundgesetzes ist vorbehaltlich anderweitiger gesetzlicher Regelung, wer die deutsche Staatsangehörigkeit besitzt oder als Flüchtling oder Vertriebener deutscher Volkszugehörigkeit oder als dessen Ehegatte oder

Abkömmling in den Gebieten des Deutschen Reichs nach dem Stande vom 31. Dezember 1937 Aufnahme gefunden hat." Die Regelungen, die die deutsche Staatsangehörigkeit betreffen, haben sich historisch entwickelt und geändert. Am 31. Dezember 1842 wurde das erste Gesetz in Preußen, das die Staatsangehörigkeit bestimmte, verabschiedet. In diesem wurde festgelegt, dass der Erwerb der Staatsangehörigkeit durch Geburt, d. h. durch das Abstammungsprinzip („ius sanguinus"), erfolgt. Die territoriale Bindung hatte nach dieser Regelung keine Bedeutung für den Erwerb der Staatsangehörigkeit. Hingegen war der Verlust der Staatsangehörigkeit bei einem längeren Auslandsaufenthalt möglich (vgl. Wunderlich 2005).

Am 22. Juli 1913 wurde das erste gesamtdeutsche Reichs- und Staatsangehörigkeitsgesetz (RuStAG) verabschiedet. Eine wesentliche Änderung in diesem war die Möglichkeit, die Staatsangehörigkeit an die nächste Generation weiterzugeben, auch wenn das Kind nicht in Deutschland geboren wurde. Diese Regelung festigte das Abstammungsprinzip und löste die Weitergabe der Staatsangehörigkeit von der territorialen Verankerung. Im Gesetz vom 1913 wurden weiterhin das Abstammungsprinzip und die Verlustgründe durch den fortdauernden Auslandsaufenthalt festgelegt. Auch das Prinzip der Vermeidung von Mehrstaatigkeit wurde in diesem verankert. Diese Grundsätze prägten das deutsche Staatsangehörigkeitsrecht in den nächsten Jahrzehnten. Auch im Kontext der zunehmenden Migration der 1960er-Jahre wurden sie nicht geändert, denn die deutsche Politik definierte Deutschland als Nichteinwanderungsland. Dadurch setzte sie auf den temporären Charakter der Migration, auf die absehbare Rückkehr der Zugewanderten und eben nicht auf ihre Einbürgerung (vgl. Lektion 4 dieses Lehrbuchs).

Erst im Jahr 1991 wurde die Einbürgerung junger Ausländer*innen und Ausländer*innen mit langem Aufenthalt erleichtert (vgl. § 85 AuslG). Das bewirkte einen Anstieg der Einbürgerungszahlen. Dennoch handelte es sich bei dieser Änderung der Einbürgerungsregelungen nicht um eine grundlegende Reform des Staatsangehörigkeitsrechts (vgl. Wunderlich 2005). Diese wurde im Jahr 2000 durchgeführt. Zentrale Bedeutung an ihr hatte die Erweiterung des Erwerbs der deutschen Staatsangehörigkeit durch das Territorialprinzip („ius soli") (vgl. Hanewinkel/Oltmer 2017). Die Reform gab in Deutschland geborenen Kindern ausländischer Eltern die Möglichkeit, die deutsche Staatsangehörigkeit per Geburt zu erwerben, auch wenn die Eltern diese nicht besitzen. Bedingungen dafür waren, dass zum Zeitpunkt der Geburt des Kindes ein Elternteil mindestens acht Jahre in Deutschland lebte und eine unbefristete Aufenthaltserlaubnis besaß. Diese Änderung wurde aber durch die Optionspflicht teilweise eingeschränkt – zwischen dem 18. und dem 23. Lebensjahr mussten sich die Jugendlichen entscheiden, ob sie die deutsche Staatsangehörigkeit oder die Staatsangehörigkeit ihrer Eltern beibehalten möchten. Die Optionspflicht wurde 2014 modifiziert – der Entscheidungszwang ist weggefallen. Die Personen durften weiterhin beide Staatsangehörigkeiten behalten, wenn sie bis zu ihrem 22. Geburtstag mindestens acht Jahre lang in Deutschland gelebt haben, sechs Jahre lang in Deutschland die Schule besucht haben oder einen Schul- oder Berufsausbildungsabschluss in Deutschland erworben haben (vgl. Hanewinkel/Oltmer 2017). Im Jahr 2024 wurden die Staatsbürgerschaftsregelungen noch einmal geändert. Es wird grundsätzlich erlaubt, bei einer Einbürgerung die bisherige Staatsangehörigkeit beizubehalten. Die für die Naturalisation erforderliche Aufenthaltsdauer wird von derzeit acht auf fünf Jahre verkürzt. In speziellen Fällen, wenn die Integration besonders erfolgreich ist, wäre die Einbürgerung einer Person schon nach drei Jahren möglich. Mehrstaatigkeit soll grundsätzlich möglich sein und nicht nur bei den EU-Bürgern akzeptiert werden. Die Vertreter der sog. Gastarbeiter*innengeneration können die deutsche Staatsbürgerschaft erhalten, ohne einen Sprachkenntnis- und Einbürgerungstest abzulegen. Diese Änderungen können als eine Verschiebung im deutschen Staatsangehörigkeitsrecht vom ethnischen zu einem bürgerschaftlichen Verständnis der Nation gedeutet werden.

4.2. Abstammungsprinzip, Territorialprinzip, Einbürgerung

Das Abstammungsprinzip, das Territorialprinzip und die Einbürgerung sind die drei Formen des Erwerbs einer Staatsangehörigkeit. Die meistverbreitete Form des Erwerbs ist grundsätzlich die Abstammung.

Was ist ihre Besonderheit? Wenn beide Eltern die deutsche Staatsangehörigkeit besitzen, bekommt das Kind automatisch, per Geburt, nach dem Abstammungsprinzip die deutsche Staatsangehörigkeit. Wenn der Vater eine ausländische Staatsangehörigkeit und die Mutter die deutsche Staatsangehörigkeit besitzt, erhält das Kind die deutsche Staatsangehörigkeit, die von der Mutter abgeleitet wird. Die doppelte Staatsangehörigkeit ist in diesem Fall per Geburt möglich, denn das Kind kann auch die Staatsangehörigkeit des Vaters übernehmen. Wenn die Mutter eine ausländische und der Vater die deutsche Staatsangehörigkeit besitzt, kann das Kind die deutsche Staatsangehörigkeit durch den Vater bekommen, die Vaterschaft muss allerdings eindeutig nachgewiesen werden. Die doppelte Staatsangehörigkeit ist auch in diesem Fall möglich. Seit dem 1. Januar 1977 bezieht sich diese Abstammungsregelung auch auf die Kinder, die adoptiert worden sind.

Deutsch kann man auch nach dem sog. Geburtsortprinzip werden. Diese Regelung ist seit dem 1. Januar 2000 in Kraft. Das Geburtsortprinzip ergänzt die Abstammungsregelung, ersetzt diese aber nicht. Im Kern geht es darum, dass ein Kind die deutsche Staatsangehörigkeit per Geburt auch dann erhalten kann, wenn die Mutter und der Vater die deutsche Staatsangehörigkeit nicht besitzen. Dies ist dann möglich, wenn das Kind in Deutschland geboren wurde und wenn sich die beiden Eltern rechtmäßig und dauerhaft, jedoch mindestens acht Jahre, in Deutschland aufhalten. In der Zeit von 2000 bis 2014 galt das sog. Optionsmodell: Bis zum 23. Lebensjahr musste sich das Kind entscheiden, ob es die deutsche Staatsangehörigkeit beibehalten möchte oder lieber die Staatsangehörigkeit der Eltern weiterführen möchte. Die Optionspflicht ist mit der Reform der Staatbürgerschaftsregelung aus dem Jahr 2024 weggefallen.

Die dritte Möglichkeit, die deutsche Staatsbürgerschaft zu erwerben, ist die Einbürgerung. Bei der Einbürgerung war bis 2024 in der Regel keine doppelte Staatsangehörigkeit möglich. Eine Ausnahme war die Führung doppelter Staatsangehörigkeit durch die Bürger*innen der anderen EU-Staaten. Die Einbürgerung erfolgt grundsätzlich per Antrag, die Voraussetzungen für die Einbürgerungen sind der reguläre Aufenthalt in Deutschland seit mindestens acht Jahren (seit 2024 seit fünf Jahren), der Besitz des unbefristeten Aufenthaltsstatus, z. B. die Niederlassungserlaubnis oder die EU-Freizügigkeitsbescheinigung, die Sicherung des Lebensunterhalts, Straffreiheit, Bekenntnis zur Verfassungsordnung der Bundesrepublik, der Nachweis deutscher Sprachkenntnisse sowie der Nachweis der gelungenen Integration, die durch den sog. Einbürgerungstest erfolgt. Der Einbürgerungstest beinhaltet Fragen über die Kultur und die Geschichte Deutschlands, über das Leben in der Demokratie und über die Gesellschaft. Dazu kommen die bundeslandspezifischen Fragen. Der Einbürgerungstest wird seit dem 1. September 2008 durchgeführt. Es wird ein Fragebogen mit 33 Fragen und jeweils vier Antwortmöglichkeiten ausgefüllt; man hat 60 Minuten Zeit, um den Test abzulegen. Der Test wurde vom Institut für Qualitätsentwicklung im Bildungswesen entwickelt und wird in den Volkshochschulen durchgeführt. Der Test kann beliebig oft abgelegt werden.

Besonders erleichtert wird die Einbürgerung für den/die Ehemann/Ehefrau eines bzw. einer Deutschen, für die Unionsbürger*innen, für ältere ausländische Staatsbürger*innen und auch für staatenlose Personen.

Wie groß ist allerdings die Bereitschaft, sich einbürgern zu lassen? In einer Expertise für die Migrationsbeauftragte der Bundesregierung stellen Courtmann und Schneider fest: „Im Jahr 2020 lebten 5.045.415 Menschen mit ausländischer Staatsangehörigkeit bereits seit mehr als zehn Jahren in Deutschland und erfüllten damit eine zentrale Voraussetzung, nämlich die erforderliche Voraufenthaltszeit, für die Einbürgerung. Das waren knapp 48 % der Bevölkerung ohne deutsche Staatsangehörigkeit (Statistisches Bundesamt 2021a: 86–89). Im gleichen Jahr ließen sich jedoch nur 109.880 Personen einbürgern. Das sog. ausgeschöpfte Einbürgerungspotenzial (aEP) betrug damit 2,2 % (Statistisches Bundesamt 2021b: 14–15). Dies ist sowohl anteilig (2019: 2,5 %) als auch in absoluten Zahlen (2019: 128.905) ein deutlicher Rückgang gegenüber dem Vorjahr (Statistisches Bundesamt 2021b: 14)" (Courtmann/Schneider 2021, S. 8). Auch wenn sich dieser Rückgang teilweise auch durch die Corona-Pandemie erklären lässt, deutet er darauf hin, dass strukturelle Hinderungsgründe für die Nichtannahme der deutschen Staatsbürgerschaft existieren. In der Expertise erarbeiten die Autoren Handlungsempfehlungen, die auf die Verbesserungen der Kommunikationspraxis zielen. Dadurch sollen die berechtigten Bürger*innen, die die deutsche Staatsangehörigkeit nicht beantragt haben, besser informiert und motiviert werden, um die Staatsangehörigkeit zu beantragen. Wichtiger als die Verbesserung der Kommunikation ist allerdings die Veränderung der juristischen Grundlage, die ggf. die Weiterführung der bisherigen Staatsangehörigkeit bei einer Einbürgerung ermöglicht (vgl. Courtmann/Schneider 2021). Die Gesetzesänderungen, die im Jahr 2024 verabschiedet wurden, sollen das bewirken.

5. Die Staatsangehörigkeit als Kapital

Der moderne Staat unterscheidet sich von den staatlichen Konstruktionen der vormodernen Zeit dadurch, dass die (männlichen) Staatsbürger, zumindest seit der Französischen Revolution von 1789, in ihrer Menschenwürde gleichgestellt sind. Die Gleichberechtigung als Staatsbürger*in ist in den Verfassungen der modernen Staaten festgelegt worden und gehört zu den wichtigsten Errungenschaften der Nation. Die modernen Gesellschaften erklären die sozialen Ungleichheiten durch die erbrachte Leistung, die in der Regel in den Grenzen eines Staates erfolgt und belohnt wird. Eine Schlüsselbedeutung hierfür hat die Bildung der Individuen, die die Stellung in den Berufshierarchien und als Folge in der Gesellschaft bedingt. Die modernen Staaten versuchen den Einfluss der zugeschriebenen Merkmale, z. B. Geschlecht, Ethnizität, Hautfarbe, bei der Positionierung eines Individuums in der gesellschaftlichen Hierarchie zu minimieren. In der vormodernen Zeit waren sie ausschlaggebend und bestimmten die Stellung der einzelnen Person in der Gesellschaft. Die Herkunft und nicht die Leistung spielten eine entscheidende Rolle hierfür (vgl. Lektion 3 dieses Lehrbuchs).

Die Institution der Staatsbürgerschaft, die in der Moderne entstand, sollte diese herkunftsbasierten Ungleichheiten abbauen. Die Bürger*innen eines Staates sollten unabhängig von der Herkunft und von ihrem Einkommen über die gleichen bürgerlichen Rechte, z. B. das Wahlrecht, verfügen. Die Staatsbürgerschaft an sich entstand als „Gleichheitsmechanismus" (Boatca 2017, S. 138).

Die Prozesse der politischen Gleichstellung der Staatsbürger*innen eines Staates verlaufen parallel mit der Exklusion der Staatsbürger*innen anderer Länder (vgl. Brubaker 1992). Sie haben auf dem Gebiet eines fremden Landes nicht die gleichen Rechte wie die Staatsbürger*innen des Staates. An erster Stelle haben sie nicht das freie Zutritts- und Aufenthaltsrecht im Gebiet eines anderen Landes. Sie haben keinen freien Zugang zu den Bildungs- oder Sozialsystemen, zum Arbeitsmarkt oder zur gesundheitlichen Versorgung. Der Nationalstaat ist durch die Institution der modernen Staatsbürgerschaft inklusiv nach innen und exklusiv nach außen (vgl. Brubaker 1992). Diese Exklusion nach außen beruht allerdings auf einer „vormodernen" Zuschreibung, nämlich auf der Herkunft. Die meisten modernen Staaten verleihen die Staatsbürgerschaft an Personen, die durch ihre Abstammung, d. h. durch die Geburt, als zugehörig definiert werden. Shachar (2009) spricht in diesem Kontext über eine „Geburtsrechtlotterie", in der per Zufall entschieden wird, wer in einem reichen und wer in einem ärmeren Land geboren wurde und dementsprechend staatsbürgerliche Rechte bekommt. Somit wird in den meisten Fällen die Staatsbürgerschaft nicht durch die individuell erbrachte Leistung erworben, sondern de facto vererbt. Da die Staatsbürgerschaft den Zugang zu wichtigen Ressourcen und Lebenschancen ermöglicht bzw. einschränkt, stellt sie ein wichtiges Kapital (vgl. Boatca 2017) für die Individuen in der globalen Ungleichheitshierarchie dar. Den Begriff Kapital verwendet Boatca in Anlehnung an Pierre Bourdieu und seine Theorie über die unterschiedlichen Kapitalformen, nämlich ökonomisches, soziales und kulturelles Kapital (vgl. Bourdieu 1992). Laut Boatca hat die Staatsbürgerschaft eine „Gatekeeper-Funktion" – sie schließt selektiv die Bevölkerung ärmerer Länder von Zugangsrechten und Möglichkeiten aus und schützt in der Praxis die Verteilung des globalen Reichtums auf eine „ausgewählte Minderheit".

In den letzten 30 Jahren sind zahlreiche Möglichkeiten entstanden, die Staatsbürgerschaft unabhängig von der Herkunft der Individuen zu erwerben. Dadurch soll das Prinzip der Vererbung durch das Leistungsprinzip ergänzt werden. Prominente Hochleistungssportler*innen oder Wissenschaftler*innen werden durch Ausnahmeregelungen schneller und unkomplizierter eingebürgert. In mehreren Ländern können eingewanderte Personen, die bestimmte Bedingungen erfüllen, z. B. Einkommen, Bildung, Straffreiheit, die Staatsangehörigkeit des Einwanderungslandes durch Einbürgerung erhalten. Manche Länder verkaufen buchstäblich ihre Staatsangehörigkeit an Investoren. Nicht nur Staatsangehörigkeiten, sondern auch Aufenthaltstitel stehen zum Verkauf. Das Ziel dieser Politik ist es, wohlhabende Investoren anzulocken und die lokale Wirtschaft anzukurbeln. In der Praxis handelt es sich um einen De-facto-Verkauf der Staatsbürgerschaft. Wohlhabende Personen können sich dadurch eine begehrte Staatsangehörigkeit aussuchen, auch ohne einen kulturellen Bezug zum jeweiligen Land zu haben. Welche Staatsangehörigkeit begehrt ist, kann man durch die Rangliste der Firma Henley & Partners (2024) feststellen. Die Staatsbürgerschaften der meisten europäischen Länder ermöglichen eine visumsfreie Einreise in Hunderte von Staaten, konsularischen Schutz, Teilhabe an einem guten Sozialsystem u. v. m.

Der Verkauf einer Staatsangehörigkeit ist aus mehreren Gründen problematisch. Zum einen geht es um Gerechtigkeit: Menschen, die keine Mittel haben, können sich ihre Staatsangehörigkeit nicht frei aussuchen. Zum anderen geht es aber auch um die mit der Staatsbürgerschaft erworbene Möglichkeit wohlhabender Menschen, Einfluss auf die Politik und die wirtschaftliche Entwicklung eines fremden Landes auszuüben und diese in ihrem Interesse zu lenken.

Insgesamt ist die Staatsbürgerschaft als eine wichtige Ressource in den modernen Gesellschaften zu bewerten. Sie ist Ausdruck historisch verfestigter Machtstrukturen wirtschaftlicher und politischer Art. Nationalstaatliche Grenzen können bei der Entstehung transnationaler Räume offener und durchlässiger werden, allerdings verstärkt diese Durchlässigkeit den Ausdruck globaler sozialer Ungleichheiten, denn sie steht im Zusammenhang individueller Ressourcen und ist nicht allgemein gültig. Nationalstaatliche Grenzen und Staatsangehörigkeiten verlieren auch zu Beginn des 21. Jahrhunderts nicht an Bedeutung.

Diskussionsfragen

1. Gemäß der Menschenwürde sollen Menschen gleich sein, aber dennoch haben die Staatsbürger*innen eines Staates mehr Rechte als die Ausländer, die sich in diesem Staat aufhalten. Das heißt, einerseits sind die Menschen gleichberechtigt, andererseits werden den Staatsbürger*innen doch mehr Rechte eingeräumt als den Nichtstaatsbürger*innen einer Gesellschaft. Wie ist dies zu erklären?
2. Welche Argumente sprechen für, welche gegen sog. Einbürgerungstests?
3. Soll die Einbürgerung ein Zeichen erfolgreicher Integration sein, oder soll die Einbürgerung die Integration erfolgreich machen?

4. Existieren nationalstaatliche Grenzen im virtuellen Raum? Was bedeutet der Begriff Geo-Blocking?
5. Können im virtuellen Raum Staatsangehörigkeiten an Bedeutung verlieren?

Literaturtipps

Anderson, Benedict (1988): Die Erfindung der Nation. Zur Karriere eines folgenreichen Konzepts, Frankfurt am Main: Campus.
Bemeburg, Ivonne/Niederbacher, Arne (2007): Die Globalisierung und ihre Kritik(er). Zum Stand der aktuellen Globalisierungsdebatte, Wiesbaden: Springer.
Boatcă, Manuela (2017): Kapital aus Staatsbürgerschaft und die globale Strukturierung des Nationalen. In: Bude, Heinz/Staab, Philipp (Hrsg.): Kapitalismus und Ungleichheit. Die neuen Verwerfungen, Frankfurt am Main, New York: Campus Verlag, S. 137–153.
Gellner, Ernest (1999): Nationalismus – Kultur und Macht, Berlin: Siedler.
Hess, Sabine/Kasparek, Bernd/Schwertl, Maria (2018): Regime ist nicht Regime ist nicht Regime. Zum theoriepolitischen Einsatz der ethnografischen (Grenz-)Regimeanalyse. In: Pott, Andreas/Rass, Christoph/Wolff, Frank (Hrsg.): Was ist ein Migrationsregime? What is a migration regime? Wiesbaden: Springer VS, S. 257–283.
Hobsbawm, Eric (1991): Nations and Nationalism Since 1780: Programme, Myth, Reality, Cambridge: Cambridge University Press.
Hobsbawm, Eric (2007): Globalisation, Democracy and Terrorism, Boston: Little Brown.

Lektion 13: „Wir" und „die Anderen". Formen der Ausgrenzung und ihre Überwindung in der Migrationsgesellschaft

Überblick

In den globalen und lokalen gesellschaftlichen und wirtschaftlichen Kontexten, in denen Migration und Mobilität an Bedeutung gewinnen, ist die Frage nach dem Zusammenleben unterschiedlicher ethnischer, religiöser und sozialer Gruppen von Menschen von besonderer Bedeutung. In den Sozialwissenschaften sind Theorien und Ansätze entstanden, die aus unterschiedlicher Perspektive und mit unterschiedlichen politischen Zielvorstellungen dieses Zusammenleben zu analysieren und begrifflich zu erfassen versuchen. Sie erklären die Ursachen für die Spannungen, aber auch die Möglichkeiten des Zusammenlebens in pluralen Migrationsgesellschaften.

1. Formen der Ausgrenzung: Ausländerfeindlichkeit, „gruppenbezogene Menschenfeindlichkeit", Rechtspopulismus und Rechtsextremismus

Studien belegen, dass ausländerfeindliche Einstellungen in den letzten Jahren deutschland- und europaweit zunehmen (vgl. Zick et al. 2023). Rechtsextreme Parteien finden den Weg in die regionalen und nationalen Parlamente und auch in das Europäische Parlament. Woran liegt das? Wodurch ist diese Tendenz zu erklären? Was bedeutet der Begriff Ausländerfeindlichkeit?

Ausländerfeindlichkeit stellt in ihrem Kern eine feindselige Einstellung zu Menschen einer anderen Nationalität dar (vgl. Schulze 1989). Aufgrund des Ausländerseins wird eine Person institutionell benachteiligt oder im Rahmen privater Interaktionen diskriminiert. Die Ausländerfeindlichkeit kann auch zu physischer Gewalt und sogar zu Vernichtung eines Menschen führen, wie das Beispiel mit dem sog. Nationalsozialistischen Untergrund (NSU) zeigt. Da die Nationalität der Menschen grundsätzlich nicht aufgrund äußerer Merkmale zu erkennen ist, ist der Begriff Ausländerfeindlichkeit nicht präzise genug. Die Staatsangehörigkeit an sich ist nicht der Grund einer Benachteiligung. Vielmehr beruht eine ablehnende und/oder verletzende Handlung auf der Interpretation äußerer Merkmale wie Hautfarbe, Haarfarbe, Augenfarbe, Aussprache, Geschlecht, Religionszugehörigkeit oder Behinderung. Insbesondere in Migrationsgesellschaften, in denen die Staatsangehörigkeit nicht auf Herkunft („ius sanguinis"), sondern aufgrund des Bodenrechts („ius soli") erteilt wird, verliert der Begriff Ausländerfeindlichkeit an analytischer Schärfe, da er eingebürgerte Zugewanderte oder Personen der zweiten Zuwanderungsgeneration nicht als potenzielle Opfer ausländerfeindlicher Straftaten erfassen kann.

In der Forschung wird aus diesem Grund häufiger der umfassendere Begriff Fremdenfeindlichkeit verwendet. Die Fremdenfeindlichkeit beinhaltet eine ablehnende Einstellung und/oder abwertende Verhaltensweisen gegenüber Menschen, die unabhängig von ihrer Nationalität und von der Tatsache, ob sie tatsächlich zugewandert sind, als fremd wahrgenommen werden. Ursprünglich in Kanada, später auch in anderen Ländern wird der Begriff „visible minorities" verwendet (vgl.

Body-Gendrot 2014). Dazu gehören Menschen, die sich aufgrund von äußeren Merkmalen sichtbar von der Mehrheit der Bevölkerung eines Landes unterscheiden. Zu diesen Gruppen können ethnische, religiöse und sexuelle Minderheiten oder auch ausländische Staatsbürger*innen und Menschen mit einer anderen Hautfarbe oder Menschen aus deprivilegierten sozialen Schichten gehören (vgl. Stichweh 2010).

Ein weiterreichender Begriff wird vom deutschen Pädagogen Wilhelm Heitmeyer eingeführt (vgl. Heitmeyer 2011; Zick et al. 2012). In seiner Langzeitstudie „Deutsche Zustände" führt er den Begriff „gruppenbezogene Menschenfeindlichkeit" ein. Der Begriff wurde im Rahmen einer Studie ausgearbeitet, die als Projekt des Instituts für interdisziplinäre Konflikt- und Gewaltforschung der Universität Bielefeld durchgeführt wurde. Im Zeitraum von über zehn Jahren wurden jährlich 2000 repräsentativ ausgewählte Personen in Deutschland interviewt und nach ihren Einstellungen zu bestimmten Gruppen von Menschen befragt. Nach Heitmeyer sind unter dem Begriff „gruppenbezogene Menschenfeindlichkeit" Prozesse und Einstellungen wie Rassismus, Fremdenfeindlichkeit, Antisemitismus, Homophobie, Islamophobie, Etabliertenvorrechte, klassischer Sexismus, Abwertungen von Menschen mit Behinderung, Obdachlosen und Langzeitarbeitslosen zusammenzufassen. Die Abwertungsmechanismen der Markierung und Exklusion der Vertreter all dieser Gruppen von der Mehrheitsgesellschaft sind ähnlich. Nach Heitmeyers Studie ist davon auszugehen, dass die feindseligen Einstellungen zu einer dieser Gruppen in den meisten Fällen mit einer ablehnenden Haltung zu den anderen Gruppen im Zusammenhang stehen. Wenn eine Person rassistisch handelt, würde sie zum größten Teil auch fremdenfeindliche, antisemitische und homophobe Einstellungen äußern und sich dementsprechend verhalten. Deswegen spricht Heitmeyer über ein „Syndrom der gruppenbezogenen Menschenfeindlichkeit". Die Langzeitstudie ermöglicht, die Variation in den Einstellungen der einzelnen gesellschaftlichen Schichten zu untersuchen und ein Gesamtbild der deutschen Gesellschaft in einem Zeitfenster von zehn Jahren zu zeichnen.

Alle Aspekte der gruppenbezogenen Menschenfeindlichkeit stellen wichtige gesellschaftliche Probleme dar, da sie die freiheitliche demokratische Ordnung und die Prinzipien der liberalen Demokratie in Zweifel ziehen. Sie stehen in Widerspruch zu Grundprinzipien der Verfassung demokratischer Gesellschaften wie der Unantastbarkeit der Menschenwürde.

In der Forschung werden auch weitere Begriffe verwendet, um die Ablehnung des Zusammenlebens von Menschen unterschiedlicher ethnischer, religiöser, sozialer oder sexueller Identitäten zum Ausdruck zu bringen. Der Begriff Rechtsextremismus umfasst die Ungleichheitsvorstellungen bezogen auf andere Gruppen von Menschen (vgl. Salzborn 2020). Durch rechtsextreme Handlungen soll die eigene Gruppe aufgewertet werden. Ein besonderes Merkmal des politischen Rechtsextremismus ist die Gewaltbereitschaft sowie die Überzeugung, dass die Gewaltanwendung ein legitimes Mittel zur Durchsetzung politischer Ziele ist. Rechtsextremismus steht im Einklang mit völkischen, rassistischen und autoritären Einstellungen sowie mit der Akzeptanz und der Bereitschaft, autoritären Ideologien zu folgen.

Die Anzahl der rechtsextremen Straftaten in Deutschland ist im letzten Jahr um 23 % gestiegen (vgl. Bundesministerium des Inneren und für Heimat/BKA 2024). Außerdem ist festzustellen, dass rechtspopulistische bis hin zu rechtsextremen Einstellungen zunehmend in der Mitte der Gesellschaft Akzeptanz finden (vgl. Zick et al. 2023). Dies ist insbesondere bezüglich der Themen Migration und Gender deutlich sichtbar. Diverse Bücher und Studien, die von Renaud Camus Buch „Le Grand Remplacement" (2011) inspiriert wurden und die im rechten Spektrum zu verorten sind, behaupten, dass Europa durch die Migration unterwandert wird und es zu einem Bevölkerungstausch käme. Bezüglich der Genderproblematik wird infrage gestellt, inwieweit die Verwendung von gendersensibler Sprache sowie die Etablierung genderbewusster Pädagogik in den europäischen Gesellschaften Platz haben sollen. Es wird die angebliche Verbreitung einer „Gender-Ideologie" kritisiert (vgl. Veit 2022). Auch die kritische Auseinandersetzung mit der kolonialen Vergangenheit vieler europäischer Länder wird im rechtspopulistischen und rechtsextremen Spektrum infrage gestellt. Der Begriff „cancel culture" wurde etabliert. Dieser bedeutet übersetzt „Zensurkultur". Die Verwendung dieses Begriffs geht mit einer ablehnenden Haltung der „Political Correctness" einher und kritisiert die reflexive Haltung zu diskriminierten Gruppen in den europäischen und in den nordamerikanischen Gesellschaften (vgl. Tandoc et al. 2022).

2. Rassismus und kritische Rassismus-Forschung

Von großer Bedeutung für die Migrationssoziologie ist der Begriff Rassismus. An sich stellt er eine Unterscheidungspraxis dar, „die strukturell, organisational und interaktiv wirksam ist und grundlegend auf Handlungs-, Empfindungs- und Deutungsweisen einwirkt" (vgl. Kourabas/Mecheril 2022, S. 13).

Der Rassismus ist eine Denkrichtung, die behauptet, dass die Menschheit aufgrund von biologisch gegebenen Merkmalen in einzelne Gruppen oder „Rassen" eingeteilt werden kann. Es handelt sich dabei um eine wertende Aufteilung, denn nach dieser Theorie sind einige „Rassen" oder Volksgruppen von Natur aus anderen überlegen bzw. unterlegen. Somit wird unterstellt, dass einige Gruppen das Recht hätten, andere als minderwertig angesehene zu beherrschen oder gar zu vernichten.

Der Begriff Rassismus markiert die Teilung zwischen „uns" und „den Anderen" innerhalb einer Gesellschaft. Diese Teilung findet ihren Ausdruck in verschiedenen verbalen oder nonverbalen Formen und Handlungen wie systematischen Benachteiligungen, Angriffen, Ausgrenzungen und Beleidigungen (vgl. Terkessidis 2021, S. 5).

Die rassistische Denkweise stützt sich nicht nur auf sichtbare äußerliche Merkmale wie Haut- und Haarfarbe. Vielmehr fokussiert sie auf das Thema Kultur. Bezeichnungen wie „kulturell" oder „ethnisch" oder Erklärungsmuster, die auf angeblich kulturelle Spezifika einer Gruppe beruhen, können unter Umständen eine Tendenz zu rassistischen Handlungs- und Denkmustern aufweisen (vgl. ebenda, S. 8). Etienne Balibar spricht in diesem Kontext über „Rassismus ohne Rassen" – ein Begriff, mit dem er den neuen postkolonialen und postnationalsozialistischen

Rassismus markiert (vgl. Balibar 1990, S. 23). Bei Kulturrassismus handelt es sich um eine Herrschaftspraxis, die rassistisch ist, ohne explizit den Begriff „Rasse" in den Mittelpunkt zu stellen. Anstelle von „Rasse" werden unter anderem die Begriffe „Kultur", „Sprache" oder „Religion" verwendet. Diese Wörter können in solchen Fällen als eine Verhüllung von Rassismen dienen.

In den modernen Natur- und Sozialwissenschaften besteht mittlerweile der Konsens, dass es keine wissenschaftliche Grundlage für die Einteilung der Menschen in biologische Menschenrassen gibt (vgl. Kourabas/Mecheril 2022). Nach dem Ende des Zweiten Weltkriegs und konkret des Nationalsozialismus, der kolonialen Herrschaft und der Apartheid in Südafrika wurde der Anschein erweckt, dass Rassismus der Vergangenheit angehöre und nicht mehr existiere.

Trotzdem ist diese spezifische Art und Weise des Denkens und des Handelns weitverbreitet. Insbesondere alltägliche Ausgrenzungspraktiken, z. B. in der Arbeitswelt, in Bildungseinrichtungen, Organisationen oder in der Verwaltung, die oft als Diskriminierung, Mobbing oder Fremdenfeindlichkeit angesehen werden, haben als ideologische Untermauerung eine rassistische Einstellung der handelnden Person oder Institution.

Die versteckten Dimensionen von Rassismus sichtbar zu machen, ist eine Aufgabe der Rassismuskritik. Sie ist ein Feld der kritischen Sozial- und Migrationsforschung (vgl. Fereidooni/Meral 2017). Ihr Ziel ist es, nicht nur die direkten Formen des Rassismus, die sich in der Sprache oder in Gewalthandlungen manifestieren, aufzuzeigen, sondern die rassistischen Denkmuster aufzudecken, die zur gesellschaftlichen Norm geworden sind und dadurch oft unsichtbar bleiben. Die Rassismuskritik analysiert die Wissensbestände und ist somit auch eine Kritik der sozialen Praktiken in der Vergangenheit. Sie vermittelt kritisches Wissen über die Geschichte der Sklaverei und des Kolonialismus. Es geht um die Etablierung einer neuen Interpretation der Geschichte und Bewertung historischer Prozesse, in der die Macht der Weißen und ihre Privilegien hinterfragt werden („Critical Whiteness"). Die Europäer sollen sich kritisch mit ihrer Vergangenheit auseinandersetzen und sich in einem Verantwortungsverhältnis zu außereuropäischen Ländern begreifen. Dabei geht es darum, die eigene, auch ungewollte oder unbewusste Beteiligung an rassistischen Ordnungen sichtbar zu machen sowie die rassismusstärkenden Unterscheidungen zu erkennen.

Es geht auch um die Frage, wie in den Sozialwissenschaften und in der Literatur auf Konstruktionen von Rasse zurückgegriffen wurde. Die Rassismuskritik stellt sich als Aufgabe, die gesellschaftlichen Legitimationsmechanismen der Dominanz der europazentrierten Denkweise sichtbar zu machen. Rassismuskritik ist eine Analyseperspektive, die eine (selbst-)kritische Befragung der eigenen Denk- und Handlungspraktiken erfordert. Eine wichtige Aufgabe der Rassismuskritik ist es, jegliche Formen der Diskriminierung sichtbar zu machen und zu ihrer Bekämpfung beizutragen.

3. Diskriminierung

Diskriminierung wird als eine Benachteiligung, Ausschließung oder Ausbeutung aufgrund vermuteter oder realer Gruppenzugehörigkeit definiert. Diskriminierung erfolgt nach Merkmalen, die als negativ markiert und in der Regel nicht änderbar sind, z. B. Hautfarbe, ethnische Zugehörigkeit, Alter, oder schwer zu verändern sind, z. B. Geschlecht, sexuelle Orientierung, Religionszugehörigkeit, Körperbau. Die Diskriminierungsmerkmale werden in einer Gesellschaft als „minderwertig" abgestempelt (vgl. Scherr 2008).

In der Forschung wird zwischen der individuellen, institutionellen und strukturellen Diskriminierung unterschieden. Eine weitere Form ist die gesellschaftlich-kulturelle Diskriminierung. Die individuelle Diskriminierung findet im individuellen Umgang mit einer Person statt. Institutionelle Diskriminierung ist besonders im Kontext institutioneller Handlungen, z. B. bei Bewerbungsgesprächen, sichtbar. Strukturelle Diskriminierung ist in den gesamtgesellschaftlichen Strukturen, z. B. bei der unterschiedlichen Bezahlung der gleichen Arbeit, zu sehen. Die gesellschaftlich-kulturelle Form der Diskriminierung findet sich in den Medien oder auch in der Sprache. In der Fachliteratur unterscheidet man zwischen mittelbarer und unmittelbarer Diskriminierung (vgl. Sacksofsky 2010). Mittelbare Diskriminierung liegt vor, wenn eine neutral wirkende Maßnahme bestimmte Gruppen benachteiligt. Über unmittelbare Diskriminierung wird dann gesprochen, wenn eine Person aufgrund eines zugeschriebenen Merkmals (z. B. Geschlecht, ethnische Zugehörigkeit etc.) in einer vergleichbaren Situation eine weniger günstige Behandlung als eine andere Person erfährt.

Unter positiver Diskriminierung (engl. „affirmative action") wird die bewusste Bevorzugung von Mitgliedern einer Gruppe zum Ausgleich bestehender Nachteile verstanden (z. B. Quotenregelungen bei der Einstellung von Frauen in Führungspositionen oder die bevorzugte Behandlung bei gleicher Eignung von Menschen mit Behinderung im Bewerbungsverfahren).

In modernen Gesellschaften existiert die sog. Mehrfachdiskriminierung, auch intersektionelle Diskriminierung genannt. Die Bezeichnung kommt vom englischen Wort „intersection", zu Deutsch „Kreuzung". Mit diesem Begriff werden gleichzeitige und sich dadurch verstärkende Benachteiligungen bezeichnet, die eine Person aufgrund ihrer Zugehörigkeit zu verschiedenen negativ markierten Gruppen erleidet.

Die zeitgenössischen Diskurse über Diskriminierung lassen sich in drei Kategorien einteilen: zivilgesellschaftlich-aktivistische, akademisch-analytische und juristische Diskurse. Der juristische Diskurs definiert nur die Fälle als Diskriminierung, die in nationalen gesetzlichen Normen oder in der Rechtsprechung kodifiziert sind.

Zivilgesellschaftlich-aktivistische Definitionen sind solche, die das Spektrum des Diskriminierungskonzepts kontinuierlich erweitern. Durch sie werden neue Probleme und Fälle öffentlich als diskriminierend thematisiert. Ziel des zivilgesellschaftlich-aktivistischen Diskurses ist es, nicht nur die gesellschaftliche Aufmerksamkeit auf bestimmte Formen der Ungleichbehandlung zu lenken, sondern auch eine rechtliche Fixierung dieser Formen zu erreichen, sie zum Bestandteil des geltenden Rechts zu machen und dadurch den Umfang des Diskriminierungsbegriffs zu erweitern.

Im breiten Spektrum zwischen den aktivistischen und juristischen Positionen lassen sich die zahlreichen und oft disparaten akademischen Definitionen des Begriffs Diskriminierung verorten. Fasst man sie zusammen, so stellt man fest, dass sie mehrere Kriterien zur Bestimmung seiner Spezifika betonen.

An erster Stelle sind die Historizität und die Kontextualität zu nennen. Das begriffliche Verständnis von Diskriminierung selbst ist ein Produkt bestimmter sozialer und politischer Entwicklungen und damit bestimmter Gesellschaften. Wann und wie beginnt eine Handlung, im öffentlichen Diskurs, in der Gesetzgebung oder in den akademischen Analysen als Diskriminierung betrachtet und behandelt zu werden? Die Bedeutung der europäischen Moderne ist zentral für die Entstehung und Institutionalisierung von Ideen der Menschenrechte, der individuellen Würde und der Meritokratie, d. h. des Verständnisses, dass der Zugang zu Gütern das Ergebnis eigener Anstrengungen und nicht ererbter aristokratischer Rechte sein muss.

Die Feststellung der historischen und kontextuellen Bindung des Diskriminierungsbegriffs wirft wichtige Fragen auf. Wenn wir akzeptieren, dass es methodisch falsch ist, andere Epochen (z. B. das europäische Mittelalter) mit den heutigen Maßstäben von Diskriminierung zu messen, was gibt uns dann das Recht, andere zeitgenössische Gesellschaften (z. B. Afghanistan) mit diesem Maßstab zu beurteilen?

Diskriminierung in ihrer Geschichtlichkeit und Kontextualität zu denken, ermöglicht es uns, unterschiedliche gesellschaftliche Bedingungen und die sich dementsprechend verändernden Erscheinungsformen von Diskriminierung zu berücksichtigen – die Merkmale zu sehen, die weiterhin diskriminierend sind, aber in veränderter Form, oder die nicht mehr als diskriminierend angesehen werden.

Die Geschichte Europas ist geprägt von höchst langwierigen und grausamen Religionskriegen. Heute sind aber nicht nur Eheschließungen zwischen Katholiken und Protestanten möglich, sondern auch der freiwillige Wechsel der Religionszugehörigkeit oder der freiwillige Verzicht auf die Zugehörigkeit zu einer bestimmten Religion. In säkularen oder pluralistischen Gesellschaften, in denen der Wechsel der Religionszugehörigkeit ohne Sanktionen möglich ist, ist die Diskriminierung aufgrund der Religionszugehörigkeit die Ausnahme von der Regel.

An zweiter Stelle ist die Gruppenzugehörigkeit der diskriminierten Personen zu nennen. Die Diskriminierung, auch wenn sie sich auf individueller Ebene gegen eine bestimmte Person richtet, ist immer mit der Zuordnung des diskriminierten Individuums zu einer bestimmten, negativ markierten Gruppe verbunden. Eine Person wird als Teil einer Gruppe diskriminiert, der sie tatsächlich oder imaginär angehört. Opfer von fremdenfeindlicher, rassistischer oder homophober Gewalt sind in der Regel diejenigen, die anders zu sein scheinen, unabhängig davon, ob sie tatsächlich oder rechtlich anders sind. Der Kern der Diskriminierung ist die Sichtbarkeit von Unterschieden.

Diskriminierung ist eine Ungleichbehandlung. Doch nicht jede Ungleichbehandlung ist eine Diskriminierung: Die Einschränkungen von Rechten im Kindesalter (Wahlverbot, Arbeitsverbot, Alkohol- und Zigarettenverbot usw.) werden nicht als diskriminierend angesehen. Kindheit ist in der modernen Gesellschaft eine besondere Lebensphase, Kinder brauchen eine andere Behandlung, die im Grunde einen besonderen Schutz darstellt. Das soll nicht heißen, dass die Begriffe Kindheit und Kinderschutz nicht gesellschaftlich geprägt und variabel sind. In einigen modernen Gesellschaften endet die Kindheit mit 18 Jahren (z. B. EU), in anderen hingegen mit 21 Jahren (z. B. USA), und in wieder anderen gibt es sie in der Alltagspraxis nicht, auch wenn sie gesetzlich verankert sein mögen (z. B. Länder des globalen Südens).

Wenn Menschen mit unterschiedlichen Qualifikationen auf dem Arbeitsmarkt unterschiedlich behandelt werden, ist das keine Diskriminierung. Wenn jedoch zwei Menschen mit den gleichen Qualifikationen aufgrund ihrer unterschiedlichen ethnischen, religiösen, geschlechtlichen oder sexuellen Identität unterschiedlich behandelt werden, ist das eindeutig eine Diskriminierung.

4. „Multikulturalismus" vs. „Leitkultur"

Einer der einflussreichsten Ansätze in der Debatte ist die Perspektive des Multikulturalismus. Der Begriff Multikulturalismus ist nicht einheitlich definiert worden. Eine der Definitionen beschreibt lediglich die Tatsache, dass die modernen Gesellschaften sich zu Migrationsgesellschaften entwickeln und infolgedessen aus unterschiedlichen ethnischen kulturellen und religiösen Gruppen bestehen. Insbesondere in Ländern wie Kanada oder der Schweiz ist diese Vielzahl der ethnischen Gruppen auch durch eine sprachliche Vielfalt ergänzt worden. In Ländern wie den USA, Kanada oder Australien stellen Migration und die daraus folgende Pluralität der ethnischen, religiösen oder alltäglichen Bräuche, Sitten und Werte die Essenz dieser Gesellschaften dar. Diese Pluralisierung der Gesellschaften wird durch den Begriff „Superdiversity" zusammengefasst (vgl. Vertovec 2023). Er bedeutet, dass die modernen Gesellschaften immer diverser werden und selbst die Migrant*innencommunitys nicht homogen sind, sondern in ihren Rahmen ethnische, religiöse, soziale, aufenthaltsrechtliche usw. Besonderheiten existieren.

Neben dieser sozialdemografischen Sichtweise ist auch die philosophische Perspektive zu nennen. Philosophische Ansätze zum Multikulturalismus diskutieren die Fundamente des Zusammenlebens in den modernen Gesellschaften. Themen wie Identität oder Anerkennung stehen im Mittelpunkt der Analysen. Diese Perspektive wird vor allem vom kanadischen Philosophen Charles Taylor in seinem Werk „Multikulturalismus und die Politik der Anerkennung" (2009) verkörpert. Kernproblem seiner Studien ist die Möglichkeit der gleichzeitigen Anerkennung kultureller Besonderheiten und Forderung nach gemeinschaftlichem Zusammenleben in einer pluralen Gesellschaft. Nach Taylor sind die Menschen, um ihre

Identität zu formen, an die Anerkennung der signifikanten Anderen gebunden. Wird dies missachtet, kann es zu einer Beschädigung der Persönlichkeit kommen.

Während der Kolonialzeit war jedoch die Praxis etabliert, davon auszugehen, dass höher und minder entwickelte Kulturen existieren. Die westeuropäische Kultur galt als hochwertig und anerkennungswürdig, andere, nichteuropäische Kulturen galten als minderwertig und nicht anerkennungswürdig.

In einer Gesellschaft, in der mehrere Kulturen nebeneinander existieren, besteht allerdings die Notwendigkeit, dass alle Kulturen anerkannt werden. Der Ansatz des Multikulturalismus betont die Gleichwertigkeit aller Kulturen – die einzelnen Kulturen sind nicht hierarchisierbar. Der Einzelne darf die ihm fremde Kultur nicht mit der eigenen Kultur messen. Dabei ist diese Gleichwertigkeit nicht automatisch gegeben. Die Vertreter der einzelnen Kulturen müssten kämpfen, damit sie als gleichwertig anerkannt werden. Die Anerkennung bezieht sich nicht nur auf die Würde des Menschen, sondern auch auf die Besonderheiten der einzelnen Kulturen. Dies definiert Taylor als eine Kernaufgabe der multikulturellen Gesellschaften: Keine gesellschaftliche Integration ist ohne Anerkennung möglich. Dabei geht es an erster Stelle um die institutionelle Anerkennung. So erhalten seit 1971 in Kanada alle kulturellen Minderheiten staatliche Unterstützung, um ihre Kultur zu bewahren und zu pflegen. Das Ziel dieser Politik ist es, Barrieren abzuschaffen, damit alle das Recht auf Teilhabe an der Gesellschaft haben. Der Staat fördert den kulturellen Austausch, das Erlernen von Englisch oder Französisch und von verschiedenen ethnischen Sprachen.

An dritter Stelle ist der Multikulturalismus als praktische Verwirklichung in der Politik der einzelnen Gesellschaften zu nennen. Multikulturalismus wird dann in die Tat umgesetzt, wenn mehrere gleichwertige Kulturen in einer Gesellschaft existieren, die sich gegenseitig als gleichwertig anerkennen. Durch die Forschung wird die praktische Verwirklichung des Multikulturalismus analysiert. In Studien werden verschiedene Indikatoren gebildet, durch die festgestellt werden soll, inwieweit die Gesetze und die politischen Praktiken in einem Land im Einklang mit der Idee der Anerkennung stehen. Es wird die Rechtssituation verschiedener Minderheitengruppen wie ethnischer und religiöser Gemeinschaften oder auch sexueller Minderheiten analysiert. Es wird durchleuchtet, wie Lehrpläne für die allgemeinbildenden Schulen erstellt werden und wie insgesamt Bildung im Sinne der Anerkennung verschiedener Kulturen in einer multikulturellen Gesellschaft funktioniert. Themen wie die Berechtigung, die doppelte Staatsbürgerschaft zu führen, werden auch bei der Analyse der praktischen Verwirklichung der Politik der Anerkennung berücksichtigt.

Der multikulturelle Ansatz wird vor allem deswegen kritisiert, da durch die gegenseitige Anerkennung der einzelnen Kulturen keine gemeinsame Kultur mit verbindlichen Normen entstehe. Dadurch würde sich die Gesellschaft fragmentieren und die einzelnen ethnischen Gruppen in der Gesellschaft würden voneinander abgetrennt bleiben (vgl. Schirilla 2013). Sie haben das Recht, ihre Kultur zu bewahren, sie bleiben aber in „ihrer" Kultur verhaftet.

Kritisiert wird auch die Verwendung des Kulturbegriffs. Insbesondere aus soziologischer Perspektive gilt nicht die Kultur einer Person, sondern der soziale Status als entscheidend für die Positionierung eines Individuums in der Gesellschaft. Die überdimensionale Interpretation der Bedeutung der Kultur kann sogar als rassistisch ausgelegt werden (vgl. Bauer 2019).

Ein anderer Ansatz, der aus einer konservativen Position in zahlreichen westlichen Gesellschaften entwickelt wird, ist die Perspektive der Leitkultur. Sie betont die Bedeutung der christlichen Werte für die europäische Zivilisation und sieht diese Werte durch die Zuwanderung von Menschen anderer Religionen als bedroht. Die konservative Position hinterfragt die Werte des Multikulturalismus. Zu ihren Vertretern gehören unter anderem Samuel Huntington mit seinem Buch „Kampf der Kulturen" (1998), aber auch Bassam Tibi, der eine europäische Leitkultur als Gegenpol des Multikulturalismus ablehnt (vgl. Tibi 1998). Aus der konservativen Position wird kritisiert, dass der Multikulturalismus zu einem Kulturrelativismus und zu einer feindseligen Einstellung gegenüber der eigenen Kultur führe. Der Ansatz der Leitkultur kollidiert mit der Selbstkritik der europäischen Zivilisation, mit den rassismuskritischen, postkolonialen und dekolonialen Perspektiven. In diesem Kontext wird auch der Begriff „cancel culture" etabliert und verwendet (vgl. Tandoc et al. 2024). Damit ist gemeint, dass eine Kultur, konkret die Kultur der weißen Europäer*innen, sich durch die eigene Relativierung selbst bedroht und zerstört. Es wird auch die Praxis des Multikulturalismus kritisiert, die angeblich zur Bildung von Parallelgesellschaften in den westeuropäischen Gesellschaften führe. Dabei ist zu vermerken, dass der Begriff Parallelgesellschaften in der sozialwissenschaftlichen Forschung umstritten ist. Grund dafür ist, dass die Bezeichnung eine willentliche und absichtliche Separation der Minderheiten von der Mehrheitsgesellschaft suggeriert. Beim Begriff findet eine Schuldzuweisung an die Adresse der Migrant*innen statt, die für die Bildung dieser Gesellschaften verantwortlich gemacht werden.

Hingegen ist aus soziologischer Sicht der Begriff Segregation viel präziser – bei ihm findet eine Analyse der Ursachen statt, die zur Bildung von Wohnvierteln, die segregiert sind, führen. Eine umfassende Verständigung über den Begriff Parallelgesellschaften gibt es nicht. Man kann auf die Definition von Thomas Mayer von 2002 zurückgreifen, die die Existenz von Parallelgesellschaften mit der kompletten Verdopplung der mehrheitsgesellschaftlichen Institutionen bestimmt. Es ist fraglich, ob nach dieser Definition überhaupt Parallelgesellschaften existieren. In der Regel gibt es Ergänzungen von Institutionen, die zuvor gar nicht vorhanden waren, z. B. religiöse Einrichtungen, kulturelle Einrichtungen oder bestimmte Mediennutzungen.

Es stellt sich die Frage, ob der Begriff Leitkultur überhaupt präzise gefasst werden kann. Es handelt sich weniger um einen wissenschaftlichen, sondern um einen politisch motivierten Begriff. Es wird unterstellt, dass die europäischen Gesellschaften eine gemeinsame Kultur haben, die sich klar von den Kulturen in anderen Kontinenten unterscheidet. Die europäische Kultur wird durch die christlich-jüdische Tradition geprägt, und alle anderen Religionen werden dadurch als nicht zugehörig zu Europa abgegrenzt. Das ist insbesondere im Hinblick auf die hohe

Anzahl muslimischer Migrant*innen in Europa, aber auch im Kontext der historischen Rolle der muslimisch geprägten Herrschaften, wie die des Osmanischen Reichs auf dem Balkan oder die der Mauren auf der Iberischen Halbinsel, problematisch. Es kommt hinzu, dass viele Migrant*innen muslimischen Glaubens in Europa geboren und sozialisiert worden sind.

Ein Fundament der Leitkultur sollen die Verfassungen sein. In diesen sind die Werte der europäischen Gesellschaften verankert. Allerdings sind große Unterschiede zwischen den europäischen Verfassungen festzustellen. So wird z. B. in einigen Ländern wie Griechenland das Christentum als eine dominierende Religion bewertet, in Frankreich wird hingegen der Laizismus in der Verfassung verankert, in Deutschland existiert keine Staatskirche, allerdings ist es in der Praxis ein christlich geprägtes Land (siehe z. B. die offiziellen Feiertage). Die Diskussionen über die Leitkultur sind auch im Kontext der möglichen Aufnahme der Staaten des West-Balkans wie Albanien, Kosovo und Bosnien-Herzegowina in der Europäischen Union ein wichtiges Thema, da diese Länder vorwiegend muslimisch sind.

5. Strategien zur Überwindung der Ausgrenzung: Diversity Management und interkulturelle Trainings

Die zunehmende Heterogenität stellt die modernen Gesellschaften vor die Herausforderung, mit der ethnischen, religiösen, sexuellen oder sozialen Vielfalt umzugehen. Die Frage nach dem Umgang mit Diversität ist ein Schlüsselthema für die Existenz der modernen Gesellschaften. Seit den 1990er-Jahren etabliert sich im Zuge der Globalisierung und der zunehmenden Migrationsbewegungen eine Richtung der Sozialwissenschaften, die sich als Diversity Management bezeichnet. Ihre Ursprünge sind in der Bürgerrechtsbewegung der USA zu finden. In ihrem Kern ist sie antirassistisch und politisch. Ziel von Diversity Management ist es, die Diskriminierungs- und Benachteiligungspraktiken in den modernen Gesellschaften aufzudecken und einen Beitrag zu ihrer Überwindung zu leisten. Eine weitere Aufgabe ist mit der Verwirklichung eines diskriminierungsfreien Zusammenlebens von Menschen unterschiedlicher Merkmale wie Alter, Behinderung, ethnische Zugehörigkeit, Geschlecht, Religion oder sexuelle Orientierung verbunden.

Die Weiterentwicklung von Diversity Management erfolgte in den Unternehmen der globalen Wirtschaft (vgl. Fischer 2007). Im Zuge der Globalisierung der 1990er-Jahre entsandten viele europäische und US-amerikanische Unternehmen Mitarbeiter*innen ins Ausland, um dort neue Filialen oder Vertretungen zu gründen und die unternehmerische Expansion vor Ort zu betreiben. Ein weiteres wirtschaftliches Ziel von Diversity Management war es, die Gewinnung und Bindung internationaler Fachkräfte in den europäischen Gesellschaften zu erleichtern und zu fördern. Diversity Management etablierte sich zu Beginn des 21. Jahrhunderts als ein Instrument der Personalgewinnung und Bindung. Durch die Implementierung von Diversity Management wurden in den globalen Unternehmenskulturen die Nutzung von merkmalneutraler Sprache, mehrsprachigen Anwerbekampagnen und kulturell sensiblen Anwerbungsverfahren etabliert. Durch verbesserte Arbeitsatmosphäre sollte die Stärkung der Organisationsstrukturen bewirkt werden. In den Unternehmen wurden interkulturelle Trainings angeboten, um interkulturelle Missverständnisse und Konflikte am Arbeitsplatz zu verringern. Interkulturelle Trainings wurden auch den Mitarbeiter*innen angeboten, die im Außendienst tätig waren. Somit sollten Handelsgespräche und die unternehmerische Expansion ins Ausland gefördert werden.

In Deutschland erfolgte die Etablierung von Diversity Management in der Wirtschaft im Rahmen der sog. Charta der Vielfalt, die im Jahr 2010 von der damaligen Staatsministerin Maria Böhmer verabschiedet wurde (vgl. Charta der Vielfalt 2010). Es handelt sich um eine Unternehmensinitiative zur Förderung von Vielfalt in der Wirtschaft. Die Charta der Vielfalt wurde von Tausenden Unternehmen unterzeichnet. Die Diversity-Initiative wurde auch für den öffentlichen Dienst übernommen. Interkulturelle Fortbildungen und Trainings verschiedener Organisationen der Verwaltung, der Polizei, Justiz, Bildung oder Gesundheit werden angeboten. Auch im Bereich der Medien wird das Thema Diversity in den Fokus genommen. In den letzten Jahren wird auch der Umfang der Thematik ausgeweitet – zum Thema Diversity gehören auch Aspekte des Gender Mainstreaming, der interkulturellen Öffnung sowie der Arbeit mit Menschen mit Behinderung und der Inklusion.

Diversity Management wird auch kritisch bewertet. Insbesondere die interkulturellen Trainings laufen Gefahr, rassistische Denk- und Handlungsmuster zu reproduzieren, obwohl sie das Ziel haben, diese abzubauen. Es wird kritisiert, dass die interkulturelle Arbeit primär die Kultur als Grundlage der Vielfalt sieht. Im Rahmen der interkulturellen Trainings werden die Teilnehmenden je nach kultureller Zugehörigkeit gruppiert und typologisiert. Die interkulturellen Trainings suggerieren, dass kulturspezifische Handlungs- und Denkweisen existieren, die geübt und erlernt werden können. Die sozialen Unterschiede werden als kulturspezifisch gesehen. Aus der Perspektive der Soziologie stellt sich allerdings die Frage, ob es überhaupt Kulturen gibt, nach denen sich die Menschen auf der Welt unterscheiden. Vielmehr spielen soziale Faktoren und nicht die Zugehörigkeit zu einer Kultur eine wichtige Rolle für die unterschiedlichen Handlungsmuster, die in jeder Gesellschaft vertreten sind. In diesem Sinne ist die Möglichkeit, die für eine Kultur „richtigen" Handlungs- und Benimmformeln zu erlernen, fraglich. In einigen wird diese spezifische Kulturalisierung sogar als eine neue Form des Rassismus angesehen. Auch wenn die Organisator*innen von interkulturellen Trainings keine Rassist*innen sein mögen, ist ihre Vorgehensweise sowie das Konzept der Kulturalisierung der Menschen und ihrer Handlungen aus einer rassismuskritischen Perspektive zu hinterfragen (vgl. Genkova 2020).

Jenseits der juristischen Paragrafen und soziologischen Definitionen zeigt uns die gesellschaftliche Wirklichkeit, wie verbreitet soziale Ablehnung und Ausgrenzung sind. Einerseits brauchen wir präzise Begriffe, die es uns ermöglichen, die Probleme des Zusammenlebens in einer Welt zunehmender Heterogenität in ihrer Strukturiertheit und Komplexität zu denken. Andererseits brauchen wir auch ein Gespür für die historische Veränderbarkeit und Kontextualität der Problematik. Über die Entwicklung präziser Konzepte hinaus ist es wichtig, eine zivilgesellschaftliche Sensibilität für diskriminierende, rassistische und fremdenfeindliche Praktiken sowie Empathie für diese Formen der Ausgrenzung zu entwickeln.

> **Diskussionsfragen**
>
> 1. Können Menschen aufgrund ihrer Augenfarbe diskriminiert werden? Warum? Kommentieren Sie den Dokumentarfilm „A Class Divided".
> 2. Was sind die Besonderheiten des Konzepts der „gruppenbezogenen Menschenfeindlichkeit"?
> 3. Stellen Sie unterschiedliche Formen der Diskriminierung dar und erörtern Sie die Relevanz, die diese in unterschiedlichen europäischen Gesellschaften haben.
> 4. Setzen Sie sich mit der Position auseinander, wonach der Einsatz für Menschenrechte und Menschenwürde problematisch im Sinne eines Eurozentrismus sein kann?
> 5. Worauf bezieht sich die Kritik am Kulturbegriff und an interkulturellen Trainings?
> 6. Welche Vorteile bringt eine diverse Gesellschaft mit sich, und wie kann Rassismus diese Vorteile untergraben?
> 7. Welche Best Practices zur Bekämpfung von Rassismus in der Migrationsgesellschaft kennen Sie?

Literaturtipps

Benz, Wolfgang (2021): Alltagsrassismus – Feindschaft gegen „Fremde" und „Andere". 2., aktualisierte Auflage, Frankfurt am Main: Wochenschau Verlag.
Mittertrainer, Mina/Oldemeier, Kerstin/Thiessen, Barbara (Hrsg.) (2023): Diversität und Diskriminierung – Analyse und Konzepte, Wiesbaden: Springer VS.
Scherr, Alber/Gökcen, Yüksel/El-Mafaalani, Aladin (Hrsg.) (2017): Handbuch Diskriminierung, Wiesbaden: Springer VS.
Tiedemann, Markus (Hrsg.) (2020): Migration, Menschenrechte, Rassismus – Herausforderungen ethischer Bildung, Paderborn: Brill Ferdinand Schöningh.
Wansing, Gudrun/Westphal, Manuela (2014): Behinderung und Migration – Inklusion, Diversität, Intersektionalität, Wiesbaden: Springer VS.

Literaturverzeichnis

Aigner, Petra (2017): Migrationssoziologie. Eine Einführung, Wiesbaden: Springer.
Albrecht, Hans-Jörg (2019): Migration, Flucht und Kriminalität. In: Recht der Jugend und des Bildungswesens, 66. Jg., Nr. 4, S. 378–381.
Alisch, Monika (2018): Sozialräumliche Segregation: Ursachen und Folgen. In: Huster, Ernst-Ulrich/Boeckh, Jürgen/Mogge-Grotjahn, Hildegard (Hrsg.): Handbuch Armut und soziale Ausgrenzung, Wiesbaden: Springer VS.
Allmendinger, Jutta (2020): Zurück in alte Rollen. Corona bedroht die Geschlechtergerechtigkeit. In: WZB Mitteilungen Heft 168, Juni 2020. bibliothek.wzb.eu/artikel/2020/f-23092.pdf (27.08.2024).
Allmendinger, Jutta (2022): Auf dem Rücken der Frauen. In: Zeit Online 01.03.2022. www.zeit.de/gesellschaft/2022-02/corona-gleichstellung-studien-frauen-geschlechterrollen, 27.08.2024.
Ambrosini, Mauricio/Hajer, Minke H. J. (2023): Defining and Explaining Irregular Migration. In: Irregular Migration. IMISCOE Research Series, Cham: Springer. www.doi.org/10.1007/978-3-031-30838-3_2.
Anderson, Benedict (1988): Die Erfindung der Nation. Zur Karriere eines folgenreichen Konzepts, Frankfurt am Main: Campus.
Apolinarski, Beate/Brandt, Tasso (2018): Ausländische Studierende in Deutschland. Ergebnisse der Befragung bildungsausländischer Studierender im Rahmen der 21. Sozialerhebung des Deutschen Studentenwerks, durchgeführt vom Deutschen Zentrum für Hochschul- und Wissenschaftsforschung, Berlin: BMBF.
ARD/ZDF (2007): Migranten und Medien. www.ard-media.de/media-perspektiven/publikationsarchiv/2007/artikel/migranten-und-medien-2007 (12.09.2024).
ARD/ZDF (2011): Migranten und Medien 2011. Neue Erkenntnisse über Mediennutzung, Erwartungen und Einstellungen von Menschen mit Migrationshintergrund in Deutschland. www1.wdr.de/unternehmen/der-wdr/migranten-und-medien100.pdf (12.09.2024).
Arnold, Karl-Heinz/Bos, Wilfried/Richert, Peggy/Stubbe, Tobias C. (2007): Schullaufbahnpräferenzen am Ende der vierten Klassenstufe. In: Bos, Wilfried/Hornberg, Sabine/Arnold, Karl-Heinz/Faust, Gabriele/Fried, Lilian/Lankes, Eva-Maria/Schwippert, Knut/Valtin, Renate (Hrsg.): IGLU 2006. Lesekompetenzen von Grundschulkindern in Deutschland im internationalen Vergleich. Münster: Waxmann, S. 271–297.
Atanisev, Kaan/Haverkamp, Rita/Kunkel, Fynn/Müller, Anne (2019): Migration und Kriminalität. Eine Analyse auf Bundesebene, Überblick der Dunkelfeldforschung und Kriminalitätstheorien, Migration und Sicherheit in der Stadt. In: Working Paper, 2019, Nr. 2. www.migsst.de/onewebmedia/Atanisev%20et%20al._Migration%20und%20Kriminalität.pdf (11.09.2024).
Ates, Seyran (2007): Der Multikulti-Irrtum. Wie wir in Deutschland besser zusammenleben können, Berlin: Ullstein.
Aufenthaltsgesetz. Gesetz über den Aufenthalt, die Erwerbstätigkeit und die Integration von Ausländern im Bundesgebiet. www.gesetze-im-internet.de/aufenthg_2004/BJNR195010004.html#BJNR195010004BJNG000601310 (13.08.2024).
Aulenbacher, Brigitte/Leiblfinger, Michael/Prieler, Veronika (2021): Anforderungen und Ansprüche in der Live-in-Betreuung. Oder: „… ab und zu denken wir uns, das ist eigentliche unmöglich". In: Aulenbacher, Brigitte/Lutz, Helma/Schwiter, Karin (Hrsg.): Gute Sorge ohne gute Arbeit. Live-in-Care in Deutschland, Österreich und der Schweiz, Weinheim und Basel: Beltz Juventa, S. 147–171.
Auswärtiges Amt. Deutsche Vertretungen in den USA (o. J.): Verlust der deutschen Staatsangehörigkeit. www.germany.info/us-de/service/staatsangehoerigkeit/verlust-der-deutschen-staatsangehoerigkeit/1216794 (19.08.2024).
Babka von Gostomski, Christian (2003): Gewalt als Reaktion auf Anerkennungsdefizite? Eine Analyse bei männlichen deutschen, türkischen und Aussiedler-Jugendlichen mit dem

IKG-Jugendpanel 2001. In: Kölner Zeitschrift für Soziologie und Sozialpsychologie, 55 (2), S. 253–277.

Bade, Klaus (1983): Vom Auswanderungsland zum Einwanderungsland? Deutschland 1880–1980. Colloquium, Berlin 1983.

Bade, Klaus (1994): Homo Migrans – Wanderungen aus und nach Deutschland: Erfahrungen und Fragen, Essen: Klartext.

Bade, Klaus (2017): Migration – Flucht – Integration. Kritische Politikbegleitung von der „Gastarbeiterfrage" bis zur „Flüchtlingskrise". Erinnerungen und Beiträge, Karlsruhe: Von Loeper Literaturverlag.

Bade, Klaus (2018): Historische Migrationsforschung: eine autobiografische Perspektive, Köln: GESIS.

Baier, Dirk/Kliem, Sören (2019): Entwicklungstrends der Jugendgewalt in Deutschland im Hell- und Dunkelfeld. In: Zeitschrift für Jugendkriminalrecht und Jugendhilfe 2/2019, S. 104–113.

Baier, Dirk/Pfeiffer, Christian/Rabold, Susann/Simonson, Julia/Kappes, Cathleen (2010): Kinder und Jugendliche in Deutschland: Gewalterfahrungen, Integration, Medienkonsum. Zweiter Bericht zum gemeinsamen Forschungsprojekt des Bundesministeriums des Innern und des KFN. KFN Forschungsbericht 109, Hannover.

Baier, Dirk/Pfeiffer, Christian/Rabold, Susann/Simonson, Julia/Kappes, Cathleen (2009): Jugendliche in Deutschland als Täter und Opfer von Gewalt. Erster Bericht zum gemeinsamen Forschungsprojekt des Bundesministeriums des Innern und des KFN. KFN-Forschungsbericht 107, Hannover.

Baldassar, Loretta (2007): Transnational families and aged care: The mobility of care and the migrancy of ageing. In: Journal of Ethnic and Migration Studies 33, H 2, S. 275–297.

Baldassar, Loretta/Merla, Laura (2013): Locating transnational care circulation in migration and family studies. In: Baldassar, Loretta/Merla, Laura (Hrsg.): Transnational families, migration and the circulation of care. Understanding mobility and absence in family life, New York: Routledge, S. 25–58.

Baldock, Cora V. (2000): Migrants and their parents: Caregiving from a distance. Journal of Family Issues 21, H 2, S. 205–224.

Bales, Kevin/Cornell, Becky (2008): Moderne Sklaverei, Hildesheim: Gerstenberg Verlag.

Balibar, Etienne/Wallerstein, Immanuel (1990): Rasse Klasse Nation. Ambivalente Identitäten, Hamburg: Argument.

BAMF (o. J.): Bevölkerung mit Migrationshintergrund/Einwanderungsgeschichte in Deutschland. www.bamf.de/DE/Themen/Forschung/Veroeffentlichungen/Migrationsbericht2022/PersonenMigrationshintergrund/personenmigrationshintergrund-node.html#:~:text=%22Eine%20Person%20hat%20einen%20Migrationshintergrund,Staatsangehörigkeit%20nicht%20durch%20Geburt%20besitzt.%22 (02.10.2024).

Barakat, Alain/Şat, Sebahat (2020): Ernährung und Migration. Der Diabetologe, 16. Jg., Nr. 8, S. 705–715.

Bartig, Susanne/Koschollek, Carmen/Bug, Marleen/Blume, Miriam/Kajikhina, Katja/Geerlings, Julia/Starker, Anne/Hapke, Ulfert/Rommel, Alexander/Hövener, Claudia (2023): Gesundheit von Menschen mit ausgewählten Staatsangehörigkeiten in Deutschland: Ergebnisse der Studie GEDA Fokus. In: J Health Monit 8, H. 1, S. 7–35.

Bauder, Harald (2008): Citizenship as Capital: The Distinction of Migrant Labor. In: Alternatives 33 (3), S. 315–333.

Bauer, Benjamin (2019): Kultur und Rasse. Determinismus und Kollektivismus als Elemente rassistischen und kulturalistischen Denkens. In: Berliner Debatte Initial. 30. Jg., Nr. 1, S. 15–26.

Baykara-Krumme, Helen/Vogel, Claudia (2020): Altern im Migrationskontext. In: Schroeter, Klaus R./Vogel, Claudia/Künemund, Harald (Hrsg.): Handbuch Soziologie des Alter(n)s, Wiesbaden: Springer Fachmedien, S. 255–287.

Literaturverzeichnis

Beck, Ralf Uwe/Töpfer, Klaus/Zahrnt, Angelika (2022): Flucht: Ursachen bekämpfen, Flüchtlinge schützen. Plädoyer für eine humane Politik, München: Oekom.

Beck, Ulrich/Grande, Edgar (2010): Jenseits des methodologischen Nationalismus. Außereuropäische und europäische Variationen der Zweiten Moderne. In: Soziale Welt 61 (3–4), S. 187–216.

Beck, Ulrich/Poferl, Angelika (Hrsg.) (2010): Große Armut, großer Reichtum. Zur Transnationalisierung sozialer Ungleichheit, Berlin: Suhrkamp.

Becker, Peter E. (1990): Sozialdarwinismus, Rassismus, Antisemitismus und völkischer Gedanke, Stuttgart: Georg Thieme Verlag.

Benazha, Aranka Vanessa (2021): Alles rechtens? Rechtliche Rahmenbedingungen der Live-in-Betreuung in Deutschland. In: Aulenbacher, Brigitte/Lutz, Helma/Schwiter, Karin (Hrsg.): Gute Sorge ohne gute Arbeit. Live-in-Care in Deutschland, Österreich und der Schweiz, Weinheim und Basel: Beltz Juventa, S. 46–65.

Bereswill, Mechthild/Neuber, Anke (2018): Jugendkriminalität und Männlichkeit. In: Handbuch Jugendkriminalität, Wiesbaden: Springer VS, S. 357–374.

BKA (o. J.): Schengener Abkommen. www.bka.de/DE/UnsereAufgaben/Aufgabenbereiche/InternationaleFunktion/SchengenerAbkommen/schengenerAbkommen_node.html (04.09.2024).

Blanke, Bernhardt (1993): „Schnell entscheiden, rasch abschieben". Zur Kommunikationsstruktur der Asyldebatte. In: Blanke, Bernhardt (Hrsg.): Zuwanderung und Asyl in der Konkurrenzgesellschaft, Wiesbaden: VS Verlag für Sozialwissenschaften. www.doi.org/10.1007/978-3-322-96016-0_1.

Bliesener, Thomas (2018): Ausländer- und Zuwandererkriminalität. Expertise im Auftrag des Sachverständigenrats für Integration und Migration für das SVR-Jahresgutachten 2024, Hannover.

Bliesener, Thomas (2023): Ausländer- und Zuwandererkriminalität. Expertise im Auftrag des Sachverständigenrats für Integration und Migration für das SVR-Jahresgutachten 2024, Hannover.

BMI. Bundesministerium des Inneren und für Heimat (2024 a): „Polizeiliche Kriminalstatistik 2023". www.bmi.bund.de/SharedDocs/downloads/DE/publikationen/themen/sicherheit/pks-2023.pdf?__blob=publicationFile&v=3#page=40 (10.09.2024).

BMI. Bundesministerium des Inneren und für Heimat (2024b): Verfassungsschutzbericht 2023. Berlin: BMI.

Boatcă, Manuela (2017): Kapital aus Staatsbürgerschaft und die globale Strukturierung des Nationalen. In: Bude, Heinz/Staab, Philipp (Hrsg.): Kapitalismus und Ungleichheit. Die neuen Verwerfungen, Frankfurt am Main, New York: Campus Verlag, S. 137–153.

Body-Gendrot, Sophie/de Wenden, Catherine W. (2014): Visible Minorities: Citizenship and Discrimination. In: Policing the Inner City in France, Britain, and the US. Europe in Crisis, New York: Palgrave Pivot. doi.org/10.1057/9781137428004_3.

Bohn, Cornelia (2005): Die Medien der Gesellschaft. In: Jäckel, Michael (Hrsg.): Mediensoziologie, Wiesbaden: VS Verlag für Sozialwissenschaften. doi.org/10.1007/978-3-322-80675-8_22.

Bohnsack, Ralf (2002): Die Ehre des Mannes – Orientierung am tradierten Habitus zwischen Identifikation und Distanz bei Jugendlichen türkischer Herkunft. In: Kraul, Margret/Marotzki, Wienfried (Hrsg.): Biographische Arbeit. Perspektiven erziehungswissenschaftlicher Biografieforschung, Opladen: Westdeutscher Verlag.

Boos-Nünning, Ursula (2010): Berufliche Bildung von Migrantinnen und Migranten. Ein vernachlässigtes Potenzial für Wirtschaft und Gesellschaft. In: Hentges, Gudrun/Hinnenkamp, Volker/Zwengel, Almut (Hrsg.): Migrations- und Integrationsforschung in der Diskussion. Wiesbaden: VS Verlag für Sozialwissenschaften. www.doi.org/10.1007/978-3-531-92220-1_10.

Boos-Nünning, Ursula/Yasemin Karakaşoğlu (2005): Viele Welten leben. Zur Lebenssituation von Mädchen und jungen Frauen mit Migrationshintergrund, Münster: Waxmann.

Bos, Wilfried/Wendt, Heike/Vaskova, Anna (2017): Migration und Bildung. In: Meier-Braun, Karl-Heinz/Weber, Reinhold (Hrsg.): Deutschland Einwanderungsland. Begriffe – Fakten – Kontroversen, 3., überarb. und erw. Aufl., Stuttgart: Kohlhammer, S. 194–198.

Bösling, Carl-Heinrich/Führer, Ursula/Junk, Claudia/Schneider, Thomas (2017): Menschenbeben: Ursachen, Formen und Folgen von Flucht, Osnabrück, V&R unipress.

Boudon, Raymond (1974): Education, Opportunity and Social Inequality. New York: John Wiley and Sons.

Bourdieu, Pierre (1992): Ökonomisches Kapital, Kulturelles Kapital, Soziales Kapital. In: Steinrücke, Margareta/Bourdieu, Pierre (Hrsg.): Die verborgenen Mechanismen der Macht, Hamburg: VSA-Verlag, S. 49–79.

Bozorgmehr, Kayvan/Razum, Oliver (2015): Effect of Restricting Access to Health Care on Health Expenditures among Asylum-Seekers and Refugees: A Quasi-Experimental Study in Germany, 1994–2013. In: PLOS One, Public Library of Science.

Bozorgmehr, Kayvan/Stock, Christian/Joggerst, Brigitte/Razum, Oliver (2018): Tuberculosis Screening in Asylum Seekers in Germany: A Need for Better Data. In: The Lancet Public Health, 3, 8, S. 359–361.

Bräu, Karin/Georgi, Viola B./Karakasoglu, Yasemin/Rotter, Carolin (Hrsg.) (2013): Lehrerinnen und Lehrer mit Migrationshintergrund. Zur Relevanz eines Merkmals in Theorie, Empirie und Praxis, Münster: Waxmann.

Brettfeld, Katrin/Wetzels, Peter (2007): Muslime in Deutschland: Integration, Integrationsbarrieren, Religion und Einstellungen zu Demokratie, Rechtsstaat und politisch religiös motivierter Gewalt. Ergebnisse von Befragungen im Rahmen einer multizentrischen Studie in städtischen Lebensräumen, Bonn: Bundesministerium des Innern.

Brubaker, Robert W. (1992): Citizenship and Nationhood in France and Germany, Cambridge: Harvard University Press.

Brücker, Herbert/Gundacker, Lidwina/Hauptmann, Andreas/Jaschke, Philipp (2021): Die Arbeitsmarktwirkungen der COVID-19-Pandemie auf Geflüchtete und andere Migrantinnen und Migranten. In: IAB-Forschungsbericht, 5/2021, Nürnberg: IAB.

Brunnett, Regina (2021): Gesundheit, Krankheit und soziale Ausschließung in Deutschland. In: Handbuch Soziale Ausschließung und Soziale Arbeit, Wiesbaden: Springer VS, S. 555–573.

Bryceson, Deborah/Vuorela, Ulla (2002): Transnational families in the twenty-first century. In: Bryceson, Deborah/Vuorela, Ulla (Hrsg.): The transnational family: New European frontiers and global networks, Oxford: Berg.

Brzoska, Patrick/Reiss, Katharina/Razum, Oliver (2010): Arbeit, Migration und Gesundheit. In: Badura, Bernhardt/Schröder, Helmut/Klose, Joachim/Macco, Katrin (Hrsg.): Fehlzeiten-Report 2010, Berlin: Springer, S. 129–139.

Buchcik, Johanna/Borutta, Jana/Nickel, Stefan/von dem Knesebeck, Olaf/Westenhöfer, Joachim (2021): Gesundheitsbezogene Lebensqualität von Befragten mit und ohne Migrationshintergrund unter Berücksichtigung weiterer Diversitätsmerkmale. Das Gesundheitswesen, 83. Jg., H. 08/09, S. 250.

Bundesamt für Migration und Flüchtlinge (BAMF) (2023): Migrationsbericht 2022.

Bundeskriminalamt (2024). Anzahl der polizeilich erfassten Fälle von Kinderhandel in Deutschland von 2013 bis 2023. In Statista. www.de.statista.com/statistik/daten/studie/157325/umfrage/polizeilich-erfasste-faelle-von-kinderhandel-seit-2006/ (06.09.2024).

Bundesministerium des Inneren und für Heimat/Bundeskriminalamt (Hrsg.) (2024): Bundesweite Fallzahlen 2023. Politisch motivierte Kriminalität. Fact Sheet 21.05.2024. www.bmi.bund.de/SharedDocs/downloads/DE/veroeffentlichungen/nachrichten/2024/pmk2023-factsheets.pdf;jsessionid=4597642DAA5FCDE681EB8603249E5284.live862?__blob=publicationFile&v=3 (14.08.2024).

Bundesministerium für Wirtschaft und Energie (2019): Strategie zur gezielten Gewinnung von Fachkräften aus Drittstaaten (Fachkräftegewinnungs-Strategie). www.bmwk.de/Red

aktion/DE/Publikationen/Ausbildung-und-Beruf/strategien-gewinnung-fachkraefte.pdf?__blob=publicationFile&v=8 (30.09.2024).

Canan, Coskun (2015): Methodologischer Nationalismus in der Migrationsforschung. In: ders. (Hrsg.): Identitätsstatus von Einheimischen mit Migrationshintergrund, Wiesbaden: Springer VS.

Carnein, Marie/Baykara-Krumme, Helen (2013): Einstellungen zur familialen Solidarität im Alter: Eine vergleichende Analyse mit türkischen Migranten und Deutschen. Zeitschrift für Familienforschung 25, H. 1, S. 29–52.

Castells, Stephen/Haas, Hein de/Miller, Mark (2014): The Age of Migration, international population movements in the modern world, London: Palgrave.

Castells, Stephen/Miller, Mark (1993): The Age of Migration, international population movements in the modern world, London: Palgrave.

Castro Varela, Maria do Mar (2003): Migration, Gender, Arbeitsmarkt: neue Beiträge zu Frauen und Globalisierung, Königstein: Helmer.

Charta der Vielfalt (2010): www.charta-der-vielfalt.de (17.08.2024).

Chidalu Nwokey Lois/Zerisenai, Adiam/Schröer, Norbert (2013): Bildungsinländer und Bildungsausländer für Interviewgespräche gewinnen. In: Bettmann, Richard/Roslon, Michael (Hrsg.): Going the Distance, Wiesbaden: Springer VS. www.doi.org/10.1007/978-3-658-00871-0_8.

Courtman, Nicholas/Schneider, Jan (2021): Erfolgsfaktoren einer gelingenden Einbürgerungspraxis. Expertise für die Beauftragte der Bundesregierung für Migration, Flüchtlinge und Integration, Berlin: Wissenschaftlicher Stab des Sachverständigenrats für Integration und Migration (SVR).

Cremer, Hendrik (2017): Racial Profiling: Eine menschenrechtswidrige Praxis am Beispiel anlassloser Personenkontrollen. In: Fereidooni, Karim/El, Meral (Hrsg.): Rassismuskritik und Widerstandsformen, Wiesbaden: Springer.

DAAD (2022): Internationale Studierende in Deutschland zum Studienerfolg begleiten. Ergebnisse und Handlungsempfehlungen aus dem SeSaBa-Projekt, DAAD: Bonn.

Dahlmann, Dittmar/Kotowski, Albert S./Karpus, Zbigniew (2006): Schimanski, Kuzorra und andere. Polnische Einwanderer im Ruhrgebiet zwischen Reichsgründung und Zweitem Weltkrieg, Essen: Klartext.

De Statis (2023): Zahl der Schülerinnen und Schüler 2022/2023 um 1,9 % gestiegen Hoher Zuwachs bei den ausländischen Schülerinnen und Schülern. www.destatis.de/DE/Presse/Pressemitteilungen/2023/03/PD23_105_211.html (07.09.2024)

Delgado Richard/Stefancic Jean (Hrsg.) (1997): Critical white studies: looking behind the mirror, Philadelphia: Temple University Press.

Dessecker, Axel/Rettenberger, Martin (2021): Migration und Kriminalität. In: Kriminologische Zentralstelle Band 25, Wiesbaden: Eigenverlag Kriminologische Zentralstelle.

Destatis (2023): 24,3 % der Bevölkerung hatten 2022 eine Einwanderungsgeschichte. Pressemitteilung Nr. 158 vom 20. April 2023. www.destatis.de/DE/Presse/Pressemitteilungen/2023/04/PD23_158_125.html#:~:text=Das%20Statistische%20Bundesamt%20veröffentlicht%20neben,Bevölkerung%20in%20Deutschland%20einen%20Migrationshintergrund. (12.09.2024).

Destatis (o. J.): Migrationshintergrund. www.destatis.de/DE/Themen/Gesellschaft-Umwelt/Bevoelkerung/Migration-Integration/Glossar/migrationshintergrund.html (08.08.2024).

Deutschlandfunk (2024): Australien nimmt Klimaflüchtlinge aus Tuvalu dauerhaft auf. www.deutschlandfunk.de/australien-nimmt-klimafluechtlinge-aus-tuvalu-dauerhaft-auf-102.html (05.09.2024).

DGB (o. J.): Faire Mobilität. www.faire-mobilitaet.de/ueber-uns/++co++aad7ecc8-efae-11e1-8a24-00188b4dc422 (30.09.2024).

Diefenbach, Heike (2007): Kinder und Jugendliche aus Migrantenfamilien im deutschen Bildungssystem: Erklärungen und empirische Befunde, Wiesbaden: VS Verlag.

Literaturverzeichnis

Diel, Claudia/Preisendörfer, Peter (2007): Gekommen um zu bleiben? Bedeutung und Bestimmungsfaktoren der Bleibabsicht von Neuzuwanderern in Deutschland. In: Soziale Welt 58 (1), S. 5–28.

Ditton, Hartmut (2007): Schulübertritte, Geschlecht und soziale Herkunft. In: Ditton, Hartmut (Hrsg.): Kompetenzaufbau und Laufbahnen im Schulsystem, Münster: Waxmann, S. 63–87.

Dittrich, Anja/Klimmt, Christoph (2021): Erwähnung der Täterherkunft in der Verbrechensberichterstattung: Welchen Effekt hat die populistische Medienschelte? In: Neue Kriminalpolitik, 2021, 33. Jg., Nr. 1, S. 28–45.

Dollinger, Bernd/Raithel, Jürgen (2006): Einführung in Theorien abweichenden Verhaltens. Perspektiven, Erklärungen und Interventionen, Weinheim: Beltz Studium.

Douglass, Mike (2013), Global Householding and Social Reproduction in Migration Research. In: Ewha Journal of Social Sciences, Vol. 29, No. 2, 2013. www.ssrn.com/abstract=2583197.

Dreyer-Plum, Domenica (2020): Die Grenz- und Asylpolitik der Europäischen Union, München: UVK Verlag.

Düvell, Frank (2006): Europäische und internationale Migration: Einführung in historische, soziologische und politische Analysen, Münster: Lit.

Elias, Norbert/Scotson, John L. (1990): Etablierte und Außenseiter, Frankfurt am Main: Suhrkamp.

El-Mafaalani, Aladin/Kemper, Thomas (2017): Bildungserfolg trotz ungünstiger Rahmenbedingungen. Empirische Ergebnisse und theoretische Überlegungen zum Bildungserfolg von vietnamesischen Kindern und Jugendlichen im deutschen Schulsystem. In: Kocatürk-Schuster, Bengü/Kolb, Arnd/Long, Thanh/Schultze, Günther/Wölck, Sascha (Hrsg.): Un-Sichtbar – Vietnamesisch-Deutsche Wirklichkeiten, Köln: edition DOMiD, S. 217–229.

Esser, Hartmut (2001): Integration und ethnische Schichtung. In: MZES (Hrsg.): Arbeitspapiere – Mannheimer Zentrum für Europäische Sozialforschung 40, Mannheim. www.mzes.uni-mannheim.de/publications/wp/wp-40.pdf (04.10.2024).

Euler, Dieter/Severing, Eckart (2016): Berufsausbildung in einer Einwanderungsgesellschaft Daten, Fakten, offene Fragen, Gütersloh: Bertelsmann.

Europäische Kommission (o. J.): Freizügigkeit – EU Bürger. www.ec.europa.eu/social/main.jsp?catId=457&langId=de (02.10.2024).

European Commission, Directorate-General for Migration and Home Affairs (2015): Europa ohne Grenzen: der Schengen-Raum. www.data.europa.eu/doi/10.2837/40221 (07.08.2024).

Evers, Katalin/Wälde, Marie (2018): Arbeitsmarktintegration von Zuwanderern im Familiennachzug. Ergebnisse der BAMF-Familiennachzugsstudie 2016. Forschungsbericht 32. www.bamf.de/SharedDocs/Anlagen/DE/Forschung/Forschungsberichte/fb32-arbeitsmarktintegration-zuwanderer-im-familiennachzug.pdf?__blob=publicationFile&v=15. (07.09.2024).

Fachkräfteeinwanderungsgesetz (2019): Bundesgesetzblatt Jahrgang 2019 Teil I Nr. 31, ausgegeben zu Bonn am 20. August 2019.

Faist, Thomas (2013): Transnationalism. In: Gold, Steven/Nawyn, Stephanie (Hrsg.): Routledge international handbook of migration studies, London: Routledge, S. 449–459.

Faist, Thomas/Fauser, Margit/Reisenauer, Eveline (2014): Das Transnationale in der Migration. Eine Einführung, Weinheim: Beltz Juventa.

Falk, Susanne/Kercher, Jan/Zimmermann, Julia (2022): Internationale Studierende in Deutschland: Ein Überblick zu Studiensituation, spezifischen Problemlagen und Studienerfolg. Beiträge zur Hochschulforschung, 44. Jahrgang, 2–3/2022, S. 14–39.

Fangerau, Heiner/Franzkowiak, Peter (Hrsg.) (2022): Krankheit. In: Bundeszentrale für gesundheitliche Aufklärung (BZgA). Leitbegriffe der Gesundheitsförderung und Prävention. Glossar zu Konzepten, Strategien und Methoden. In: leitbegriffe.bzga.de/alphabetisches-verzeichnis/krankheit#:~:text=„Illness"%3A%20Das%20Erleben%20von%20Beei nträchtigungen%20und%20Unwohlsein.&text=„Sickness"%3A%20Die%20Zuschreibung%20einer,und%20der%20Veränderung%20von%20Interaktionen.&text=Die%20Trias%20kann%20um%20eine,Zeitlichkeit"%20(Fangerau%202020 (20.08.2024).

Farrokhzad, Schahrzad/Oulad M'Hand, Saloua Mohammed/Ottersbach, Markus/Kunz, Thomas (2021): Migrations- und Fluchtdiskurse im Zeichen des erstarkenden Rechtspopulismus, Wiesbaden: Springer.

Farwick, Andreas/Hanhörster, Heike/Ramos Lobato, Isabel/Striemer, Wiebke (2019): „Neighbourhood-Based Social Integration: The Importance of the Local Context for Different Forms of Resource Transfer". In: Raumforschung und Raumordnung 77 (4), S. 417–434.

Favell, Adrian (2008): Eurostars and Eurocities. Free movement and mobility in an integrating Europe, Malden, Mass: Blackwell.

Fegert, Jörg M./Hoffmann, Ulrike/König, Elisa/Niehues, Johanna/Liebhardt, Hubert (2015): Sexueller Missbrauch von Kindern und Jugendlichen. Ein Handbuch zur Prävention und Intervention für Fachkräfte im medizinischen, psychotherapeutischen und pädagogischen Bereich, Wiesbaden: Springer.

Fereidooni, Karim/El, Meral (Hrsg.) (2017): Rassismuskritik und Widerstandsformen, Wiesbaden: Springer Fachmedien.

Fingarova, Jana (2019): Agency in Transnational Social Protection: Practices of Migrant Families Between Bulgaria and Germany, Berlin: Frank & Timme.

Fischer, Michael (2007): Diversity management and the business case, HWWI Research Paper, No. 3–11, Hamburgisches WeltWirtschaftsInstitut (HWWI), Hamburg.

Fitzgerald, David Scott (2019): Refuge beyond reach: how rich democracies repel asylum seekers, New York, NY: Oxford University Press.

Flick, Uwe (2008): Was ist qualitative Forschung? Einleitung und Überblick. In: Flick, Uwe/Kardorff, Ernst von/Steinke, Ines (Hrsg.): Qualitative Forschung. Ein Handbuch, 6., durchges. und aktualisierte Aufl., Reinbek bei Hamburg: Rowohlt, S. 13–29.

Flick, Uwe (2016): Qualitative Sozialforschung. Eine Einführung, 7. Aufl., Hamburg: Rowohlt-Taschenbuch-Verlag.

Foroutan, Naika (2019): Die postmigrantische Gesellschaft: Ein Versprechen der pluralen Demokratie, Bielefeld: transcript.

Frank, Laura/Yesil-Jürgens, Rahsan/Razum, Oliver/Bozorgmehr, Kayvan/Schenk, Liane/Gilsdorf, Andreas/Rommel, Alexander/Lampert, Thomas (2017): Gesundheit und gesundheitliche Versorgung von Asylsuchenden und Flüchtlingen in Deutschland. In: Journal of Health Monitoring, 2, 1, S. 24–47.

Franzke, Bettina (2020): Geflüchtete in Ausbildung und Arbeit vermitteln. Eine Handreichung für Integrationsfachkräfte, Wiesbaden: Springer.

Fresnoza-Flot, Asuncion (2009): Migration Status and Transnational Mothering: The Case of Filipino Migrants in France. Global Networks 9/2009, S. 252–270.

Geißler, Rainer/Pöttker, Horst (Hrsg.) (2005): Massenmedien und die Integration ethnischer Minderheiten in Deutschland. Problemaufriss – Forschungsstand – Bibliographie, Bielefeld: transcript.

Geißler, Reiner/Weber-Menges, Sonja (2008): Migrantenkinder im Bildungssystem: doppelt benachteiligt. In: Aus Politik und Zeitgeschichte 49, S. 14–22.

Gellner, Ernest (1999): Nationalismus – Kultur und Macht, Berlin: Siedler.

Genkova, Petia (2020): Interkulturelle Trainings: eine kritische Betrachtung. In: Ringeisen, Tobias/Genkova, Petia/Leong, Frederick (Hrsg.): Handbuch Stress und Kultur, Wiesbaden: Springer.

Georgi, Viola/Ackermann, Lisanne/Karakaş, Nurten (2011): Vielfalt im Lehrerzimmer: Selbstverständnis und schulische Integration von Lehrenden mit Migrationshintergrund in Deutschland, Münster: Waxmann.

Giddens, Anthony (1990): The Consequences of Modernity, Stanford: Stanford University Press.

Giddens, Anthony/Fleck, Christian/Egger der Campo, Marianne (1995): Soziologie, Graz, Wien: Nausner & Nausner.

Giddens, Antony (1996): Konsequenzen der Moderne, Frankfurt am Main: Suhrkamp.

Gkolfinopoulos, Andreas (2022): Deutschland als Magnet für Hochqualifizierte aus Griechenland. Eine qualitative empirische Studie zu faktischen und potenziellen Migrant*innen, Wiesbaden: Springer.

Glick Schiller, Nina/Basch, Linda/Blanc-Szanton, Christina (1995): From Immigrant to Transmigrant: Theorizing Transnational Migration. In: Anthropological Quarterly 68 (1), S. 48–63.

Goldring, Luin (2010): Macht und Status in transnationalen Räumen, In: Beck, Ulrich/Poferl, Angelika (Hrsg.): Große Armut, großer Reichtum: zur Transnationalisierung sozialer Ungleichheit, Berlin: Suhrkamp, S. 302–336.

Gomolla, Mechtild/Radke, Frank-Olaf (2009): Institutionelle Diskriminierung. Die Herstellung ethnischer Differenz in der Schule, 3. Aufl., Wiesbaden: Springer.

Görgen, Thomas/Dangelmaier, Tamara/Nüschen, Stella/Struck, Jens/Wagner, Daniel (2024): „Clankriminalität" – eine Analyse des Forschungsstandes zu Ursachen, Entstehungs- und Aufrechterhaltungsbedingungen. In: Wollinger, Alexander (Hrsg.): Kritische Analysen zur sogenannten „Clankriminalität", Wiesbaden: Springer VS. www.doi.org/10.1007/978-3-658-45105-9_2.

Goth, Günther G./Severing, Eckart (2016): Asylsuchende und Flüchtlinge in Deutschland: Erfassung und Entwicklung von Qualifikationen für die Arbeitsmarktintegration, Forschungsinstitut Betriebliche Bildung, Bielefeld: wbv.

Granato, Mona (2004): Feminisierung der Migration – Chancengleichheit für (junge) Frauen mit Migrationshintergrund in Ausbildung und Beruf. Kurzexpertise für den Sachverständigenrat für Zuwanderung und Integration. In: Bundesinstitut für Berufsbildung. www.bibb.de/dokumente_archiv/pdf/expertise_granato.pdf (25.09.2024).

Granato, Mona/Münk, Dieter/Weiß, Reinhold (2011): Berufsbildungsforschung in der Einwanderungsgesellschaft – Entwicklung und Perspektiven. In: Granato, Mona/Münk, Dieter/Weiß, Reinhold (Hrsg.): Migration als Chance. Ein Beitrag der beruflichen Bildung. Bielefeld: Bertelsmann, S. 9–35.

Greenhill, Kelly M. (2010): Weapons of Mass Migration: Forced Displacement, Coercion, and Foreign Policy, Ithaca, NY: Cornell University Press.

Grottian, Giselind (1991): Gesundheit und Kranksein in der Migration: Sozialisations- und Lebensbedingungen bei Frauen aus der Türkei, Berlin: Verlag für interkulturelle Kommunikation.

Gundlach, Hardy (2016): Öffentlich-rechtlicher Rundfunk. In: Krone, Jan/Pellegrini, Tassilo (Hrsg.): Handbuch Medienökonomie. Springer NachschlageWissen, Wiesbaden: Springer VS. doi.org/10.1007/978-3-658-09632-8_66-1.

Habermann, Julia (2023): Femizide und Partnerinnentötungen. In: Partnerinnentötungen und deren gerichtliche Sanktionierung, Wiesbaden: Springer VS. www.doi.org/10.1007/978-3-658-40741-4_2.

Habermas, Jürgen (1962): Strukturwandel der Öffentlichkeit. Untersuchungen zu einer Kategorie der bürgerlichen Gesellschaft, Neuwied: Luchterhand.

Hafez, Kai (1991): Das Islambild in der deutschen Öffentlichkeit. In: Die neue Gesellschaft – Frankfurter Hefte Nr. 1/1991, S. 426–432.

Hafez, Kai (2000): The West and Islam in the Mass Media. Cornerstones for a New International Culture of Communication in the 21th Century. In: ZEI (Hrsg.): Discussion Paper C 61/2000.

Halm, Dirk/Liakova, Marina/Yetik, Zeliha (2007): Pauschale Islamfeindlichkeit? Zur Wahrnehmung des Islams und zur sozio-kulturellen Teilhabe der Muslime in Deutschland. In: Jäger, Siegfried/Dirk Halm (Hrsg.): Mediale Barrieren. Rassismus als Integrationshindernis, Münster: Unrast, S. 12–48.

Halm, Dirk/Liakova, Marina/Yetik, Zeliha (2006): „Die öffentlichen Diskurse um den Islam in den Jahren 2000 bis 2004 und ihre Auswirkungen auf das Zusammenleben von Muslimen und Mehrheitsgesellschaft in Deutschland". In: Zeitschrift für Ausländerrecht und Ausländerpolitik (ZAR), S. 199–206.

Han, Petrus (2003): Frauen und Migration: strukturelle Bedingungen, Fakten und soziale Folgen der Frauenmigration, Stuttgart: UTB.

Han, Petrus (2016): Soziologie der Migration. Erklärungsmodelle, Fakten, Politische Konsequenzen, Perspektiven, 4., unv. Aufl., München: UVK.

Hanewinkel, Vera/Oltmer, Jochen (2017): Staatsbürgerschaft und Entwicklung der Einbürgerungszahlen in Deutschland. www.bpb.de/themen/migration-integration/regionalprofile/deutschland/256274/staatsbuergerschaft-und-entwicklung-der-einbuergerungszahlen-in-deutschland/ (19.08.2024).

Haug, Sonja (2010): Jugendliche Migranten – muslimische Jugendliche. Gewalttätigkeit und geschlechterspezifische Einstellungsmuster. Kurzexpertise für das Bundesministerium für Familie, Senioren, Frauen und Jugend, Berlin: BMFSFJ.

Häußermann, Hartmut (2007): Ihre Parallelgesellschaften, unser Problem. Sind Migrantenviertel ein Hindernis für Integration? In: Leviathan 35 (4), S. 458–469.

Heintel, Martin/Musil, Robert/Stupphahn, Markus/Weixlbaumer, Norbert (2018): Grenzen – Eine Einführung. In: Heintel, Martin/Musil, Robert/Weixlbaumer, Norbert (Hrsg.): Grenzen: Theoretische, konzeptionelle und praxisbezogene Fragestellungen zu Grenzen und deren Überschreitungen, Wiesbaden: Springer VS, S. 1–15.

Heinz, Andreas/Kluge, Ulrike (Hrsg.) (2012): Einwanderung – Bedrohung oder Zukunft? Mythen und Fakten zur Integration, Frankfurt am Main: Campus.

Heitmeyer, Wilhelm (Hrsg.) (2011): Deutsche Zustände, Folge 10. Frankfurt am Main: Suhrkamp Verlag.

Heitmeyer, Wilhelm/Collmann, Birgit/Conrads, Jutta/Kraul, D./Kühnel, W./Matuschek, Ingo/Möller, Renate/Ulbrich-Herrmann, Matthias (Hrsg.) (1995): Gewalt: Schattenseiten der Individualisierung bei Jugendlichen aus unterschiedlichen Milieus, Weinheim: Beltz.

Helbig, Marcel/Jähnen, Stefanie (2018): Wo findet „Integration" statt? Die sozialräumliche Verteilung von Zuwanderern in den deutschen Städten zwischen 2014 und 2017. www.bibliothek.wzb.eu/pdf/2019/p19-003.pdf (07.09.2024).

Henley & Partners (2024): The Henley Passport Index. www.henleyglobal.com/passport-index/ranking (07.08.2024).

Hepp, Andreas/Bozdag, Cigdem/Suna, Laura (2011): Mediale Migranten. Mediatisierung und die kommunikative Vernetzung der Diaspora, Wiesbaden: Springer.

Heß, Barbara (2009): Zuwanderung von Hochqualifizierten aus Drittstaaten nach Deutschland Ergebnisse einer schriftlichen Befragung. In: BAMF (Hrsg.): Working Paper 28, Nürnberg: BAMF.

Hess, Sabine/Kasparek, Bernd (Hrsg.) (2010): Grenzregime. Diskurse, Praktiken, Institutionen in Europa, Hamburg: Assoziation A.

Hess, Sabine/Kasparek, Bernd/Schwertl, Maria (2018): Regime ist nicht Regime ist nicht Regime. Zum theoriepolitischen Einsatz der ethnografischen (Grenz-)Regimeanalyse. In: Pott, Andreas/Rass, Christoph/Wolff, Frank (Hrsg.): Was ist ein Migrationsregime? What is a migration regime? Wiesbaden: Springer VS, S. 257–283.

Hestermann, Thomas (2022): Zwischen Stürmerstars und Gewalttätern. Die Berichterstattung über Eingewanderte und Geflüchtete. www.migrant-integration.ec.europa.eu/system/files/2022-01/Medienanalyse_Hestermann_Berichterstattung_Migration_2022_Mediendienst.pdf (16.09.2024).

Hickethier, Knut (2010): Einführung in die Medienwissenschaft, Stuttgart: J.B. Metzler.

Hicks, John R. (1963): The Theory of Wages, London: Palgrave Macmillan UK.

Hinz, Thomas/Auspurg, Katrin (2017): Diskriminierung auf dem Wohnungsmarkt. In: Scherr, Albert/el Mafaalani, Aladin/Yüksel, Göksen (Hrsg.): Handbuch Diskriminierung, Wiesbaden: Springer VS, S. 387–406.

Hinz-Wessels, Annette (2018): Gastarbeiter. In: Lebendiges Museum Online, Stiftung Haus der Geschichte der Bundesrepublik Deutschland. www.hdg.de/lemo/kapitel/geteiltes-deutschland-modernisierung/bundesrepublik-im-wandel/gastarbeiter.html (30.09.2024).

Hirsi Ali, Ayaan (2010): Ich klage an: für die Freiheit der muslimischen Frauen, München: Piper.

Hobsbawm, Eric (1991): Nations and Nationalism Since 1780: Programme, Myth, Reality, Cambridge: Cambridge University Press.

Hobsbawm, Eric (2007): Globalisation, Democracy and Terrorism, Boston: Little Brown.

Hochschild, Arlie Russell/Barbara Ehrenreich (2004): Global Woman: Nannies, Maids, and Sex Workers in the New Economy, New York: Metropolitan.

Hoerder, Dirk/Lucassen, Jan/Lucassen, Leo (2007): Terminologien und Konzepte in der Migrationsforschung. In: Bade, Klaus/Emmer, Peter C. (Hrsg.): Enzyklopädie Migration in Europa. Vom 17. Jh. bis zur Gegenwart, Paderborn: Verlag Neue Zürcher Zeitung, S. 28–53.

Hoffer, Heike (2010): Irreguläre Arbeitsmigration in der Pflege: Rechtliche und politische Argumente für das notwendige Ende einer politischen Grauzone. In: Scheiwe, Kirsten/Krawietz, Johanna (Hrsg.): Transnationale Sorgearbeit. Wiesbaden: VS Verlag für Sozialwissenschaften. www.doi.org/10.1007/978-3-531-92516-5_5.

Hoffmann, Anne (2004): Islam in den Medien. Der publizistische Konflikt um Annemarie Schimmel, Münster: Lit.

Hoffmann, Elke/Romeu Gordo, Laura (2016): Lebenssituation älterer Menschen mit Migrationshintergrund. In: Statistisches Bundesamt (Destatis), Wissenschaftszentrum Berlin für Sozialforschung (WZB) und Sozio-oekonomisches Panel (SOEP): Datenreport 2016. Ein Sozialbericht für die Bundesrepublik Deutschland. Berlin, S. 64–73.

Hondagneu-Sotelo, Pierette/Avila, Everline (1997): I am here but here. The meaning of Latina transnational motherhood. In: Gender and Society 11 (5), S. 548–571.

Horr, Andreas (2016): Nachbarschaftseffekte. In: Diehl, Claudia/Hunkler, Christian/Kristen, Cornelia (Hrsg.): Ethnische Ungleichheiten im Bildungsverlauf: Mechanismen, Befunde, Debatten, Wiesbaden: Springer VS, S. 397–430.

Howe, Christiane (2007): Domestic work - frauenspezifische Migration und Illegalisierung. In: Jahrbuch Menschenrechte 2008, Wien: Böhlau, S. 98-108, www.doi.org/10.7788/jbmr-2007-jg11.

Hradil, Stefan (2005): Soziale Ungleichheit in Deutschland, Wiesbaden: Springer VS.

HSI-Monitor (2021): Internationalität an deutschen Hochschulen. www.hsi-monitor.de/content/uploads/2021/08/HSIwissen_Geschlechterverteilung_Final.pdf (08.09.2024).

Huber, Wolfgang (2001): Kein Mensch ist illegal – Der Auftrag der Kirchen gegenüber Menschen ohne Aufenthaltsstatus. www.web.archive.org/web/20160810070822/www.ekd.de/vortraege/huber/5821.html (06.09.2024).

Hufeld, Ulrich/Brzózka, Helena/Anderheiden, Michael/Kirste, Stephan (2018): Asylrecht und Asylpolitik in der Europäischen Union, Baden-Baden: Nomos.

Hugo, Graeme J. (1981): Village-community ties, village norms, and ethnic and social networks: A review of evidence from the Third World. In: De Jong, Gordon F./Gardner, Robert W. (Hrsg.): Migration Decision Making: Multidisciplinary Approaches to Microlevel Studies in Developed and Developing Countries, New York: Pergamon Press, S. 186–224.

Hummrich, Merle (2009): Bildungserfolg und Migration: Biographien junger Frauen in der Einwanderungsgesellschaft, Wiesbaden: VS.

Hummrich, Merle/Terstegen, Saskia (2020): Migration – Eine Einführung, Wiesbaden: Springer VS.

Hunger, Uwe (2003): Vom Brain Drain zum Brain Gain. Die Auswirkungen der Migration von Hochqualifizierten auf Abgabe- und Aufnahmeländer. Nürnberg: IAB.

Hunger, Uwe/Rother, Stefan (2021): Internationale Migrationspolitik, München: UVK Verlag.

Hunn, Karin (2005): „Nächstes Jahr kehren wir zurück": Die Geschichte der türkischen „Gastarbeiter" in der Bundesrepublik, Göttingen: Wallstein Verlag.
Hunold, Daniela/Singelstein, Tobias (2022): Rassismus bei der Polizei. Eine wissenschaftliche Bestandsaufnahme, Wiesbaden: Springer.
Huntington, Samuel P. (1998): Kampf der Kulturen. Die Neugestaltung der Weltpolitik im 21. Jahrhundert, 5. Aufl., München: Siedler bei Goldmann.
IAB (2021): IAB-Kurzbericht Nr. 25, 23.11.2021. www.doku.iab.de/kurzber/2021/kb2021-25.pdf (30.09.2024).
IAB (2024): IAB-Kurzbericht. www.doku.iab.de/kurzber/2024/kb2024-10.pdf (04.09.2024).
ILO (o. J.): Forced labour, modern slavery and trafficking in persons. www.ilo.org/topics/forced-labour-modern-slavery-and-trafficking-persons (30.09.2024).
Imhof, Kurt (2005): Medien und Öffentlichkeit. In: Jäckel, Michael (Hrsg.): Mediensoziologie, Wiesbaden: VS Verlag für Sozialwissenschaften. doi.org/10.1007/978-3-322-80675-8_17.
Inglehart, Ronald (1998): Modernisierung und Postmodernisierung: Kultureller, wirtschaftlicher und politischer Wandel in 43 Gesellschaften, Frankfurt am Main: Campus-Verlag.
Inglehart, Ronald/Welzel, Christian (2005): Modernization, Cultural Change, and Democracy: The Human Development Sequence, Cambridge: Cambridge University Press.
International Organization for Migration (2022): Weltmigrationsbericht 2022: Kapitel 2 – Migration und Migranten: ein globaler Überblick. www.publications.iom.int/books/world-migration-report-2022-chapter-2-german (07.08.2024).
International Organization for Migration (IOM) (2008): World Migration 2008. Managing Labour Mobility in the Evolving Global Economy, Geneva: IOM.
Internationale Arbeitsorganisation (2022): 50 Millionen Menschen leben in moderner Sklaverei. www.ilo.org/de/resource/news/50-millionen-menschen-leben-moderner-sklaverei (06.09.2024).
Joas, Hans (2003): Lehrbuch der Soziologie, 2. Aufl., Frankfurt am Main: Campus.
Johler, Reinhard/Lange, Jan (2019): Konfliktfeld Fluchtmigration. Historische und ethnographische Perspektiven, Bielefeld: transcript.
Jurczok, Anne/Lauterbach, Wolfgang (2014): Schulwahl von Eltern. Zur Geografie von Bildungschancen in benachteiligten städtischen Bildungsräumen. In: Berger, Peter A./Keller, Carsten/Klärner, Andreas/Neef, Rainer (Hrsg.): Urbane Ungleichheiten. Neue Entwicklungen zwischen Zentrum und Peripherie, Wiesbaden: Springer, S. 135–155.
Jurczyk, Karin/Lange, Andreas/Thiessen, Barbara (Hrsg.) (2014): Doing Family. Warum Familienleben heute nicht mehr selbstverständlich ist, Weinheim: Beltz, Juventa.
Kajikhina Katja/Sarma, Navina/Hauer, Barbara/Hövener, Claudia/Dietrich, Martin/Wieler, Lothar (2022): Fluchtmigration: Für eine gute Gesundheit sorgen. Deutsches Ärzteblatt International 119(17): A-764/B-628.
Kajikhina, Katja/Koschollek, Carmen/Bozorgmehr, Kayvan/Sarma, Navina/Hövener, Claudia (2023): Rassismus und Diskriminierung im Kontext gesundheitlicher Ungleichheit – ein narratives Review. Bundesgesundheitsblatt 66, S. 1099–1108.
Karakasoglu, Yasemin (2006): Das Kopftuch als Herausforderung für den pädagogischen Umgang mit Toleranz. Ein empirisch fundierter Beitrag zur Kopftuch-Debatte. In: Bildungsforschung 3 (2). www.bildungsforschung.org/ojs/index.php/bildungsforschung/article/view/41/39 (25.09.2024).
Karakaşoğlu, Yasemin/Mecheril, Paul/Goddar, Jeanette (2021): Pädagogik neu denken! Die Migrationsgesellschaft und ihre Lehrer_innen, Weinheim/Basel: Beltz.
Karakayali, Serhat (2018): Ehrenamtliches Engagement für Geflüchtete in Deutschland. State-of-Research Papier 09, Verbundprojekt „Flucht: Forschung und Transfer", Osnabrück: Institut für Migrationsforschung und Interkulturelle Studien (IMIS).
Karis, Tim (2013). Narrative im Mediendiskurs Islam. In: Mediendiskurs Islam, Wiesbaden: Springer VS. doi.org/10.1007/978-3-658-01957-0_6.

Kaufmann, Vincent/Bergman, Manfred/Joye, Dominique (2004): Motility. Mobility as capital. In: International Journal Urban & Regional Research 28 (4), S. 745–756.

Kelek, Necla (2006): Die fremde Braut: ein Bericht aus dem Inneren des türkischen Lebens in Deutschland, München: Goldmann.

Kempf, Wilhelm (1984): Repräsentativität. In: Lenzen, Dieter (Hrsg.): Enzyklopädie Erziehungswissenschaft, Bd. 2, Stuttgart: Klett Cotta, S. 510-513.

King, Russell/Lulle, Aija/Sampaio, Dora/Vullnetari, Julie (2017): Unpacking the ageing-migration nexus and challenging the vulnerability trope. Journal of Ethnic and Migration Studies 43 (2), S. 182–198.

Klarmann, Tobias (2021): Illegalisierte Migration. Die (De-)Konstruktion migrationsspezifischer Illegalitäten im Unionsrecht, Baden-Baden: Nomos.

Klinkhammer, Grit (2011): Interreligiöse und interkulturelle Dialoge mit MuslimInnen in Deutschland: eine quantitative und qualitative Studie, Bremen: Univ. Bremen.

Klinkhammer, Grit/Neumaier, Anna (2020): Religiöse Pluralitäten – Umbrüche in der Wahrnehmung religiöser Vielfalt in Deutschland, Bielefeld: transcript.

Kluge, Hans-Henri P./Jakab, Zsuzsanna/Bartovic, Jozef/D'Anna, Veronika/Severoni, Santino (2020): Refugee and Migrant Health in der COVID-19 response. In: The Lancet, 395, 10232, S. 1237–1239.

Knipper, Michael/Bilgin, Yasar/Arnold, Norbert (2009): Migration und Gesundheit, Berlin: Konrad-Adenauer-Stiftung. www.kas.de/bg/einzeltitel/-/content/migration-und-gesundheit (29.08.2024).

Knortz, Heike (2016): Gastarbeiter für Europa. Die Wirtschaftsgeschichte der frühen europäischen Migration und Integration. Köln/Weimar/Wien: Böhlau Verlag.

Koç, Güneş (2024): Das Konzept der Femizide. In: Klapeer, Christine M./Leinius, Johanna/Martinsen, Franziska/Mauer, Heike/Nüthen, Inga (Hrsg.): Handbuch Politik und Geschlecht. Politik und Geschlecht, Band 34, Version 1, Opladen/Berlin/Toronto: Verlag Barbara Budrich. www.doi.org/10.3224/pg.2024.dkdfgk.1-o.

Koglin, Ute/Witthöft, Jan/Petermann, Franz (2009): Gewalthaltige Computerspiele und aggressives Verhalten im Jugendalter. In: Psychologische Rundschau, 3, S. 152–162.

Kohls, Martin (2008): Healthy-Migrant-Effect, Erfassungsfehler und andere Schwierigkeiten bei der Analyse der Mortalität von Migranten. Eine Bestandsaufnahme. In: BAMF, Working Paper 15.

Kolb, Holger (2003): Ein Jahr „Green Card" in Deutschland: Ein Blick zurück — ein Blick nach vorn. In: Hunger, Uwe/Santel, Bernhardt (Hrsg.): Migration im Wettbewerbsstaat, Wiesbaden: VS Verlag für Sozialwissenschaften. www.doi.org/10.1007/978-3-322-93242-6_8.

Korteweg, Anna C./Yurdakul, Gökçe (2016): Kopftuchdebatten in Europa: Konflikte um Zugehörigkeit in nationalen Narrativen, Bielefeld: transcript.

Koschollek, Carmen/Zeisler, Marie-Luise/Houben, Robin A./Geerlings, Julia/Kajikhina, Katja/Bug, Marleen/Blume, Miriam/Hoffmann, Robert/Hintze, Marcel/Kuhnert, Ronnie/Gößwald, Antje/Schmich, Patrick/Hövener, Claudia (2023): German Health Update Fokus (GEDA Fokus) among Residents with Croatian, Italian, Polish, Syrian, or Turkish Citizenship in Germany: Protocol for a Multilingual Mixed-Mode Interview Survey. In: JMIR Res Protoc12: e 43503.

Kourabas, Veronika/Mecheril, Paul (2022): Über Rassismus sprechen. Auf dem Weg zu einer rassismuskritischen Professionalität. In: Stock, Miriam/Hodaie, Nazil/Immerfall, Stefan/Menz, Margarete (Hrsg.): Migrationsgesellschaft, Pädagogik, Profession, Praktik, Wiesbaden: Springer VS, S. 13–33.

Krizkova, Alena/Nagy, Beata/Mrcela, Aleksandra Kanjuo (2009): Geschlechtsspezifische Auswirkungen der Arbeitsmarktpolitik in der Tschechischen Republik, Ungarn und Slowenien. In: Klenner, Christina/Leibner, Simone (Hrsg.): Wohlfahrtsstaaten und Geschlechterungleichheit in Mittel- und Osteuropa. Kontinuität und postsozialisitische Transformation in den EU-Mitgliedsstaaten, S. 337–372.

Krohne, Julia A./Meier, Ulrich/Tillmann, Klaus-Jürgen (2004): Sitzenbleiben, Geschlecht und Migration – Klassenwiederholungen im Spiegel der PISA-Daten. In: Zeitschrift für Pädagogik 50 (2004) 3, S. 373–391.
Krueger, Richard A./Casey, Mary A. (2009): Focus Groups: A Practical Guide for Applied Research, 4. Aufl., Thousand Oaks: Sage.
Kühn, Thomas/Koschel, Kay-Volker (2011): Gruppendiskussionen. Ein Praxis-Handbuch, Wiesbaden: VS Verlag für Sozialwissenschaften.
Kunczik, Michael/Zipfel, Astrid (2010): Medien und Gewalt. Befunde der Forschung 2004–2009. Bericht für das Bundesministerium für Familie, Senioren, Frauen und Jugend, Berlin: BMFJS.
Lahner, Jörg (2023): Integration von Geflüchteten – Lehren aus der Krise und die Chancen einer diversitätssensiblen Wirtschaftsförderischt auf die Potenziale migrantischen Unternehmertums. In: Korn, Thorsten/Lempp, Jakob/van der Beek, Gregor (Hrsg.): Wirtschaftsförderung in der Krise, Wiesbaden: Springer Gabler. www.doi.org/10.1007/978-3-658-41390-3_8.
Lamnek, Siegfried (1995): Methoden und Techniken, 3., korrigierte Aufl., Weinheim: Beltz.
Lamnek, Siegfried/Krell, Claudia (2016): Qualitative Sozialforschung, 6. Aufl., Weinheim, Basel: Beltz Verlag.
Lash, Scott/Beck, Ulrich/Giddens, Anthony (1994): Reflexive Modernization, Cambridge: Polity Press.
Lash, Scott/Featherstone, Mike/Robertson, Roland (1995): Global Modernities, London: TCS/Sage.
Lauerbach, Theresa/Göddecke-Stellmann, Jürgen (2019): Segregation, Konzentration, Dekonzentrationsstrukturen von Zuwanderern in deutschen Großstädten. In: Stadtforschung und Statistik: Zeitschrift des Verbandes Deutscher Städtestatistiker, 32(2), S. 6–13.
Lee, Everett S. (1972): Eine Theorie der Wanderung. In: Széll, György (Hrsg.): Regionale Mobilität. Elf Aufsätze, München: Nymphenburger Verlag, S. 115–129.
Liakova, Marina (2020): Verhindert, verdeckt, unsichtbar – Migration und Mobilität von Bulgarien nach Deutschland, Wiesbaden: Springer.
Liakova, Marina/Halm, Dirk (2009): Perceptions of Islam and Muslim Minorities: Comparing Discourses on Islam in Germany and Bulgaria. In: Europa Ethnica 3/4 – 2009, S. 131–137, Vienna: Braumüller.
Luhmann, Niklas (1995): Die Realität der Massenmedien, Opladen: Westdeutscher Verlag.
Luhmann, Niklas (2021): Soziale Systeme. Grundriß einer allgemeinen Theorie, 18. Aufl., Frankfurt am Main: Suhrkamp.
Lüneborg, Margreth/Bach, Annika (2008): Migrantinnen in den Medien. Eine systematische Literaturanalyse. Forschungsbericht der Universität Siegen gefördert vom Ministerium für Generationen, Familie, Frauen und Integration des Landes Nordrhein-Westfalen 1. Oktober – 31. Dezember 2008.
Lutz, Helma (2008): Migrations- und Geschlechterforschung. Zur Genese einer komplizierten Beziehung. In: Becker, Ruth/Kortendiek, Beate (Hrsg.): Handbuch Frauen- und Geschlechterforschung. Themen, Methoden, Empirie, 2. Aufl., Wiesbaden: Springer.
Lutz, Helma (2018): Migration und Geschlecht: die soziale Konstruktion von Differenzverhältnissen. In: Kortendiek, Beate/Riegraf, Birgit/Sabisch, Katja (Hrsg.): Handbuch Interdisziplinäre Geschlechterforschung. Geschlecht und Gesellschaft, Vol. 65., Wiesbaden: Springer VS. www.doi.org/10.1007/978-3-658-12500-4_52-1.
Lutz, Helma/Palenga-Möllenbeck, Ewa (2011): Das Care-Chain-Konzept auf dem Prüfstand: eine Fallstudie der transnationalen Care-Arrangements polnischer und ukrainischer Migrantinnen. In: GENDER – Zeitschrift für Geschlecht, Kultur und Gesellschaft, 3(1), S. 9–27.
Maaz, Kai/Gresch, Cornelia/McElvany, Nele/Jonkmann, Kathrin/Baumert, Jürgen (2010): Theoretische Konzepte für die Analyse von Bildungsübergängen. Adaption ausgewählter

Ansätze für den Übergang von der Grundschule in die weiterführende Schule des Sekundarsystems. In: Maaz, Kai/Baumert, Jürgen/Gresch, Cornelia (Hrsg.): Der Übergang von der Grundschule in die weiterführende Schule. Leistungsgerechtigkeit und regionale, soziale und ethnisch-kulturelle Disparitäten. Bonn: Bundesministerium für Bildung und Forschung (BMBF), S. 65–85.

Magier, Piotr/Kolleck, Bernd (2016): Eurowaisen. Humanitäre Folgen der europäischen Einigung. In: Soziale Arbeit 65 (1), S. 23–28.

Martin, Philip L. (o. J.): Einwanderungspolitik der USA: Ziele, Erfahrungen und Kritik. In: FES. Digitale Bibliothek. www.library.fes.de/fulltext/asfo/01017005.htm (06.09.2024).

Marx, Karl (1848): Manifest der Kommunistischen Partei, London: Gedruckt in der Office der „Bildungs-Gesellschaft für Arbeiter" von I. E. Burghard.

Maschke, Sabine/Schulz-Gade, Gunild/Stecher, Ludwig (Hrsg.) (2016): Junge Geflüchtete in der Ganztagsschule: Integration gestalten – Bildung fördern – Chancen eröffnen, München: utb.

Massey, Douglas S./Arango, Joaquín/Hugo, Graeme/Kouaouci, Ali/Pellegrino, Adela/Taylor, Edward J. (1993): Theories of International Migration: A Review and Appraisal. Population and Development Review 19 (3), S. 431–466.

Mau, Steffen (2007): Transnationale Vergesellschaftung. Die Entgrenzung sozialer Lebenswelten, Frankfurt am Main: Campus.

Maurer, Marcus/Jost, Pablo/Kruschinski, Simon/Haßler, Jörg (2021): Fünf Jahre Medienberichterstattung über Flucht und Migration. www.stiftung-mercator.de/content/uploads/2021/07/Medienanalyse_Flucht_Migration.pdf (16.09.2024).

Mayring, Philipp (2002): Einführung in die qualitative Sozialforschung. Eine Anleitung zu qualitativem Denken, 5., überarbeitete und neu ausgestattete Aufl., Weinheim, Basel: Beltz.

Mediendienst Integration (2023): Leben ohne Papiere: Irreguläre Migranten. www.mediendienst-integration.de/migration/irregulaere.html (06.09.2024).

Mediendienst Integration (2023): Schule. www.mediendienst-integration.de/integration/schule.html (07.09.2024).

Mediendienst Integration (2024): Hochschule. www.mediendienst-integration.de/integration/hochschule.html (08.09.2024).

Medizin für Menschen ohne Krankenversicherung. www.malteser-berlin.de/angebote-und-leistungen/medizin-fuer-menschen-ohne-krankenversicherung.html (26.08.2024).

Meier-Braun, Karl-Heinz (2018): Schwarzbuch Migration: Die dunkle Seite unserer Flüchtlingspolitik, Stuttgart: C.H. Beck.

Melzer, Wolfgang (2000): Gewaltemergenz – Reflexionen und Untersuchungsergebnisse zur Gewalt in der Schule. In: Psychosozial, 23, S. 6–15.

Melzer, Wolfgang/Hermann, Dieter/Sandfuchs, Uwe/Schäfer, Mechthild/Schubarth, Wilfried/Daschner, Peter (Hrsg.) (2014): Handbuch Aggression, Gewalt und Kriminalität bei Kindern und Jugendlichen, München: UTB.

Messerschmidt, Astrid (2016): „Nach Köln" – Zusammenhänge von Sexismus und Rassismus thematisieren. In: Castro Varela, Maria do Mar/Mecheril, Paul (Hrsg.): Die Dämonisierung der Anderen: Rassismuskritik der Gegenwart, Bielefeld: transcript Verlag, S. 159–172.

Meyer, Thomas (2002): Parallelgesellschaft und Demokratie. In: Meyer, Thomas/Weil, Reinhard (Hrsg.): Die Bürgergesellschaft. Perspektiven für Bürgerbeteiligung und Bürgerkommunikation, Bonn: Dietz, S. 343–372.

Mole, Richard C. M. (2021): Queer Migration and Asylum in Europe, London: UCL Press.

Möller, Kurt (2010): Männlichkeit, Migration und Gewalt. In: Prömper, Hans/Jansen, Mechtild/Ruffing, Andreas/Nagel, Helga (Hrsg.): Was macht Migration mit Männlichkeit?: Kontexte und Erfahrungen zur Bildung und zur Sozialen Arbeit mit Migranten, Opladen. Barbara Budrich Verlag, S. 51–72.

Morokvasic, Mirjana (2003): Transnational mobility and gender: a view from post-wall Europe. In: Morokvasic, Mirjana/Erel, Umut/Shinozaki, Kyoko (Hrsg.): Crossing Borders and Shifting Boundaries, Wiesbaden: VS Verlag für Sozialwissenschaften.

Munk, Veronica (2006): Migration und Sexarbeit: Dilemmata der Illegalität. In: Osteuropa 56 (6), S. 55–65. www.jstor.org/stable/44934502.

Nair, Parvati (2013): Postcolonial theories of migration. In: Ness, Immanuel (Hrsg.): The Encyclopedia of Global Human Migration. www.doi.org/10.1002/9781444351071.wbeghm423.

Nauck Bernhard/Schönpflug, Ute (1997): Familien in verschiedenen Kulturen, Stuttgart: Enke.

Nauck, Bernhard (1989): Migration. In: Endruweit, Günter/Trommsdorff, Gisela (Hrsg.): Wörterbuch der Soziologie, 2. Aufl., Stuttgart: Lucius & Lucius, S. 362–363.

Neue Deutsche Medienmacher (2020): Viel Wille, kein Weg. Diversity im deutschen Journalismus. Eine Recherche über interkulturell vielfältiges Medienpersonal in deutschen Redaktionen und die Ansichten von Führungskräften im Journalismus zu Diversity in den Medien. www.neuemedienmacher.de/fileadmin/uploads/2020/05/20200509_NdM_Bericht_Diversity_im_Journalismus.pdf (16.09.2024).

Neugebauer, Martin/Klein, Oliver (2016): Profitieren Kinder mit Migrationshintergrund von pädagogischen Fachkräften mit Migrationshintergrund? In: KZfSS Kölner Zeitschrift für Soziologie und Sozialpsychologie 68, S. 259–283.

Neumann, Marion (1994): Tamilische Flüchtlingsfrauen. Die spezielle Problematik von Frauen in der Migration, Hamburg: Lit.

Newberry, Jay L. (2017): Racial Profiling and the NYPD. The Who, What, When, and Why of Stop and Frisk, New York: Palgrave Macmillan Cham.

Newmann, David (2006): The lines that continue to separate us: Borders in our „borderless" world. In: Progress in Human Geography 30(2): S. 143–161.

Nieswand, Boris (2011): Theorising transnational migration. The status paradox of migration, New York: Routledge.

Notz, Gisela (2008): Arbeit: Hausarbeit, Ehrenamt, Erwerbsarbeit. In: Becker, Ruth/Kortendiek, Beate (Hrsg.): Handbuch Frauen- und Geschlechterforschung, 2. erw. und akt. Aufl., Wiesbaden: VS, S. 472–480.

Nowicka, Magdalena (2024): Transnationalismus, 2. Aufl., Baden-Baden: Nomos.

Nuscheler, Franz (1995): Historische Verortung von Flucht und Migration. In: von Alemann, Ulrich/Kißler, Leo/Simonis, Georg (Hrsg.): Internationale Migration. Flucht und Asyl. Grundwissen Politik, Vol. 14, Wiesbaden: VS Verlag für Sozialwissenschaften. www.doi.org/10.1007/978-3-322-95746-7_4.

OECD (2016): Migrationshintergrund, Schülerleistungen und Einstellungen gegenüber Naturwissenschaften. In: PISA 2015 Results (Volume I): Excellence and Equity in Education, Paris: OECD Publishing.

OECD und EUROSTAT (1995): The Measurement of Scientific and Technological Activities. Manual on the Measurement of Human Resources devoted to the „Canberra Manual", OECD, Paris.

Oltmer, Jochen (2017): Migration. In: Meier-Braun, Karl-Heinz/Weber, Reinhold (Hrsg.): Deutschland Einwanderungsland. Begriffe – Fakten – Kontroversen, 3. Aufl., Stuttgart: Verlag W. Kohlhammer, S. 57–61.

Oltmer, Jochen (2021): Die Grenzen der EU. Europäische Integration, „Schengen" und die Kontrolle der Migration, Wiesbaden: Springer.

Oltmer, Jochen/Berlinghoff, Marcel/Düvell, Frank/Lang, Christine/Pott, Andreas (2024): Report Globale Flucht, Frankfurt am Main: Fischer Taschenbuch.

Opitz, Peter J. (1999): Das Jahrhundert der Flüchtlinge. In: Hutter, Franz-Joseph/Mihr, Anja/Tessmer, Carsten (Hrsg.): Menschen auf der Flucht, Wiesbaden: VS Verlag für Sozialwissenschaften. www.doi.org/10.1007/978-3-322-93321-8_2.

Ostendorf/Heribert (2018): Ursachen von Kriminalität. www.bpb.de/shop/zeitschriften/izpb/kriminalitaet-und-strafrecht-306/268217/ursachen-von-kriminalitaet/ (10.09.2024).
Oswald, Ingrid (2007): Migrationssoziologie, München: UVK.
Otto, Laura K. (2020): Junge Geflüchtete an der Grenze: eine Ethnografie zu Altersaushandlungen, Frankfurt am Main: Campus.
Pachali, Sabine (1991): Frauen im Auswanderungsprozeß: Frauenspezifische Ansätze in der Migrationsforschung. In: Assion, Peter (Hrsg.): Über Hamburg nach Amerika. Hessische Auswandernde in den Hamburger Schiffslisten 1855-1866, Marburg: Institut für Europäische Ethnologie und Kulturforschung der Universität Marburg, S. 95–109.
Palenga-Möllenbeck, Ewa (2014): Globale Versorgungsketten: Geschlecht, Migration und Care-Arbeit. In: Aulenbacher, Brigitte/Dammayr, Maria (Hrsg.): Für sich und andere sorgen. Krise und Zukunft von Care in der modernen Gesellschaft, Weinheim und Basel: Beltz, Juventa, S. 138–148.
Palermo Protokoll (2005): Zusatzprotokoll zur Verhütung, Bekämpfung und Bestrafung des Menschenhandels, insbesondere des Frauen- und Kinderhandels, zum Übereinkommen der Vereinten Nationen gegen die grenzüberschreitende organisierte Kriminalität. www.servicestelle-gegen-zwangsarbeit.de/wp-content/uploads/2018/08/Palermo-Zusatzprotokoll.pdf (06.09.2024).
Parade, Ralf/Heinzel, Friederike (2020): Sozialräumliche Segregation und Bildungsungleichheiten in der Grundschule – eine Bestandsaufnahme. In: Zeitschrift für Grundschulforschung 13 (2), S. 193–207.
Parrenas, Rhacel S. (2001): Mothering From a Distance: Emotions, Gender, and Intergenerational Relations in Filipino Transnational Families. In: Feminist Studies, Jg. 27, H. 2, S. 361–390.
Parsons, Talcott (1964/1940): Ansatz zu einer analytischen Theorie der sozialen Schichtung. In: Parsons, Talcott: Beiträge zur soziologischen Theorie (hrsg. von Dietrich Rüschemeyer), Neuwied: Luchterhand, S. 180–205.
Pfeiffer, Christian/Wetzels, Peter (2000): Junge Türken als Täter und Opfer von Gewalt. In: DVJJ-Journal, 11, S. 107–113.
Pfeiffer, Cristian/Baier, Dirk/Kliem, Sören (2018): Zur Entwicklung der Gewalt in Deutschland. Schwerpunkte: Jugendliche und Flüchtlinge als Täter und Opfer, Zürich: Institut für Delinquenz und Kriminalprävention.
Piore, Michael J. (1979): Birds of passage. Migrant labor and industrial societies, Cambridge: Cambridge University Press.
Platt, Lucinda/Warwick, Ross (2020): Are Some Ethnic Groups More Vulnerable to COVID-19 than Others? London: The Institute for Fiscal Studies.
Pollack, Detlef (2016): Modernisierungstheorie – revised: Entwurf einer Theorie moderner Gesellschaften. In: Zeitschrift für Soziologie. Band 45, Nr. 4, 2016, S. 219–240. www.doi:10.1515/zfsoz-2015-1013.
Pries, Ludger (1997): Neue Migration im transnationalen Raum. In: Pries, Ludger (Hrsg.): Transnationale Migration, Baden-Baden: Nomos, S. 15–45.
Pries, Ludger (2008): Transnationalisierung und soziale Ungleichheit. In: Berger, Peter A./Weiß, Anja (Hrsg.): Transnationalisierung sozialer Ungleichheit, Wiesbaden: VS Verlag für Sozialwissenschaften. www.doi.org/10.1007/978-3-531-91160-1_3.
Pries, Ludger (2010): Transnationalisierung. Theorie und Empirie grenzüberschreitender Vergesellschaftung, Wiesbaden: VS.
Pries, Ludger (2011): Transnationalisierung der sozialen Welt als Herausforderung und Chance. In: Heinrich-Böll-Stiftung (Hrsg.): Heimatkunde – migrationspolitisches Portal vom 18.05.2011. www.heimatkunde.boell.de/2011/05/18/transnationalisierung-der-sozialen-welt-als-herausforderung-und-chance (03.12.2019).
Pries, Ludger (2013): Transnationalisierung. In: Mau, Steffen/Schöneck-Voß, Nadine (Hrsg.): Handwörterbuch zur Gesellschaft Deutschlands, 3., grundlegend überarb. Aufl., Wiesbaden: Springer VS, S. 881–894.

Prömper, Hans/Jansen, Mechtild M./Ruffing, Andreas/Nagel, Helga (Hrsg.) (2010): Was macht Migration mit Männlichkeit? Kontexte und Erfahrungen zur Bildung und Sozialen Arbeit mit Migranten, Opladen: Westdeutscher Verlag.

Ravenstein, Ernst G. (1972): Die Gesetze der Wanderung I. In: Széll, György (Hrsg.): Regionale Mobilität. Elf Aufsätze, München: Nymphenburger Verl.-Handl., S. 41–64.

Razum, Oliver (2008): Migrant Mortality, Healthy Migrant Effect. In: Kirch, W. (Hrsg.): Encyclopedia of Public Health. Springer, S. 932–935.

Razum, Oliver/Penning, Verena/Mohsenpour, Amir/Bozorgmehr, Kayvan (2020): COVID-19 in Flüchtlingsunterkünften: ÖGD jetzt weiter stärken (COVID-19 in Refugee Shelters: The German Public Health Service Needs Strengthening Now). In: Gesundheitswesen, 82, 5, S. 392–396.

Razum, Oliver/Wenner, Judith (2016): Social and Health Epidemiology of Immigrants in Germany: Past, Present and Future. In: Public Health Reviews, 37, 4. publichealthreviews.biomedcentral.com/articles/10.1186/s40985-016-0019-2 (26.08.2024).

Razum, Oliver/Zeeb, Hajo/Meesmann, Uta/Schenk, Liane/Bredehorst, Maren/Brzoska, Patrick/Dercks, Tanja/Glodny, Susanne/Menkhaus, Björn/Salman, Ramazan/Saß, Anke-Christine/Ulrich, Ralf E. (2008b): Migration und Gesundheit. Schwerpunktbericht der Gesundheitsberichterstattung des Bundes, Berlin: Robert Koch-Institut.

Reinders, Heinz (2005): Qualitative Interviews mit Jugendlichen führen. Ein Leitfaden. München, Wien: R. Oldenbourg Verlag.

Reiss, Kristina/Weis, Mitjam/Klieme, Eckhard (Hrsg.) (2019): PISA 2018. Grundbildung im internationalen Vergleich. Zusammenfassung. www.kmk.org/fileadmin/Dateien/pdf/PresseUndAktuelles/2019/Zusammenfassung_PISA2018.pdf (07.09.2024).

Richter, Matthias/Hurrelmann, Klaus (2009): Gesundheitliche Ungleichheit. Grundlagen, Probleme, Perspektiven, Wiesbaden: Springer.

Robert Koch-Institut (2019): Abschlussbericht des Projekts „Improving Health Monitoring in Migrant Populations (IMIRA)", Berlin.

Robert Koch-Institut (2008): Schwerpunktbericht der Gesundheitsberichterstattung des Bundes. Migration und Gesundheit. Berlin: RKI.

Rommelspacher, Birgit (2002): Anerkennung und Ausgrenzung. Deutschland als multikulturelle Gesellschaft, Frankfurt am Main, New York: Campus.

Rosenberger, Michael (2014): Der Sorge eine Zukunft geben. Ethik und Gerechtigkeit von Care in Krisenzeiten. In: Aulenbacher, Brigitte/Dammayr, Maria (Hrsg.): Für sich und andere sorgen. Krise und Zukunft von Care in der modernen Gesellschaft. Weinheim, Basel: Beltz, Juventa, S. 77–89.

Rostampour, Parviz (2000): Schüler als Täter, Opfer und Unbeteiligte. In: Psychosozial, 23, S. 15–27.

Rotter, Carolin (2012): Lehrkräfte mit Migrationshintergrund. Individuelle Umgangsweisen mit bildungspolitischen Erwartungen. In: Zeitschrift für Pädagogik 58 (2012) 2, S. 204–222.

Ruhrmann, Georg/Sommer, Denise/Uhlemann, Heike (2006): TV-Nachrichtenberichterstattung über Migranten – Von der Politik zum Terror. In: Geißler, Rainer/Pöttker, Horst (Hrsg.): Integration durch Massenmedien. Medien und Migration im internationalen Vergleich, Bielefeld: transcript, S. 45–76.

Ruhrmann, Georg/Songül, Demren (2000): Wie Medien über Migranten berichten. In: Schatz, Heribert/Holz-Bacha, Christina/Nieland, Jörg-Uwe (Hrsg.): Migranten und Medien. Neue Herausforderungen an die Integrationsfunktion von Presse und Rundfunk, Wiesbaden: Springer, S. 69–81.

Rutter, Michael (Hrsg.) (1995): Psychosocial disturbances in young people, New York: Cambridge University Press.

Sabanadze, Natalie (2010): Globalization and Nationalism. The Cases of Georgia and the Basque Country, Budapest: CEU Press.

Literaturverzeichnis

Sachverständigenrat für Integration und Migration (2021): Ungleiche Bildungschancen. Fakten zur Benachteiligung von jungen Menschen mit Migrationshintergrund im deutschen Bildungssystem. www.svr-migration.de/wp-content/uploads/2021/09/SVR-Fakten-zu-ungleichen-Bildungschancen-1.pdf (07.09.2024).

Sacksofsky, Ute (2010): Mittelbare Diskriminierung und das Allgemeine Gleichstellungsgesetz. Expertise, Berlin: ADS.

Salzborn, Samuel (2020): Rechtsextremismus. Erscheinungsformen und Erklärungsansätze, Baden-Baden: Nomos.

Samtleben, Claire (2019): Auch an erwerbsfreien Tagen erledigen Frauen einen Großteil der Hausarbeit und Kinderbetreuung. In: DIW Wochenbericht 86, 10, S. 139–144.

Sandell, Steven H. (1977): Women and the Economics of Family Migration. In: The Review of Economics and Statistics 59 (4), S. 406–414.

Sauer, Martina (2018): Identifikation und politische Partizipation türkeistämmiger Zugewanderter in Nordrhein-Westfalen und in Deutschland. Ergebnisse der erweiterten Mehrthemenbefragung 2017, Essen: Stiftung Zentrum für Türkeistudien und Integrationsforschung. www.cdn.website-editor.net/09fe2713f5da44ff99ead273b339f17d/fi-les/uploaded/2017.pdf (07.09.2024).

Scheibelhofer, Paul (2008): Ehre und Männlichkeit bei jungen türkischen Migranten. In: Baur, Nina/Luedtke, Jens (Hrsg.): Die soziale Konstruktion von Männlichkeit. Hegemoniale und marginalisierte Männlichkeiten in Deutschland, Opladen: Barbara Budrich Verlag.

Schengen-Besitzstand – Übereinkommen zur Durchführung des Übereinkommens von Schengen vom 14. Juni 1985 zwischen den Regierungen der Staaten der Benelux-Wirtschaftsunion, der Bundesrepublik Deutschland und der Französischen Republik betreffend den schrittweisen Abbau der Kontrollen an den gemeinsamen Grenzen, ABl. L 239 vom 22.09.2000, S. 19–62.

Schenk, Liane (2016): Migrationssensible Gesundheitsforschung: Theoretische und empirische Forschungsergebnisse. Habilitationsschrift. www.d-nb.info/1121588042/34 (22.09.2024).

Scherr, Albert (2008): Diskriminierung: eine eigenständige Kategorie für die soziologische Analyse der (Re-)Produktion sozialer Ungleichheiten in der Einwanderungsgesellschaft? In: Rehberg, Karl-Siegbert (Hrsg.): Die Natur der Gesellschaft: Verhandlungen des 33. Kongresses der Deutschen Gesellschaft für Soziologie in Kassel 2006, Frankfurt am Main: Campus, S. 2007–2017.

Scherr, Albert (2016): Diskriminierung. Wie Unterschiede und Benachteiligungen gesellschaftlich hergestellt werden, 2. Aufl., Wiesbaden: Springer.

Scherr, Albert/Breit, Helen (2021): Junge männliche Geflüchtete: Problematiken und Problemkonstruktionen. Z'Flucht. Zeitschrift für Flucht-und Flüchtlingsforschung, 2021, 5. Jg., Nr. 1, S. 109–141.

Scherr, Albert/Janz, Caroline/Müller, Stefan (2015): Diskriminierung in der beruflichen Bildung. Wie migrantische Jugendliche bei der Lehrstellenvergabe benachteiligt werden, Wiesbaden: Springer.

Schiffer, Sabine (2005): Der Islam in den Medien. Ein Beitrag der Medienpädagogik zur Rassismusforschung. In: Medien und Erziehung Nr. 2/2005, S. 43–48.

Schiffer, Sabine (2023): Die Darstellung des Islams in den Medien, 2. Aufl., Baden-Baden: Nomos.

Schirilla, Nausikaa (2013): Kritik an den Multikulturalismuskonzepten. In: Multikulti. Centaurus Paper Apps, Vol. 21, Herbolzheim: Centaurus Verlag & Media.

Schlemmer, Maximilian (2024): Deutschlands Wohlstand in Gefahr? Wiesbaden: Springer.

Schnell, Rainer/Hill, Paul B./Esser, Elke (2023): Methoden der empirischen Sozialforschung, 12. Aufl., Berlin, Boston: De Gruyter.

Scholz, Jan-Philipp (2019): Menschenhandel, Migrationsbusiness und moderne Sklaverei, Frankfurt am Main: Brandes-Apsel.

Schroeder, Joachim (2003): „Man kann nicht lernen mit so einem Problem". Auswirkungen der Lebenslagen auf die Bildungskarrieren. In: Neumann, Ursula/Niedrig, Heike/Schröder, Joachim/Seukwa, Louis Henri (Hrsg.): Lernen am Rande der Gesellschaft. Bildungsinstitutionen im Spiegel von Flüchtlingsbiografien, Münster: Waxmann, S. 237–263.

Schulz, Susanne (2021): Fachkräftemigrationsmonitor 2021. Trends und Potenziale zum Zuzug ausländischer Fachkräfte, Gütersloh: Bertelsmann.

Schulze, Günter (1989): Ausländerfeindlichkeit – woher sie kommt und was man dagegen tun kann. In: GMH 89, S. 404–414.

Schütz, Alfred (1993): Der sinnhafte Aufbau der sozialen Welt. Eine Einleitung in die verstehende Soziologie, 6. Aufl., Frankfurt am Main: Suhrkamp.

Schwarzer, Alice (2006): „Die Islamisten meinen es so ernst wie Hitler". Alice Schwarzer im Interview. In: FAZ 04.07.2006. www.faz.net/aktuell/feuilleton/debatten/alice-schwarzer-im-interview-die-islamisten-meinen-es-so-ernst-wie-hitler-1358511.html (25.09.2024).

Shachar, Ayalet (2009): The Birthright Lottery: Citizenship and Global Inequality, Cambridge: Harvard University Press.

Shinozaki, Kyoko (2015): Migrant Citizenship from Below: Family, Domestic Work and Social Activism in Irregular Migration, New York: Palgrave Macmillan.

Shinozaki, Kyoko/Abramowski, Ruth/Stöllinger, Lena (2021): Grenzüberschreitend lebende Familien: Elternschaft in transnationalen Migrationskontext, München: DJI Verlag Deutsches Jugendinstitut.

Siegl, J. (2020): Schengen. In: Das Europalexikon. www.bpb.de/kurz-knapp/lexika/das-europalexikon/177251/schengen/ (07.08.2024).

Sjaastad, Larry A. (1962): The Costs and Returns of Human Migration. In: Journal of Political Economy 70 (5, Part 2), S. 80-93.

Sklair, Leslie (2022): The Transnational Capitalist Class and Global Politics: Deconstructing the Corporate: State Connection. In: International Political Science Review/Revue Internationale de Science Politique, Vol. 23, No. 2, S. 159–74.

Speare, Alden (1971): A cost-benefit model of rural to urban migration in Taiwan. In: Population studies 25 (1), S. 117–130.

Spencer, Sarah/Triandafyllidou, Anna (2022): Irregular Migration. In: Scholten, Peter (Hrsg.): Introduction to Migration Studies. IMISCOE Research Series, Cham: Springer. www.doi.org/10.1007/978-3-030-92377-8_12.

Spindler, Susanne (2017): Befremdung – Beunruhigung – Gewaltproduktion. Männlichkeiten im Kontext Migration. Journal Netzwerk Frauen-und Geschlechterforschung in NRW, 2017, 41. Jg., S. 39–44.

Staiger, Tobias (2023): Gesundheitliche Ungleichheit: empirische Befunde, theoretische Erklärungsansätze und Perspektiven gesundheitlicher Chancengleichheit. In: Huster, Ernst-Ulrich/Boeckh, Jütgen (Hrsg.): Handbuch Armut und soziale Ausgrenzung, Wiesbaden: Springer VS.

Staller, Marin/Koerner, Swen (2024): Diversität und Polizei. Perspektiven auf eine Polizei der Vielfalt – konkrete Handlungsoptionen und neue Reflexionsmöglichkeiten, Wiesbaden: Springer.

Stanat, Petra/Rauch, Dominique/Segeritz, Michael (2010): Schülerinnen und Schüler mit Migrationshintergrund. In: Klieme, Eckhard/Artelt, Cordula/Hartig, Johannes/Jude, Nina/ Köller, Olaf/Prenzel, Manfred/Schneider, Wolfgang/Stanat, Petra (Hrsg.): PISA 2009. Bilanz nach einem Jahrzehnt, Münster: Waxmann, S. 200–230.

Statista (2024): Wie viele Menschen schiebt Deutschland ab? www.de.statista.com/infografik/4665/anzahl-der-abschiebungen-aus-deutschland/#:~:text=Abgelehnte%20Asylsuchende&text=Und%20tatsächlich%20hat%20Deutschland%20im,deutsche%20Behörden%2016.430%20Menschen%20ab (06.09.2024).

Steinke, Bernhard (2015): Deutschenfeindlichkeit. In: Gießelmann, Bente/Heun, Robin/Kerst, Benjamin/Suermann, Lenard/Virchow, Fabian (Hrsg.): Handwörterbuch rechtsextremer Kampfbegriffe, Schwalbach im Taunus: Wochenschau-Verlag, S. 77–89.

Literaturverzeichnis

Stichweh, Rudolf (2010): Der Fremde. Studien zu Soziologie und Sozialgeschichte, Berlin: Suhrkamp.

Stiller, Edwin/Zeoli, Antonietta (2010): Lehrkräfte mit Zuwanderungsgeschichte – für einen ressourcenorientierten Perspektivwechsel in der Personalentwicklung. In: Die Deutsche Schule 102 (4), S. 338–346.

Stollfuß, Sven/Niebling, Laura/Raczkowski, Felix (2023): Handbuch Digitale Medien und Methoden, Wiesbaden: Springer.

Strupf, Michael/Gomes de Matos, Elena/Söllner, Renate/Kraus, Ludwig/Piontek, Daniela (2017): Trinkverhalten von Personen verschiedener Herkunftsregionen in Deutschland: Ein Vergleich mit Personen ohne Migrationshintergrund. In: Suchttherapie, 18. Jg., H. 02, S. 90–97.

SVR (2016): Lehrerbildung in der Einwanderungsgesellschaft. Qualifizierung für den Normalfall Vielfalt. www.svr-migration.de/wp-content/uploads/2017/05/SVR_FB_Lehrerbildung.pdf (04.10.2024).

Tallarek, Marie/Spallek, Jacob (2022): Die gesundheitliche Situation von eingewanderten Menschen in Deutschland. In: Migration & Gesundheit. Urban & Fischer, S. 31–36.

Tandoc, Edson/Beverly, Tan Hui Ru/Lee Huei, Gabrielle/Min Qi Charlyn, Ng/Chua, Rachel A./Goh, Zhang H. (2024): #CancelCulture: Examining definitions and motivations. New Media & Society, 26(4), S. 1944–1962.

Taylor, Charles (2009): Multikulturalismus und die Politik der Anerkennung, Frankfurt am Main: Suhrkamp.

Terkessidis, Mark (2021): Was ist Rassismus. Bürger & Staat, 2021, 71. Jg., Nr. 1/2, S. 4–11.

Terre des Femmes (2005): Studie Ehrenmord. www.humanrights.ch/cms/upload/pdf/070416_TDF_Studie_Ehrenmord.pdf (11.09.2024).

Tezcan-Güntekin, Hürrem/Breckenkamp, Jürgen/Razum, Oliver (2015): Pflege und Pflegeerwartungen in der Einwanderungsgesellschaft, Expertise im Auftrag der Beauftragten der Bundesregierung für Migration, Flüchtlinge und Integration, Berlin. www.svr-migration.de/wp-content/uploads/2015/12/SVR_Expertise_2015_11_27.pdf (27.08.2024).

Thöne, Eva (2017): „Migration ist die neue Revolution". Interview mit Ivan Krastev für Spiegel Online am 20.08.2017. www.spiegel.de/kultur/gesellschaft/fluechtlinge-politikwissenschaftler-im-interview-migration-ist-die-neue-revolution-a-1162957.html (06.09.2024).

Tibi, Bassam (1998): Europa ohne Identität? Die Krise der multikulturellen Gesellschaft, München: Bertelsmann.

Tiedermann, Paul (2019): Flüchtlingsrecht. Die materiellen und verfahrensrechtlichen Grundlagen, Wiesbaden: Springer.

Todaro, Michael P. (1976): Internal migration in developing countries. A review of theory, evidence, methodology and research priorities, Geneva: ILO.

Tonassi, Timo/Wittlif, Alex/Schemer, Christian (2018): Mediennutzung und Medienvertrauen von Migranten: Untersuchung auf Basis des SVR-Integrationsbarometers 2018. In: Media-Perspektiven (2020), 12, S. 626–635.

Toprak, Ahmed/Nowacki, Katja (2010): Gewaltphänomene bei männlichen muslimischen Jugendlichen mit Migrationshintergrund und Präventionsstrategien. Bundesministerium für Familie, Senioren, Frauen und Jugend.

Traulsen, Christian (2004): Das sakrale Asyl in der Alten Welt: zur Schutzfunktion des Heiligen von König Salomo bis zum Codex Theodosianus, Tübingen: Mohr Siebeck.

Treibel, Annette (2009): Migration als Form der Emanzipation? Motive und Muster der Wanderung von Frauen. In: Hentges, Gudrun/Butterwegge, Christoph (Hrsg.): Zuwanderung im Zeichen der Globalisierung. Migrations-, Integrations- und Minderheitenpolitik, Wiesbaden: Springer, S. 103–120.

Treibel, Annette (2011): Migration in modernen Gesellschaften. Soziale Folgen von Einwanderung, Gastarbeit und Flucht, 5. Aufl., Weinheim: Juventa.

Tucci, Ingrid (Hrsg.) (2012): Die Einkommens- und Wohnsituation älterer MigrantInnen. In: Heinrich-Böll-Stiftung: Altern in der Migrationsgesellschaft. Berlin. Heinrich-Böll Stiftung, S. 12–18.

Tunc, Michael (2021): Väterlichkeiten und Caring Masculinities in der Migrationsgesellschaft. Normalisierungs- und rassismuskritische Perspektiven. In: Schondelmayer, Anne-Christin/Riegel, Christine/Fitz-Klausner, Sebastian (Hrsg.): Familie und Normalität: Diskurse, Praxen und Aushandlungsprozesse. Opladen: Verlag Barbara Budrich. www.doi.org/10.3224/84742341.

UN General Assembly (1961): Convention on the Reduction of Statelessness. www.refworld.org/legal/agreements/unga/1961/en/20424 (19.08.2024).

UNHCR (1951): Genfer Flüchtlingskonvention. Abkommen über die Rechtstellung der Flüchtlinge. www.unhcr.org/dach/wp-content/uploads/sites/27/2017/03/Genfer_Fluechtlingskonvention_und_New_Yorker_Protokoll.pdf (03.09.2024).

UNHCR (2024): Länder mit den meisten aufgenommenen Flüchtlingen Stand 31. Dezember 2023 (in Millionen). Statista. Statista GmbH. www.de.statista.com/statistik/daten/studie/12786/umfrage/aufnahmelaender-von-fluechtlingen/ (05.09.2024).

United Nations (1990): 11. Convention on the Rights of the Child. In: United Nations. www.treaties.un.org/pages/ViewDetails.aspx?src=TREATY&mtdsg_no=IV-11&chapter=4&clang=_en (30.09.2024).

Urban, Elke (2019): Transkulturelle Pflege am Lebensende: Umgang mit Sterbenden und Verstorbenen unterschiedlicher Religionen und Kulturen, 3. erw. und überarb. Aufl., Stuttgart: Kohlhammer.

Urry, John (2007): Mobilities, London: Polity.

Uslucan, Haci-Halil (2008a): „Man muss zu Gewalt greifen, weil man nur so beachtet wird." Antidemokratische Einstellungen deutscher und türkischer Jugendlicher: Gewaltakzeptanz und autoritäre Haltungen. In: Zeitschrift für Sozialpädagogik, 1, S. 74–99.

Uslucan, Haci-Halil (2008b): Gewalt und Gewaltprävention bei Jugendlichen mit Migrationshintergrund. In: Bundesministerium des Innern (Hrsg.): Texte zur Inneren Sicherheit. Schwerpunkt: Gelingensbedingungen und Grundlagen nachhaltiger Gewaltprävention, Berlin, S. 153–176.

Uslucan, Haci-Halil (2021): Gewaltig gewalttätig? Migration und Kriminalität, Wiesbaden: Eigenverlag Kriminologische Zentralstelle, S. 14–31.

Uslucan, Haci-Halil/Fuhrer, Urs/Rademacher, Jeanne (2003): Jugendgewalt und familiale Desintegration. In: Psychologie in Erziehung und Unterricht, 50, S. 281–293.

Uysal, Burcu/Link, Eva/Weiss, Maren (2016): Migrationshintergrund und Jugendkriminalität. In: Reinecke, Jost/Stemmler, Mark/Wittenberg, J. (Hrsg.): Devianz und Delinquenz im Kindes- und Jugendalter, Wiesbaden: Springer VS. www.doi.org/10.1007/978-3-658-08135-5_5.

Veit, Konstantin (2022): „Gender-Ideologie" und „Klimahysterie": Der Natur-Geschlechter-Nexus im rechten und extrem rechten Denken. ZRex – Zeitschrift für Rechtsextremismusforschung, 2(1), S. 141–158.

Vertovec, Steven (2023): Superdiversity. Migration and Social Complexity, London, New York: Routledge.

von der Lippe, Peter/Kladroba, Andreas: Repräsentativität von Stichproben. In: Marketing 2/2002, S. 227–238.

von Münch, Ingo (2007): Die deutsche Staatsangehörigkeit. Vergangenheit – Gegenwart – Zukunft, Berlin: De Gruyter.

Wagner, Constantin (2010): Diskriminierende Darstellungen von MuslimInnen in deutschen Medien. www.heimatkunde.boell.de/de/2010/04/01/diskriminierende-darstellungen-von-musliminnen-deutschen-medien (16.09.2024).

Walburg, Christian (2020): Migration und Kriminalität – Erfahrungen und neuere Entwicklungen. www.bpb.de/themen/innere-sicherheit/dossier-innere-sicherheit/301624/migration-und-kriminalitaet-erfahrungen-und-neuere-entwicklungen/ (10.09.2024).

Weber, Max (1918/2018): Der Sinn der „Wertfreiheit" der soziologischen und ökonomischen Wissenschaften. In: Weiß, Johannes/Frommer, Sabine (Hrsg.): Max Weber. Verstehende Soziologie und Werturteilsfreiheit. Schriften und Reden 1908–1917, Tübingen: J. C. B. Mohr (Paul Siebeck), S. 441-512.

Weimar, Lisa-Katharina (2021): Bundesdeutsche Presseberichterstattung um Flucht und Asyl: Selbstverständnis und visuelle Inszenierung von den späten 1950er- bis zu den frühen 1990er-Jahren, Wiesbaden: Springer.

Weis, Mirjam/Müller, Katharina/Mang, Julia/Heine, Jörg-Henrik/Mahler, Nicole/Reiss, Kristina (2020): Soziale Herkunft, Zuwanderungshintergrund und Lesekompetenz in PISA 2018. In: Reiss, Kristina/Weis, Mirjam/Schiepe-Tiska, Anja (Hrsg.): PISA 2018. Ergebnisse der aktuellen Erhebungsrunde mit dem Schwerpunkt Lesen, München: Cornelsen Verlag, S. 39–48.

Weiß, Anja/Berger, Peter A. (2008): Logik der Differenz – Logik des Austausches. In: Berger, Peter A./Weiß, Anja (Hrsg.): Transnationalisierung sozialer Ungleichheit, Wiesbaden: VS, S. 7–15.

Weiß, Anja/Ofner, Ulrike Selma/Pusch, Barbara (2010): Migrationsbezogene biographische Orientierungen und ihre ausländerrechtliche Institutionalisierung. In: Nohl, Arnd-Michael/Schittenhelm, Karin/Schmidtke, Oliver/Weiß, Anja (Hrsg.): Kulturelles Kapital in der Migration: Hochqualifizierte Einwanderer und Einwanderinnen auf dem Arbeitsmarkt, Wiesbaden: VS Verlag, S. 197–210.

Weltbank (o. J.): Poverty. www.worldbank.org/en/topic/poverty/overview (03.09.2024).

Weltgesundheitsorganisation (Hrsg.) (1946): Constitution of the World Health Organization. www.who.int/about/governance/constitution (20.08.2024).

Wickramasekara, Piyasiri (2019): Effective return and reintegration of migrant workers with special focus on ASEAN Member States. In: ILO (Hrsg.). www.ilo.org/wcmsp5/groups/public/---asia/---ro-bangkok/---sro-bangkok/documents/publication/wcms_733917.pdf (30.09.2024).

Wilmes, Maren (2017): Irreguläre Migranten. In: Meier-Braun, Karl-Heinz/Weber, Reinhold (Hrsg.). Migration und Integration in Deutschland. Begriffe-Fakten-Kontroversen, Stuttgart: Kohlhammer, S. 131–136.

Wunderlich, Tanja (2005): Die neuen Deutschen: subjektive Dimensionen des Einbürgerungsprozesses, Stuttgart: Lucius & Lucius.

Yu, Sherry (2022): Ethnic Media: A Reflection and Outlook on Ethnic Media Research. Oxford Research Encyclopedia of Communication. www.oxfordre.com/communication/view/10.1093/acrefore/9780190228613.001.0001/acrefore-9780190228613-e-1272 (17.09.2024).

Yurdakul, Gökce/Anna C. Korteweg (2016): Kopftuchdebatten in Europa: Konflikte um Zugehörigkeit in nationalen Narrativen, Bielefeld: transcript.

Zeit Online (2024): Dauer der Asylverfahren in Deutschland deutlich gesunken. www.zeit.de/gesellschaft/2024-03/asylantrag-deutschland-dauer# (04.09.2024).

Zick, Andreas/Küpper, Beate/Mokros, Nico (2023): Die distanzierte Mitte. Rechtsextreme und demokratiegefährdende Einstellungen in Deutschland 2022/23. Hg. für die Friedrich-Ebert-Stiftung v. Franziska Schröter, Bonn: Verlag J.H.W. Dietz.

Zick, Andreas/Küpper, Beate/Heitmeyer, Wilhelm (2012): Vorurteile als Elemente gruppenbezogener Menschenfeindlichkeit – eine Sichtung der Vorurteilsforschung und ein theoretischer Entwurf. In: Pelinka, Anton (Hrsg.): Vorurteile: Ursprünge, Formen, Bedeutung, Berlin: de Gruyter, S. 287–316.

Zierer, Otto (1957): Asyl der Freiheit: von 1600 bis 1800, Murnau: Lux.

Zlotnik, Hania (1992): Empirical Identification of International Migration Systems. In: Kritz, Mary/Lim, Lin Lean/Zlotnik, Hania (Hrsg.): International migration systems. A global approach, Oxford: Clarendon Press, S. 19–40.

Zolberg, Aristide R. (1997): The Great Wall against China. In: Lucassen, Jan/Lucassen, Leo (Hrsg.): Migration, Migration History, and History: New Perspectives, New York: Peter Lang, S. 111–121.

Zwengel, Almut (2017): Die DDR und ihre MigrantInnen. Lebensverhältnisse von VertragsarbeiterInnen und Fremdenfeindlichkeit. Demokratie gegen Menschenfeindlichkeit, Jg. 2, 2, S. 115–126.

Zwengel, Almut (2023): Mikrosoziologie, interpretatives Paradigma und qualitative Sozialforschung. Eine soziologische Einführung, Weinheim, Basel: Beltz Juventa.

Zwengel, Almut (Hrsg.) (2011): Die „Gastarbeiter" der DDR. Politischer Kontext und Lebenswelt, Berlin/Münster: LIT Verlag.

Sachregister

Die Angaben verweisen auf die Seitenzahlen des Buches.

A
Armut 17, 50, 81, 86, 89, 98, 101, 127
assimilative mediale Integration 138
Asyl 79, 80, 82, 83, 85, 87, 89, 92, 93, 155
Asylkompromiss 86, 87

B
Brain Circulation 71, 75, 77, 78, 130
Brain Drain 61, 71, 74, 75, 77, 78, 130
Brain Exchange 75
Brain Gain 61, 71, 74, 75, 77, 78, 130
Brain Waste 50, 71, 74, 75, 77, 78, 90

C
Covid-19 10, 14, 166, 168, 172, 178

D
Diskriminierung 50, 87, 91, 112, 113, 119, 128, 143, 148, 150, 164, 192–195, 200
- mehrfache 26, 75, 85
- mittelbare 193
- positive 24, 47, 53, 73, 76, 84, 92, 114, 127, 139, 144, 145, 168, 193
- unmittelbare 193

Diversity Management 198, 199
Dublin-Verfahren 83

E
Ethnomedien 135, 138
Euro-Waisen 24, 132

G
Gastarbeitermigration 41, 64, 110
Gender 12, 27, 123, 124, 127–129, 131–133, 191, 199
Gewalt 11, 39, 70, 81, 91, 99, 103, 104, 123, 127, 128, 143, 144, 147–149, 151–157, 161, 166, 189, 194
- physische 20, 52, 62, 92, 130, 147, 151, 160, 161, 189
- psychische 50, 90, 116, 130, 147, 151, 152, 155, 160, 161, 164, 166, 170

Globale Versorgungsketten (global care chains) 123, 130, 131, 133
Goldene Visas 19
Grenze 12, 14, 20, 27, 28, 33, 40, 52, 53, 75, 82, 96, 100, 131, 136, 177, 178, 186–188
Grenzregime 96, 179
gruppenbezogene Menschenfeindlichkeit 189, 190, 200

H
Health Literacy 168
Healthy Migrant Effect 165
High-Context-Kulturen 169
hochqualifiziert 22, 41, 50, 59, 68, 70–78, 103, 181

I
Idealtyp 162, 165
Idealtypisch 138, 161, 162
Internationalen Organisation für Migration (IOM) 17, 72
Intersektionalität 12, 27, 128

K
Kapital 18, 46, 48, 50, 54, 55, 108, 110, 111, 165, 186
- kulturelles 17, 18, 21, 22, 46, 48–52, 55, 56, 76, 108, 110, 114, 120, 126, 127, 132, 145, 148, 151, 154, 156, 165, 169, 170, 172, 176, 178, 186, 187, 191, 193, 195–197, 199
- ökonomisches 18, 24, 26, 33, 39, 45, 46, 48–52, 54, 55, 60, 67, 70, 81, 89, 98, 108, 111, 136, 165, 180, 186
- soziales 9–13, 17–21, 24, 25, 32, 33, 37, 38, 45–56, 59, 76, 77, 79–83, 85, 89–91, 98, 101–103, 107–115, 119, 123, 124, 127, 129–131, 135, 138–142, 145, 147–150, 152–156, 159–161, 165–169, 171, 172, 175, 177, 178, 180–182, 186, 187, 189, 190, 192, 194, 195, 197–199

Sachregister

M
Männlichkeit 124, 127, 128, 148, 152, 154, 156
mediale Assimilation 138, 139
mediale Segregation 138
Methoden 10, 31–33, 36–42, 114
- mixed methods 10
- qualitative 10, 32, 36, 39, 40, 42, 114
- quantitative 10, 32, 33, 35, 36, 39, 40, 42, 114, 143

Migration 10–14, 17–29, 31, 34, 39, 41, 42, 45, 47–49, 51–56, 59, 60, 68, 70, 72–75, 78, 89, 90, 95, 97–101, 103, 105, 107, 108, 111, 116, 123–125, 127–133, 135, 142–145, 147, 148, 153, 155, 156, 159, 160, 164–166, 169, 170, 172, 175, 177–179, 183, 189, 191, 195
- Bildungsmigration 12, 28, 48, 107, 116, 117
- Binnenmigration 27, 67
- erzwungene 27, 105
- Expert*innenmigration 12, 22, 24, 28, 36, 37, 40, 51, 59, 61, 69, 73, 77, 99, 142, 153, 166, 167, 178, 185
- Familienmigration 12
- Fluchtmigration 12, 19, 28, 79, 81, 85, 89, 90, 93, 144
- freiwillige 27
- Gruppenmigration 27
- Heiratsmigration 28
- illegalisierte 28, 95
- individuelle 27
- internationale 27
- irreguläre 70, 95, 97–101, 103, 105
- Kettenmigration 27
- Rückkehrmigration 26, 33, 125, 170

Migrationshintergrund 34, 35, 49, 107–115, 126–128, 135, 139–142, 144, 145, 149–151, 154, 156, 160–164, 167, 169–171, 175
Migrationsregime 96, 97, 178, 179
Milieu 10, 48, 69, 128, 141, 148, 168
Mobilität 12, 17–20, 22–24, 28, 29, 31, 51–56, 66, 70, 71, 86, 96, 107, 117, 166, 179, 189
Motility 55
Multikulturalismus 195–197

N
Nation 19, 22, 27, 28, 34, 48, 51–54, 56, 59–61, 69, 79, 80, 82, 83, 86, 95–98, 110, 125, 126, 148, 150, 175–182, 184, 186, 187, 189, 192
Netzwerkkapital 55
Non-Refoulement-Prinzip 82

P
Polizeiliche Kriminalstatistik (PKS) 99, 149, 155–157
Postkolonial 27, 89, 191, 197

Q
queere Identitäten 128

R
Rassismus 120, 127, 190–192, 199, 200
Rassismuskritik 27, 120, 192
Rechtsextremismus 189, 190
Rechtspopulismus 90, 189
Rückkehrwanderung 28

S
Schengener Abkommen 33, 83, 84, 93, 97, 179
Skype-Mutterschaft 24
Soziale Ungleichheit 56, 108
Staatsangehörigkeit 18, 19, 33, 34, 51, 52, 54, 55, 79, 82, 83, 87, 96, 99, 109, 116, 117, 140, 149–151, 156, 175, 180–189
Staatsbürgerschaft 20, 54, 60, 175, 181, 184–187, 196

T
Transidentitäten 123, 128
Transnationale Familien 132, 133
Transnationale Migration 14, 23, 26, 28, 56
Transnationale Waisen 132

U
United Nations High Commissioner for Refugees (UNHCR) 79, 81–83, 93

V
Verletzbarkeiten 159
Vertragsarbeiter 59, 66

Verwundbarkeiten 159
Visa restriction index 19
visible minorities 189
Vorrangprüfung 60, 88, 181
Vulnerabilitäten 159

Z
Zuwanderungsgeschichte 49, 50, 108, 114, 126, 130, 133, 140, 145, 162

Bereits erschienen in der Reihe
STUDIENKURS SOZIOLOGIE

Zur Reihe im NomosShop

Transnationalismus
Von Prof. Dr. Magdalena Nowicka
2., aktualisierte und erweiterte Auflage
2024, 186 Seiten, broschiert,
ISBN 978-3-7560-1316-6

Familiensoziologie
Von Prof. Dr. Michael Feldhaus und Dr. Monika Schlegel
2023, 222 Seiten, broschiert
ISBN 978-3-8487-6069-5

Klassiker der Soziologie
Von Sen.-Prof. em. Dr. Maurizio Bach
2023, 144 Seiten, broschiert,
ISBN 978-3-7560-0506-2

Bildungssoziologie
Von Prof. Dr. Janna Teltemann
2. Auflage 2022, 215 Seiten, broschiert,
ISBN 978-3-8487-7320-6

Bereits erschienen in der Reihe STUDIENKURS SOZIOLOGIE

Umweltsoziologie
Von Prof. Dr. Cordula Kropp und
Dr. Marco Sonnberger
2021, 237 Seiten, broschiert,
ISBN 978-3-8487-5035-1

Politische Soziologie
Von Prof. Dr. Boris Holzer
2. Auflage 2020, 199 Seiten, broschiert,
ISBN 978-3-8487-6109-8

Öffentliche Soziologie
Von PD Dr. Oliver Neun
2019, 225 S., broschiert,
ISBN 978-3-8487-4758-0